谨将本书

献给：生养和哺育我的巴山蜀水、父老乡亲。

献给：和我一同经历那段苦难岁月，活着或死去的朋友们。

我要特别致谢陈永迪先生，还有执着守护并反思那段历史记忆的同道，没有他们的帮助和支持，这部书稿无法完成。

—— 作 者

【记忆丛书·地方文革】

四川文革史

The Cultural Revolution in Sichuan Province (II)

第二卷

周孜仁 著

美国华忆出版社
Remembering Publishing. USA

Copyright © 2025 by Remembering Publishing, LLC. USA

ISBN: 978-1-68560-183-6 (Paperback)
978-1-68560-186-7 (eBook)
Remembering Publishing, LLC
RememPub@gmail.com

The Cultural Revolution in Sichuan Province (Volume II)

By Zhou Ziren

四川文革史（第二卷）

周孜仁 著

出　　版：　美国华忆出版社
版　　次：　2025 年 11 月 第一版 第一次印刷
字　　数：　300 千字

All Rights Reserved.
No part of this book may be reproduced in any form or by any electronic or mechanical means, including information storage and retrieval systems, without permission in writing from the publisher. The only exception is by a reviewer, who may quote short excerpts in review.

作品内容受国际知识产权公约保护，版权所有，侵权必究

目　录

第七章　血色巴蜀
（1967年7月—9月） ……………………………… 407

第一节　重庆大武斗 ……………………………………… 409
1. 全景概述　/ 409
2. 宽银幕电影院事件　/ 425

第二节　武装支泸 ………………………………………… 429
1. 交火双方　/ 430
2. 冷兵器时期之街巷械斗　/ 431
3. 忠山之战　/ 436
4. 泸州武斗第一枪　/ 438
5. 第一次武装支泸　/ 439
6. 第二次武装支泸　/ 444

第三节　涪陵：小县城大屠杀 …………………………… 453
1. 交火各方及政治成因　/ 453
2. 械斗从石器时代向铁器时代急速升级　/ 461
3. 抢劫武器库　/ 463
4. 两次大伏击　/ 466
5. "八一四"反击和贸派的覆灭　/ 469
6. 失败者的报复：向更弱者大开杀戒　/ 472

第四节　万县市：江城喋血 ……………………………… 474
1. 武斗肇起与逆转　/ 475
2. 赤旗的反击与清剿　/ 481
3. 政治贱民惨遭绝灭性屠杀　/ 482

第八章　生死劫后的新一轮政治博弈
（1967年9月—1968年3月） 487

第一节　《九五命令》发布后的巴蜀社会生态 489

第二节　"第二中心"的崛起 494
1. 八一五的兴奋点　/ 494
2. 重庆军方的抉择　/ 496
3. "轮船会议"拉开大幕　/ 499

第三节　"第一中心"的权力游戏 501
1. 西线无战事　/ 501
2. 上层权力核心辨析　/ 503
3. 刘、张的权力傲慢　/ 507
4. 政治形象的"自我包装"　/ 511

第四节　"第二中心"的反击 513
1. 梁兴初重庆之行　/ 513
2. 梁兴初旋风　/ 515
3. 渝报抵制川报　/ 520
4. "第二中心"吹响集结号　/ 522
5. 一篇文章闯了祸　/ 527
6. 隐秘战线寻踪　/ 530

第五节　张国华困境 538
1. 夹缝中的一把手　/ 538
2. 红成再出难题　/ 539
3. 重庆大学革委会成立风波　/ 541
4. 张国华"舌战群儒"　/ 544
5. 金牛坝会议交锋　/ 548

第六节　第二次解决四川问题前夕最后的社会缠斗.................. 553

　　1．杜灵事件 / 554

　　2．"十中保卫战" / 555

　　3．等待最后裁决的迷惘 / 560

第九章　"新生红色政权"的强力催产
　　　　　（1968年3月—1968年10月）.................. 562

第一节　《三一五指示》：对红成八一五的政治廷杖.................. 562

第二节　狂欢与挣扎.................. 566

　　1．赢家尾巴翘上天 / 567

　　2．张国华劝解无功 / 571

　　3．输家苦苦挣扎 / 572

第三节　政治投影下的杀戮战场.................. 574

　　1．继光兵团的死拼 / 575

　　2．"第二中心"绝地反叛 / 578

第四节　"四二七指示"：对54军紧急安抚.................. 582

第五节　四川省革委会的组阁与成立.................. 589

第六节　重庆不快活.................. 594

　　1．一波三折 / 594

　　2．尴尬的庆典 / 599

第七节　血祭"新政权".................. 602

　　1．第三次"武装支泸" / 603

　　2．云阳：最后的拼杀 / 606

　　3．凤凰山血拼 / 610

　　4．突击祖师观 / 613

　　5．俘殇：1960年代中国的地狱变相 / 615

　　6．重庆：无奈的绝响 / 619

7. 紧急刹车 / 621

　第八节　关闸：七二七指示和八一五会议 624

　　1. 魔盒封函 / 624

　　2. 八一五会议 / 626

第十章　社会重构与上层博弈
　　　　　（1968年10月—1969年3月）...... 634

　第一节　社会秩序大整饬 634

　　1. 奠基各层级权力机构 / 634

　　2. 大、中学生的处置 / 636

　　3. 清理干部 / 638

　　4. 民间社会的打理 / 640

　第二节　巴蜀权局日日新 644

　　1. 50军的政治抉择 / 644

　　2. 李大章的复出和张国华的天平 / 647

　　3. 刘、张频置路障 / 650

　第三节　固守政治制高点 653

　　1. 整党建党座谈会 / 655

　　2. 从讲话看分歧 / 658

　　3. 山东经验 / 661

　　4. 省革委第三次常委扩大会 / 665

　　5. 谢家祥赴会 / 669

第十一章　新世界和刘、张星运陨落
　　　　　（1969年4月—1970年1月）...... 672

　第一节　红彤彤的新世界 672

　　1. 造神运动 / 672

　　2. 重建红色巴蜀 / 676

3. 权力消长　/678

第二节　巴蜀新棋局 679
　　1. "反复旧"：流产的小高潮　/679
　　2. 张、李联袂出手　/683
　　3. 刘、张派系的顽强阻击　/686

第三节　张、李、梁齐登场 689
　　1. 旧恨激活的凶信　/689
　　2. 张、梁亮剑　/693
　　3. 调虎离山的学习班　/699
　　4. 李大章"动手术"　/702
　　5. 落幕节奏　/706

第四节　第三次解决四川问题 709
　　1. 同一个"突破口"　/709
　　2. 会场惊魂　/710
　　3. 认错表演　/714
　　4. "一二二五"批示　/717
　　5. 余绪　/720

第十二章　"一批双清"：从轰轰烈烈到不了了之
　　　　　（1970年1月—1971年8月） 723

第一节　党权强势回归 723

第二节　"清队"延伸"一打三反" 727
　　1. 依旧凄风苦雨时　/727
　　2. 暴力恐怖的谋略大全　/729
　　3. 冤魂：从升斗小民到知识精英　/732
　　4. 重庆"一号大案"　/736
　　5. 又一场血祭　/738

第三节 "一批双清"运动 740

 1. "五一六"这只大口袋 / 740

 2. 爆炒造反"回锅肉" / 744

第四节 必须一说"三老会" 748

 1. "老地下党"魔咒 / 749

 2. 暗流是怎样汇聚的？ / 751

 3. "赶海人"及其领袖 / 756

 4. "三老会连"的遭遇 / 760

第七章

血色巴蜀

(1967年7月—9月)

　　本章的书写与阅读，对于作者和读者无疑都是沉重的。字字喋血，页页伏尸，会让人感觉心理不适，但复盘四川文革痛史，这段叙事却无法回避。

　　四川武斗规模之大、动用武器之先进、持续时间之长、危害之烈，均全国罕见，几乎成为中国文革武斗的标志性事件，事件所以如此，其缘盖有几端：

　　文革发动次年夏，经由江青公开煽动，全国各地"文化大革命"迅速升级为"武化大革命"。王力回忆："主席在7月18日晚上说：'为什么不能把工人学生武装起来？我看要把他们武装起来。'……主席还夸奖（武汉）钢工总在水院修筑工事好，还说自己要亲自去看一看。"[1]

　　1967年9月19日，毛泽东在武汉接见湖北省新任领导人曾思玉、刘丰，陪同的代总长杨成武传达："听说重庆打了一万多发炮弹，开始也不大相信，以后听梁兴初同志讲为什么打，怎么打的，都报告了主席。主席说好，这是个训练，战备演习，拿了枪炮，不打不过瘾。"[2] 次年3月15日，江青与周恩来等一干中央大员接见四川军政要员，陈伯达评说四川武斗厉害，谈到运用了新式武器时，江青说："不过打一打也好，练习练习"。讲话还如此赞美："特别重庆打得稀

---

[1] 《王力反思录》，香港北星出版社，2001年10月第一版，页1012。
[2] 权延赤《微行——杨成武在1967》，广东旅游出版社，1997年4月第一版，页220。

烂，阵线就比较清楚了，好得很。"³

第二，长期的精神灌输让武斗双方群众都攒足了死亡的精神储备：革命是暴动，暴动就要死人。巴蜀地域性格素以快意豪侠名世，一旦赋予"革命""英雄"之誉，生命被漠视就变得渺若微尘了。中共执政十余年，闻名全国的英雄丁佑君、赵一曼、邱少云、黄继光在巴蜀扎堆出现、六十年代小说《红岩》横空出世，江姐、许云峰、陈然等一干烈士形象喷涌而出，刺激得懵懂少年为当一回英雄恨不得马上就死。重庆中学生红卫兵"九一纵队"公开发表《遗书》发誓如下：

> 从我们跟着毛主席造反的第一天起，我们的脑袋就交出来了。我们把他交给了毛主席，交给了辉煌壮丽的革命事业，我们早就是提着脑袋跟毛主席干革命！
>
> 现在，是我们执行自己的誓言，用鲜血和生命保卫毛主席，保卫党中央，保卫中央文革的时候了。面对刀山火海——我们，闯！身迎刽子手的屠刀——我们，上！！任你用刺刀剖开胸膛，掏出来的也只有一颗对党和毛主席无限忠诚的丹心！⁴

《遗书》豪迈宣布："要毛泽东思想，宁可不要脑袋！"

第三、武斗的物资准备。四川是"三线建设"重点地区，按计划在1967年基本建成的常规兵器工业基地重庆，从半自动步枪到机枪、从高射炮到海岸炮、从坦克到军舰，包括各种配套弹药、通讯装备一应俱全，只用把产品从工厂库房搬出来，实施一场常规战争就绰绰有余。没有兵工厂的地方，造反派就从军需仓库或驻军部队手中抢夺（或半抢半送）通常也基本够用。官方统计，仅宜宾地区泸县武装部的武器库就被抢21次，被劫步枪2481支、轻机枪115挺、重机枪

---

3 见《总理、伯达、康生、江青、姚文元、谢富治、吴法宪、叶群、汪东兴等接见四川省革筹、成都军区和50军、54军领导时的讲话》，四川省革命委员会筹备小组政工组、中国人民解放军成都部队政治部翻印（1968年3月20日）。

4 见西南师范学院"八三一"主办《红岩》报，第二十三期，1967年6月1日。

12 挺、手枪 150 支、手榴弹 115 枚、炮 72 门、子弹 28.4 万多发[5]。

四川武斗大体有三类：一类是群众组织自主发起的。驻军虽有制止，或因感情偏向、或因武斗突发性或规模化而难收效果。一类是权力当局操纵群众组织发起的。在涪陵，支左部队配合一派群众组织打另一派，万县官方直接向一派发枪去打另一派。还有一类，则由权力当局直接、公开、全面组织发动的武斗，对一派组织进行剿灭，典型者为"武装支泸"。

本卷拟从政治诱因、行为过程、事件现象诸元素对 1967 年夏秋的巴蜀武斗做大体记述。

第一节　重庆大武斗

1. 全景概述

中央"重庆五条"否决了"革联会"这个"政治图腾"，但 54 军依旧牢牢掌控权力，八一五依旧控制社会基本盘，反到底成功"砸烂革联会"却未获尺寸之权。恰逢江青提倡"文攻武卫"，靠战场一决雌雄成为又一选项。发生在北碚西师的"六五"事件，已凸显大规模、集团化、强攻与伏击等现代战争若干特色。冷兵器武斗走到尽头，轮到热兵器登场了。

第一次动枪发生在 1967 年 7 月 7 日，反到底派二轻兵团驻守嘉陵江大桥市区一侧的二轻工业局大楼，控制了江北区进城通道。是日，扼守桥头的反到底派二轻兵团与运货过路的八一五派车辆发生冲突，八一五派遂对二轻兵团实施围攻。二轻兵团致电警司前来制止武斗未果，情急之下，遂动用局保卫科的小口径步枪实施还击，打死进攻者 2 人，此事被称为"七七枪声"。八一五紧接还以颜色，7 月

---

5 《中共四川地方史专题纪(社会主义时期)》，页 224。

25日,八一五"文攻武卫指挥部"集结多路人马对反到底控制的重庆工业学校实施强攻。工业校位于八一五根据地沙坪坝和市区之间沿嘉陵江唯一山道的枢纽节点化龙桥。抗战时期周恩来主持的中共八路军办事处即设于附近的"红岩村",沿途工矿企业基本都控制在八一五手中,工业校是为反到底派卡脖子的唯一据点。为确保行动顺利,八一五通过多种途径集中枪支实施突击,工业校红岩兵团虽然只有几支小口径步枪,却凭借制高点优势,打死进攻方2人。2人均为重大学生:一为采矿系张全兴,22岁;另一位是"战地摄影师"、机械系唐世轩,23岁。一时反响巨大。

防守方被进攻方凭借武器优势打死7人,其中工业校5人,幼儿师范1人,二中1人。反到底总部正开会商讨武斗事,忽闻工业校被八一五动用枪支攻占,与会者大骇,军工井冈山总部勤务组副组长邓长春[6]提议发枪自卫。经过一天多激烈争论,最后,勤务组成员除一票反对,顺利通过向下属成员厂打开成品仓库发放枪支的决定。当时,自动、半自动步枪、高射炮和炮弹的工厂都控制在反到底手中[7],而八一五主要控制了坦克和子弹生产厂。这些现代化武器当时主要运往越南支持抗击"美帝",其中不乏我国正规军尚未配备的新品,如此批量现代化常规武器向社会流散,危害之巨可想而知。

失去对武器生产厂的控制,八一五只能去军事机构抢夺。7月28日,重大八一五专业武斗队"三〇一"[8]于下午和晚上两次就近抢夺了沙坪坝区武装部各类枪械、弹药。次日,市中区、沙坪坝区、江北

6　邓长春,望江机器厂工人,共青团员。1966年冬(21岁)参加造反,1967年5月任军工井冈山总部勤务组副组长,6月任反到底总司勤务组常委。1968年5月31日四川省革命委员会成立任常委。1968年11月在中央召开的"八一五"会议上因"武斗杀人"、"破坏大联合"等罪名被逮捕。文革结束后1978年4月被判处有期徒刑20年,刑满(减刑两年)出狱后在私营企业工作。2003年病逝。

7　7月1日,重庆的八一五派和反到底派在建设机床厂发生武斗,反到底派占领全厂生产区从而控制了产品的发放控制权。建设厂是大型现代化枪支生产厂。

8　武斗开始以后,重庆大学八一五战斗团组织学生成立了两支专业武斗队:301(负责野战)和302(负责校区护卫)。

区、九龙坡区、北碚区五个武装部的民兵武器、社会枪支、公安武器均遭八一五派抢劫。重庆市公安局八一五派在局办公大楼等处修建了武斗工事,动用了公安业务用枪若干及步话机……至此,重庆群众组织的武斗正式转变为真枪实弹的全面内战。

战例1:杨家坪激战

杨家坪位处沙坪坝与市中区之间另一路道节点,是重庆重要工业区之一,尤因此地有国内最大的常规枪支生产厂:建设机床厂和生产坦克的空气压缩机厂,故成两派必争之地。

7月26晚,反到底在建设厂灯光球场正式发枪,军事实力顷刻大超八一五。情急之际,八一五遂于8月2、3日对建设厂这个现代武器库发起进攻,迅速占领了厂区上方的路边据点——著名弧形建筑"弯弯大楼"(厂职工宿舍),反到底即刻还以颜色,用最新型的145四联高射机枪[9]平射,大楼刹那起火燃烧,直至熊熊烈焰将全楼延焚烬尽。4日,参与进攻的"八一兵团"和机校、卫校、20中及35中学生被迫大撤退。

首战不利。重大八一五领袖周家喻在重庆师专紧急开会商定对策。4日晚,由周亲率20余车武装人员从沙区驰援,并于重庆工业学院[10]集结。重庆工院系五机部[11]直属院校,文革前由沈阳部队转业来渝组建。先是,7月26日,建设厂反到底从该厂高位水池(俗称清水池)向工院实施枪射,致使该院学员及驻院的20中学生多人殒命,院长李某勃然而起,亲自督导学生开始战术动作训练,继而分派教务部长夏德柯对学员实施具体作战指导。

如今八一五大队人马从沙区赶来,遂定由周家喻和夏部长负责指挥,部署数百人对建设厂发起总攻,并首先夺取制高点,位处山顶

9　四联高射机枪是装备我军部队的用于射击低空飞机的武器。
10　重庆工业学院与建设厂厂区相邻,仅隔杨家坪正街。
11　文革前全国八大机械工业部之一,1963年9月成立,主管原第三机械工业部的兵器局和坦克工业局所属企业。1982年5月五机部改名为兵器工业部。1986年,兵器工业部撤销,相关职能并入国家机械工业委员会。

的清水池。清水池呈方形,由石壁垒成,高出地面数十公分,踞其上可俯控全厂。水池下方该厂一宿舍则驻有专业武斗队"红大刀"守备,"刀客"们还沿水池石壁挖就深浅战壕,此点实易守难攻。清水池军事价值如此之重,八一五兵锋所向,对此亦志在必得。

8月5日凌晨5时,八一五死士高举红旗,气势勃发,在实施半小时火力压制之后直插清水池,30多人成功抢位石墙。反到底闻声迅即反击,一时弹雨疾飞,火力猛且密。水池墙体边长30余米,八一五战员无法绕过火网,只得僵守石壁半山待援。战斗持续至下16点,反到底将四管高机架至位置更有利之楼幢顶上开射,直接打到了八一五指挥部所在二宿舍楼。顷见指挥部天花板哗啦啦大片下掉,八一五人员登时傻眼。17点左右,适逢警司令周家喻前去问训。现场无召集人,群龙失首,诸人即刻作鸟兽散,兵败山倒矣。当晚,八一五收兵,仓皇撤回沙坪坝。此战双方死人数十。

八一五对实力强于建设厂的空压机厂发起的大规模进攻,于8月1日在建设厂清水池开打。武斗伊始,坦克便和轻重武器一齐上阵厮杀,惨烈尤甚。空压厂俱乐部首先被烧毁。重大八一五的专业野战组织"三〇一"纵队负责攻打该厂医院和水塔一线,纵队长谢宗正和队员张显明、陈茂明等3人身亡,无线电系学生董继平钢盔被击落,子弹穿颅而过,重伤致残,成植物人,经长期护理始能发"啊""哦"类简单元音,再后,听人言"毛主席"会举大拇指,而闻"刘少奇"则伸小拇指,被同学们誉为"麦贤德[12]式的英雄"。两年后学生毕业离散,董被遣送回老家新津,老母亲去世后,完全失去生活能力的他只能靠乞讨和拣食垃圾为生,最后不知何时,终于毙倒在岷江支流冷冰冰的河滩而无人知晓。此次武斗,重庆警备司令部派去制止武斗及进行救护的战士亦遭枪击。被激怒的重大八一五因其武斗人员3死1重伤,占领全厂后实施疯狂报复,该厂一被疑为"砸匪"的无辜群众从家中抓出杀害,其余还有群众7人被拖至石灰窑焚尸灭迹,途中

---

12 麦贤德,海军战士,战斗英雄。在1965年"8·8海战"中,麦创造了被子弹射穿脑颅还坚守岗位的"奇迹"。

发现有中枪未死者被补枪致死……

战斗持续。近邻杨家坪的九龙坡区黄桷坪名"王家大山"的制高点，由重庆电力校和市三十三中反到底派抢先派一个班人员据守。八一五打下空压厂，决定继续拿下王家大山以解腹背受敌之患（其时建设厂已被反到底派控制）。14日，八一五先由小分队趁夜摸哨打死哨兵1名，17日集结重大"三〇一"、空压厂"八一"兵团、工业学院"十一"战斗团、重钢"八二八"造反团、九龙公社"七·三"造反团、十八冶兵团、朝阳高中等武斗人员200余，手持各式步枪，并配备重机枪、高射机枪、坦克等重武器，兵分4路于深夜潜入王家大山阵地。18日晨6时按计划从3个方向一齐向反到底据点开火，猛攻1小时，反到底驻守人员除1人逃回报信，其余11人全部阵亡。八一五立足未稳，反到底即于8时许发起反攻。反攻队伍有铁路"火车头"兵团130名复转军人、电校"东方红"70名中专生，加上电技校、三十三中学生近百名，清一色持建设厂新出厂半自动步枪，轻巧便捷，操作灵活。担任主攻的"火车头"均训练有素，攻击力最强，甫占王家大山的八一五派外围人员很快被打溃散，助攻坦克遭反到底装甲车猛烈炮击，其中一辆被穿甲弹打燃，无奈撤出战场。死守山头的八一五在密集的枪林弹雨中顽强坚守几个小时，终因对方波波相接的强大攻击而伤亡累累，中午时分只得弃山而撤，下午2时战斗结束。4天之后，8月22日深夜，八一五在杨家坪地区的最后一个据点：空压厂也在反到底的强势攻击下陷落。胜利的反到底武装人员载歌载舞，高唱"解放区的天，是明朗的天"。

王家大山之战两派共死亡47人，八一五28人，反到底19人。其中重大八一五损失最为惨重，301纵队一次就死亡10人，伤7人，震惊全校。局外人、重大图书馆贾唯英回忆：

重庆大学的专业武斗队……攻打王家山重庆电力校时，当天就被打死8人，抬回来放在图书馆大厅内阅览桌上。我们图书馆的几个"摘帽右派"被责令每天必到，任务就是看守尸体。图书馆成了真正的停尸房。有一个死者未找到完整的尸体，用芭蕉杆组成躯干和四肢，然后穿上军服，也停放在那里，这大概算衣冠尸体吧！[13]

8月20日，重大八一五总团组织了一次报告会，由前线返回的同学介绍战地情况。已经留校不多的同学静聚于冶金系食堂大厅，气氛肃穆悲壮，万籁无声，只有演说者一顿一挫的发言。一位同学当天的日记记录了报告会印象：

> 王家大山易守难攻，我们坚持了五个钟头，人都快昏死了。本来，我们是可以撤退的，但考虑到全局，考虑到伤员同志，因此我们一直坚持下去，直打到弹尽粮绝。我们的同志牺牲很多，我们心里十分难过。我们一天都吃不下饭。我们要为他们报仇！身材魁梧的前线指挥梁文福说得声泪俱下。台下一片沉重的唏嘘和亢奋的呼喊。
>
> 王家大山的失利让全团震动。一次战斗8死7伤，日后是难以交待的。再说，反到底派在军工企业的势力毕竟太大，武器配置毕竟太强，速战速决已不可能。总团的头头们的信心开始动摇了，决定把上述4个纵队全部撤回学校休整，等候时机再行动作。[14]

战例2：喋血解放碑

解放碑位于重庆最繁华的商业中心。碑体建成于抗战胜利后的1946年，原名"抗战胜利纪功碑"，1950年将其改名为"人民解放纪念碑"，由时任西南军政委员会主席刘伯承重新题写碑名。此后每逢"五一""十一"公众节日均在此举行仿苏群众游行。重庆市地标性商业建筑，如三八百货商店（全国十大百货商店之一）、新华书店、交电大楼、美术公司、群林市场、和平电影院（陪都时代著名的"国泰电影院"）等均辐集于此。财贸系统的"八一五战斗团"总部就设于解放碑附近的财贸职工俱乐部。

战事狂飙而至，财贸俱乐部房屋低矮，无险可守，总部决定于8月4日搬迁至位于临江门的外贸大楼。为避袭击，总部负责人专门安排午餐时分抓紧搬迁。所谓搬迁，无非将油印机、纸张之类办公、

13　贾唯英《武斗中的重庆大学校园》，未刊稿。
14　周孜仁《红卫兵小报主编自述——中国文革四十年祭》248—249页。

宣传用品作近距离物理位移罢了。

不料第一趟车把东西搬去外贸大楼，返回搬第二趟，便遭反到底武斗队的突袭，一阵乱枪齐发，当场将二十九中学生6人打死，其中年龄最小者仅14岁，初中一年级女生。同时被打死的，还有和中学生一起搬运纸张的重大学生苏玉发。二十九中毛泽东主义战斗团成员、后成为重庆电视台著名编剧的张鲁亲眼目睹了现场惨状：

> 财贸工人俱乐部门口街边上，一辆解放牌大卡车横着，车厢后板打开着，正搬了一半的文件柜歪斜倒地，车厢上下，几个学生模样的人横七竖八俯着仰着……驾驶室一侧的门开着，驾驶员双腿还卡在车内，上身却倒吊着仰在车外，后颈窝正好枕在上车的踏板上，男孩子18岁刚刚开始发育的喉包因此显得格外突出，颈子上，比一分钱硬币还小的一个洞，像今天的娃娃们吹泡泡糖一般吹出泡泡来，是血泡，吹到极大，就爆了，紧接着又吹下一个。倒挂着的脸上，那双本来就又圆又大的眼睛因为倒挂显得更圆更大，极圆极大……[15]

二十九中这些青春死者的尸骨，如今一直默默躺在沙坪坝全中国仅存的红卫兵公墓一片荒烟蔓草之中。

反到底发起这次武装突袭，据说是因为有人向驻交电大楼的"完蛋就完蛋"广播站[16]报告说财贸八一五抓了反到底的人，被抓者还挨了打，驻站武斗队员刚去建设厂领了新枪归来，正想过枪瘾，于是干净利落完成了人生初次真枪实弹的杀人体验。

事件顿时激起二十九中八一五学生的复仇旋风，庚即实施了攻打交电大楼、拔掉"完蛋"广播站的大规模仇杀。8月11至13日，以二十九中毛泽东主义战斗团为主力的八一五武斗人员从"完蛋就完蛋"广播站马路对面的东方红电影院（文革前的和平电影院）发起

---

15 张鲁《红卫兵武斗忏悔录》，载《红岩春秋》杂志1995年第一期。
16 反到底派这个广播站取名"完蛋就完蛋"，源自于当时流传甚广的林彪语录："在需要牺牲的时候要敢于牺牲，包括牺牲自己在内，完蛋就完蛋。上战场，枪一响，老子下定决心，今天就死在战场上了！"以其名称特别，也以其广播内容极具煽动性，每天都吸引了众多市民驻足聆听，对马路对面和平电影院的八一五派东方红广播站成挑战格局。

进攻。反到底全新武器，装备强大，但势单力薄，陷于孤悬之地，八一五武器稍逊，但人多势众，多面包围，战斗一时打得难分难解。激战至 13 日晨 6 时，三楼一底的交电大楼顶楼内突然起火，后据当时担任八一五派攻打交电大楼"前线指挥"的机校武斗司令杨金华自述，是他下令调集了几支信号枪向交电大楼顶楼窗内齐射，信号弹引燃了楼内易燃物，引发火灾。[17] 正值重庆酷热逞威时节，大楼木地板及其它易燃物迅速烧出一片火海，紧邻的化工原料公司、针纺公司等处亦被燃烧，附近数十家民房也一并焚烧殆尽。

复仇心切的二十九中学生估计反到底人员会从交电大楼后方撤退，预先在学校铁栅栏围墙布置了多挺机枪组成火力网封锁道路，直守候至 13 日晨未果。天色放明，疲惫不堪的中学生收起机枪刚刚离开不足半小时，从交电大楼火海中逃出的反到底偏偏从二十九中设伏的路上偷偷撤离了，只留下一片焦黑的废墟，在重庆市中心繁华地带滞立几近整整三年，成为一道独特的都市风景线。

战例 3："八八海战"

重庆常规武器的主要源头、被反到底先行控制的建设机床厂，成为八一五重点攻击和争夺的目标，杨家坪大战开始，武装割据使这一带交通中断，物资脱销，建设厂一带的职工和居民几乎濒临生活绝境。这时，重庆大武斗又一主角登场了：望江机器厂反到底派的"金猴武斗队"改装了三艘船，加入了本已十分惨烈的厮杀。

望江厂远离市中心，位于长江下游铜锣峡，以生产高射炮为业。望江厂为增援杨家坪大战，给建设厂"战友"运送生活物资和高射炮，同时也领取一批枪支，于是，与从朝天门[18]码头撤离到铜锣峡的长江航运公司"红一方面军"联手，改装出"炮艇"三艘：属望江厂运输艇的"望江 101 号"，属嘉陵机器厂的"嘉陵 1 号"及长航属下大货轮"人民 5 号"，组成"军工井冈山舰队"，于 8 月 8 日下午溯

17　杨金华当时系机校学生，担任联合兵团（包括二十中，卫校等邻近学校）的武斗负责人。2011 年 8 月 1 日参加重庆市政协组织的口述史摄制。
18　文革时改名"红港"。

长江而上。舰队驶经 3 城区——长江南岸的南岸区、嘉陵江北岸的江北区和市中区，最后到达建设厂所在的九龙坡区，沿途路过的东风造船厂、红港、长江电工厂等均在八一五控制之下，"敌舰"招摇而来，八一五武装怒而开火拦截，双方展开了一场水陆大战，时称"八八海战"。对这场大战，官媒《重庆日报》及互联网有多篇文章有过记述。兹摘记如下：

"反到底舰队"一出峡口，就遭到埋伏的八一五分子的攻击——他们手里只有点破步枪，对于有临时装甲的舰队来说，连挠痒痒都不够……船过唐家沱，舰队主动炮击停泊沱内的船只和东风造船厂浮船坞——这是西南地区最大的浮船坞……打伤"人民 6 号"等多艘轮船和浮坞，还打死长航职工 2 人，打伤多人……

朝天门掌握在八一五手里，获悉反到底的行动，八一五仓促作了一些准备：命令"长江 207""人民 28""人民 30"等几条船，准备在长江里拦截"反到底舰队"。可是，这几条船的协同不好，"人民 28""人民 30"号还在嘉陵江的河道里，"长江 207"就先到达战场了，它鲁莽地向下游滑了一段距离，准备独自突击从下游驶来的三条炮艇。

自打从郭家沱上驶以来，三条炮艇上的反到底们就被黑枪骚扰得恼羞成怒，这次他们总算逮住了像样的目标。每个炮位都做好了战斗命令记号。朝天门码头上的八一五们也堆好了沙包，做好简易工事，架好了机枪。

反到底并不急于求战。"人民 5 号"广播喊话，要港口兵团、长航兵团不要打，"我们是到九龙坡卸货的。"遭到南岸轮渡公司修理厂轻武器射击后，还继续广播："王麻二，你娃不要打哟；不然我们打过来，你娃吃不消哈。"

八一五不能坐视反到底把"战略物资"运到敌方，迫不得已，"人民 5 号"拉响汽笛，战斗开始了。

受够了黑枪的炮手手忙脚乱朝着"敌人"开炮。三十七毫米的炮弹，即便是不会爆炸的填沙教练弹，对于没有装甲的民用拖轮"长江

207"来说,也是足够致命的。同时,几百米外的朝天门港务大楼和码头上的机枪,开始向"反到底舰队"猛烈射击,打得甲板嘭嘭作响。

"长江207"迅速起火燃烧,侥幸未死的船员跳水逃命,"望江101"停在江面上用机枪继续扫射跳水的船员。其余两条船继续上行,两岸火力对它们进行夹射,但因加装了厚厚的钢板,八一五的轻武器打上去只是几个凹坑。

"人民28号"此时驶出嘉陵江口,用轻武器向"人民5号"射击,"人民5号"则用三七高炮还击,"嘉陵1号"也向"人民28号"开火,顷刻之间"人民28号"大幅度倾斜,完全失去动力,顺江水漂流到下游数百米的野猫溪岸边搁浅。"人民5号"和"嘉陵1号"集火攻击"人民30号",该船尾部受伤,见势不妙,拼命退回嘉陵江内。水运204、104两艘无武装的小火轮开出嘉陵江口企图施救,被威胁性射击击中顶篷,但仍然冒死靠上"长江207"灭火,当他们登上"长江207"时,发现船上已无活人:有的脑浆迸裂,有的肠子都流出来了……[19]

趁"海战"混乱,"人民5号"和"嘉陵1号"抓紧开至建设厂,一直停泊在该处参加杨家坪的战斗,用舰艇上的高炮对陆上反到底进行火力支援。"反到底舰队"副司令李鲁沂(嘉陵机器厂武斗队负责人)还在参加王家大山战斗中毙命。8月18日,舰队司令、反到底派工总司负责人邓长春在舰上为李鲁沂举行追悼会,现场对八一五派俘虏2人(其中一人未死)宣布枪决,抛尸江中为李鲁沂"祭灵"。

《重庆市志》"大事记"卷载:

1967年8月8日,望江厂造反派武斗组织用改装炮船三艘组成"舰队",沿长江炮击东风造船厂、红港(朝天门码头)大楼、长江电工厂及沿江船只,打死24人,打伤129人,打沉船只3艘,打坏

---

19 《武斗中的"海战"》,发表于"关天茶舍"网站,作者江上苇,提交日期:2004-5-223:05:00。

12 艘。长江交通为之中断。[20]

此处所载"望江厂造反派武斗组织",即指望江机器厂反到底派的"金猴武斗队"。

"反到底舰队"人民 5 号船上实施指挥的司令邓长春参加次年 8 月 15 日召开的全国国防工业部分企业工厂与协作厂抓革命促生产会议(俗称八一五会议)期间被捕,为示"两派对等",现场同时被抓的,还有空压机厂八一五派参会代表方文正[21]。

战例 4:炮轰重庆大学

生产机枪子弹的嘉陵机器厂位于八一五大本营沙坪坝地区。该厂的反到底势力在此地容留多有困难。8 月 11 日、12 日,该厂开始了两派争夺大战。八一五先发制人。重大八一五负责人吴庆举亲率本校野战部队"三〇一"参战,反到底挡不住八一五如潮攻势,遂向反到底江北指挥部告急,江北指挥部速调两大主力部队——军工井冈山江陵兵团和长安兵团,出动三七炮、二五炮,隔嘉陵江以炮火实施增援。惜乎江北炮火增援之前,嘉陵厂已陷落、反到底人员已溃散。

反到底炮队于是只能在隔江相望的江边向沙坪坝八一五派控制区实施炮击。八一五派的政治中心重庆大学成了反到底火力的首要攻击目标。

重庆大学图书馆贾唯英如是回忆亲见亲闻:

1967 年 8 月 12 日下午,突然江北某工厂打过来三发三七炮弹,落到家属区。消息传出,全校震惊。人们带着惊恐的神色围在那栋被三七炮弹击中的住宅旁议论纷纷。虽然炮弹未开花,木结构的住房也未倒塌,但是谁知道还有什么新武器呢?一批教职工急忙离校躲武斗。……

从 8 月 12 日起,江北某厂每晚广播,要求重庆大学的和平居民后撤 5 公里,他们要开炮了。但人们无处可撤,只好纷纷涌向高层建

---

20 《重庆市志·第一卷》,四川大学出版社 1992 年 12 月第一版,页 410。
21 方文正为空压机厂技术员,曾任重庆市革委委员。

筑的底层避弹。几乎所有底楼都有人满之患。只见那水泥地上横七竖八地铺着油布、席子……一家人,不分男女老幼,挤在一起过夜,天明才敢回家。因为开炮都是从晚上开始的。几天后未开炮了,但"要开炮了"的广播却未停止。大家躲疲了,于是便在窗户上挂上棉絮,桌子上也铺上棉絮,人就睡在桌子底下。[22]

电机系系主任江择佳[23]的厨房被一枚飞天铁弹击中,在墙壁上戳了一个直径37毫米的窟窿,老教授哭笑不得,于是合伟大领袖原韵写打油诗一首贴在窟窿边上供路人咏叹。诗云:

通宵炮声急,弹洞灶房壁。
可惜好钢铁,不分我和敌。

1967年8月15日是八一五造反一周年纪念日。以"重大八一五"为首的八一五派准备举行一次大规模庆祝活动。反到底派也趁机要让八一五派"生日"过得不安宁。"重大八一五""庆生"当日,因校区受嘉陵江对岸反到底派炮火威胁,纪念大会只好改在沙坪坝正街斜对过的重庆三中广场举行。

从8月14日深夜起,反到底江北指挥部以炮轰开路,发起攻击嘉陵江大桥之战,动用三七高炮一门,二五高炮一门,以高炮实施平射,摧毁了八一五多处据点。一串串炮弹拖着曳光划破夜空,其景惊心动魄。15日凌晨,以长安机器厂"六月天兵"为主的反到底武斗人员冲过长桥,攻占了嘉陵江大桥南桥头。据记载,此次武斗中"打死11人,打伤多人,烧毁市二轻工业局办公大楼、重庆市六中一幢学生宿舍、嘉陵印刷厂厂房和部分设备,直接损失50余万元。烧毁1300名干部的档案和大量文件资料。"[24] 反到底派占据的江北区和原已据有的市中区两路口地区连成了一片。

22　贾唯英《武斗中的重庆大学校园》,未刊稿。
23　江择佳,中国著名电工理论专家。1948年获加拿大McGill大学博士学位,返国后历任重庆大学电机系教授、系主任,第一届国务院学位委员会电工学科召集人、国家教委电工课程教学教导委员会主任委员等职。1982年任重庆大学校长。
24　《重庆市志·第一卷》,四川大学出版社,1992年12月第一版,页410。

八一五马上还以颜色。重大八一五武斗队炮班，为保障周年庆典活动安全，从解放军炮兵学校（总字153部队）"借"来122榴弹炮一门，由炮校辛姓教官指挥，向嘉陵江对岸高炮发射点江陵厂实施反击，共发射炮弹9发，打死江陵厂工人2人，学生1人，打伤7人，精准轰塌厂办公大楼和围墙若干。《815战报》称：我团"在忍无可忍的情况下，于8月15日被迫采用了相应措施，对这一小撮匪徒进行了毁灭性打击，匪徒伤亡惨重。玩火者得到了应得的下场，实在大快人心。"[25]

兵荒马乱之中，八一五还请到了"新北大公社"的"攀险峰"战斗组、清华大学四一四总部"井冈红军"战斗队、西安交通大学红卫兵总部、红卫兵成都部队等外地代表到会发言祝贺。会后演出了大型"音乐舞蹈史诗"《八一五风暴》。

战例5：鏖兵潘家坪

八一五前期战斗失利，为固守根据地沙坪坝并确保该区与市中区之间道路畅通，八一五文攻武卫指挥部决定拔掉沙区至市中区交通要道的大坪一线的反到底据点，这些枢纽据点有三：重庆医学院[26]、后勤工程学院（后字242部队）[27]，尤其有"武斗之花"之称的"航锋兵团"所控制的重庆河运学校。

为保战事胜利，八一五调整了指挥机构，由重大总团的秦安全[28]、

---

25 八一五战斗团主编《815战报》第37期，1967年8月28日出版。
26 重庆医学院已经成为反到底派的大本营，大专院校红卫兵反到底司令部就设在这里，反到底派军工井冈山总部也在此成立并一度驻扎。同时，重庆医学院附属第一医院属于重庆市规模大、设备完善、技术力量很强的地方综合医院，作为医疗救护的保障。
27 后勤工程学院（总字242部队）群众组织"红总"系为重庆反到底派主力。
28 秦安全（1940-2010）中国著名计算机与自动化专家，曾作为总设计师和课题负责人，先后承担国家自动化工程项目20多个，有4项成果获部级以上奖励。为国家南水北调工程开发的大型水泵实验室自动化计算机数据采集系统于1981年获第四机械工业部科技成果二等奖。1982年研制出国家"六五"攻关项目，中国第一套国产工业控制计算机系统DJS054，获第四机械工业部科技成果奖。1983年和1984年先后研制成功国家重点工程项目——唐山陡河电厂的5号机组和6号机200MW火电机组计算机监控系统，

工业学院夏德柯部长[29]和解放军通信兵雷达技术学校（总字421部队）老刘三人组成。"前指"设于大坪地区的总字421部队。武器装备、火力配置、人员组织及调度均有序策动。部署既定，各参战武斗队奉命于8月17日陆续报到集结。

全副现代化武器装备的武斗队员住满了通信兵学校的学员宿舍、教学大楼、办公楼和大礼堂，全是20上下的俊秀狂生，意气风发，充满献身激情；指挥员亦不少具有作战经验或受过正规军事训练的复转军人。参战各队配备无线电报话机、步谈机，前指和重要联络地点均安装了调频电台。武斗队还配备由第七军医大学的八一五派医护人员和重庆卫生学校八一五派学生担任战地救护工作——一切均高仿他们在红色电影多次见过的战争场面。8月18日是所谓"红卫兵节"。去年这一天，毛泽东身着戎装在天安门广场首次接见文化大革命的"百万大军"。今年此日，重庆造反派决心以真刀真枪的厮杀对该"文化"节日加以诠释。

是日凌晨，重大八一五"炮班"首先用122榴弹炮开火，从沙区一侧的制高点虎头岩，向大坪方向多个进攻点发起轰击。在一阵惊天震响之下，重庆河运校多栋教学楼和主要建筑顷遭摧毁，继而重大八一五301野战纵队进入搜索，但见河运校区一派废墟荒坝，火烟灼人，却无一尸首、一伤残。301青年武夫遂纵火将余下建筑焚烧，之后撤出。

八一五"前指"的计划出现了一个重大误判：他们以为河运校马路对面的高地潘家坪有54军驻守，故而只需将河运校这颗"钉子"拔掉，交通线便全路贯通，继而再打掉242红总，最后端掉重医，此役便大告全胜。他们竟不清楚，潘家坪高地已于8月1日便被反到底先行控制，河运校武斗之花"航锋"穿过马路，撤退进入了该制高

是中国开发成功的第一套200MW火电机组计算机监控系统，其中实时多主机多任务操作系统为国内首创，受到国务院重大办和有关专家的充分肯定，并获电子工业部科技成果一等奖。文革期间，为重庆大学无线电专业66届学生。八一五战斗团主要负责人。

29　夏为工业学院教务部长，部队军官转业。

点。潘家坪已无军队驻守。八一五"前指"夏德柯部长亲自潜去潘家坪一墙之隔的重庆市委党校后墙缺口观察,确定此更为重要的制高点,确已无正规军一兵一卒。全功在望的战役,现在煮成了一锅夹生饭。

潘家坪高干招待所为重庆国宾馆[30],毛泽东、周恩来等党、国领导人及柬埔寨国家元首西哈努克亲王等外宾莅渝均下榻于此。宾馆是为该地区最重要的制高点,控制了潘家坪,既可控制已拿下的河运校,继而威胁重庆医学院甚至对建设机床厂形成包围。于是抓紧修订作战方案,夺取潘家坪成为八一五必须从头开始的首要攻击目标。

新战斗于 19 日打响,八一五再次集中优势兵力发起强攻。反到底当然明白对方意图,遂以超强火力封锁上山之路,八一五尽管出动坦克,于 19、20、21 日连续发起三次总攻均未得手,伤亡惨重。公路、山坡、水田处处横尸。反到底亦多有伤亡。官史记载,此次武斗,潘家坪宾馆房屋和设备因武斗炮火损失即达 400 余万元。文革前陈列于宾馆供国家领导人观赏的馆藏珍品碧玉香炉等 10 件珍贵文物被武斗组织抢走,当时估值损失计 127.5 万元。[31]死亡人数则无准确统计。《重庆市志》只有一个概略的说法:"双方死亡上百人"[32]。参加了该次战斗的农总司[33]勤务组常委蒋良知[34]在"九五命令"交枪后,曾独自跑去潘家坪阵地查看,这样讲述了寂寞战场的惨景:

走到我们曾经防守过的阵地,那里已经没有人了。我转到那片广柑林里,看到地上还横七竖八躺着许多尸体,已经开始发臭。我不知怎么就数了起来,广柑林这些尸体,竟数出了几十具。

我又到建设厂警卫连防守过的那栋房屋前面去看,整栋楼房已

---

30 现名渝州宾馆。
31 《重庆市博物馆大事记》,载《巴渝文化》(第二辑),1991 年 3 月第一版,页 483。
32 《重庆市志·第一卷》,四川大学出版社 1992 年 12 月第一版,页 410。
33 全称为"重庆农民革命到底总司令部"。
34 蒋良知,北碚农民,退伍军人,他所在的由北碚农民编成的建设厂地区武斗队"红五连"奉命前去潘家坪"接防",替换一支伤亡惨重的中学生红卫兵武斗队。

经被炮火轰得只剩下一些断垣残壁，那里也有不少尸体，前面的水池里也泡着一些尸体……[35]

　　八一五派本打算继续进攻直到取胜，不料鏖战正酣的8月21日，中央调查组到重庆来了，不得不鸣锣收兵。当时无论哪一派都会把己方死者作为烈士运走安葬。事过近一月，潘家坪"战场"上仍有尸体无人收殓。中央调查组、省革筹调查组及市革筹制止武斗小组于9月17日傍晚一同到潘家坪武斗现场验尸，运回26具，尚有6具待处理。这当然不是死者全部，而是两派都无人认领、查不到具体身份的人员，估计有的是农民或外地青年。酷暑重庆，炎夏如炉，置放露天整整一个月的无名尸体，腐烂程度和恶臭可想而知——这些野尸游魂，只好"勒令"附近农村的"五类分子"去收殓处置。亲历该战斗的一位军事人员如此评价是役："从策划到实战，对敌情均不甚了了，战局半生不熟，一厢情愿，添油战术，进退无据，损失惨重，直拖到中央调查团来渝方才不了了之。"

　　重庆武斗死者太多，除了上面说到的无人收尸者，还有不少缺乏安葬条件的小组织、小单位者，死了人，尸体只得运送给条件宽裕的兄弟单位帮忙了。"重庆大学八一五"系本派大哥大，当然得多破费金钱人力帮助处理死尸。鏖战最急的1967年8月，几乎每天都有十几、甚至几十具陌生尸体送来。夏日重庆，人称"火炉"，气温通常高达40度，从战场上拖回的尸体腐烂极快，需要注射福尔马林药液，擦洗干净再用白布装裹、下葬。

　　开始，学校请一外号"王老幺"的裹尸匠王银山处理，王明码开价，裹一具收费10元、腐尸20元、穿尸衣10元、上下车搬运10元。当时一个大学生每月生活费才12元，每天几具、几十具尸体拉来处理，实需一笔巨款！电机系四年级学生郑志胜是班上学雷锋先进典型[36]，文革之初因不满于市委工作组将校长郑思群迫害致死而造

35　蒋良知《一个造反派农民的文革十年——原重庆市革命委员会常委、反到底派农总司勤务员蒋良知自述》，何蜀整理，未刊稿。

36　参见本书《导言》有关郑思群一节。郑同学家贫，赤脚上课被郑校长发现，曾赠鞋一双，让郑同学感激涕零。

反，得知公家钱财被如此破费，心多愧疼，断然将裹尸工作全部承揽下来。他成天忙碌于停放尸体的校区防空洞，从甲醛池把尸体一具具捞出来水洗、抹干，再用白布裹好，在尸衣上佩戴毛泽东像章和红卫兵袖套……因此劳作，重庆文革史为他留下了一个全国唯一仅有的称号："尸长"。"尸长"处理尸体，服务周全以至于如此程度：

> 刘文举（注：重大冶金系学生，王家大山战斗死者）从战场上抬回来，尸体还没有僵硬。我给他输了甲醛，裹了尸，穿了一套军装，扎了腰带，戴了军帽和红卫兵袖章。父亲是天府煤矿矿工。刘父和刘母、妹妹一道前来接尸。刘父说："家里很穷，文举生前从来没有照过全家福，现在他走了，一定要照个全家福作纪念。"为了配合他们实现这一要求，我送他们全家一起来到沙坪坝"双巷子照相馆"，我躲在后面，抓着刘文举的腰带，将尸体推立起来，在父母之间保持站姿，妹妹则站在前面掩护。[37]

这应该是全球最独特、最悲苦的一张"全家福"。

重庆一中有一位叫袁长平的小女生，老红军女儿，旅居美国几十年后，还到处打听"尸长"下落，她在寻人信息中说，当年她每次来重大，看见郑"总在整理红卫兵的尸体，我问他，你父亲是在殡仪馆工作？他说不是，战友牺牲了，总要有人来料理的……我觉得他的境界好高大。"[38] "尸长"的行为确实让许多人将他视作英雄。可惜他的命运和"英雄""境界高大"全不挨边。恰恰相反，因为他处理的尸体太多，被人质疑其参与了杀人而被收审，判处监禁十余年。所幸者，刑满释放后郑留监狱就业担任教师，后以司法局干部身份退休。

2. 宽银幕电影院事件

毛泽东听说重庆武斗中打了一万多发炮弹，虽然轻描淡写说

37　郑志胜回忆录《百年寻梦——汗、血、泪》（未刊稿）。
38　袁长平 2021 年 8 月 1 日致周孜仁的微信。袁父为老红军、解放军后勤工程学院党委书记。

了:"拿了枪炮,不打不过瘾"[39],但当重庆"全面内战"打到如此程度,北京的文革操盘手们却不能不感到震惊,一个以陈彬[40]为组长的中央调查组一行30人,于8月21日下午6时由成都乘飞机赶来了重庆。重庆两派对中央来人均表示了欢迎,声称是对自己的"最大支持、最大鼓舞、最大关怀",实则因为规模和烈度不断升级的武斗,已让许多人感觉恐惧,各方都想向北京控告对方挑起武斗的"罪行"以求秋后算账时保持主动;还有,如果战争确实无法刹车,各方都需要一点时间缓冲调整,以便继续打下去。

中央调查组的到来并未使和平很快来临。反到底占尽武器装备优势,但在社会和政治层面仍处劣势,军事上自然难有最后胜算。"六五"事件后,北碚区曾一度成为反到底的"解放区",如今却被八一五全面碾压,即使威震全川的"猛虎团",也被赶去璧山县借地暂住。他们确实想利用武器装备优势抓紧抢夺地盘,造成既成事实以增加谈判筹码。调查组到达当天,长江南岸反到底"黄山警备区司令部",即派出武斗队下山进攻"八一五联合指挥部"占据的南岸区武装部、区委大楼等据点,致死伤数十人,打坏房屋7幢,抄砸部队、机关、企业、商店17个和居民34户,抢走办公用具、电讯器材、手表等9183件,粮食2650余公斤。[41]

更糟糕的是,中央调查组抵渝次日,反到底在重庆门户山城宽银幕电影院门前闯了一个大祸:武装拦截前往谒见中央大员的54军军车,并枪击致死、致伤军官多名。

山城宽银幕电影院位于重庆火车站山坡之端、东西南北交汇之"两路口",建于此门户位置的山城宽银幕电影院系重庆市地标性建筑。这个极具战略价值的建筑被反到底抢先占领,居高临下,控制着各方来路。驻守宽银幕电影院的,正是21日凌晨刚调防来此的反到底的劲旅"工人造反军一支队"。

为了向中央调查组示好,22日凌晨,按反到底工总司和机关司

---

39 权延赤《微行——杨成武在1967》,页220。
40 陈彬,解放军总参军务部副部长,少将军衔。
41 《重庆市志·第一卷》,页410。

令部紧急会议要求,造反军一支队武斗人员把电影院下方马路的检查哨后撤至影院票房大厅,又搬开置放在马路上的条石等障碍物,便放心安睡去了。不巧的是,有3个反到底派观点的小青年(二青工,一初中生)正获钢枪在手,于是来到电影院门前马路自称"青年近卫军",决心找一番拦路称雄的"山大王"之感——也活该他们闯祸:此时,重庆警备司令部3辆小车载着军官数名,正要前去市革筹谒见中央大员,途经此地,正好成了3年轻人练武的活靶,于是顷刻间枪弹齐发:54军干部处处长张甲奎、司机李永梁当场殒命,文化处处长郝子义、保卫处副处长曾惠平、卫生科科长齐宗勋、参谋吴士龙等中弹受伤。惨祸发生,54军全体震怒,有干部、战士甚至要求派部队立即对反到底派实施铁拳反击[42]。

事情刚好发生在中央调查组到来的关键时间点。54军和八一五一口咬定这是一起有预谋、有计划、有组织针对北京来人的"反革命事件",要反到底交出凶手和幕后策划者。反到底遭此突发事件,顿时陷于极大被动,为挽回影响,工总司主动将拦车开枪的"青年近卫军"送交54军处置——此举并不解决问题,无非被斥之为"舍卒保帅"——"一支队"负责人朱登明[43]被枪声惊醒,对案情一无所知,即被作为"现行反革命"、"八二二事件的主谋"抓捕,后饱受毒打、审讯折磨,又押赴解放碑万人大会批斗,在《重庆日报》上点名,称其为"直接指挥一小撮反革命分子把枪口对准我们的亲人解放军,疯狂进行扫射。朱登明在据点煽动说:'打得好!以后还要像这样打!'"[44]受此事件牵连被抓捕的还有"一支队"成员田炎[45],重庆市市中区第

42　此行动被军长韦统泰制止。
43　朱登明,重庆市市中区建筑修缮联社施工员,造反军一支队负责人。官史《中国共产党重庆历史大事记》123页记载,1973年12月11日,"中共重庆市委就'8·22'案件结案问题向省委写出报告……提出对参与制造事端的四名武斗人员予以逮捕法办,对涉及此案的其他人员也分别提出了处理意见。"报告中所称的"四名武斗人员"即三名真凶加上被冤枉的朱登明。朱被关押至文革结束之后、《刑法》正式生效前夕,被突击判处有期徒刑十八年。
44　市中区建筑修缮联社革命委员会文章《坚决打击反革命分子朱登明》,载1968年11月30日《重庆日报》。
45　田在抗战时期曾投笔从戎参加中国远征军赴缅对日作战。"八二二"事件发

九建筑公司工人,时年 42 岁。被专案组认定为一支队的"黑高参","策划宽银幕事件的黑后台";工人造反军司令部工作人员潘桂林[46]因常与"一支队"往来,亦被抓捕。

"八二二事件"最悲摧的蒙冤者,当属重庆市第一工人医院外科医生李一士。李从中国人民解放军二军医大学毕业,1952 年奉调重庆工作。1957 年被打为"右派",在原单位"监督劳动"。"八二二"事件发生,李被反到底安排参加抢救中弹重伤的曾惠平。战时医疗条件恶劣,为保伤者性命,李果断实施截肢手术,后被定罪"阶级报复""残害解放军"。8 月内战结束后,成都军区司令员梁兴初 10 月来渝视察,在接见反到底派群众组织头头现场问黄廉:"锯掉曾处长大腿的那个人,你同不同意逮捕?"黄立答"同意。"其余头头亦表示:"坚决拥护!"李大夫因"右派"加身,无任何派系保护层,抓他如老鹰叼小鸡,梁当即下令:"马上派部队去把那人抓起来!马上派人去逮捕!马上去!逮捕他!"实际上李一士早已被抓起来并被打成重伤了,期间李遭严刑逼供,打断 5 根肋骨,肾被打破,关押 6 年后释放,继续作为"阶级敌人"监督劳动,直到 1984 年方得平反。

山城宽银幕电影院事件发生后第 3 天,北京政治气候陡转:8 月 25 日,中央发布关于拥军爱民的《八二五号召》[47];8 月 26 日,根据毛泽东指令,王力、关锋被关押;9 月 5 日,《九五命令》[48]下达。重庆大武斗暂时告一段落。

生时他正在宽银幕电影院,就被专案组认定为"混入革命群众组织的国民党残渣余孽",将其当年抗日救国的正义行动视为"反动",因而是"阶级敌人",并以此为由罗织罪名,称其向解放军开枪进行"阶级报复",关押批斗后判处有期徒刑 14 年。

46 潘桂林时为重庆市糖果糕点公司职工。被抓后,1968 年 11 月 24 日《重庆日报》公开发表批判文章《坚决镇压枪杀解放军的凶手潘桂林》,称潘"参与策划和亲自指挥了""八二二"事件。后查明"八二二"事件前后的 8 月 21 日至 24 日因腹泻正在医院住院治疗,不在现场。潘被关押至 1974 年获得释放。

47 全称:《关于展开拥军爱民运动的号召》。

48 全称:《中共中央、国务院、中央军委、中央文革小组关于不准抢夺人民解放军武器,装备和各种军用物资的命令(1967 年 9 月 5 日),中发〔67〕288 号。此文件在全国各地张贴。

第二节　武装支泸

泸州位于沱江和长江交汇处。建国初期，泸州曾为川南行署所在地，行署撤销后设泸州专区。1958年大跃进、人民公社致使经济大崩溃。次年，地委书记邓自力、副书记崔璋、专员陈怀堂为解农村饥馑蔓延之祸，断然施解散公共食堂，下放生猪给农民家养并划自留地、饲料地等德政，被李井泉打出一"邓、崔、陈右倾反党集团"。1960年7月泸州地委、行署随之撤销，所辖县市一并统归宜宾专区管辖[49]。行政区划设置的改变带来权力结构改变，文革中被称为"李井泉心腹"的牟海秀[50]任宜宾地委第一书记，原第一书记刘结挺始屈居第二书记，接下来便有了刘、张被"开除党籍、免予刑事处分"及夫妇二人乘文革风雨大作，东山再起等一系列公案。如今宜宾既成毛泽东打倒李井泉之突破口、刘、张嫡系权力勃发之地，按"红十条"第四条之规定："宜宾地区由王茂聚、郭林川同志负责组织宜宾地区的革命委员会筹备小组"，宜宾卧榻之侧，岂能容泸州非刘、张派系安睡？泸州反刘、张力量恰恰最为强大，对其采取武力解决，成为宜宾新当局的必然选项，这就发生了"武装支泸"战事。

泸州系三线建设重镇，多个大型企业，如全国最重要的硝化棉炸药生产企业泸州化工厂（代号255厂，位于泸州高坝）、根据毛主席"要在四川找点石油，找点气"的指示正在进行"石油大会战"的川

49　1983年3月，泸州建立省辖市。
50　牟海秀（1915-1995）河北景县人。1937年参加中共，曾任冀南军区分区司令员、冀鲁豫军区第五分区司令员，解放战争时期，任晋冀鲁豫野战军第2纵队第5旅副旅长、二野副师长。1949年12月，国民党军七十二军在宜宾起义，牟任解放军驻七十二军军代表兼副军长。1950年起，历任中共四川省自贡市委书记、四川省委工业部副部长、省基本建设部副部长，中共四川省自贡市委第一书记，1959年9月至1960年7月任中共四川省泸州地委书记。1960年7月宜泸合并后，任宜宾地委第一书记兼宜宾军分区党委第一书记。"文革"后期，历任中共四川省内江地委第一书记，四川省轻工业局党委书记，万县地委第一书记。1979年起先后任四川省革委副主任、四川省副省长，1981年5月调任浙江省副省长。1995年5月22日逝世于成都。

南气矿（位于泸州蓝田坝），还有为火箭发射提供吊装设备的长江起重机厂（简称"长起"）、长江挖掘机厂（简称"长挖"）、长江液压件厂（简称"长液"）等均落地于此。产业工人队伍极其庞大，且复转军人最多。我们很快就会看到，泸州文革最残酷血腥的桥段：规模化大武斗，正是这些大型三线企业担纲了悲催的主角。

"武装支泸"是宜宾新权力当局直接发动的成建制、集团化的大规模武斗，作战任务为组织一派群众组织（红旗派）武力剿灭另一派群众组织（红联站）。参加进攻的除宜宾地区本地的"红十条派"，还包括重庆反到底、成都兵团等共 34 个县、市的武斗人员。"武装支泸"前后共发起三次，第三次发生次年 7 月。按时序本节先记述前两次。

1. 交火双方

武装支泸的交火双方分别为红联派（属红成派）和红旗派（属八二六派）。

泸州早期造反举事的组织有学生组织《狂千赤》[51]、泸州医专九一二、六中"红闯将"等。1966 年的故事脚本和全国几无二致：造反各方批资反路线，对保王党同仇敌忾。到 1967 年夺权、"保王党"垮台之后，情节开始反转。

1 月 22 日泸州市造反派组成联合会宣布在泸州夺权，2 月初，"狂千赤""红闯将"等提出"造反派必须大乱"，并先后从联合会分化而出，成都军区 217 信件下达，四川大镇反开始，全市一批与联合会对立的组织遂成立红色革命造反联络站（简称红联站），参与了对联合会一派的抓捕。3 月 11 日泸州驻军与泸州市公安局联合发出第一号《通令》，宣布泸州革命职工造反联合会、成都工人革命造反兵团泸州部队等 46 个大小群众组织（大多为建筑工人、运输工人、民办小学教师中的组织）为"反革命组织"，勒令解散，红联站配合举

---

51 由二中《狂飙》《千钧棒》与六中《赤化全球》合组一体而名之。

办"泸州市粉碎反革命逆流展览",称联合会47个团队的3000多人中就有1000余人是牛鬼蛇神和社会渣滓。3月16日驻泸部队发布《通令》宣布泸州一些学生造反组织为"非法组织",勒令解散。接下来的情节与全省亦庶几相同:"红十条"下达。泸州地区拥护刘、张、王、郭的一派扬眉吐气,5月26日,红旗革命造反司令部正式挂牌。自此,泸州两大派组织:红旗派和红联站派分庭抗礼之局正式成型,并开始捉对儿厮杀。

其时泸州归属宜宾地区管辖,而宜宾新政权"革筹组"由王茂聚、郭林川负责组阁,眼见得泸州及毗邻各县反"刘张王郭"的红联站派得驻泸部队支持,势力明显占优,自成一大心病。等到宜宾"五一三血案"平复,地革筹组长王茂聚便开始着手解决泸州问题了。

2. 冷兵器时期之街巷械斗

6月中,王茂聚派出以原南溪县委第一书记董成烈为组长的地革筹视察组到泸州视察,继而又派地革筹秘书长缪群率工作组进驻泸州,两机构甫到泸州便旗帜鲜明支持红旗派。同时,首都红代会赴泸调查团和川大八二六小分队也到泸州活动,明确定性"红联站是反动保守组织",表态坚决支持红旗派。当时,红成、八一五驻泸联络站都纷纷表态支持红旗,反对红联站,以后在总部的压力下才转变立场。坊间盛传,这些都是中央文革派出的动态组人员,负责人是北京工业学院郑元金,郑长驻宜宾,直接与王力联系云云。红旗派气势大盛,痛骂红联站是"二月镇反"的帮凶,获走资派赐赏麻饼,是为"麻匪"。红联站政治上虽势处被动,但凭借驻军支持并坐拥众多干部、工人、贫下中农、学生基本盘,丝毫不怯场,痛骂红旗派靠打砸抢起家,是为"黑匪","如不回到毛主席的革命路线上来,只有死路一条"云云。同一单位的两派同事已无法一起工作、生活,狭路相逢,轻则谩骂批斗,重则关押毒打,红旗派组织游行,遭红联站冲击,红联站组织游行,红旗派亦进行冲击,两大派渐次分出各自势力领地:红旗司令部经过三次搬迁,最后定位于朱家山宜宾地委党校,控制忠山和南城一带；红联站总部则设于仁和路天然气公司办公楼，控制北城及小市、高坝、茜草坝、蓝田坝一带。大小摩擦随之开始。

7月4日凌晨，泸州气矿"六一二"（红旗派）首开械斗先例：组织气矿后勤片区人员400余，头戴铝盔、藤帽，手持木棒、钢钎在邻玉场运输大队集合整队，乘车东行，杀气腾腾直扑蓝田坝泸州气矿矿部，首先抢占广播室，声称要强占矿部，砸烂红联派的石油联络站及其各下属组织云。石油联络站在前一天已得知"六一二"将要行动，勤务组提出将下属各组织人员进行组编对垒，不料机关红色革命职工造反团的头儿们竟一个个彬彬礼让，坚决反对武斗，称："谁组织我们搞武斗，谁就是坏头头"。手持棍棒、钢钎的"六一二"已冲进了联络站，造反团200多人依旧手握《毛主席语录》高呼："要文斗，不要武斗！"俨然文革"宋襄公"。四川石油学院红岩公社派驻泸州气矿的几名大学生站出来和"六一二"论理，顿遭一顿狂打，受伤倒地不起。

眼见得事态恶化，矿团委干事、54军转业来矿的侦察连长李修传，一时怒发冲冠，大喊一声："走，拿家伙去！"

大群人方才跟"李连长"直奔行管科库房而去。李修传打开库房，首先操过一条扁担，其余人等随之蜂拥，将库房里的锄把、扁担一取而空，后去者没拿到"家伙"，就捡路边砖头石块，厉声狂呼着向"六一二"队伍冲击。两队人马在公路上短兵相接，顷刻一场混战。"六一二"眼看对方人员越来越多，不敢恋战，朝矿部西端的大招待所撤退，企图据此死守。李修传趁势排兵布阵，将大招待所团团包围。"六一二"料此处难以久守，推倒后院围墙仓皇逃出。联络站遂将双方受伤人员一起扶抬上车，渡长江送解放军三八医院救治，胜方旋紧急开会决定备战，同时一致推李修传、林合民、卢启邦等人担任武斗指挥。[52]

红旗派首次挑衅失利，决定升级规模以报复之。7月6日，泸州

---

[52] 李修传因足智多谋，作战勇敢，被推为红联站派武斗总指挥。9月7日，在宜宾当局第二次武装支泸时战死。

城区红旗派统一行动，对红联派发起冲击。泸州"医专六一二"在泸州曲酒厂"红工九一二"配合下，冲进泸州二中、六中，打伤二中"狂千赤"和六中红闯将，继而围攻红联站总部所在的天然气公司大楼。彼时红联总部人员仅100余，势单力薄，毫无准备，进攻者凡数百，且有备而来，很快便攻占了底楼和二楼，将红联人逼上三楼以久围长困。红联武斗指挥孙志明，胡须络腮，人称"孙络耳胡"，部队作训股长转业，位卑乃区区蔬菜公司副经理，却胆识过人，足智多谋，面对危局，他提出弃楼突围：从三楼和相邻的百货大楼之间用木板搭上天桥，乘对方不备快速撤退。此议遭北京来泸一帮书呆子大学生坚斥，认为"革命不怕死，怕死不革命"，决心"与总部大楼共存亡"。时间不待，"孙络耳胡"见全体撤退的计划一时难以通过，便派少量人等搭天桥速速离场向泸化厂、长起厂、长挖厂报信求援，又另嘱一人送信给附近东门口轮船公司打捞队，让他们马上进城武装示威以虚张声势。

前往泸化厂的信使无法通过红旗派控制的沱江大桥，断然跳入长江，顺流泅水40余分钟，终将信息送达；从宝来桥乘轮渡过江赴茜草坝的人员亦成功将求援信送达长起、长挖厂。最先得信的轮船公司打捞队七八十人，个个虎背熊腰，身强力壮，清一色红联观点，得闻"孙络耳胡"求援，立马头戴藤帽，手握钢钎，排成整齐队形从东门口出发，环绕大十字、治平路、水井沟、宝来桥、新马路武装示威，每走几步便大喊三声："杀、杀、杀！"，气势果然吓人！长起、长挖四五百工人多来自北方，一个个牛高马大，随之赶来，亦效仿打捞队呼啸呐喊。围困红联站总部大楼的红旗派不知虚实，担心遭里外夹攻，军心顿时虚弱了许多。闻讯出动的泸化厂近千人乘船溯长江而上，赶来东门口码头，直奔大十字、仁和路、治平路、慈善路、市府路……红旗派眼见得红联派增援队伍浩浩荡荡而来，急忙向忠山方向撤退，红联站总部长达一周之围顿然解除。

红联站势力乘胜挺进。泸化厂第二批武斗人员顺高坝至泸州的公路，经小市，跨沱江大桥，从陆路冲进城区，顺道轻取夺走了红旗派诸多阵地。

向泸化厂、长起、长挖、打捞队求援的同时,红联站总部还派泸州二中"狂千赤"司令欧真群带领女红卫兵数名,乘船渡江,到泸州气矿联络站请求援兵。联络站召武斗人员到小礼堂开会,欧真群痛诉红旗派挑动武斗、制造血案罪行,演讲声泪俱下,联络站人顿时群情愤激,无已抑制,一齐高呼:"向黑匪讨还血债!坚决保卫红卫兵小将!"联络组头头趁热打铁,宣布成立石油支泸兵团,当场报名人即达两三百之众。32111钻井队红联站观点70多人亦在队长、技术员带领下火速赶来矿部入伙。支泸兵团整理队伍,乘船渡江开入泸州主城区,驻泸州二中,参与南城片区的巷战。

交战尚处冷兵器阶段。双方始而砖头、石块,继而棍棒、钢钎、大刀、长矛、钩镰枪……进而用捆绑在板凳脚上发射的弹弓、土制的鹅卵石大炮、装上火药的燃烧瓶、用消防车喷射硫酸硝酸等等,自有一番古代部落械斗、贴身厮杀特有的血腥与残忍。巷战、街垒战无处不血肉横飞,惨叫声烈。中心战场在大十字,其余则有迎晖路、三星街、江城路、桂花街、珠子街等,其中以珠子街战场最为惨烈,双方在街巷中杀进杀出,后有人爬上房顶,从上向下投掷砖头、瓦片,战斗又成了三维立体战;再后,双方把街两侧的房屋逐户打通,武斗人员埋伏于房内,瞅准机会便对敌方实施突袭,地面战又延伸为地道战……混战数日,双方各有死伤。有名姓记录者:7月7日,红联站围攻瓦窑坝泸州化学专科学校"九一五",将司机杨永昌抓住后杀死;7月8日,麻沙桥江阳化工厂红联站派红化战斗团熊海清在武斗中丧生,其后再有:泸化兵团武斗人员梁永昌被杀、泸州木材厂红旗派毛成泽武斗被钢钎刺死、泸州曲酒厂青工王岳军在红联站攻进办公大楼后被抓失联,据传解押江边,用钢钎刺死后推入江中冲走、泸州市"建司红工九一二"成员、"二月镇反"被抓捕的张正国,把珠子街北城派出所指导员刘志清弄去钟鼓楼前大街,在众目睽睽之下用钢钎将其一番猛刺而亡,该派出所另一民警林铁樵亦遭钢钎刺戮丧生……

泸州连日武斗惊动了宜宾新当局。7月9日,地革筹组长王茂聚、副组长郭林川给红联站发来电文,命令"你们应当立即停止对红旗派的进攻,并将你们调来参加武斗的贫下中农和工人,让他们马上回本单位。否则,后果由你们负责。"同时致电驻泸7804部队团长宋富涛、政委张德富,称:"泸州情况十分紧急。在这紧急关头,7804部队应该站在红旗派一边,坚决支持红旗派制止武斗。"

接电当日,驻军7804部队即主持红旗派与红联站谈判,达成"停止武斗协议",双方同意停止武斗,互不冲击,并在协议上签字。

在驻军7804部队看来,尽管他们已于5月30日公开承认了二三月间镇反的错误,又给被取缔的群众组织和被抓捕的人员平了反,但这并不等于推翻原来支持红联站的表态。也就是说,部队继续支持红联站并无不妥——这与刘、张、王、郭力图打压进而消灭红联站的立场恰恰相反。上层两方认知相悖,停止武斗于操作上只是一句毫无意义的空话。

停战协议签字仅两天,7月11日,两派在珠子街和桂花街西街口泸州曲酒厂城墙再起战端并各有伤亡。13日,7804部队再次主持两派谈判,就停止武斗、脱离接触、划分警戒线问题等达成"第二号协议"。随后,红联站在其控制区内安装探照灯,红旗派则直接在警戒线架设电网。14日,7804部队第三次主持谈判,双方达成"第三号协议",同意把靠街道两侧房顶上的人员一律撤回地面,无人占领的楼房一律不得进驻。同时由部队派兵执勤,监视双方行动。

孰料"第三号协议"签署次日,在东门口执勤的解放军战士安崇坤被红旗派的电网意外电毙。红联站抓住时机召开追悼大会,"愤怒声讨红旗派杀死解放军战士的滔天罪行""向黑匪讨还血债"。成都军区司令员梁兴初得闻凶讯,立即发来命令:"立即停止武斗,双方都不能进攻,拆除电网。"

十余天巷战结果,红联站无论军事和舆论已明显占了上风,红旗派被压缩到忠山地区泸州医专、大营路地委党校、营沟头曲酒厂、韩家山劳动人民文化宫一带狭小地区;北城、南城、茜草坝、蓝田坝大片地方和广大郊区则全被红联站控制。红联站还将控制的10余艘机动船组成"舰队",以对地面武斗给予配合。

3. 忠山之战

为巩固并继续扩大战果，红联站决定主动出击，端掉红旗派的大本营：位于忠山的"泸州医专九一二"。

泸州气矿支泸兵团总指挥李修传主动请缨担任主攻。7 月 16 日，支泸兵团派出侦察排前往探摸路线，人员甫抵医专养猪场附近即遭伏击。3217 钻井队王世昌、高金义两人被红旗派当场钢钎刺毙，侦察排不得不撤回泸州二中驻地。出师未捷而损兵折将，支泸兵团之愤怒可想而知，发誓要"向黑匪讨还血债"。

冷兵器正悄然向热兵器转换。泸化兵团向占据文化宫红旗派发起攻击，三四百武斗人员除手持钢钎、棍棒，暗中已带上少许枪支——不料红旗派暗中也布设了热兵器，红联站冲进篮球场，红旗派突然引爆事前埋设的地雷，顷刻间炸倒大片"敌人"，其余红联人员急欲后撤，不想后面也响起地雷爆炸，又炸翻一大片。红旗派广播员得意扬扬地宣布："麻匪们，你们进入地雷阵了。我们已经埋下 4000 多颗地雷，你们胆敢轻举妄动，就要了你们的狗命！"泸化兵团数百进攻者匍匐篮球场，攻不能攻，撤不能撤，只能趴在地上等待救援。

李修传闻讯赶来总部，与"孙络耳胡"商量对策。孙志明认为，陷入地雷阵的泸化兵团几百人员已成人质，继续强攻，红旗派很可能狗急跳墙，将篮球场上几百个人全部炸死，现在只能取"围魏救赵"战法：立即再攻"泸州医专九一二"，大本营告急，红旗派必定将文化宫人马调回驰援，困于地雷阵中的泸化兵团自然便可获救。

李、孙方略既定，红联站即令移驻六中的支泸兵团五个连猛攻泸州医专大门，驻北城公安干部学校的其他兵团十余连则猛击泸州医专附属医院大门，两面夹攻、使对方首尾不能相顾。进攻连队虚张声势，大喊大叫，声称要在几小时内占领忠山，活捉"九一二"司令姚天豪，把红旗派赶出江城云云。红旗司令部果然惊惶失措，急调文化宫人员回援大本营，红联站趁红旗派力量空虚向文化宫再发猛攻，被困地雷阵人员终得死里逃生，安全撤离。进攻忠山的红联站各路人马见战略目的已经达到，遂鸣号收兵。此战泸化兵团数十人炸伤，损失惨重，只好撤回高坝休整。

7月18日凌晨，李修传及红联站勤务员六中学生甘俊廉率领队伍再攻泸州医专，两派上千武斗人员在忠山展开厮杀。泸州气矿支泸兵团调来两台泥浆压力车，与南城方向的贫下中农兵团合兵一处，共有三四百人，从泸州二中出发，经凤凰山、白杨坪、泸州六中，攻击至泸州医专大门外，然后分兵两路，一路由李修传率两台泥浆压力车主攻，另一路则由支泸兵团政委率领，绕至医专背面将围墙推倒而入，医专校内武斗人员陷入腹背受敌之境。红联站劲旅泸化兵团[53]也派来船只，在忠山山麓沱江江面鸣笛助威。

不甘示弱的红旗派，调来消防车多辆在灯光球场组成防线以阻挡红联的泥浆压力车，医专学生则手执棍棒钢钎排成人墙迎战。支泸兵团发起冲锋，猛然发现手执钢钎的死士中，竟有不少女生！进攻者无奈，于是绕开女生直冲人墙——没料想被绕开的女生正从背后用钢钎向他们猛刺而来！一刹那间，仇恨将人性最后一丝儿温情消杀殆尽，男人和女人，甚至未成年的孩子都怒目相视，如嗜血野狼一般露出锋利牙齿。

实力强大的支泸兵团击败医专学生，缴获了几十箱硫酸瓶，将进攻阵形推近至医专行政大楼，"九一二"人员全部退回大楼据守。守方置之死地，抵抗愈益顽强，支泸兵团多次强攻不下，战事势成胶着。下午四时许，饥饿难忍的支泸兵团欲退出阵地吃饭，不料形势急转，红旗派调来增援的两三千人马已掩杀而来，支泸兵团措手不及，丢弃泥浆压力车仓皇撤离医专校区。

幸好7804驻军闻讯赶来，迅速将两派隔开了——支泸兵团得以退回泸州六中校区，与仅隔几百米的医专继续对峙于忠山。这场武斗，泸州医专电力、蓄水设施、通讯枢纽等均被破坏，"九一二"成员林耀光被乱刀砍死，学生王学明被手榴弹炸死，另有"红工九一

53　泸化兵团系泸州化工厂（二五五厂）群众组织"毛泽东思想泸化战斗团"的简称。成立时间相对较晚（1967年2月），但人多势众，很快成为该市群众造反主力。民间评价，以实力论级，泸化兵团超过泸州气矿石油兵团，位居派首。

二"梁中珍、龙成江被俘,据传被钢钎刺伤活埋于忠山山麓公路旁边的煤炭堆里。红联站总部广播员、二中女学生林业芬作为卫生员随支泸兵团出战,被刺身亡,年仅 15 岁。武斗双方被钢钎刺伤木棒打伤者、被硫酸、硝酸烧伤者不计其数。

7月 18 同日,红联站蓝田分站发布声明,武装接管蓝田镇。次日,红联站决定将同观点的泸县红联站改名为"红卫兵 54 军 7804 部队贫下中农指挥部",将红卫兵、军队番号和贫下中农莫名其妙捆一起,实属文革组织起名之一奇葩也。7 月 20 日,红联站命令下属组织封锁泸州—宜宾、泸州—永川、泸州—荣昌、泸州—隆昌等公路,并向红旗派发出六条"通令",令其在 7 月 21 日中午 12 时以前交出市区小市镇[54],否则将采取"革命行动"处置之。

4. 泸州武斗第一枪

7月 21 日晨,红联派第一劲旅泸化兵团数百人乘船溯长江驰援而来,于馆驿嘴上岸,队伍三人一排前进,两边各执钢钎、棍棒,中间一人手中则端着半自动步枪。上午 11 时,两派在江城路、迎晖路一带展开街垒战,江城路北面右边坡坎上,泸化兵团人员断然举枪开火,击毙迎晖路拐角处红旗派泸州木材厂工人,脑袋碎裂,成为泸州武斗第一个被枪弹致死者。下午 4 时许,红联站总部广播员李国平(女)在天然气公司楼顶平台观看战地热闹,亦被红旗派总部以"川大八二六"学生用小口径步枪一弹击来,正中心脏,当即殒命。李国平其时刚年满 15 岁。[55] 1967 年 7 月 21 日,成为泸州文革使用现代枪械杀人开启之日。

常规武器大显神威。是日,红联站顺利占据了泸州绝大部分城区和郊区,控制了水陆交通要道。红旗派被围困在方圆不足四平方公里

---

54 小市镇位于长江与沱江交汇处之沱江北岸。
55 李国平之父李宝树延安时代曾任朱德驾驶员,中共建政后转业。大三线建设时,李父带人入川沿长江选址,并留泸州任"三长"(长江起重机厂、长江挖掘机厂、长江液压件厂)建设总指挥,后任"长起"厂长。

的市区中心，主力收缩于忠山顶上的医专校区一带，可谓大败矣。宜宾"方面军"主办的《革命造反报》发表的《关于泸州地区反革命武装暴动的初步调查》[56]称，当天被步枪、机枪、手榴弹打死打伤数百人，从江城路经花园路、宝成路到泸州医专附属医院的大街上，到处洒满鲜血；小市居民当晚 12 点左右看见红联站用汽车运送尸体，运了三车，去向不明；红旗派有 7 人被杀死在泸州榨油厂内，由泸化兵团一张姓司机用三轮汽车拉至停靠于馆驿嘴的舰艇，死尸用铁丝贯穿后沉入江中，其中还有一具女尸。若干天后，长江下游的合江、江津一带，陆续捞到尸体 100 多具……

21 日上午 10 时许，四川省革筹、成都军区派直升机在泸州上空继续散发《四川十条》和有关命令两派立即停止武斗的文件。下午，司令员梁兴初发来命令电："一、停止武斗；二、革命造反派要听毛主席的话，要做制止武斗的模范"。

5. 第一次武装支泸

梁兴初根本没有想到，泸州两派对他的停火令都不理会。22 日，梁兴初再与张国华、刘结挺一道以四川省革筹、成都军区的名义联合下达制止泸州武斗的"六条命令"。碰巧，这天凌晨江青接见河南群众组织代表，对"文攻武卫"口号给予正面肯定，次日，由《文汇报》造反派专印传单随报附送向全国散发。全国性的武斗由此大规模启幕。

四川当局由此将枪械武斗合法化，成都军区还请示中央批准给红旗派发枪[57]。手握《红十条》尚方宝剑的宜宾新政府，完全可以用落实中央精神的名义介入，堂而皇之支持一派群众对另一派群众发起武力镇压了。王茂聚正式启动"武装支泸"程序。

---

[56] 该调查报告为"首都大专院校红代会调查团"提供，调查团由括清华大学井冈山等十个群众组织成员组成，数据准确性仅供参考。

[57] 1967 年 8 月 28 日张国华在四川省农业生产计划、财贸、金属材料生产供应会议上的讲话中称："武装左派是毛主席的伟大战略部署"又称"我们经中央批准才做的。"

泸州红旗派遭遇红联派的强力打击，已断粮缺药，岌岌可危，宜宾地革筹于是紧急调拨粮食药品发运。陆路交通已断，只能走水路。就在江青号召文攻武卫当天，7月22日，宜宾红旗派江北二航司武装机动船8艘，装载援泸粮食、布匹、药品、弹药，由数百名武装人员护送排浪东去，直下泸州。行前由王茂聚亲自登船作战前动员，8船人气势大盛，中午进泸州境，路过蓝田坝渡口便向泸州气矿红联船只开枪，过澄溪口附近水域，又向泸化兵团601巡逻船开火挑衅。601船船长王振江被子弹击中腹部，伤肠外流。另有多人受伤。船员急回高坝报信，船长王振江上岸后因失血过多而亡。

　　宜宾船队开到宝来桥渡口卸货，再到小市沱江边靠岸，上岸即抢夺了泸县武装部的枪支弹药，然后离泸州返回。宜宾船队均系小马力机动船，有些还为木壳，机动性和速度均较为滞后。下午4、5时，船队行至蓝田坝附近火焰碛，即被泸化兵团两艘装甲大马力机动船"泸化一号""泸化二号"从下游紧咬追赶而来，实施一顿狂打。宜宾110号船船长中弹身亡，船只沉没。111号船等另外三艘船被击伤，无法前行，其余撤出战斗急返忙逃。被击沉、击伤船只上的人员跳水逃命，小部分人被射杀水中，大部分或泅水冲坝[58]小岛的高粱地躲藏，或泅长江南岸求救。泸州气矿武斗人员和华阳公社水冲坝附近的农村民兵见有宜宾武斗人员躲藏高粱地，高呼"抓黑匪！"蜂拥而来，将躲藏的100多人全部活捉。红联站扣留了被打伤的三艘船只，并将抓获人员带回泸州审问。俘虏一一做交待笔录，一周后悉数释放，缴获的三艘船只则开到高坝，经修补后供红联站使用。"七二二"一战，宜宾红旗派死伤100余人，泸州红联站除王振江外仅4人身亡，多人受伤。时值长江发洪水，死尸顺长江漂流，惹得人心惶惶。

　　武装支泸第一战失败，驻泸部队、省革筹、成都军区、甚至远在北京的相关群众组织均大为震惊。7月24日，驻泸部队和宜宾地革筹观察组紧急主持会议，让红旗派、红联站双方签署"第七号停战协议"，双方各派一名代表同部队一起组成观察组，责令、监督双方于

58　水冲坝是蓝田坝对岸长江江心的一冲积小岛，面积约数百亩之广。

7月26日12时前将武器送回部队封存,由双方代表会同部队组成监察小组负责验收。7月26日晚,首都及全国在京造反派组织240余人在北京工业学院召开大会,声援宜宾及泸州红旗派。大会由清华蒯大富主持,通过《关于四川宜宾专区泸州问题的严正声明》,称:

从7月5日至今,泸州地区党内军内走资本主义道路的当权派操纵反动保守组织红联站屠杀泸州革命派红旗派,制造了骇人听闻的反革命暴乱事件。泸州红旗派革命战友遵照毛主席"有来犯者,只要好打,我党必定站在自卫的立场上坚决彻底干净全部消灭之,绝对不要被反动派的气势汹汹所吓倒"的教导和江青同志在7月22日提出的"文攻武卫"的指示,对制造反革命暴乱事件的一小撮坏人予以坚决的自卫还击,这是百分之百的革命行动;我们首都和全国在京的无产阶级革命派坚决支持你们的这一革命行动。为了捍卫毛主席的革命路线,捍卫毛主席亲自批准的四川省革筹和宜宾地革筹小组的红色政权,我们坚决支持泸州红旗派拿起武器,武装保卫泸州。

我们恳切要求党中央、国务院、中央军委、中央文革和四川省革筹、成都军区立即采取有效措施,支持红旗派,平息泸州反革命暴乱,制裁反革命暴徒。

7月29日,梁兴初司令再发指示,要求泸州红旗和红联各派10至15名代表,由7804部队派车护送去成都举行谈判,以期有军队牵头,通过控制两派头头来拖延并缓解危局。不料8月1日,《红旗》杂志第12期发表题为《无产阶级必须牢牢掌握枪杆子》的文章,公开提出:"要把军内一小撮走资本主义道路当权派揭露出来,从政治上和思想上把他们斗倒、斗臭","这是当前的大方向"。泸州红旗派深知本派武斗失势,根子还在驻泸部队仍然支持红联站,于是趁机大倡反7804部队的舆论,公开在泸州市内到处张贴大标语:"打倒匪首张德富(7804团政委)""打倒泸州赵永夫""揪出泸州陈再道"等等,以对成都谈判施压。时值"七二〇事件"大发酵,全中国一片"揪军内一小撮"狂乱之声,红联站处政治下风。暂无解药可求。

8月5日,张国华和刘结挺接见泸州红旗派代表并听取汇报。张国华明确肯定泸州红旗是老造反派，驻军应予支持，不支持是错误的，同时又希望红旗派对红联站群众要做好思想工作。张国华模仿"四川十条"所谓"川大八二六和工人造反兵团这样的革命组织，要注意同红卫兵成都部队及其他革命组织加强团结"格式，将红旗派定义为泸州"八二六"，将红联站定义为泸州红成。张国华眼鼻子下的成都两派尚且闹得久无解法，想用同样办法化解泸州危局，显然不会有任何效果。

泸州两派都不指望成都谈判能让武斗平息。处于政治孤岛的红联站自保求存的唯一办法，就是继续巩固自己的军事实力。8月3日前后，红联站又抢了两个战备军火库，枪弹足以武装一个师，抓紧整编并扩充武斗队伍。汽车、拖拉机改装成装甲车，准备应对更大规模武斗。红联站站长、六中学生甘俊廉及主要副站长等均身佩枪支，负责总体策划、调度，李修传为战场总指挥，下设"泸化兵团"5个连、石油兵团（泸州气矿）3个连，另设野战兵团9个连，由长起厂、长挖厂、沙湾公社农民等组成；加上二轻兵团城防连和泸县泸联站两个连、纳溪革联站两个连、合江红联两个连等，总兵力共24个连，人数5000人左右。相比之下，红旗派虽然政治上飘红，军事实力却相对弱了许多，武斗人员总数仅2000人左右，除了寄希望于宜宾当局组织外援，自己根本无法对付红联派的强大武力。

红联派趁宜宾支泸兵败，继续对红旗派据点"三号信箱"[59]发动进攻。8月4日，泸化兵团、石油兵团以及交通机械厂、通用机械厂、伞厂、五星公社、邻玉公社的红联派武斗人员在蓝田坝泸州气矿进行军事集结。泸化兵团的船只则沿长江游弋实施侦察。张国华、刘结挺在成都接见泸州红旗派代表次日，8月6日夜，红联派的武斗人员和纳溪革联站的武斗人员数百人潜行至三号信箱三面包围位置候令，石油兵团300多人兵分两路，一路由李修传带领，沿泸纳公路推进，另一路沿长江南岸江边道路于凌晨4时进入阵地。8月7日拂晓，红联站武斗人员埋伏就位，开枪发令，东西路和南路的武斗人员与北侧

59　即四川石油管理局天然气研究所，文革后迁成都。

长江江心的泸化兵团八只船一齐向三号信箱发起攻击。三号信箱"六一二"武斗队凭借三幢办公大楼顽强死守,战事呈胶着状态。战至11点钟,泸化兵团装甲船601号前来助攻,用高射机枪向三号信箱三座办公大楼猛烈开火,下午1时,石油兵团终于攻领了两座办公大楼。红旗派"六一二"无奈退守最后一幢办公楼负隅顽抗。此时,幸得7804部队派出的一加强营及时赶到隔离,红联站被迫停止进攻,撤出战场。"六一二"也从办公楼撤出,匆匆逃离险境。不幸的是,"六一二"乘车撤退至三号信箱西南石梁,意外倾翻,致使车上3人当场死亡,另有3伤者经抢救无效死亡,多人负伤。一个喻姓头领腿被摔断。

这一战斗红旗派死14人,加上撤退途中翻车死亡6人,共死20人,另有重伤46人,轻伤19人。死亡名单计有:刘启孟、胡应松、邓运伦、张渝安、金昌学、刘木生、陈树成、蒲明忠、朱荣廷、何金泉、张清云、王善林、邓文兵、唐良禄(女)等。在以后的武斗中还有工程师李化民、女技术员邹瑞轩、工读校女生陈其美、陈世真被打死。一个科研单位竟有20多人在武斗中丧生,一叹!

乘胜追击的泸化兵团于8月8日进攻长江北岸的小市镇并于次日再克之。红旗派只好退到市区中心半岛固守。红联派将武力收缩集中至高坝、蓝田坝、茜草坝和小市镇各战略锁钥之点,泸化兵团11艘船只则封锁了长江、沱江水域,在半岛沱江大桥两侧形成暂时隔江对峙之势。红联派武斗主力多转业军人,其中不少参加过抗美援朝、中印边界反击战,无论参加武斗人数、战场经验和实际控制的地盘、武斗战果均明显占上风。红旗派虽在主城区占有一定优势,但就全局而言已优势全失,不少"铁杆红旗"只好跑到宜宾求救,红旗观点干部及庶民百姓亦纷纷逃往他乡投亲靠友,人数达数千。

1967年8月,"七二〇"武汉事变全国发酵,天下大乱推向巅峰,以刘张为代表的四川左派气势如虹。泸州"准保守派"红联站竟然在"突破口"地盘肆意妄为,"红十条派"岂能善罢甘休?16日下午,四川石油系统造反组织泸州"川油司"在四川石油会战总部驻地威远县红村召开大会,悼念三号信箱武斗中死去的20位"烈士"。驻红村的解放军 7864 部队[60]、四川石油局军管会、威远县人民武装部等单位代表出席大会。7864 部队和四川石油局军管会代表都发言发誓:"挥泪继承烈士志,誓将文化大革命进行到底",由宜宾当局直接组织的更大规模的武装报复,开始紧锣密鼓进行。

需要补充介绍的是,1967 年 8 月,武汉"七二〇事件"引发的"左倾"效应在全中国全面地、疯狂地外溢:揪"军内一小撮""打倒带枪的刘邓路线"、北京近 2000 个单位造反派组织"揪刘(少奇)火线"围攻中南海、"七二〇事件"英雄王力发表向外交部夺权讲话、造反派火烧英国代办处……此时的四川政治狂热,自然对泸州红联派是极大的"利空"。当时,"红成赴泸挺进纵队"与重大八一五"追打刘邓李任兵团赴泸调查队"均发表不利于红联站的声明[61],称红旗派是真正的革命造反派,红联派是保守派,7804 部队支持了保守派。红联站只能孤军奋战,用武力保护自己的生存了。

6. 第二次武装支泸

8 月 14 日,宜宾地革筹召开驻各县(市)工作组负责人会议,传达一把手王茂聚再次武装支泸的指示:"民兵要迅速组织起来,武器要发给坚定的左派""民兵要设三个团,直接由地革筹领导,任何组织和个人都无权调动"。

泸州红联站之所以强顽如此,皆因得到当地驻军的庇护,为确保第二次武装支泸的胜利,必先釜底抽薪。王茂聚会上宣布:"泸州问题为什么拖很久解决不了呢?道理很简单,牵涉到 7804 部队,他们支持红联站,我们支持红旗派,两边对立起来了。"他说他 7 月份在

---

60 新调入川的 50 军下属一个团。
61 8 月 12 日,重大八一五"追打刘邓李任兵团赴泸调查队"发表《首次严正声明》,称泸州红旗派是真正的革命造反派,泸州红联站是道道地地的资产阶级保皇机构,7804 部队在前阶段支左工作中的错误,绝不是"在造反派中拉一派打一派",而是支持了保守派,打击了革命造反派,必须毫无保留地支持红旗派,取消对保守派的错误支持;8 月 15 日,红成赴泸挺进纵队发表紧急声明,称红卫兵成都部队誓死支持红旗派,坚决砸烂麻联站,麻联站做梦也别想得到我红成的支持,红成与麻联站势不两立云。

成都曾向张国华政委和张西挺反映过部队问题。7月28日，经中央军委批准，成都军区发出调令，7804部队于8月18日从泸州撤防。

驻军离开当日，红联派举行隆重而悲怆的欢送仪式。7804部队指战员在一片哭声和根据《十送红军》改填歌词而成的《十送7804》歌声中含泪而离去。泸州城随即由从雅安、犍为调来、隶属54军130师团级建制的7790部队和7792部队接防，两只部队抵泸立即明确表态支持红旗派。泸州红联派的厄运开始了。

8月19日，王茂聚获中央军委令出任宜宾军分区第一政委，掌握了当地驻军最高权力，消息传来，宜宾红旗派群众和武斗队员欢呼雀跃，在宜宾城举行声势浩大的游行以表庆祝。随即，郭林川召开电话会议，对组织民兵及发放武器做进一步布置、督促。宜宾专区18个县（市）的武装部及地革筹驻各县（市）工作组已接王茂聚指示，要求武装民兵迅速集结行动，此前，成都军区请示中央批准，已给泸州红旗派发了枪，武装了三个连。

20日，经宜宾地革筹和宜宾军分区批准，宜宾地区三个基干民兵团正式成立。第一团为宜宾地专机关干部、第二团为宜宾市级机关干部和宜宾市工农群众、第三团为宜宾地区所辖18县（市）民兵。对外统称宜宾地革筹"毛泽东思想宣传队第×团"。人员编制、武器配备大体按正规部队标准，团以下设营，每营3个连，每连3个排，每排3个班，每班12人，营、连、排、班的军官、文书、司务长、通讯员、卫生员与部队同样设置，全连120人左右，配备机枪6挺，每挺配子弹300发，每连配冲锋枪10支，每支配子弹50发；步枪87支，每支配子弹30发，枪支弹药全数由宜宾军分区发放。一、二团的团长和政委由地革筹成员直接担任。除分别设3个正规营外，还有直属炮连、通讯连、卫生连，团部均配军用电台，各营、连配军用步话机。同时，每个团都配备军队干部参加指挥，3个团共有军队团以上干部15名，其中7790部队2名，军分区科长以上干部7名，各县（市）武装部长4名、政委1名、副部长1名。宜宾军分区军械科负责人和修理人员12人组成军械所，为武斗大军维修武器。首长均以代号相称：王茂聚为"长江一号"、郭林川为"黄河一号"。

后勤方面,王茂聚制定了武斗人员供给标准,每人每月伙食费:前方人员 18 元,后方人员 15 元,工人、农民、学生全额报销,机关干部除自交 7 元之外差额全额报销;每人发给蚊帐、胶鞋、衣服、电筒、水壶等用品。根据王、郭安排,宜宾市许多工厂新添设备生产武器弹药,其中长庆厂、三江厂、304 厂等生产红旗牌冲锋枪,南山、红光厂等生产手榴弹、子弹。南山厂雷厉风行,很快造出子弹数十万发。与此同时,泸州红旗派也成立了作战部、参谋部等军事机构,下设团、营、连、排、班,总人数 1000 人左右,对红联站实施夹击。

8 月 31 日,成都军区再发通知:"为了坚决支持红旗派,稳定泸州局势,决定用民兵装备红旗派二至三个连。武器弹药如果当地不够,由宜宾军分区调剂。"事实上,泸州红旗派三个连早在 8 月 28 日已经发枪。

9 月 1 日,宜宾地革筹召集泸县、合江、纳溪、江安、隆昌、叙永与泸州市等六县一市武装部长、地革筹派驻这些县市的工作组组长及红旗派主要组织负责人开会,王茂聚宣布,称红联站中绝大部分人员是老保或老保改头换面,是原来的保皇组织或其变种,自成立以来干了不少坏事。当晚,地革筹又在宜宾地委二招待所秘密召开基干民兵一团、二团连以上干部参加的军事会议,下达战前动员会:做好一切准备,武装支援泸州红旗派。会上决定了各路武斗人员具体行军路线。王茂聚说:战略上实行重兵压境,采取强大的政治攻势瓦解泸州红联站,达到最后解决泸州问题之目的;此次行动过程中,只要红联站胆敢开枪抵抗,就给予武力还击,并坚决消灭之。

9 月 4 日傍晚,武装支泸大军一团在宜宾专署灯光球场集合待命,二团在宜宾市工人文化宫球场上车出发,渡岷江驻北岸宜宾造纸厂待命。

"七二〇事件"爆发,毛泽东匆促飞沪,其后两个多月视察了上海、浙江、江西、湖南、河北、河南等地,继而发布了"视察大江南北的重要指示"[62]。从指示内容可以看出,毛泽东已经在若干问题上

---

62 10 月 7 日以中共中央文件发出,文件名为《毛主席视察华北、中南和华东

开始纠正"左"的错误。宣谕"在工人阶级内部,没有根本的利害冲突。""站队站错了站过来就是了。""两派要互相少讲别人的缺点、错误,多做自我批评,求大同,存小异。"而在此前八月,已经将王力、关锋关押。9月5日,再发《关于不准抢夺人民解放军武器、装备和各种军用物资的命令》,9月13日,又发出《关于严禁抢夺国家物资商品,冲击仓库,确保国家财产安全的通知》……一系列组合拳,有效缓解了各地的武斗烈度。武斗最烈的重庆,"九五命令"的贯彻被市民称为"和平民主新阶段"的标志性事件。王茂聚全面掌握权力(包括军权)的宜宾,偏偏在"九五命令"发布当天,正式发起了由官方组织指挥对泸州一派群众的大规模武装进攻。

是日凌晨零点,宜宾支泸大军第一团、第二团、第三团分乘数十辆汽车浩浩荡荡直扑泸州,成都、重庆等各地支泸武斗队也同时向泸州进发。其中一团攻泸队伍先经自贡到隆昌,会合成都、内江、隆昌等地武装人员,沿隆(昌)泸(州)公路直扑泸州门户小市镇,王茂聚随军行动,7790部队作战科长参加指挥。宜宾地革筹支泸前线指挥部设在泸县石洞区委大院内,王茂聚和宜宾方面军主要负责人谢英富随该队行动。

峨眉电影制片厂青年导演李佳木受省革筹主管宣传的田禾、郭一民之命随队前行,冒着烽烟战火拍摄了一部叫《突破口上红旗飘》的纪录片。两年后的1969年底,北京第二次解决四川问题,中央首长让参会代表一起观看了这部影片,王茂聚全副戎装亲临前线的镜头荦然银幕。康生尖酸刻薄地问一句:"这不是王茂聚吗?"三天后,这位武装支泸总指挥便上吊自戕。

富顺县的攻泸队伍由县武装部负责人率领,先头部队于9月3日已悄悄潜入沱江泸州段,暗藏船上待命,当泸化兵团601号船游弋到枇杷沟沱江江面,伏击者突然发炮,将601号船击沉于沱江桥下,后续大军随即占领泸县天洋、胡市二镇,再沿沱江而下,与宜宾一团会合,从北面攻打泸州。红联站武斗队在泸隆公路57公里和58

地区时的重要指示》。

公里周围，依山设防进行阻击，扼守泸州北大门小市镇。两派在五峰岭、学士山、三华山一带激烈拼杀。

整个支泸人员包括全川34个县共两万多人，分五路大军将泸州围得水泄不通。红联站现在只有招架之功而全无还手之力，他们沿城郊构筑阵地，实施顽强抵抗。9月6日至9月8日战斗最为激烈，泸州门户小市镇背后的山坡地带和蓝田飞机场附近的争夺已呈白热化。浩浩长江波汹流急，"泸化兵团"的武装机动船"泸化一号"和"泸化二号"火力全开，攻泸队伍一时受阻。王茂聚总指挥下令，立调两挺高射机枪支援，迅速压制住了红联站武装机动船火力，攻泸队伍趁机向小市开进。在此争夺战中，红联派武斗总指挥李修传驱车赶赴前沿阵地时遭遇机枪伏击，与警卫人员一起被打死在指挥车上，红联站指挥系统遭重创。

攻泸大军趁势发起全面攻击，红联站节节溃败，市中区、蓝田镇和小市镇相继失守，红联站人员（包括武斗队员、各基层组织领导、活跃分子及大量群众）除少部分经蓝田、茜草向合江县方向溃退，尚有数万人员负隅顽抗，撤退至"泸化兵团"所在地，在二道溪和高坝二五五厂址之间新白塔一带继续固守。

宜宾官方组织如此大规模武力行动，四川当局当然清楚。"九五命令"下达3天后，9月8日，成都军区政委张国华、副政委刘结挺、副政委谢家祥正式来电，告王、郭："对红联站采取武斗解决的办法，不符合党的政策，调动这么多的民兵，采取这么大规模的行动，运用这么多的枪支弹药，王、郭亲临现场指挥并抽调军队干部指挥""有的根本没有报告甚至有了指示也不执行，也不报告，更是错误的"。电文明确指出："军队不准参加武斗，更不准指挥武斗"。王茂聚已杀红了眼，全胜在即，焉会悬崖勒马？他对电文置之不理，还以辞去地革筹小组组长职务相威胁。武装支泸大军继续对泸州发起全面进攻。9月9日西线武斗队伍攻入主城区，9月10日南线武斗队伍占领蓝田镇、茜草坝，北线武斗队伍占领小市镇，其中一部跨过沱江大桥，与宜宾二团在沱江和长江之间的主城区半岛会师。

9月10日，成都军区张、刘、谢再次电令王、郭："进攻泸州的

第七章 血色巴蜀

民兵团应立即停止对红联站的进攻""对这次调动大批民兵到泸州采取这么大规模的行动问题,希望你们迅速做出检查报告"。王、郭二人仍置之不理。[63]

9月11日,成都军区梁兴初司令员和张国华政委联名电召王茂聚到成都,对其发动武装支泸进行当面批评,王茂聚软拖硬抗,继续实施进攻。其时,泸化兵团占据川南航空学校[64]的房屋建筑固守,顽强抵抗,红旗派久攻不克,遂于11日下午火速车赴永川,请重庆"猛虎团"团长邱开全领兵驰援。

9月11日晚,驻永川卫生学校的猛虎团员正在看电影,邱开全接命令,立即通知全体人员紧急集合,连夜开拔。次日凌晨4时余,猛虎团100多人和重庆九一纵队十三中九八战斗团、重纺五厂共100多人乘16辆卡车,赶至离泸州仅10公里的特兴场。天色放明,猛虎团员分两列纵队向南攻击前进。红联站在特棱桥、草店子发射枪榴弹拦截不住,猛虎团径直奔航校而去。重庆十三中和重纺五厂的武斗队员则沿龙溪河前进,亦顺利抵达航校,两路人马会合,邱开全指挥手持清一色半自动步枪的武斗人员,在无后坐力炮火力掩护下饿狼扑食一般发起冲锋。泸化兵团抵挡不住,临近中午,丢下10多具尸体狼狈撤离航校。

反到底劲旅的顺利推进让他们有些飘飘然。重庆十三中的校团委书记艾德政,正与两名学生在角落里吟诵毛泽东诗句"战地黄花分外香",不料红联派一颗枪榴弹打来,正好落在3人中间,两名学生当场炸死,艾书记重伤,送泸州医专附属医院抢救不治身亡。9月12日战斗死13人,其中除5人的姓名与身份尚未查到,计有贫下中农

---

63 以上相关史料,均转引自章明著《泸州文化大革命笔记》。作者撰写该书参考文献有官方史著《宜宾市志》《中国共产党泸州历史》《泸州市志》《泸县志》《纳溪县志》《合江县志》等,还有大量民间史料,计有《泸州武斗始末》(李昌寅著)、渔歌子主编的《四川'武装支泸'事件及相关背景大事记》、回忆文集《百年泸州》(原泸州市政协主席徐龙治编)、回忆录《麻与黑》(骆汉著),此外,还参考了刘庆丰、刘平制作的11集影像记录作品《被遗忘的战争》,该影像作品对21位泸州武斗亲历者和相关人员进行了采访实录。章明原系《泸州日报》总编辑。
64 又名六九二厂,生产航空航天器件。

造反军1人，中学红卫兵九一纵队所属西师附中"布尔什维克"1人，十三中九八6人，无一人是猛虎团成员。次日猛虎团死2人，九一纵队又死2人，未知姓名。

当日，泸州城内大街小巷到处张贴红旗派的标语和捷报，欢呼"王、郭两首长直接领导第二次解放了泸州！"现在只剩下高坝了，那是红联站的最后据点，不拿下高坝，宜宾支泸大军难称全功。

猛虎团攻下航校，支泸大军立即乘势挥师直逼高坝。当他们推进到离高坝仅有两三公里高压线钢架处，遭到泸化兵团空前顽强的阻击。此处公路两边小山上各有一座高压线钢架，南距长江约一公里。这是红联站扼守高坝的最后一道防线，他们在此修建了坚固水泥碉堡，还拉来硝化棉垒集而做防御工事，土坦克亦开到此处实施阻击。土坦克周围有钢板保护，轻重机枪难以近身。红联站司令、六中学生领袖甘俊廉乘快船赶去江津，找到7803部队（属54军135师）副师长郑经海报告危局，请求解法，又去长风机械厂找八一五派搞到20挺重机枪拉回泸州，交泸化兵团前线指挥唐俊良，大大增强了防卫火力。宜宾支泸大军猛攻阵地一时无法得手，死伤多人。目空一切的猛虎团再次冲来，企图用集束手榴弹爆破土坦克未果，只留下一句誓言："打不下泸州，决不活着回山城去"。泸化兵团也杀红了眼。他们把两卡车TNT炸药拉到阵地上，泸化兵团通过钢架上的高音喇叭向长江对岸大声宣布：如果红旗派悍然攻进高坝，钢架失守，就"引爆炸药，炸平周围大小山丘，阻塞长江水流"，让两派人员和工厂同归于尽。

两派在此相持数日，钢架被打出累累弹痕，周围几十间民房被烧，战事仍旧胶着难解。此时的高坝，双方武斗人员聚集达数万之众。更危险在于，泸化厂是全国最大的炸药材料生产厂，泸化厂存亡事关几万人安危，险如天大。武斗危局惊动了北京，周恩来下达死命令：绝对不准攻占二五五厂，成都军区随即再发急电，政委张国华命令，必须停止一切进攻！

猛虎团长邱开全口述：

秦部长[65]找到我说，快点，小邱，张政委来电报了，立即撤除对泸化厂的包围，否则他们炸厂，引起严重的后果。我说不行，他不敢炸厂，炸厂他们全部死亡。他说泸化厂是国防重厂，你千万不要这样。我说不行，我不撤。包围，直到他们投降为止。后来一汇报过后呢，秦部长来，张政委第二个电报又来了，就说小邱必须撤出泸化厂，一定要听命令，在这种情况下，我才说好嘛。因为那边下面他们往新溪方向撤退了，已经打了一仗了。我说算了，让个口子，放他们走。新溪才把那个河的口子让开，让他们走了。武装支泸这个战斗基本上结束了。

9月19日，王茂聚终于下达了宜宾支泸大军撤离命令。当日，他身着戎装，以宜宾军分区第一政委的身份，在泸州地标、原川南军区大礼堂向武斗人员作报告，大讲武装支泸的巨大成绩和伟大意义，大讲红联站的9大罪状，却对成都军区领导的批评和停止进攻的命令避而不提，只含糊其词道："张国华同志讲，二五五厂有几百吨炸药，打不得；我们的任务已完成，只剩下一个二五五厂，泸州红旗可以对付了。以后如有必要，随时可以再来。"当晚宜宾各团连夜行军，撤离泸州，四川各地区、各县市以及贵州省的武斗人员也同时撤走。

第二次武装支泸，主要战场在市郊，重点是泸州北大门泸隆公路57公里、58公里一带、泸州南大门蓝田飞机场一带、泸州西大门华阳、南城一带，双方战斗激烈，伤亡惨重，所幸泸州主城区内没有发生巷战和拉锯，民众生命财产和房屋损失不是很大。仅建于明代的泸州城标志性建筑之一钟鼓楼被毁，人员大量外逃，机关瘫痪，工厂、店铺关门，一片凄凉衰败景象。随着武斗式微、收尾，9月16日起，宜宾地革筹机关报《宜宾日报》连篇累牍发文渲染泸州武斗，歌颂武装支泸之成绩巨大。

关于双方死亡人数，有两个资料可供参考，一是成都军区赴宜宾工作组1967年9月8日的《报告》。该报告称"各县武装民兵已提前于5日开始行动，6日与红联站接火，战至8日上午，红旗派死亡

---

65 据邱开全口述，秦部长名秦进周，255厂武装部部长。

10余人，伤者人数不详。红联站死伤上千人……"此报告为军方正式文档，较为可信，但撰写"报告"尚处武斗高潮之时，故死伤人数统计不全；另一资料是红联站1967年9月23日的一个统计，该材料称："红联站共牺牲213人，重伤200多人，轻伤400多人，下落不明242人，一般成员和家属被捕1000人以上"。后一材料离武斗结束时间不远，有一定可靠性，但缺乏红旗派方面的伤亡数字。乱世滔滔，几乎不可能留下完整可靠的准确数字，一般估计，双方死亡人数合计1000人左右，伤残数千[66]。

战事初歇，两派都各自修筑烈士墓予以安葬，且都立有高大纪念碑。红旗派的烈士墓在市中心的忠山之上，纪念碑正面镌"革命烈士永垂不朽"8个大字，侧面则为对联"红旗红霞红满天，春色春风春一片"；从山脚到山顶建台阶280级，两边沿山平台次第埋葬红旗派死者尸骨，据称总数500左右。文革结束，红旗派政治上彻底败落，忠山坟茔和纪念碑很快被铲除净尽。

红联派死者墓群则建于远离市区、当年鏖战最惨烈的高坝大龙山。"烈士陵园"拱门后亦建有约10米高的"烈士纪念碑"一柱，碑顶立塑像三：一男青年居中，戴头盔，抱"雄文四卷"，右手前挥、两侧分别一男青年握笔，一女青年握纸，意为"拿起笔做刀枪"。墓群有坟茔380座，其中130座有碑文，其中91座碑文信息较完整，盖有干部2人、工人72人、农民8人、学生9人，年龄最大的44岁，最小的18岁。陵墓区上行，有矩形"烈士榜"水泥墙，上书"红联站革命派烈士榜"字样。"烈士榜"上有死者名单约300。另有一矩形水泥墙则上刻中央首长"九一六讲话"[67]。再往上，又建有"第一次反围剿胜利纪念亭"落款时间1967年9月3日。附近建有"燕子岩六烈士"大型雕塑，五男一女。

文革破产后，属地罗汉公社按上级指示"清除文化大革命标志

---

66 章明著《泸州文革笔记》)页113。
67 指1968年中央召开"全国国防工业部分工厂和一机部、化工部部分协作工厂抓革命促生产会议"期间，中央首长9月16日接见时怒批武装支泸，这次讲话史称"九一六讲话"。

物",派人捣毁陵园。如今拱形陵园大门依稀可见,纪念碑碑文有凿后痕迹,碑顶雕塑尚模糊有形,墓碑则已全无,墓地荒草丛生。后边休息亭、"烈士榜""燕子岩六烈士"雕塑等均废。皆因令农民捣墓心力不济,且墓地附近泸化厂工人家属者众,对毁墓多持抵牾之情,农民趁机草草收工,墓群主体轮廓、要件遂稀里糊涂存留了下来。几十年后,造访者的感觉是:山上"荒草很高、阴森恐怖、道路难行""只剩下两三块有'烈士'标识的墓碑了。里边只见乱坟一大片,加上近年来新葬的平民墓,已找不到一丝当年的痕迹。[68]"唯见苍烟落照间,一抔抔无主黄土,野草瑟瑟,山下的浩浩长江不舍昼夜,无语奔流。

第三节　涪陵:小县城大屠杀

涪陵城位于长江、乌江交汇处。自重庆顺长江而下,水路仅80公里。涪陵地区行政编制虽属地专一级(当时下辖有涪陵县、丰都县、垫江县、石柱县、南川县、武隆县、彭水县、黔江县、酉阳县、秀山县等十个县),但涪陵城却是一典型袖珍小城。下面所说的"涪陵"均限指涪陵县及涪陵城,《涪陵市志》载,1967年涪陵县总人口为660429人,而县城总人口仅五万左右,县城仅一条叫中山路的大街和与之相连的窄街陋巷。除了"涪陵榨菜",这儿几没有任何拿得出手的经济品牌。1967年夏秋,涪陵武斗以其惨烈残忍和规模巨大而名震巴蜀,实为一大异迹。

1. 交火各方及政治成因

涪陵离重庆很近,受八一五的影响相对亦早,红卫兵成都部队亦

---

68 《泸州文化大革命笔记》,作者章明先生2019年初寻访泸州死难者坟场后致朋友的微信。

在此设有联络站，但真正影响最大者，是首都三司学生4、5人[69]。当地学生造反组织以"红卫总部"和"红卫兵总部"最大。"红卫总部"由地区中专校：涪陵师范、农机校、商校和农校的造反学生为主而成；"红卫兵总部"由普通中学造反派组建，计有涪陵一中、涪陵五中和涪陵中学等[70]。涪陵地区中专校规模均属小微，故"红卫兵总部"人数稍多于"红卫总部"。

工人的造反组织相比学生就强大得多，计有"工人总部"（由海陵厂、新力厂造反派工人组成，街道居民的造反组织亦并入"工人总部"）、"二七战团"（地区轮船公司造反派组织）及新光纸厂、陶一厂造反组织等。此外，机关干部造反者，有地区公安处的"政法公社"，县委、地区农业局等亦有大小不等的造反组织。

1966年底，全国批判资反路线大潮已成，局势明朗，涪陵地区忽然杀出一匹"黑马"："红贸总部"，这个难以界定属"保"还是属"造"的大块头一出现，便整个儿改变了涪陵文革力量配比。尤其需要说明的，是涪陵文革中一个呼风唤雨的人物，此时便骇然出了场，此人名赵树金，山东人，原涪陵军分区副参谋长，赵在1966年11月文革最热闹的时刻转业，到地区商业局担任了政治部代主任[71]。

军分区司令员刘绍堂的夫人朱翠业，是商业系统八大公司之一医药公司的教导员[72]，算是"走资派"级别了，挨了不少大字报，故而刘司令对该系统的运动特别关注，刘两次约谈赵树金，要他赶快把商业职工"发动、组织"起来。刚刚转业的赵树金得令而动，立即召集医药、外贸、生资、土产四公司的教导员开会，要他们动员群众参加成立不久的"红贸军"。有军分区司令撑腰，又有司令代言人站台

---

69 有关回忆录提到的"清华井冈山"成员为应金玲（女）、马德清（男）及北京农机学院刘碧英（女）、李桂莲（女）。

70 当时涪陵城内只有涪一中、涪五中两所普通中学，乡下只有二、三、四、六和涪陵中学。

71 赵1919年生于山东肥城，初中文化。1940年入伍抗日，1942年加入中共，历任排长、连长、营长、军事教员。进军西南后，先后在贵州军区步校、川东军区步校战术系任教，1958年调成都军区军训处任干训科长，1963年调涪陵军分区任副参谋长，1966年11月转业到涪陵专商局（行政13级）。

72 教导员是文革前全国学习解放军时期设的职务，属政工系统一把手。

主事，小县城的文革乱局立即推向高潮。1966年12月24日由地区商业局所属八大公司群众组建而成的"红贸总部"挂牌，紧接着便迎来了"一月夺权"，"红贸总部"联手地区邮电局"涪陵红色邮电军"等，于1月底发起成立"涪陵革命造反联合司令部"，囊括了绝大部分地、县群众组织，此"革命行动"理所当然得到涪陵军分区支持。

没承想势大气粗的"联合司令部"成立半月，就遭到天不怕地不怕的中学"红卫总部"公开挑战，小年轻的理由冠冕堂皇："联合司令部是自上而下成立的官办组织"，1967年2月11日，"红卫总部"直接将"联合司令部"一砸了之。[73]

涪陵军方的反应更强硬，"联合司令部"被砸次日，军分区即宣布对涪陵地、县公检法实行军管，接着逮捕了地区公安处造反派负责人马泽林、洪孟等人。军队派出的宣传车在中山路来回啸叫，宣读"军委八条"，称"政法公社造反兵团"是"反革命组织"，扬言要"对那些证据确凿的反革命组织和反革命分子，坚决采取专政措施""要坚决镇压破坏革命大联合、反对革命的三结合的右派组织和反革命组织""要坚决镇压把矛头对准中国人民解放军的反革命分子"，等等。红贸总部则配合军队宣传，刷出大标语、组织游行，呼喊"坚决支持军分区镇压破坏文化大革命的反革命分子！""砸红贸总部就是破坏革命大联合！""反对红贸就是反对解放军""打倒赵树金就是反革命"之类口号。

造反学生毫不示弱，亦针锋相对游行示威，发誓"砸烂赵树金的狗头！""坚决砸烂红贸总部！"2月16日，首都三司红卫兵去军分区上访，企图说服司令刘绍堂，卫兵拦挡不得进入，直至深夜未果——接下来的故事和"川大八二六"静坐成都军区的故事一样，数百名当地学生前来声援，在军分区大门外僵持、静坐，"一遍又一遍朗诵毛主席语录、高唱毛主席语录歌"等等，高喊口号："革命无罪，造反有理"等等，"唱'抬头望见北斗星，心中想念毛泽东'，唱得很多学

---

[73] 后由涪陵军分区支持恢复。1967年6月3日以红贸军总部、县工交总部、专（区）工交总部为核心正式成立了"红联司"（全称"红色造反者涪陵革命造反联合司令部"），将所有的"贸派"观点的组织联合在一起。

生热泪盈眶"等等[74]。学生们坐盼刘司令接见整整一通宵而不可得,第二天中午,偏偏等来了众人从未见过的直升机飞临小城:成都军区从空中撒下"军委八条"及"成都军区关于不准冲击军事机关的通告"传单。轮到"红贸总部"及其同伙逞能了。满大街的标语顿时变得截然相反:"坚决拥护军委八条!""冲击军事机关就是反对伟大的中国人民解放军!""坚决要求镇压冲击军事机关的反革命行为!"……荷枪实弹的军人上街巡逻。

红贸军虽然人多势众,却仅仅由地区商业局及其所属的八大公司组织的单一系统组织,其他系统群众支持红贸则不多,尤其没有大的红卫兵组织支持,故而太缺说服力。为壮大声势,经军分区一手策划,决定以涪陵一中"红卫兵匕首战斗团"为骨干,将涪陵五中、涪陵师范学校、涪陵卫生学校、涪陵农校等几个学校的学生组织统合一起,成立一支持红贸总部的"毛主席的红卫兵涪陵革命造反司令部"。成立大会定在1967年2月22日晚在军分区侧涪陵灯光球场举行,司令员刘绍堂派出两个连军人荷枪实弹护卫。两大造反红卫兵组织集结人马前去"造反",始终难于下手,最后,只在游行的过程中由首都三司南下学生带领下实施零星阻挡,亦遭军人断然出手,当场抓走了北京及本土红卫兵多名,扭送至原地委大礼堂里由军人押管,其中有红卫兵长征战斗团负责人石少云[75]和"红卫总部"的杨柏林等。研究界认定,2月22日是为涪陵"二月镇反"的启动之日。为表示造反决心,"毛主席最忠实的红卫兵涪陵革命造反司令部"(简称"忠实兵")针锋相对,在军事恐怖之下匆忙宣布成立。

25日晚,涪陵城首次大戒严。警车拉响警笛,军分区宣传车冷冰冰地宣读戒严令,接着开始抓人。后来成为"忠实派"[76]总负责人、涪陵一中青年教师罗成胜就在那一晚上被捕,被五花大绑投入监狱。

据罗成胜查阅官方档案统计,"二月镇反"全区被抓进监狱的达4000多人,而涪陵县就抓了1000多;投入黑牢的有机关干部、工

---

74 见罗成胜《我的造反生涯——重庆涪陵忠实兵总负责人的回忆》。
75 长征战斗团系"涪陵红卫兵总部"主力。
76 该派组织全称"毛主席最忠实的红卫兵造反司令部"。

人、农民、城市居民、教师、学生,甚至有十二三岁的小学生;被批被斗被迫检讨认错的人则比此数要高出许多。[77]

接下来的剧情和前面说过的全川一致:四月,中央第一次解决四川问题。马泽林、罗成胜、石少云、吴大才、李林森[78]被军分区奉命从监狱里提出,直接送北京参会。罗成胜代表涪陵造反派向周恩来做面对面控诉。北京之所以能如此准确点名,也因为南下涪陵的首都三司学生通过"西南联络组"推荐进入代表名单。接下来的剧情也一样:"二月镇反"被否,《四川十条》下达,省革筹建立。涪陵小城,从监狱里放出来的"涪陵工人二七战斗团""涪陵革命工人造反联合总部""毛主席最忠实的红卫兵革命造反司令部""政法公社造反兵团"为代表的涪陵造反派(简称"忠实派"),开始借政治上的胜利,兴高采烈地恢复并壮大组织。

由枪杆子做后盾、曾一家独大的红贸派无法接受如此现实,于是集结力量对抗;还有,因刘司令与"贸派"的特殊关系,要军分区按《十条》精神转弯,一时难度也大。刘司令在大会上宣称:"抓得对,放得也对;抓是按军委八条,放是按军委十条。"。6月中旬,经过几次会议协商,红贸总部正式将大派定名为"毛泽东思想红色造反者涪陵联合司令部"(简称"红联司")。军分区派人参加大会,赵树金正式亮相主事。

5月27日,"忠实兵"在总部驻地县文化馆门前的露天舞台教唱自编歌曲《活捉耗子精》(注:"耗子精"系赵树金的辱称)进行反"贸"宣传,文化馆对面正是"红贸军"县商业分部,岂忍得这般骂阵?立马派人前去冲击。"忠实派"寡不敌众,退入馆内闭门不出。"贸派"将忠实兵司令部围困通宵,然后破门而入,将其总部砸了,少数逃离不及的忠实兵均遭殴打。此为涪陵两派第一次武斗的"五二七事件"。

---

77 1967年12月25日,涪陵军分区发布了一个平反补充公告,公布了在当年"二月镇反运动"中被打成"反革命"及抓进监狱的 855 个"反革命分子"的名单。

78 马泽林(政法公社)、罗成胜、石少云(涪陵一中学生)、吴大才("二七战团)、李林森("工人总部")

这就出现了一件蹊跷的问题：四川文革棋盘上，涪陵小城不过就一小小"五二七"罢了，相较同期其他地区的武斗规模，简直就一"小儿科"，成都军区竟然很快于 6 月 17 日，专为涪陵发了一《中国人民解放军成都军区关于涪陵军分区当前支左工作的意见》（俗称《涪陵五条》），《涪陵五条》模仿《中央十条》语式，明确肯定"涪陵工人二七战斗团""涪陵革命工人造反联合总部""毛主席最忠实的红卫兵革命造反司令部""政法公社造反兵团"等为左派的同时，又非常明晰地将另一派群众定义为"保守组织"，要大家"切实做好对保守组织的工作，使其回到毛主席的革命路线一边来。"刚刚引爆的涪陵燃点，被《五条》催烧出漫天野火。

涪陵虽小，上层却一直狼争蛇斗。《涪陵五条》下达，把军分区内部纠葛、特别是一、二把手的矛盾彻底挑开了。司令刘绍堂，老红军，1955 年授衔大校，行政九级，正师级，资格老却没文化；政委李畔，河北任丘人，教书先生出身，抗战时参加中共，算得工农队伍中稀有的知识分子，南下四川后历任成都军区司令员贺炳炎上将[79]秘书、军区司令部办公室主任等职，因开车失事（压死了人）而被处分，后调涪陵军分区任第二政委（第一政委为时任涪陵地委书记的孙俊卿）。北京否定四川"二月镇反"雷霆突降，涪陵县"政治林鸟"各自分飞。刘绍堂与"贸派"关系特殊，要他按《红十条》精神转弯难度太大。李畔多富上层行走经验，脑子精明许多，后来李畔曾这样自吐心迹：

六七年五月三十日，刘结挺在一次电话会上公开讲："涪陵、内江等地'保守'势力凶得很，造反派还受压，要下决心让这些地方翻过来。"这就明确地把涪陵"红贸"即"红联司"派打成了"保守组织"……刘结挺所说的"翻过来"，很明显就是要把"红联司"派打下去、把它搞垮。

我由于在"二月镇反"中犯了方向、路线错误，担心群众要批判，自己要垮台，只好另寻出路，重找靠山。为了这个目的，先后派了三

---

[79] 贺炳炎于 1960 年 7 月 1 日病逝于成都。

批亲信到成都观察动向，摸底细，通过和刘、张控制的办事机构和当时军区机关群众组织的联系，与刘、张挂上了钩，他们听了我的所谓"二月镇反"的抵制者的假汇报后，非常高兴，刘结挺连声说："好！好！李畔态度明朗，像个造反派。"于是在六七年六月十三日，通知我去成都。我昼夜兼程，赶到成都，便立即受到刘、张办事机构的热情接待。他们给我谈了刘、张对涪陵问题的看法，我听了很高兴，觉得找到了一个很信任、很支持我的靠山。

为了好说话，提高我的身价，给镇压一派群众的活动披上一层"合法"的外衣，我提出最好给涪陵下个文件。他们表示同意，并要我起草。我按他们的意思，写出了所谓"对涪陵军分区当前支左工作的意见"，一共七条；转交刘、张，后改为五条。所谓的《涪陵五条》就这样出笼了。[80]

上述"交待"发生在 1969 年 12 月中央第三次解决四川问题之时，刘、张已成"落水狗"，把所有邪恶之事统统往二人身上推，对李畔这样的政坛精明人应当可以理解，所谈事实亦大体可信。此处需要补充仅仅是，《涪陵五条》以成都军区的名义而非省革筹名义下达，显然必须经张国华和梁兴初批准。张、梁二人初来乍到，一切行动均需以《四川十条》为准绳，对镇反受压者必须坚决支持，而对保守派必须瓦解之。李畔利用成都军区上层关系摸清底细，再通过军内造反派直接与刘结挺搭上线并得到授权，遂有了起草文件"先拿出 7 条，后改为 5 条。"之举。

忠实派成员、荔枝公社小学教师张公振回忆，说某日遇逢李畔警卫员余佰明陪李畔从成都开会归来，余告诉他：

前晚上在成都军区，张政委和梁司令员把刘绍堂骂得狗血淋头，梁司令员还说：你刘绍堂算什么？你是大校，我梁兴初是军长，现在是大军区司令员，是中将，你算什么？他（指梁）把涪陵军分区的领导班子和一批干部召到成都军区去，最后给他们明确，要支持李畔政

---

80 袁光厚著；《悲剧是怎样造成的——刘张乱川记》，袁为新华社原驻渝记者站记者。

委的工作。军分区副司令员陶怀德是大校,也是老红军。陶怀德在那里顶了两句,梁兴初把他也骂了一顿。他们纷纷表态,回来要支持造反派。[81]

《涪陵五条》显然已成四川新当局当时的集体意志。贸派被逼上了梁山。6月19日,即《涪陵五条》下达后第三天,贸派主动挑起战端:派员到"二七战团"团部所在地"海员俱乐部"贴大字报寻衅,继而武斗开打,赵树金旋派红贸军总部常委王××带县工交分部二百余人、红贸军一百余人,加专署工交部门成员共四百余人前往驰援。双方在海员俱乐部及毗邻房顶用砖头、瓦片互掷开仗,"二七"及"忠实兵"寡不敌众,往水边撤退,贸派继续掷瓦片追击,"二七"只得逃往船上暂避。"二七"陆地已无安身之地,但却控制着涪陵大部分船只(包括当时为数不多的几艘大马力铁壳船),于是驾船据守,还封锁了乌江江面,使乌江断航整整97天[82]。涪陵五中学生胡忠孝在冲突中重伤,送医院抢救不治身亡,成为涪陵武斗第一位殉葬人。忠实派为其举行抬尸游行:此为"六一九"事件。

6月24日,已升任成都军区副政委的刘结挺及军区副司令邓少东在军区小礼堂接见忠实派赴蓉人员200余。"忠实兵"意外发现,原来"六一九"事件成了一次具有转折意义的事件,使"形势这么快就倒向我们一方,这是许多人始料未及的。"为了加大贯彻《涪陵五条》力度,由工程兵54师副政委黄鹤寿组成了新的支左班子。忠实派虽处于组织恢复中,势力较弱,有四川当局明确支持,不仅原来逍遥局外的百姓纷纷加入,贸派中一些重要组织也"反戈一击"投奔忠实派。双方同时开始"扩军备战",纷纷组建"专业"武斗队,装备木棒和藤条安全帽。涪陵武斗战车以空前加速度向深渊冲去。

---

81 何蜀:《张公振口述》,(未刊稿),张公振后来以涪陵政协主席之职退休。
82 9月23日方复航,乌江断航97天。

2. 械斗从石器时代向铁器时代急速升级

"六一九"事件后,忠实派开始向势力较集中的长江饭店以西撤离。7月3日,忠实派赶走《涪陵日报》社贸派,7月5日,再拔贸派唯一据点"粮油总部"。武斗在上百民居的屋顶排开战场,屋瓦几乎被揭得精光。户主早躲了,参战人员只管在其间进出穿行,战事结束,各方都运来砖瓦对受损民居迅速修缮恢复,显示仁义之师形象。这样,两派沿长江岸线的中山路划出长江饭店至夏家沟的"中间地带"为"三八线",以东由贸派控制,以西由忠实派控制,双方隔"线"对峙,秣马厉兵,血战一触即发。7月7日,渝涪线班轮全部停航[83],渝宜、渝汉班轮也不再停靠。涪陵城与外界的水陆交通基本断绝。

涪陵县城沿长江江岸而筑。按地理高程分三个台阶。中山路为第一台阶,往上的环城公路为第二台阶,再往上,自来水公司"水塔"所处位置为第三台阶。"七五"事件的胜利让第一台阶的县城西区成了忠实派一统天下,位于一、二台阶之间的县工业局四层大楼及第三台阶的"水塔"仍为贸派所控,对忠实派构成威胁。7月13日,忠实派组织大刀、长矛队向工业局大楼的贸派发起突袭:此为"七一三事件"。

先是,忠实派奇袭并攻占了大楼,贸派于是紧急调兵反攻,团团围困,或架楼梯、或攀窗冲击,虽遭多次击退,贸派仍勇猛进击。学生渐渐力有不支,遂跳窗突围,在大楼附近农田及环城公路上与贸派增援部队展开钢钎肉搏,忽进忽退,纠缠不清,合围与突围轮替,杀声与叫声交响,胜负难分,只有血肉横飞。械斗进行了一小时余,"忠实"方劲旅"二七"兵团掩杀过来,为首的京剧团、川剧团武打小生挥舞长矛大刀,一度声势大振,眼看贸派已显颓势,正要撤退,战地忽响起一片喊杀声,几百名贸派从第三台阶的水塔处铺天盖地压下,直扑环城公路,忠实派抵挡不住,仓促撤退。罗成胜记录当时经历:

我算真实经历了"兵败如山倒"的境况,人流前挤后推,几乎是

---

83 至9月16日复航,共停航71天。

连滚带爬地退下公路几十米,我们几个人被冲散了。转眼望去,公路全是对方人马。我方有人大声叫喊不能退不要退,要顶住,大家才慢慢稳住了阵脚。工业局在公路上方紧靠公路,四层高的楼房,临路边是较高的堡坎。"贸派"从山下压下来时,一下子将它团团围住,里面有100多号人,几乎全是我们学校的学生。

这天的大流血,我方死了好几个人,专署小礼堂摆放的遗体有五、六具,有名有姓。失踪和被俘的有60多人,其中学生占一半以上,我校就有10多人。受伤者可说难计其数,随处可见,据统计近1000人,重伤者住了10多间房(学校的教室)。

此役是涪陵武斗的第一次、也是最后一次刀枪肉搏,双方死伤均以数十计,且都有人员被俘及被俘后身亡被害者。武斗进到这一步,已再没有什么底线,其间发生的"剖尸事件[84]"为该事件留下了最后的、最血腥的注脚。

16日下午,地委和专署的忠实派组织派出的四五十人将三天前武斗重伤医疗不治的贸派尸体13具(其中女尸一具)抬上涪陵无祀坛河边"二七战团"驾来的铁船甲板之后,船驶到长江江心下锚。船上人按照指令,先将石头用钢丝捆紧,又将钢丝的另一头把尸体捆住(从腋下齐胸一一捆绑),然后准备抛尸江中。全部过程,地委和专署机关的造反干部都津津有味地在一旁看热闹。

这时,忽有思绪缜密者提出:"尸体如果在水中发胀了,或者钢丝套的石头被水冲脱了,尸体会浮到水上来,怎么办?"长江边长大的人,许多都见过"水打棒"[85],于是马上有人出主意:"把肚皮剖开,尸体就浮不上来了。"更多人齐声赞同:"要得!"

经几个负责人商量,决定由两个人来剖腹:一个"二七战斗团"年轻自告奋勇者,另一个人则被指定:分配到行署工作不久的大学生,据说在校学过解剖,这样,完全狂热而麻木的旁观者和两个同样

---

84 《我所知道的涪陵1967年7月"剖腹沉尸"事件》,见网刊《昨天》第31期(2014年3月)。
85 长江沿岸百姓对江上浮尸的俗称。

失去理性的人共同演出了这场惨剧：对自己同类的尸体施暴。没有解剖工具，两个施暴者遂用手中的钢钎将死者肚皮划开、或戳开破，当施暴者解开女尸上衣时，人群中突然爆发出歇斯底里的喊叫："把她的裤子拉掉！看看到底是什么样子！"接下来的暴行满足了好奇围观者原始的兽性心理……[86]

3. 抢劫武器库

大刀长矛械斗很快成为过去时，轮到热兵器登场了。贸派灵魂人物赵树金，凭军人的孔武专断、敢说敢为，加上与军分区的广泛人脉，果断策划了一场抢劫武器库的计划。他专门召开了一次红联司常委会，后又约谈军分区有关人员王××[87]，称，根据外地和涪陵武斗情况，贸派常委认为不拿起武器有被消灭的危险，王××对此表示支持，并告知赵军械库钥匙在商姓科长手里，得先想办法把钥匙拿到手。王说打开军械库问题不大。

8月5日晚上10时以广播为号开始行动。红联司常委分工把口；军分区王××，参谋刘××直接赶来参与行动。事后，赵树金详细介绍了"抢枪"的全过程：

> 况道成、彭用吉负责搞钥匙，开仓库；黄××带三兵团到易家坝警戒，防止8042部队[88]；王××、余××负责两边马路警戒；杜炳权调几个总部来拿枪、弹；朱××带一兵团到易家坝医院警戒；周××守家。我问军分区的王××（军械库）怎么开？有没有口令？他说没有口令，凭声音熟。我又问王××怎么搞商科长的钥匙？他说先叫

---

[86] 1971年搞"一打三反"运动，涪陵曾为此立专案审查，直接指挥参与"剖腹沉尸"的原"二七战斗团"负责人被捕，后因"处理的都是武斗中死了的人""不是直接杀人"而释放；那位机关造反派负责人和执行破腹的大学生被隔离审查，并规定终身不得加入共产党。

[87] 王××，现役军人，后"贸派"战败撤出涪陵，曾擅离岗位随"贸派"撤离，两个多月后被抓回。

[88] 8042部队为军委工程兵派涪陵进行核工程施工部队，该部队副政委黄鹤寿担任涪陵新当局负责人。

（用电话骗）他来军分区开会，再把军械仓库电话线掐了，搞他出来就把钥匙拖过来……万一军械仓开不了怎么办？那也没得关系，带两把斧头去把锁撬了。

（行动）时间到……王××、刘××就来了，他两个掐电话线去了……又过了一阵，我听到况道成、彭用吉两个在易家坝厕所侧边问："干什么的？"

回答说："是我。"

又问："你是谁？"

回答说："我是涪陵军分区军械科商××。"

况道成说："你不是，是二七的。"

回答说："我不是二七的，我是涪陵军分区军械科商××。"

况道成说："我们搞不清楚，委屈你一下。"就搜商科长的身。

我听到况成道说："这是啥子？"

商科长说："钥匙。"况说："搞不清楚你是不是二七的，先把你的东西保管起来。"

黄××过来对我说怎么办？我说带到高干招待所去。黄××就把商科长带走了……况道成把钥匙拿去了，我想商××不说就直接到易家坝军械库去（只要有钥匙就行），我走到军械仓库，大门早就打开了……

这次行动共组织1000多人去搬抢并就地发放，等到军火库向部队报警时，武器库早已搬抢完毕。搬走的武器计有各种军用枪支5000余支，轻重机枪400余挺，迫击炮100多门，炮弹和子弹500多万发。加上贸派后来搞的一些县、区、乡搞的人武部和民兵的武器，大约在一万支左右。

枪械库被劫事件让社会全员震惊。为避免不可控流血事件突发，支左部队连夜召开会议向忠实派群众介绍自我防护知识，要求准备沙袋、不要到靠后山的房间和窗口张望、学生能疏散的准备疏散……等等，涪陵支左小组组长工程兵8042部队黄鹤寿政委宣布："对于赵树金的这一犯罪行为，我们已经向成都军区报告，而且成都军区也

第七章　血色巴蜀

明确的指示我们为了保护革命的左派，可以武装左派，让你们自卫；根据这个指示，支左领导小组决定，为了应付万一，先从现在的支左部队的战士手中抽出一些武器武装你们。""先组织两个连队，一个连队由原地委、专署以及公安的干部组成，另一个连队由工人组成，武装人员政治上要可靠，最好是转业军人，要有使用武器的经验。"黄还明确发枪前要造好名册，发枪时要做好登记，谁领了枪，领的是什么枪，都要登记。要求赶快组织，越快越好，保证在当天午完成这项工作。等等。

会议开完已是6日凌晨。8月7日，驻涪陵地区部队支左领导小组、涪陵军分区和涪陵县武装部就"八五抢枪事件"联合发表声明；同一天，驻涪陵地区支左领导小组和中共涪陵军分区委员会就"八五事件"联名向"全区复员、退伍、转业军人"发出"公开信"；并联名向贸派发布"第五次严重警告"；8月10日，8042部队再单独发布"声明"称：

以赵树金、杜炳全为首的一小撮坏头头，指使红联司中不明真相的部分群众，切断军用电话，绑架我守库人员，抢劫涪陵军分区武器仓库里的武器弹药，企图以武装镇压涪陵地区的革命造反派。这是极其严重的罪恶行为。

军方命令贸派：

必须将抢劫的所有武器弹药如数送还，不得拿去武装群众，转移隐藏，如敢于开枪射击革命群众，因此造成的一切严重后果，由你们自己负责。

不明真相被蒙蔽胁从参加抢劫武器仓库的干部、群众，只要不继续参与其活动，不手持武器与解放军和革命群众对抗者，均可以既往不咎。

凡已被武装起来的群众，在此关键时刻，能认清形势，个别或集体反戈者，均可以按"受蒙蔽无罪，反戈一击有功"的政策予以欢迎。

文告号召"广大工人、农民、学生、干部、复员退伍军人和民兵，应立即团结起来，动员起来，抵制赵树金、杜炳全等人进行的罪恶活动。彻底粉碎他们不可告人的阴谋。在给复原、退伍、转业军人的公开信中特别强调："由于原涪陵军分区司令员刘绍堂犯了方向路线错误，致使你们中的一些人站错了队，走错了路。现在由李畔同志为首的涪陵军分区党委已经扭转了政治方向，改正了错误，你们应该跟着改正过来。"文告称：

（贸派）如果执迷不悟，继续向我方进行射击，为了完成党和毛主席所赋予我们的保卫无产阶级革命派的光荣任务，我军将予以坚决的还击。因此所造成的一切后果，将由你等负完全责任。

事情发展至此，涪陵小城的文化大革命和"文化"已经没有半点关系，完全成正规军与一派群众组织合作，向另一派群众组织武力过招，最后结果仅仅是贸派作拼死一搏罢了。就在部队发表声明的8月7日上午，军人奉命去自来水厂旁边宣传关于制止武斗的文告，旋遭贸派人员机枪点射和步枪射击，一士兵当场中弹而亡，一副连长重伤。枪战之端既开，接下来的规模化杀戮便完全失控。

4. 两次大伏击

为应对贸派业已掌握大量武器的危机，8月6日晚，"二七兵团"按照部队支左领导小组安排派船去丰都县获取枪弹，此消息被贸派截获，立即制定计划决定待船只返航时发起伏击。伏击计划除火力点、滩头阵地选择、步枪、轻重机枪、无后坐力炮等火力配置之外，还决定先用一只小木船装上石油，点燃后直驾对方运兵船火攻，以使对方船舶减速以射击之。

8月8日，忠实派5艘船如期从丰都返航，溯江列队而行。当运送枪弹的船队驶到涪陵县境第一个河道狭窄处黄桷嘴，果然遭到两岸埋伏的"贸派"火力猛烈的射击，再行至乌江口，贸派的枪林弹雨更从新光纸厂、北岩寺、麻柳嘴三个方向同时倾泻而来。火力攻击重点是驾驶室和轮机舱，驾驶室虽装钢板和多层棉被保护，但轻易便遭重机枪多处击穿，舵手连中3弹仍坚持掌舵，紧接两发子弹直击前胸，倒地身亡。船长虽左背中枪，鲜血染透衣衫，仍接过船舵续行。押船军人有重伤者，轮机舱亦有伤亡者，船队仍一边还击，一边强行上驶；很快又进入韩家沱火网区，"贸派"将载满七八个汽油桶的木船推到江中，该船接近"二七兵团"船队时，用机枪将木船击燃，着火的汽油漂浮在水中，将江面燃烧成了一片火海。船队冲过火海和"贸派"的火力网，终于驶入"忠控区"，在涪五中"工人总部"武斗连队营地靠岸，起卸枪支弹药。

事后军分区公布："涪陵5艘船只担任运输任务，并由我支左部队派出战士护航，这是执行中央关于维护交通运输安全指示的有效措施……但是'红贸军'一小撮坏头头，欺骗群众，开枪开炮射击船只……在珍溪、清溪、韩家沱至麻柳嘴一带，在长江两岸设置火力点和交叉火力网射击……（整个事件）打死11人，其中解放军战士1人；打伤37人，其中解放军战士3人，全部船只弹痕累累"同时，军分区还特提出"第七次严重警告"。

这个严重警告唯一值得注意的是，军方称派出战士护航，"是执行中央关于维护交通运输安全指示"，忠实派人士却从来不回避他们派船队是去运载武器。这样的"警告"，只能煽起贸派更加狂野失控的仇恨。三天后，贸派直接对军车车队实施了一次规模更大的伏击。

8月11日遭遇贸派伏击的，是纯由军分区4辆卡车组成的军车车队。

伏击地点选在距涪陵城64公里处（龙潭镇外2公里）。贸派伏击队8月10日半夜提前做好准备，11日凌晨4点出发，天亮时到龙潭，先用冲锋枪扫射一通，将当地忠实派吓走，控制了龙潭电话总机。几个指挥者现场选好地址，分派好队伍，确定进攻为红色信号弹1发，撤退为白色信号弹3发。

中午12点，车队进入伏击圈。7822部队团政治处主任成照雄坐第一辆卡车驾驶室，发现公路有障碍物，驾驶员罗助之刹车，打开车门准备排除，四面山头上由机枪、步枪组成的火力网便开始发起射击。罗当场中弹而亡。成照雄主任接着跳出驾驶室大声喊话："我们是解放军！不要开枪！有事商量……"话音未落，一梭子机枪子弹已应声射来，成胸部中弹，当即殒命。

接下来，机枪、步枪、冲锋枪、手榴弹雨点般倾泻，4辆卡车全部中枪，现场顿时血肉横飞，每辆车都有被打死在车厢和驾驶室者，其余跳车奔逃，在车旁和公路上又有多人被居高临下射来的子弹和投下的手榴弹击毙、击伤。危急之中，营长宫润武发现不远半山坡上有农家碉楼[89]，断然带领剩下的16个军人和群众，冒枪林弹雨硬冲而上，据守碉楼对抗。

贸派团团围住碉楼，三次冲锋均被击退，于是改用火攻，将稻草、柴火点上火后投向碉楼。所幸碉楼系石材和墙泥筑成，一时难克。据宫润武等人介绍，贸派围攻碉楼时，曾有人向他们喊话："营长，你们没有几个人了，赶快出来投降，不投降就把你们摧平！……"知道有营长在被袭队伍中，足见进攻方掌握之情报精准。

第三辆和第四辆车还有10个左右的解放军战士和群众，由一个班长的带领，跳车逃生，在路边一处坡坎上顽强据守。所幸"贸派"集中攻击碉楼，未注意到这些位幸存者。时近黄昏，伏击者撤离了战斗。次日中午，从南川县赶来的救援队伍到达（此地距涪陵64公里，距南川41公里），将死者遗体和伤员运到南川。秀山县的死难者则运回该县安葬。属于部队的23位指战员，由总政治部颁发烈士证书，全部安葬于南川县城公园，举行祭奠仪式，在一排排高大的墓碑上，嵌着每个人的照片，刻着姓名、籍贯、年龄、职务。

遭遇伏击的死亡人数达47，其中部队指战员23人、司机6人、家属2人，而且家属之一正是《涪陵五条》起草者、军分区政委李畔之妻，另有秀山县造反派16人。这是贸派又一次精心策划的军事伏击。伏击方无一人死亡。

贸派事前获取的信息很准确。几个月后，军分区电台台长王××被抓，供认是他提供了情报，这样，"贸派"头目亲率"一兵团""三

---

89 当地常见的农村民居与军事碉堡形状相似，有三四层楼，有枪眼，历史上农民作防匪患之用。

兵团"的若干连队实施了这次伏击。

袭击方赵树金、况道成、彭用吉等人,在乱局平息之后,旋被当局逮捕。涪陵军分区那个向贸派通风报信的电台台长同时被抓。

5. "八一四"反击和贸派的覆灭

涪陵两派的仇恨已经被激发至极限。除了继续升级武力,已别无解法。

曾经弱小的"忠实派",因得四川新当局和军方的公开支持,此时总兵力近3000人。"忠实派"负责人之一况太志[90]称,"工人总部"已有七八个连队,近千人;"二七战斗团"五六个连队,七八百人;"农民总部"(含区镇"忠实派"驻城里的人员)有两三个连队,三四百人;"忠实兵"一个连队,约两百人;此外,还有一由地县党政机关"忠实派"叫作"401"的连队,不少于400人,由当时的涪陵地区民政局干部李平[91]负责。

最重要的是,"忠实派"有超过1000人的成建制支左军人作为后盾,包括工程兵54师101团三个连兵力,还有由成都军区独立团、即7822部队的两个连兵力(62、63分队),加上涪陵军分区独立营(即926部队)不少于两个连的兵力——这些,就其战斗力而言,足可抵得上两派全部兵力的总和。

还有一支与涪陵忠实派有特殊派谊的域外力量:地处上游、离涪陵很近的重庆反到底派劲旅、刚在重庆"八八海战"中大显神威的望江机器厂"反到底舰队"。望江厂不仅同意派"望江101号"炮舰支援,还为忠实派调来两门三七高炮,作为攻击贸派制高点水塔所在堡子城等处之用。武力对比已完全翻转。8月14日,忠实派开始反击。

清晨,反击战在"望江101号"炮舰的隆隆炮声中打响。完整装甲的"望江101号"神气活现地在长江上来回游弋,向贸派目标发射的炮弹发出惊天动地之声。攻击目标首先是"堡子城"水塔。贸派其

---

90 况后来任涪陵地区革命委员会副主任、四川省革命委员会委员。
91 54军转业干部,后曾任涪陵地区革命委员会委员、地革委人保组负责人。

他阵地亦同时被倾泻而来的高射炮弹击中,亲历者这样记录当时的见闻:

> 船上的炮口不时冒出火光,须臾耳边就"砰砰"的巨响。"军舰"主要在我方区域的江面上开炮,也有两三次往下游的"贸派"区域驶去,一边开炮一边前进,驶到长江和乌江的汇合处,又缓缓驶回来。看到"军舰"炮击,着实感到兴奋和过瘾。我们又跑到对面窗口去观看炮的弹着点,就这样在两边窗口来回跑来回看……
>
> "军舰"炮击了半个多小时,就向上游驶离了涪陵。"军舰"离开后,"堡子城"的枪炮声响得很激烈,我们跑出去,看到许多人都出来了,枪弹还在头顶的高处"嗖嗖嗖"地飞过,大家都出来看热闹,街道靠里那一侧(山上打不到)到处都是人,危险的一侧也有些胆大的人往山上看。[92]

上午11时左右,忠实派顺利攻占了水塔。贸派城内的其他阵地失去依托,于是决定退守水塔后面更高的"懒板凳"和"望州关"。忠实派夺取水塔后迅速扩大战果,于中午攻占了水塔下面的工业局,下午攻占了红贸派总指挥部所在的南门山高干招待所。入夜后曾再次发生过一阵枪战,贸派企图夺回失去的"堡子城",但枪声很快沉寂,反击失败。

8月11日龙潭袭军车得手,赵树金曾计划休整10天左右,于8月20日之后发起总攻,由上向下将忠实派彻底击垮,赶下长江,不想战局顷刻间溃败至此。贸派副司令黄年福事后回忆,8月15日清晨,贸派核心人物在卫校碰头研究下一步行动,赵树金无奈叹息:"现在这种情况怎么办?"最后只能同意大多数人意见:撤去乌江东岸涪陵师范学校,贸派随即从城区撤出东渡乌江而去。是日,涪陵县城天降大雨。

一网名叫"逍遥词客"的贸派人员[93],几十年后,在《中华诗词

---

[92] 罗成胜:《我的造反生涯》页257。
[93] 从该诗词和注解中判断,作者当为当年随"红贸派"撤退,亲身经历了溃逃45天,最终于黄沙坝"被俘"押解回涪陵的涪陵卫校红卫兵。

论坛》上以"涪陵地区文革四十周年祭"为题发表了几十首组诗。组诗"之八"专记 8 月 15 日的大撤退：

  一高既不守，直如多米牌。*
  两日地利陷，三军尽可哀。
  仓皇江东退，回首泪满腮。
  四万齐声哭，悲惨动地来。**
  （原注：*多米诺骨牌。**当时退过乌江的贸派连家属有 4 万多人。[94]）

此后，从 8 月下旬到 9 月中旬，忠实派用 20 来天接连发动了"江南战役"[95]"江北战役"[96]和"江东战役"，贸派只得败走涪陵境外。这些战役均有军队参与，为忠实派制作沙盘、配置电台等。

9 月 7 日，溃逃丰都县的赵树金、况道成在包峦供电所主持贸派常委会，提出以丰都栗子区栗子寨为中心"建立巩固的农村根据地"，并决定"派出精干力量攻打石柱县城以解决冬衣物质等问题"。9 月 17 日，赵树金收到涪陵工程兵支左部队 8042 部队给他的一封信，规劝其带队归案，可以减轻处分或免予处分。以外，还有一份中央军委关于收缴武器的《九五命令》，另外还有如《致受蒙蔽群众的一封信》等文件和传单。赵树金看后说："没有什么案可归，也没有什么枪可缴，他们把枪发给砸派都可以，我们的枪是向国家借的。"

劝降失败后第四天，9 月 21 日晚上，在前线指挥部的统一指挥下，支左部队和忠实派的武斗连队向栗子寨的制高点金龙寨发起攻击。发起总攻前先发射了 48 发炮弹，然后顺利拿下山寨。贸派残余武力作鸟兽散。赵树金孤身逃跑，9 月 29 日，在大山深处的丰都县

---

94 四万人之说有误。1967 年涪陵县城的总人口最多只有五万人，"红贸派"核心人物称溃败者连家属在内约一万多人。

95 8 月下旬，在经过了一段时间的休整后，"忠实派"又集中兵力，发起了打击涪陵长江以南地区农村"红贸派"势力的"江南战役"，仅用几天就"大功告成"。

96 9 月上旬，"忠实派"又集中兵力，发起了打击涪陵长江以北地区农村"红贸派"势力的"江北战役"，很快就肃清了涪陵长江以北地区的"红贸派"武装。

与武隆县交界的厢坝乡曙光大队高山坎被擒[97]。

6. 失败者的报复：向更弱者大开杀戒

忠实派在省革筹和军队公开支持下转败为胜，对贸派围堵追杀。遭遇政治、军事双重失败的贸派溃逃野寨荒岭，极度的失望让他们彻底失去了理性，于是将仇恨之火向更弱者发泄。大规模的杀俘狂潮就此发生，大屠杀所殃及，还有无辜平民，尤其是政治贱民：农村的所谓"四类分子"。

根据事后涪陵司法部门提供的资料记载[98]，从1967年8月19日到9月24日，溃败于江东和江北的贸派在赵树金和况道成[99]等人直接主持下，先后在涪陵焦石、丰都包峦、丰都栗子寨等地，共组织了七次集体屠杀：第一次杀10人、第二次杀12人、第三次杀2人、第四次杀13人、第五次杀了33人、第六次杀10人、第七次杀9人；此外，8月27日贸派攻占丰都高镇后枪毙3人，退守丰都栗子山后，在栗子区杀9人，再加上在清溪区所杀的281人，一个月内，"红贸派"所杀总计为382人。其中，败军杀人最甚者是为清溪大屠杀，据大屠杀现场调查人墨蠛[100]统计，1967年8月初到9月中旬的近50天里，清溪区查实有281具被害人的尸体，其中，男性249人，女32人，忠实派94人，一般群众97人，地、富、反、坏、右"五类分子"51人，无名尸体39具。惨案发生时，曾有人向赵树金提出质疑，说杀人权在最高人民法院。赵说，"这个时候还经什么批准？我就是最高人民法院。经我批准我负责。你没听中央电台广播吗？几镇

---

97 赵树金被抓后被判死缓，后改判有期徒刑20年。服刑期间，赵树金第二任夫人与之离婚，出狱后生活无着，回山东老家由发妻供养至去世。
98 以下资料均摘于涪陵司法机关的审讯记录，转引自罗成胜：《我的造反生涯》，页289-311。
99 况道成，转业军人，原涪陵郊区某供销社文书，贸派名义上的一把手，实为赵树金主要助手。
100 墨蠛是最早发现这一惨案并书面报告给当时的涪陵地区支左领导小组的报告起草人，著有文稿《艰难的历程》（网载 http://www.zigui.org/article.php?id=278417）。

压嘛。要对苏修特务、美蒋特务、日本特务,地富反坏右、牛鬼蛇神实行三镇压。"[101]

"三镇压"指示层层传达农村基层,杀人则基层报名单至"红贸"保卫科,保卫科在将名单报由头头批准后立即执行(不同意杀的打"×",有疑问的打问号,同意的就画圈)。第五次集体杀戮就是由"红联司"常委黄年福如此呈报的:"关押的人都不能放,要'一船推',全部处决干掉,这些关的时间长,了解我们的情况,放出去对我们不利。"报经赵树金批准,一次杀掉33人。贸派一把手况道成和赵树金的警卫员杨明仕亲自参与行刑,用刺刀将俘虏一一捅死,有人被刺后还高呼"共产党万岁!毛主席万岁!"况等再行补刺,直到33人全部断气,尸体推下旁边一深洞。

杀人手段除了枪毙、刺刀、钢钎桶刺,还有活沉长江,绳子勒,甚至如杀鸡一般用菜刀割脖。凶手苏朝海,清溪区农民,时年21岁。9月1日晚,大队治保主任李正怀和支书黄明忠(贸派指导员),叫他和其他民兵将捆好的八人处决,本决定用枪打。治保主任和支书怕惊动群众和"河对面"的人,遂叫苏用菜刀杀。苏不愿用刀杀,支部书记就鼓励:"你是个青年人,怕什么啰!"还说:"'二七'(对立派)来了,你不杀他,他就要杀你。"于是,

我(苏朝海)到冉治华家借了一把菜刀,把八个人弄到长冲堡一个荒草坝坝里,我就说我来杀。就由周绍成、刘兴合将八个造反派五花大绑,邓田良打电筒,我就割八个人的颈子。具体杀法是:周绍成、刘兴合用长毛巾一头把造反派的脸蒙住,一头把嘴巴塞住,使被杀的人喊不出声来。每一个人都是由周、刘押到厕所侧边,将造反派按住地上仰起,由周绍成按脚,刘兴合按脑壳,我就用菜刀割断喉管,一个一个杀后掀到粪坑裏。杀到第五个的时候,周绍成说:"你不把喉管割断,谨防不得死呀!"于是我就把喉管拉出来割断的。杀到第七个的时候,我的手就打起了血泡,我就说我不杀了,手有些痛了,另

---

101 见赵树金交代材料。转引自罗成胜《我的造反生涯》,页298。

一个凶手说你还是杀完走。于是我就杀完了。[102]

赵树金属于抗战时期参加中共的"老革命",文革前已官至13级(当时的高干起点),对于体制规则深谙悉之。可怕的是,赵树金下令剥夺他人生命之时的冷酷无情。他先后7次召开贸派"常委会"研究杀人,让所有人都手上沾血,而"常委会"正式研究决定杀害的90人中[103],由他亲自划圈批准杀掉的共33人。至于参与杀人和围观、狂欢者,则不知几许了。

贸派主要头头都参与了杀人,栗子寨一战溃败后,参与杀人者后来几乎全部落网入狱,整个组织一时溃散。直到当年年底,部分贸派人员才在重庆八一五的支持下,在重庆城重新打起"红联司"的旗帜,坚持与贸派溃散后一派掌权的"忠实派"对抗。两年后"落实政策",根据中央"一二二五"批示[104],"红联司"(即贸派)被重新宣布为"革命群众组织"。1970年上半年,贸派组织经短暂恢复并选派代表对各级革委会,进行对等"补台"。

第四节　万县市:江城喋血

从涪陵沿长江东下,便到万县市。杜甫诗云"众水聚涪万,瞿塘争一门",杜诗所指"万"即为此地。万县市因"万川毕汇"且"万商云集"而名。上世纪30年代民国政府即在此设市,抗战时国民政府迁都重庆,万县市成为连接前后方的重要堡垒和战略物资集散地,经济一时得以快速发展,成为与成都、重庆齐名的川内第三大城市。1997年重庆直辖,原万县地区的万县市和万县、梁平、开县、忠县、云阳、城口、奉节、巫山、巫溪共九县一市全部并入重庆市,万县市

---

102 罗成胜:《我的造反生涯》,页306-307。
103 司法文件载明,这是对赵树金最后定罪判刑确认的数字。
104 即1969年底中央第三次解决四川问题的指导性文件。参见本书《导言》"潮起潮落"一节。

连同万县一起改为重庆万州区。

万县地区地理位置靠近重庆,文革信息和政治关联多受重庆影响,文革军人支左,派赴此地的正是 54 军属下 7799 部队,而万县行政管辖权则属省革筹,这构成了万县地区文革复杂局面的第一个特点;其次,万县出三峡即到武汉,外地,尤其北京学生来此串联者众,京城学生的影响甚于重庆及川内高校。最后,作为沿长江而筑的山城,此地生存环境恶劣,气候奇热,故而万县人地域性格和重庆人颇多近似,耿直豪侠、勇武好斗,潜隐于心性深处的人性之恶一经社会动乱挑起,便最易使两派武斗爆出极端的惨烈、残忍和血腥。

我们在前面的章节已说到万县军分区主持"二月镇反",1967 年 2 月 22 日即领全国之先,制造了开枪射杀造反示威者的惨案,击毙 7 人,伤 15 人,踩踏挤压死 20 人;同年 5 月,北京下达《四川十条》20 余天后的 6 月 3 日,万县公安局门口又发生了冲击公安局的学生被警员用砖头、石块、钩镰枪等致伤数十人、其中 31 人死亡的恶性事件。惨祸触发的群体仇恨,要在这个中等城市刮一场血雨腥风,缘由已经足够。

1. 武斗肇起与逆转

《四川十条》宣布了,万县以"主力军"和"赤旗"为代表的造反派完胜,也宣告了"二月镇反"参与者红色派[105]的末日。同为文革产物:红色派当然不愿被当局遗弃。他们坚信自己所作一切皆是在保卫伟大领袖,政治正确无误;当时,他们的后盾万县军分区思想还来不及"转弯",尚保持巨大惯性,已成为四川"政治弃儿",却远离省会的红色派依仗人多势众,"六三惨案"之后,继续以武力维持自己的政治傲慢。6 月中旬,红色派"红色工人兵团"直属专业武斗队"钢骑兵""铁骑兵""飞骑兵"300 多人全员武装示威:身着清一色蓝色工装,手持清一色长杆钢钎,头戴清一色藤帽;钢钎头磨得雪亮,在

---

[105] 万县所谓"保守派"的大派组织名"红联站",属于组织者习惯上通称"红色派",对立一派则习惯通称"赤旗派"。

天光下抖闪寒光。前、中、后三队，每队百余人，20余排，每排4人，迈着整齐步伐，围绕造反派的据点游行，高喊统一口号："只许左派造反，不许右派翻天！""打倒走资派，镇压翻天派！""熊道生的狗头，砸烂！砸烂！砸烂！"他们一口咬定造反派派属于"牛鬼蛇神翻天"。

除了城区工人，广大农村民兵仍由主持"二月镇反"的军分区下属各级武装部掌控。武装部管辖的这些农民理所当然成了红色派"农村包围城市"的强大力量。被调进城参加武斗的农村基干民兵（不少退伍军人），从政治和组织关系属接受上级党组织调遣，保卫毛主席革命路线；更有诱惑力的则是经济上的实惠：凡进城参加武斗者不单由生产大队按天记最高工分，来城里还天天有白米干饭可吃，于是打"翻天派"狠劲十足。"六三事件"当晚，万县周边的农村民兵被陆续调进城区，继而开始对各赤旗派据点实施攻击。势单力薄的赤旗派只得纷纷往7799部队所在地"财贸干校"靠拢，占领附近的学校机关建立"抗暴据点"。

万县城按三级高程而建。临江最低的一马路、二马路、三马路、胜利路、民主路等老城区完全被红色派控制。城区最高处高笋塘，位于市区西部半山坡，则为赤旗派控制；第二高程的和平路、电报路、东方红广场一线，除赤旗派占据的影剧院、建筑学校两个孤立据点，亦全被红色派控制。高笋塘地区面积不足3平方公里，即是说，赤旗派所控范围不足全城区四分之一。万县对立两派就在这样严重不对称的割据局面之下不断"摩擦"和"拉锯"。

武斗之初，双方对道德底线似乎还心存畏惧，如：红色派重重包围中的万县影剧院和建筑学校是赤旗派两个孤悬据点，红色派多次攻打，时长达70余天，攻方竟从未断过守方的水电。山城万县，酷暑炎夏，只用断水一招，便可轻克顽敌，可红色派却没有这样做；同样，红色派攻打高笋塘赤旗据点"行署大院"，楼内本有运动初期封存的民兵枪支弹药，但直至红色派以高压水龙掩护，挥舞大刀钢钎冲进大楼，固守的赤旗派竟也没有想过动用现成的热兵器自卫，以至全员被俘。更滑稽的是："主力军"梁平县分部负责人杨均白，6月初来到万县，见北大学生正在三中组织中学生排队操练，挥舞棍棒高喊"文攻武守"口号，杨竟把北大学生领队张甦叫一边，劝诫道："你这是在干啥？你不是在搞武斗嘛！《十六条》说了'要文斗，不要武斗'！"临走郑重其事撂下一条"最高指示"相劝："老张呀！毛主席教导我们'政策和策略是党的生命，各级领导同志务必充分注意，万万不可粗心大意'。"[106]

杨均白被本派人士喟叹"右倾主义到了家"，就在他责备张甦"你这是在干啥？你不是在搞武斗嘛！"一个月后，"7月16日，人家（红色派）集中了几个县的老保一块来（梁平），结果一个上午两个多小时就杀260多人，头头几乎被杀光，革命干部几乎被杀光……听说杨均白同志被杀20多钢钎。"[107]此处说称"两个多小时就杀260多人"似有夸大渲染之嫌。中共梁平县委党史研究室编写的《梁平的文革岁月》对该次流血冲突的记载比较准确：

> 7月14日，"联合指挥部"（按：红色派）……电告其驻万联络站，让其即刻向万县市"红联站"求援……7月16日凌晨，万县市"红联站"调集500余人携水龙、云梯、钢钎等武斗器具，出动20辆汽车，浩浩荡荡地开赴梁平，增援"联合指挥部"。首先攻破"造反派"据点大河机械厂。当时，万县市武斗队抢先占领了厂外山头，"造反派"武斗队土枪、土炮、硫酸等封锁公路，并在桥头用鼓风机扬吹石灰粉阻挡对方进攻。"红联站"武斗队针锋相对，用高压水龙头喷水、用小口径步枪射击，并向厂房上丢炸药包攻击。"造反派"抵挡不住，大河机械厂被攻破，双方死亡25人，"造反派"被捉70余人。接着，"红联站"进城围攻县人委办公大楼和县长办公楼、文化馆及川剧团等处，将石灰和400余公斤666粉装入水龙带喷射，以土坦克（汽车前装钢板）冲击，"造反派"抵挡不住，节节败退，当场被捅死9人，跳楼1人，有的被捉。至17日凌晨，"造反派"被迫逃出县城，部分骨干逃往成都，组成告状团向"省革筹"、成都

---

106 张甦著：《激荡岁月（第三部）—我们和万县（上）》，页130。
107 张甦：《激荡岁月（第三部）—我们和万县（上）》，页129。

军区支左办告状。这一严重事件造成 36 人死亡（"造反派"死亡 32 人，"红联站"死亡 4 人）……被捉的"造反派"头目在非法关押中，先后有 16 人被杀害[108]。

七月初，高笋塘北边的专区行署大院失守，赤旗派数百人被俘，红色派再集结重兵进攻赤旗派发源地万县二中。中学生抵抗虽顽强，终不敌红色派如潮攻势，幸得 7799 部队接应，方得安全撤离。

红色派继续从农村增调更多民兵加紧对高笋塘进攻，武器亦悄然升级，除钢钎大刀，已有少数猎枪和小口径步枪参战。赤旗派被挤压在高笋塘东南一块弹丸之地。红色派将攻占行署时抓获的三百多"俘虏"用船只武装押运运到巫山县大溪，再由当地"赤卫队"连夜押至大山深处一个叫庙宇槽的地方。亲历者回忆：

> 每天清晨列队下操跑步，强迫俘虏喊口号："主力军是反革命！""打倒一切牛鬼蛇神！""红色江山万代长！"[109]……

不料政治形势很快大逆转。7 月下旬，被集中到成都军区实施"政治转向"的军分区领导返回万县，立即对支左工作做公开检讨并谴责红色派为"保守组织"，下令各县市军人一律转变立场。万县地区 9 县 1 市武装部立即明确表态：支持"以赤旗为代表的革命左派"。恰逢"七二〇事件"爆发，毛泽东决定对左派实行武装。主力军一把手熊道生回忆，"七月底，万县支左领导小组接到了周恩来总理关于武装万县造反派的指示，便迅速贯彻落实"：

> 按万县地区支左小组指示，"主力军""赤旗"总部负责人编制了"万县地区民兵营"花名册，登记了姓名、年龄、性别、民族、家庭出身、本人成分、政治面貌并进行了核实；再上报支左小组审批。参加"民兵营"的，绝大多数为复员退伍军人，极少在校学生。枪是用大卡车拖到地委宾馆，按名册发放。

---

108 中共梁平县委党史研究室编写《梁平的文革岁月》，页 59-60。
109 主力军派青工张纯阳的回忆文稿《人生》，转引自谢声显《黑与白的记忆》第二章"当时避世乾坤窄"。

万县地区支左小组组长张进师长在西山公园举行了民兵营成立大会，举行了庄严的授旗授枪仪式！任命熊道生同志为营长，冯天福、应维忠、冯国清为副营长；任命钟嘉钰为营教导员，谭德禄为副教导员，左文景为营参谋。还任命了各连连长和指导员。[110]

"主力军"头领应维忠在回忆中特别说明，万县地区造反派反击"红联站"的重大军事行动都是由地区支左领导小组亲自策划的。在万县军分区司令部作战科的作战室，召开了不下三次作战会议，军队负责人张进、高恩堂、李明、孟亚夫、邓金贵及李国祥[111]一体参加，造反派头头熊道生、钟嘉钰、应维忠、冯天福、冯国清等亦一道参会。会议由邓金贵副参谋长对着军用作战地图介绍敌我双方态势，并具体布置民兵营作战任务。

万县文化学者、当年赤旗派小报记者谢声显亲历了赤旗派被武装时的狂欢与喧嚣：

地委大院里早已沸腾了，几幢大楼之间的空地上挤满了人，有人站在花坛上大声宣讲："……为了粉碎红色派的反革命进攻，支左小组火速请示了上级，昨晚开始给我们发枪。现在，我们已夺回了行署，正在攻打电影公司和党校……大反攻开始了！"下面就鼓掌欢呼起来。大家在兴奋中匆匆忙忙吃过早饭。

刚走出食堂，便见几个赤旗的女学生进来发传单。传单还散发着浓烈的油墨味，是学生们连夜印刷的，上面赫然写着："周总理指示：万县、涪陵、泸州的造反派是经过考验的坚定的革命左派，经中央决定，发枪武装……"人们忍不住欢呼雀跃起来。发传单的女学生们又跳上花坛大声宣讲："昨天晚上，支左部队最先给主力军的猛虎团发了枪，还给赤旗6928部队也发了枪[112]……光是机枪就发出了80多

---

110 转引自张甦《激荡岁月（第三部）—我们和万县（上）》，页223。张进时为54军驻南充134师师长，彼时被成都军区调万县任该地区支左领导小组组长。

111 高恩堂为支左领导小组副组长，李明为军分区司令员、孟亚夫为7799部队团长、邓金贵为军分区副参谋长，李国祥为7799团副参谋长。

112 "猛虎团"是主力军以青年工人和转业军人组成的一支威猛的专业武斗队，

挺……"她的话还没讲完,大门外,一队全副武装的学生队伍从前线撤下来。中学生们手中的大刀钢钎全变成了步枪、冲锋枪和轻机枪。虽然满身硝烟略显疲惫,但队伍却整齐兴奋。马路两边的人为他们鼓掌,队伍里有人高声宣布:"电影公司拿下来了。我们轮换下来休息。猛虎团接着要打党校了。"

一辆解放牌货车风驰电掣般冲进了地委大院,人们见副驾驶座上的熊道生,立即涌了过去。这位主力军一号勤务员腰挎手枪,从驾驶室钻出来,他喊了一声什么。混乱的人群即爆发出"枪,枪,枪!"的狂野呼喊。这时,我看见货厢上有两个人正弯腰用铁撬棍在撬什么东西。我站上花坛一望,货厢里装的都是军用长条木箱,有几个迫不及待地家伙攀住货厢想往车上爬。熊道生此时和一位嘴角上有粒大黑痣的中年人已上了货厢,他大喊道:"不准上来!排队排队!"大黑痣中年人随即拔出手枪朝天"呼呼"开了两枪。没人再敢往车上爬了,但也没人排队,乱糟糟地围着汽车伸出双手嚷着"给我枪,给我枪!"上面的人一边撬木箱一边往下递枪。拿到枪的人笑逐颜开退出人群,后面的人立即又涌了上去,没一点秩序。枪发给了些什么人?没谁能弄明白。不过十多分钟,满满一车步枪就发完了。领到枪的个个都满心欢喜,找些旧报纸三下五除二地擦拭着枪身上厚厚的保养黄油。接着车上又扔下了几捆枪带和几箱子弹。枪弹齐备了,但绝大多数拿到枪的人却不会开枪。有人在叫:"谁是当过兵的?来教老子们打枪。"这就出来几个转业军人,教大家拉枪栓,往弹仓里压子弹,然后举枪朝天上一扣扳机,再拉枪栓退弹壳,又顶上膛……操作简单一看就会。不会的人如法炮制,朝着天上"砰、砰、砰"地一阵乱打。年轻人挥舞着刚领到的枪支,欢呼雀跃着乱哄哄地朝枪声正激烈的地方奔去。乌合之众就这样去参战了。[113]

涪陵和万县两地武斗亲历者的回忆,都不约而同地坚称给"左派"发枪得到了周恩来批准,此说虽无确凿史料可证,但发枪之举系

6928部队就是赤旗派学生中由精壮高中男生组成的专业武斗队。
113 谢声显《黑与白的回忆》第三章"风云长遣动心魄",引文略有删节。

官方所为则毫无疑义。1967年8月28日，即涪陵、万县"左派"进行武装大反击后十余天，张国华在"四川省农业生产计划、财贸、金属材料生产供应会议"上讲话承认了此事，而且明确说明向"左派"发枪是经过北京批准认的：

> 武装左派是毛主席的伟大战略部署。在四川有几个地方已经武装了经得起考验的革命左派，一个是万县，一个是涪陵，还有泸州。万县、涪陵革命派经过几个月同保守组织的斗争是经起了考验的。所以在前几天把他们武装起来了。……我们这两个地方都报了中央，经中央批准才作的。[114]

2. 赤旗的反击与清剿

8月12日凌晨，装备了现代武器的赤旗派正式开始大反攻。红色派武斗主力"红色贫下中农战团"本系区县农民组成。庄稼汉最讲实际。他们被召进城参战，多是冲着城里不限量的"肥大块""甑子饭"和"生产队记最高工分"而来。红色派势力占优，他们纷纷请缨入城唯恐不获批准。如今形势反转，赤旗派一来就枪打炮轰，可是要老命咧！基干民兵虽多党员团员，庄稼汉想保老命，吓得扔了刀矛便开溜。

反攻不过两小时，高笋塘周边的万二中、党校等便被赤旗派攻克。还有，红色派除了自知武器差距太大，而且还发现赤旗派武斗队里多有光头、穿白衬衣或背心、草绿军裤下脚蹬塑料凉鞋的精壮青年，还操外地口音，知是野战部队现役军人亲自参战，谁还愿用鸡蛋碰石头？红色派惜乎弹药太少，更无重机枪、六0炮之类真家伙，结果只能是红色派的据点一个接一个被端掉。高笋塘街上，每天都能看到许多墨迹未干的捷报。

按照军方指导制定的方案，战事分为四步：

---

[114] 本讲话原载东方红出版社革命造反总部主办《蓉城快报》第一期，1967年9月出版，原件为铅印。东方红出版社即原四川人民出版社。

第一步，拔掉"红联站"设在专区医院以东、万安大桥以西、高笋塘以下的全部据点；第二步，进攻并拔除"红联站"设置在万安大桥以东的各个据点，包括东城公社大楼、万县市公安局、万县市人委、万县市财政局、万县沙河子的各个武装据点；第三步，解除长江北岸的"红联站"残余人员的武装；第四步，解除长江南岸"红联站"残余人员的武装。通过上述行动计划，全面平息万县地区的武斗，全面落实《红十条》，恢复万县地区正常的生产、生活秩序，落实毛主席"抓革命，促生产"的指示！[115]

胜负已无悬念。事情完全按军方制定的计划推进。8月14日，除了万县城区的赤旗派将红色派全线围困，云阳县的造反派"11.27"（俗称"拐派"）[116]还派了10个民兵连驾船沿江上溯前来助战，红色派势成腹背受敌，只得从钟鼓楼渡口乘船向县城对面的长江南岸仓皇溃逃。红色派残部溃退至江南陈家坝遭赤旗派围追堵截，无奈再辗转向紧邻的湖北恩施土家族自治州利川县逃亡。不料万县地区支左领导小组已同恩施军分区取得联系，恩施军方火速调集当地造反派武装民兵将窜逃者实施包围拦劫，全数缴械，羁押于利川党校、县粮库等处。万县地区支左领导小组接利川军方通报，紧接派赤旗派武装人员乘数十辆大卡车前往湖北将"败军"2000余人悉数抓回，羁押于万县影剧院，"俘虏"太多，一部分头目送地委"俘虏营"继续审查，其余人等则由原单位领走或遣散回家。

3. 政治贱民惨遭绝灭性屠杀

赤旗派从利川拉回来的战利品，除俘虏和武器，还有十三麻袋人民币[117]，这是红色派逃离万县市时武装抢劫万县银行金库带出的。红

---

115 熊道生的回忆，转引自《激荡岁月（第三部）—我们和万县（上）》，页133。
116 云阳"拐派"是万县地区的造反派，一直和万县赤旗关系密切，后因"刘张问题"与赤旗派分道扬镳。
117 这批运回的钞票由一民兵班先护送到"主力军"总部"真原堂"，昼夜值守。9月8日，万县市人民银行恢复营业，再由民兵班将这十三袋人民币交给了银行，办清了交接手续。

色派对军事失败后长期坚持斗争,显然做了充分准备。只是强大一时的红色派没承想失败来得如此迅疾。这些狂热之徒多年来被中共阶级斗争理论灌输得如此彻底,溃败绝望之时,他们对得胜者的报复便顿时变得骇人听闻的残忍与歇斯底里,如今被官方认定的左派,在他们眼里全是被上级领导反复告诫过"企图翻天的'牛鬼蛇神'"!官史记载:[118]

8月14日,红联站派撤离市区时,枪击了万县市公安局看守所关押的在押犯33人[119]。

民间亲历者的记录要具体许多。"二月镇反"时被关押过的谢声显先生回忆:

冲进看守所进行屠杀的家伙没拿到牢房的钥匙,时间紧迫,又不能很快砸开那一扇扇坚固厚实的牢门,就不能进入各间牢房去屠杀。无奈之下,刽子手们只好将枪口伸进牢门上那6寸见方的风门,逐间开枪扫射。这样射击便产生了死角,就有了少数幸存者。当我们进去时,看见几个幸存者正在军人的指挥下将各牢房的尸体往外搬。军人手中都没有枪,而是拿的扁担,据说枪都被红色派抢走了。

私设监狱的屠杀同样惨烈:

(我随一些散兵急步跑到曾关过我的"监狱":建筑总公司)只见从里面直通大门的水磨石路面上,形成了一条约两尺宽的血路,鲜血中夹杂着白色的脑浆和黑色的头发。因为天气太热地面温度很高,这条血路还未完全凝固。

我不久前住过的那间大堂屋里空无一人,地上和墙上布满了密密麻麻的弹孔。草席还在地上凌乱着,古老的方砖上,潴留着巨大的几汪鲜血,死者的衣服、鞋子、扇子还浸泡在血泊之中。我在与小雷

---

118 万县市地方志办公室、中共万县市委政策研究室和万县市农村经济委员会1996年联合编写的《万县市历代战争和灾害》。
119 所谓33名"在押犯",实为未经判决的犯罪嫌疑人,另外还有派斗中被红色派私设监狱关押者。

一起睡过的那张草席上捡起他的语录本时，鲜血还顺着塑料书皮向下滴。[120]

退守江南的红色派很快落入赤旗派包围之中，突围无望，疯狂的杀人报复欲望便直接发泄向毫无反抗能力的政治贱民：长江南岸农村乡镇的"地、富、反、坏、右"分子及其家属。行凶手段之残忍，令人发指。不少"五类分子"全家被杀，年过古稀的老人和呀呀学语的婴儿亦不放过。万县地区支左领导小组办公室当时整理的资料记载，至9月下旬，长江南岸万县的新田、白羊、白土、走马、跃进、上游、五桥等7区23个公社的红色派，对"地富反坏右"和"翻天派"，先后杀害301人，关押600多人。

四川省委党校教师唐龙潜之妻家住万县南岸农村，其时唐妻幸赴西昌农村当农民免遭厄运。得闻凶信，她由唐老师陪同急回老家奔丧。唐先生撰回忆录《长埋心中的块垒——沉重岁月的剪影》记述了其妻全家被杀的惨状[121]：自知末日将近的"红色贫下中农革命造反军"一个公社一个公社地进行清剿，除参加赤旗派的、有组织的农民大多侥幸外逃了，剩下无法逃遁的地、富分子及虽然没有宣布监管但实际仍处于被侮辱被歧视地位的家属子女，便成了暴民们肆意残杀的对象。唐妻的父母兄弟不幸成了这一群毫无反抗能力的"羔羊"而遭满门尽杀：

三弟兄从不同地点被同时抓押到离家不远的水库边。老大是从家里被带走的；老二早已搬出去居住，是从另一个生产队抓来的；老三还在为生产队看守场坝，是从晒棚里直接带走的，身上只穿了一件背心。虐杀分设两处，在水库的东西两端。老大、老三在一处，老二在一处。执行这次行动的是一些手握钢钎的民兵（其中还有一个二十来岁未成婚的女人），为首的是大队民兵连长。夜黑沉沉的，只有行刑队手中的电筒在闪烁。就位以后隔水两端开始大声喊话：

---

120 引自谢声显《黑与白的回忆》第三章"风云长遣动心魄"。
121 唐龙潜回忆录《长埋心中的块垒——沉重岁月的剪影》，网文，发布于《爱思想》网：https://m.aisixiang.com/data/4791.html。

一边问:"动得手了不?"

一边答:"动得手了!"

都是经常见面的乡亲,现在却个个着了魔似的血红了眼,不锋利的钢钎举起来,像练习刺靶一样一次次戳进骨肉之躯。汩汩的鲜血,轧轧的钝响。一个解决完了又解决另一个,虐杀进行得缓慢而漫长。

老大向德全,时年四十二岁,孑然一身,妻子在解放后离异跟人去了,女儿死于贫病。四九年当解放大军进逼成都时他正在一所军校里读书,一位教官想带他去台湾,他拒绝了。一方面舍不得新婚的娇妻,一方面觉得自己仅仅是个学生,能够为新政权所容纳。幼稚的想法随即被无情的现实所粉碎,先是被赶回农村老家,接着便戴着反革命帽子接受监管。他没有为自己哀求。他全身血流如注时为老三求情,希望留下这个历史清白的弟弟。他的哀求被吼声淹没了,老二那面大概进行得很顺手,有人在朝这面喊:"你们搞完没得?我们搞完了!"

老二向德厚,时年三十九岁,尚未婚娶,孑然一身。新政权建立时他正中学毕业,文化人奇缺,还被招进土改工作队里干了一阵。应该说拥护新政权的态度是鲜明的,工作也是积极的。证据是当他自己的父亲被列入镇压名单时他没有奔走说情,也没有通风报信。父亲死后母亲带着两个妹妹四处乞讨,他也保持了立场坚定没有往来联系。五七年他对国家的粮食统购统销政策评头品脚,被划为右派遣返农村老家。三年后摘了帽子,实际上仍处于被监管状态。他早已万念俱灰,漂泊无所,经常吃了上顿没下顿。他对生已并不留恋。他没有老大那样"坚硬",当钢钎一次次戳进肉体时,他发出一声比一声凄厉的惨叫,这惨叫渐变成微弱的呻吟和最后的死寂。

老三向德高,六三年高中毕业,时年二十五岁。身体单薄,性格柔弱。喜爱音乐,温文尔雅,平素邻里相处,总是谦恭退避。目睹屠戮大哥的惨状,耳闻隔水传来的二哥的哀号,他站立不稳,跪伏在地上。他向行刑者哀求,承诺一切,包括今后每天晚上都为贫下中农义务演奏二胡,随叫随到。他记得大家爱听他拉二胡……他是蜷曲在地上受刑的。呻吟声和血糊的肉体被绳索捆扎起来抛进了水库里。

母亲魏群英,时年六十四岁。老大一夜未归。,她已经有了不祥的预感。天明后她听到了确切的消息,三个儿子的尸体都已漂浮在水库里。她把锅里最后一盆猪食喂给两头小猪,找绳子准备自杀。但来不及了。她被叫去薅秧,劳作完毕拐着小脚从水田里爬起来准备回家,又被带到小学校的一间教室。这里连她在内陆续集中了七个人。四个六十岁以上的地富分子,都是寡妇女人;三个被认为是持对立面观点的人,都是青壮男人。一个点燃引线的炸药包从破烂的窗口投进来了,轰然一声巨响,自然血肉横飞,然而并没有完全结束这七条生命。于是又一个个拖出来,投进附近一个用于窖藏番薯的土坑里,还是用并不锋利的钢钎逐一了断那些哀号……

文革破产后,万县江南大屠杀一批凶残的业余刽子手被抓进了监狱,这些"立场分明"的贫下中农经常在牢房里发牢骚:"我们替政府把阶级敌人杀完了,自己却成了阶级敌人!"据介绍,政府对这些杀人犯很是宽大,所判刑期均按杀人数累计计算,杀1人判一年,最高判15年封顶。这批凶手人中只有3人被判了15年。其中一人系供销社书记,因为他召开会议传达了"杀光地富反坏右及家属"的命令,其余二人则因其单次杀人超了15个。而关于是谁策划和组织这次惨绝人寰的大屠杀?受到何种追究处置?则至今未所闻也。

第八章

生死劫后的新一轮政治博弈

（1967年9月—1968年3月）

全国各地同期发生的破坏性和烈度不等的武斗，与"七二〇事件"一道，促使毛泽东转向。他担忧"全国到处两大派，如果统一不起来，这样会不会像辛亥革命以后那样全国出现混乱状况、长期分裂？"[1]他不得不进行战略调整。

1967年9月1日，江青在北京市革委召开的常委扩大会上讲话[2]，表述了毛泽东的意图：

我认为北京应该带头搞好"斗批改，大联合"，搞好本单位斗批改。如果不搞这些，文化大革命要搞到哪个年头呢？/不要怕人家说你们右倾。/要坚决反对反动的无政府主义。

周恩来对调整措施的表述更具体：

一年来全国布局已经搞好，现在第二年就是争取胜利的一年，第三年扫尾；二、军队的将领大多数都是好的。要支持解放军，不要自毁长城；三、动员在北京的外地群众回去。制止武斗；四、停止串连，

---

1 见《毛泽东年谱》1967年条目："9月9日晚上，（毛泽东）在上海虹桥宾馆同杨成武、张春桥、余立金谈话。谈到文化大革命的前途时，毛泽东说：文化大革命搞到现在，估计有两个前途：一是搞得更好了；一是从此天下分裂，如南京、无锡、北京两大派，势不两立。全国到处两大派，如果统一不起来，这样会不会像辛亥革命以后那样全国出现混乱状况、长期分裂？我们会不会出现那种局面，你们看法怎么样？请你们讨论讨论。"
2 这次由时任北京市革委会主任谢富治主持的会议，周恩来、陈伯达、康生、李富春、谢富治、江青、杨成武、张春桥、戚本禹、姚文元、李天佑等出席。周恩来、陈伯达、康生和江青等发表重要讲话。

所有外地串连的马上回本单位；五、今年每个单位都要把大联合、三结合搞好；六、抓革命、促生产。生产是最后结果；七、66年毕业生从九月一日起开始按毕业生待遇。³

4天后，强令收缴枪支并严施管控的《九五命令》下发，对武斗强按"停止键"；9月16日，毛泽东回到北京，旋以中央文件形式发出《毛主席视察华北、中南和华东地区的重要指示》（俗称"视察大江南北的最新指示"），指示除了肯定文化大革命"形势大好，不是小好，整个形势比以往任何时候都好"，再次强调群众组织必须实现"革命大联合"宣布"在工人阶级内部，没有根本的利害冲突。在无产阶级专政下的工人阶级内部，更没有理由一定要分裂成为势不两立的两大派组织。""站队站错了，站过来就是了。"毛泽东返京当天，周恩来、陈伯达、康生、江青、谢富治、叶群、吴德、丁国钰、吴法宪、姚文元等在人民大会堂安徽厅接见首都大专院校红代会代表，传达毛泽东指示："告诉小将们，现在正是轮到他们犯错误的时候了"，要求大学生停止外地串联，返校搞好本单位"斗批改"。

一系列密集"指示""命令""讲话"，标志毛泽东决定向"天下大治"的战略转移，此前提出过的"左派"与"右派"一类划分标准，通通弃之若敝屣。天恩浩荡，只要在武斗屠杀中侥幸活下来，谁和谁都"没有根本利害冲突"，皆系"革命群众组织"，当局必须对他们"一碗水端平"。

为缓解官怨、军怨、民怨，此前，毛于8月底已先将心腹爱将王力、关锋、林杰拿下，此举与曹操借粮秣官王垕人头以平息军营众怒的脚本酷似⁴（另一爱将戚本禹亦在几个月后投入秦城监狱）。

3　转引自杨继绳《天地翻覆》第十五章"武汉事变"和毛泽东的战略转变。
4　《三国演义》第十七回。曹操与袁术交战，粮草短缺，粮秣官王垕请示如何应对，曹操令其减少士兵粮食配额以维持供应。此举引发军心浮动，为平息众怒，曹操告知王垕借他人头一用，以安军心，并承诺照顾其家人。即以"克扣军粮"的罪名处死王垕，悬首示众，称王垕犯贪污粮草，士兵不满因之平息。

视察大江南北的"最新指示"的文本整理者戚本禹这样诠释毛泽东心结：

> 主席讲话的最重要的思想，就是提出要实行革命"大联合"，也就是各派都要参加掌权，而不是支持一派去压倒另一派了。这实际上是个战略思想的大转变。我想，毛主席下那么大决心打倒王力、关锋，就是为了要实现这个新的战略思想。[5]

第一节　《九五命令》发布后的巴蜀社会生态

《九五命令》发布前，重庆、泸州、涪陵、万县四地武斗最烈，四川其余各地均发生了程度不同的武斗。从武斗的规模和烈度看，可以分为三类：最强为重庆、泸州、涪陵、万县；最低为成都为中心的川西地区；其余如江津、南充、内江、达县等地区居中。四川官史就四川"大规模武斗造成人员伤亡和国家财产的严重损失"，提供了一些基本数据：

> 包括7月份以来的此前3个月，泸州地区前后共发生三次大规模的武斗，先后有3万余名群众卷入武斗，死亡、伤残、被非法抓捕、关押、揪斗者无数。[6]

在泸州武斗期间，只有50万人的合江县，从财政开支的武斗经费就达140万元，浪费粮食50多万斤。东风矿区还将国家基本建设资金300万元用于武斗。当时，有些县从财政开支外，还向下属单位摊派武斗费用，小单位几千元，大单位上万元。食品公司没有钱，就拿猪去抵款，烟草公司则以烟抵款，搞得乌烟瘴气。不少地方的武斗

5　《戚本禹回忆录》页666。
6　《中国共产党四川历史》，页358，四川省委党史研究室主编中共党史出版社出版。

队，还打开国家的粮库，随意吃用，甚至抢劫银行、商店。[7]

根据当时四川省革命委员会筹备小组的调查表明，期间，重庆165个大中企业因武斗停产或半停产的达157个，其中完全停产的达109个，因停产减少产值3亿余元，厂房和大量物资遭破坏，直接损失达1亿元；主要公路被切断，交通基本瘫痪；造反派武斗组织为筹集武斗物资连续抢劫长江上的客、货轮船，导致重庆至上海、武汉的客、货运输中断近40天。据统计，当年全市工农业总产值仅为25.65亿元，较1966年的31.96亿元下降19%。[8]

成都市实行军管的15个工厂也多数停工，132厂、776厂、719厂直到5月16日还未能恢复生产。由于武斗严重，每天在火车站强行上车去北京告状的学生达1000余人。他们在车站乱冲乱打、卧轨，打乱了运输秩序，从5月13日起即不能正点发车，使每天往返旅客2万余人滞留车站，造成连日停车。不仅如此，车站里还不断发生严重武斗。[9]

《九五命令》公布，武斗暂告一段落，巴蜀百姓、豪杰和枭雄谁也没有胜利，也没有谁承认失败，只不过大家都暂时获得一种心理解脱，可以松了一口气了。

全过程亲历了1967年夏天重庆大武斗的一位重庆大学学生，在1967年国庆日记上这样记录了当时的见闻和感慨：

现在是"和平民主新阶段"，到处是战后恢复时期的景象/……从两路口一直走到红港（按：即朝天门），又走回来，细细观察了一番战争的遗迹和战后的恢复景象/航锋（按：指河运校）、解放碑交电公司可算是首屈一指的战争纪念物，经过战火摧毁之后，全剩些光架架了。红港大楼和我校（按：指重庆大学）的六大楼差不多，密集的弹痕记下了血痕斑斑的"八·八惨案"。在大楼前的街心花园里，有一

---

[7] 《四川简史》，页197，杨超等主编，当代中国出版社。
[8] 《当代重庆简史》，页214，余荣根张凤琦主编，重庆出版社出版。
[9] 成都军区支左办秘书组：《支左动态》第75期（1967年5月19日），第94期（1967年5月27日）。

个新垒的土堆,上面压满白花,前面有一个木牌,上写:"八八事件殉难烈士"……/街上人不少,因为商店全关着,游人只好在街上溜达。这些人大多和我一样,是来看稀奇的。/电车线正在修复。"人交815"写出大标语:"向抢修线路的54军学习!"/一辆辆汽车在街上奔驰。为了避免检查站的解放军同志多此一举,车上都挂着牌:"邮政专用车""粮煤专用车""蔬菜专用车""毛著印刷专用车"等等。/小街上的垃圾堆如小山,现在正被一车车拉走。/这一天,恰好是大太阳。秋天明丽的阳光下,山城像在春天里一样苏生了。……我心里非常舒畅,我真想喊一声:"新山城,你好!"[10]

文革学者何蜀编写的"四川文革大事记"记录了《九五命令》后四川出现的一些新气象:

9月6日撤到成都的重庆反到底派难民3000余人乘601、603次列车返抵重庆站。

9月8日至9日重庆两派在警备区谈判停止武斗、收缴武器,达成协议。

9月9日中共中央办公厅发出通知,号召各地组织学习江青诸人《九五讲话》。重庆警备区司令部发布第四号布告,公布《关于贯彻执行中央"九五"命令,收缴群众组织的武器、弹药和各种军用物资的命令》。重庆反到底派发表《紧急告全国人民书》,表示"向毛主席和党中央公开认错……未经中央允许动用了国防企业的武器、弹药是不对的",保证"立即集中上交用于自卫的一切武器、弹药",并抢先作出姿态将一批武器、弹药送往重庆警备区司令部上缴,中央调查组组长陈彬、四川省革筹调查组组长张西挺接见了上缴武器、弹药的代表。此次计上交各种枪1484支(挺)、炮2门。

9月14日张国华、梁兴初通知王茂聚到成都,与刘结挺、张西挺一起对其武装支泸问题进行了批评。

9月16日重庆两派代表各10人于9时在市革筹和警备区司令

---

[10] 周孜仁《红卫兵小报主编自述》,页211。

部主持下签订《重庆两派关于外出人员返回本单位抓革命促生产的协议》，双方商定：离开生产、工作岗位的人员务必于9月25日前返回原单位；各群众组织已抓的人于9月16日14时前送到警备区司令部；各群众组织修筑的工事、埋设的地雷、各种障碍物等于9月22日前拆除；全市水陆交通运输于9月20日前恢复正常，群众组织和个人抢劫的车船，于9月20日前上交警备区司令部和归还原单位，全市银行、邮电、医院、商店、粮店及其他行业立即恢复正常业务；进城参加武斗的农民和上山下乡知识青年立即返回农村。

9月17日54军领导人上午接见八一兵团各厂团以上负责人60名，下午接见重大八一五、建院"八一八"、财贸八一五负责人22名，谈正确认识形势，执行"九五"命令问题。

重庆反到底北碚"猛虎团"在永川向驻军支左办公室上交武器。

9月18日白斌召集反到底派负责人31人开会，征求反到底派对警司的意见，以加强军民团结。

史无前例的"继续革命"还得继续。毛泽东的"最新指示"和北京大员的讲话不过是文革运动遭遇"滑铁卢"，不得已而为之的暂时策略调整罢了。战争已经改变了一切，接下来的故事注定将变得更加微妙。

从心理层面而言，四川八月内战摧毁了全社会群众的安全感。枪林弹雨让所有民众都真真切切面对死亡威胁，多数人的心理需求已从金字塔顶层"自我价值实现（做最高领袖的圣徒）"断崖式跌落至最低层："生理需求（活命）"[11]。文革之初曾因理想主义、献身精神激发起来的参与意识，顷刻间苍白褪色。伟大领袖假革命之名挑起的全民骚乱，其精神底色顿失光辉。重大《815战报》署名"革命烈火"的文章《我们重大八一五向何处去》表述了这种的无奈和厌倦：

---

11 1943年心理学家马斯洛曾将人类心理需求"五层说"从层次结构的底部向上，需求分别为：生理（食物和衣服），安全（工作保障），社交需要（友谊），尊重和自我实现。这种五阶段模式可分为不足需求和增长需求。前四个级别通常称为缺陷需求（D需求），而最高级别称为增长需求（B需求）。人们需要动力实现某些需要，有些需求优先于其他需求。

有些人竟然庸俗地提出了当"胖左派"的错误论调，他们"两耳不关窗外事，一心只装收音机"，成天关心打球、游泳、睡觉、嗜好打扑克、下棋。谈恋爱也大有人在；有些女同学大练做衣服、做鞋子、绣花的"硬功夫"，他们不学主席著作，不学《红旗》杂志和人民日报社论，不写大字报，不写标语，不参加大会辩论，把文化革命的战斗任务置之一边[12]。

就社会力量层面而言，更多业已卷入派斗的群众领袖和造反"铁杆"，虽欲"逍遥"以苟全性命已不可得。为了群体的生存和"最后胜利"，只能死心塌地跟随派系战车继续前行。不同的是，他们现在已不再纯洁，懂得了对"最高指示"断章取义、各取所需，在政治丛林中寻找缝隙，以占领政治制高点；他们懂得了使用袍哥江湖一类规矩保护自己，继续壮大派系力量：文革"战友"如今都互称"兄弟伙"，群众组织则尽量把小团伙整合成大团伙至更大团伙；他们懂得在权力上层寻找并依附代理人。这样，全川持"八二六"反到底观点者，全部归队于刘结挺、张西挺阵营；同样，全川持红成八一五观点的群众，都齐刷刷聚集与刘、张对立的权力麾下。

最后，从权力层面看，中央任命的四巨头：张（国华）、梁（兴初）、刘（结挺）和张（西挺），1967年5月初登巴蜀权力金字塔，认真贯彻执行毛批示的《四川十条》，彼此间或有认知分歧尚面纱朦胧。八月内战两派以大规模血肉相残的极端形式争斗，逼得他们谁也不能完全回避、隐忍各自真实的政治立场，近而逐渐地、无可回避地、公开半公开地选边站队，有意无意地成为两派群众博弈的后台。政治上侥幸咸鱼翻身的刘、张，支持的天平逐渐向八二六派倾斜，引来红成派的不满，掀起"打倒刘张"的怒潮，使他们进一步与八二六派"团结在一起，战斗在一起。"同样，《重庆五条》认可的驻军54军，从感情上本对反到底派实施"端平"感觉别扭，八月内战期间遭遇该派的政治羞辱甚至暴力戕害，愤怒之情难以隐忍，不能不迁怒于为反到底撑腰的刘、张夫妇。权力位列第二的梁兴初，身为军区司令

12　《815战报》24期，1967年6月3日出版。

员，不能容忍八月武斗对部队肆无忌惮的攻击，再加与54军的四野山头情谊，最终对54军断然力挺。最值得尊敬者是一把手张国华，力图缓解剑拔弩张的两派对立，调和双方组织以使川内社会向"大联合""三结合""斗批改"靠拢，可谓左支右绌，遗憾的是两派都不理解，给他一个"八级泥水匠"的诨名。

总之，八月战争结束之后，个体与群体的心态变得复杂而多元，既有短暂和平带来的狂喜，也有对立群体之间巨大的撕裂和短期内无法消弭的仇恨，还有深层次的、难以平抚的各种心理创伤——所有这些，都不是几句神谕就能够解决的。最要命的问题还在于，神谕并没有判别谁是谁非，也就是说，谁都可以认为自己是战争的正义方而对方是必须进行战争追责的罪犯。四川势不两立的两大派群众组织之间的厮杀，在武器批判暂告结束之后，以批判为武器的政治争斗再掀高潮。

第二节 "第二中心"的崛起

1. 八一五的兴奋点

八一五派作为重庆造反最早的群众派别，人多势众，得驻军支持，一直掌控着全市局势，但在八月内战中偏偏打得很艰难，死了很多人；相反，反到底这个从夺权时期造反而出并迅速壮大的少数派，却打得气势如虹，有声有色。其原因，除了武器装备之外，既得"七二〇"事件前后横行全国的"左"倾极端思潮的政治激励，又得刘、张操控的四川权力当局的鲜明支持，对此，一贯自诩"大方向始终正确"的八一五心中不能不憋一肚子窝囊气。

北京接连发文件："八二五号召"、中央首长《九一讲话》和《九五命令》，几乎无一不正好击中八一五派的"兴奋点"。1967年9月13日出版的《815战报》39期社论《胜利进军的号角》颇能代表他们的兴高采烈和对八月内战进行追责的急迫之情。社论宣称："这三个文件的基本精神，就是要紧跟毛主席的战略部署，牢牢掌握斗争的大方向；就是要拥护解放军，加强无产阶级专政，坚决镇压胆敢颠覆和破坏无产阶级专政、胆敢颠覆和破坏无产阶级文化大革命的美蒋特务、苏修特务和地富反坏右分子。"[13]小报响应：

对待中国人民解放军的态度，就是对待无产阶级专政的态度，就是对待无产阶级文化大革命的态度，这是一个大是大非的问题，是一个极其重要的政治原则问题，而不是一些人所说的"用不着追究"的小问题。

八一五对反到底的政治数落，在《九一讲话》中均有踪可寻，见样说样，如"抓军内一小撮"，江青称："这是有阴谋的，要把野战军搞浑。""到处抓军内一小撮，到处揪武老谭、广老谭，要知道，人民解放军是无产阶级文化大革命的保卫者，无产阶级专政的柱石，提这样一个口号把军队搞得乱哄哄的"。关于武斗和极左思潮，其实谁都知道江青本是始作俑者，但毫不影响她理直气壮地诅咒："重庆打了一万多发炮弹，就是左派也不对。"周恩来的斥责也斩钉截铁："在越南一万发炮弹能打下多少飞机！我想了是很痛心的。真是败家子！"。让八一五派尤其兴奋的是，"九一讲话"对一贯反八一五"右倾"的"救世主"即北京来川学生，做了严厉的批评，江青斥责"一小部分坏人利用青年人思潮起伏爱动的特点，到处乱闯乱跑，目前有人有严重的无政府主义，又搞大串联。去年那次大串联是去点火，很有成绩。今年去犯了错还不知道，搞宗派。"陈伯达跟着凑火："现在一部分同学发展了非常严重的无政府主义""中央文革谁委托你们？红代会也没有委托你们嘛！这是严重的无组织无纪律！是有政治目的。这是绝对不行的！""去年你们串连是有功绩的……但是你们夸大自己的作用，好像中国的文化大革命，没有北京的大学生就不能搞似的，以中央或者红代会的名义到处发表声明，什么响当当的左派……从

---

13 在文革及文革前，各色特务和地富反坏右等"阶级敌人"是最能表明革命正义性的反面陪衬物。《九一》讲话中，中央首长们多处将这些"阶级敌人"拎出来敲打。

极左和极右的方面动摇以毛主席为首的党中央,把矛头对准军队。"周恩来命令:"(你们)去年煽风点火做模范,今年应该回本单位'斗批改'"。

四川八月无义战,也注定无胜者。京都大员讲话让八一五派自作多情,认为没能从战场上得到的果实,现在可以在政治场上来收获了。八一五派的狂热者洋洋自得。检看那段时间的《815战报》,满眼都是激动的呼喊:"举起双手,迎接革命大批判的新高潮!迎接伟大胜利的曙光!把"砸派"的坏头头和黑后台揪出来示众![14]

反到底则因为喊过太多让重庆军人难以忍受的口号,诸如"揪出山城赵永夫!""打倒黑警司!""绞死匪首蓝亦农、白斌!"之类,北碚"六五事件"扣押驻军某部连长陈干清一行4人,8月3日望江厂反到底人员用高炮击沉军分区交通艇致使3名军人罹难,8月22日54军处长多人被袭死伤[15]……这些反军行径,让他们为自己的一时冲动付出了代价。

《815战报》的社论断言:"对待中国人民解放军的态度,就是对待无产阶级专政的态度,就是对待无产阶级文化大革命的态度,这是一个大是大非的问题,是一个极其重要的政治原则问题"。其实,他们完全没有搞清楚,毛泽东当时要的,是"你好我也好,大家都是好朋友",谁需要你来追责?八一五的愿望不过"自嗨"一番罢了。

2. 重庆军方的抉择

1967年夏秋,54军确实憋了一肚子窝囊气。

就山头而言,54军属于文革期间如日中天的副统帅林彪嫡系;文革支左,全国75%以上的部队干部支持了右派(保守派)[16],而54军高层却小心翼翼,摸清毛的意图并执行之,支左伊始便明确支持造

---

14 《815战报》第40期文章"编辑部就当前时局答读者问"及"六五支队"和"指点江山"评论员文章
15 本书第六章对此曾作记述。
16 1967年8月4日,毛泽东给江青写信谈及此事。转引自杨继绳《天地翻覆》第十五章"'武汉事变'和毛泽东的战略转变"。

反派,并派出军政治部副主任刘润泉主持以八一五派为主夺权后建立的临时权力机构"革联会",以至于北京解决四川问题时,重庆因情况特殊而得以单列,颁布《四川十条》之后紧接颁布的《重庆五条》,明确肯定54军支左"是有显著成绩的,他们支持的是革命群众组织",北京敕令组建的重庆市革筹组,由54军副政委蓝亦农为组长,副军长白斌为副组长。

《十条》和《五条》一个管全川,一个管重庆,巴蜀天下从此理当太平。问题恰恰在于两个文件预埋的矛盾,让四川这团乱麻愈理愈乱。

从地域行政关系而言,重庆一切政令都须服从成都,可是贯彻中央文件,四川需要解决的是成都军区"把无产阶级文化大革命运动变成了'镇压反革命运动'";而54军的支左工作偏偏"是有显著成绩的,他们支持的是革命群众组织",仅需要纠偏而已("错误地支持了一方,压制了另一方")。巴蜀内战突发,54军的"纠偏工作"遭遇了巨大障碍:"镇反"后重新集结的重庆反到底派与成都八二六派顺理成章理结为盟友。同理,重庆八一五派与同属老造反的成都红成派结成了坚定的盟友。实际主政的刘、张在重庆支持反到底,对八一五这颗重庆"钉子户"看不顺眼,必然与支持八一五的54军发生冲突。1967年7、8月重庆武斗激烈,刘、张心腹郭一民曾先后两次以调研之名赶赴重庆,给反到底出谋划策:

> 当时重庆争夺的焦点是××厂(按:指建设机床厂),这个厂是生产步兵常规武器的,除了一派的群众组织(按:指反到底)已经动用以外,已装好的还有两万多支半自动步枪。我认为这个厂四面交通都卡死了(按:指八一五派围攻建设厂),粮食蔬菜都运不进去。我担心一派群众组织支持不住。于是,我要他们马上达成停火协议,解一解围,运些粮食、蔬菜进去再说。我说:"你们现在这个状况,不停火要吃大亏。"我叫他们:"虽然停火,但是不上交武器,要就地封存,你们厂里还有二万多条枪,停火保这个厂,这个厂保川东,川东保全川。"我的意思就是要把这个厂的两万多条枪保存下来支援全

川其他地方。[17]

反到底得成都方面或公开或暗地的支持，战局全线飘红，重庆战事胶着，社会生活越发困顿，军队维护社会秩序变得越发艰难。韦统泰传记这样表述当时的牢骚：

> 到第一线制止武斗的干部、战士只拿着一本《毛主席语录》，手无寸铁，在这场惨烈的武斗面前，显得那么软弱，那么无能为力。韦统泰曾经为制止一场武斗，不顾酷暑难耐，带着一个营，动用几条大船在长江边待了一个星期，都因受到造反组织的阻拦而无法上岸，无论他们怎么苦口婆心地劝说，宣传毛泽东思想，都无济于事。[18]

军人以语录本为武器制止真刀真枪的战争本来就很滑稽，武斗造成的社会危机更为他们增添了许多现实麻烦。"火炉"山城，八月炎酷，自来水抽水站被枪炮击毁，工人又不敢去上班，市中区市民只能陡坡下山去长江、嘉陵江提水。还有生活用煤脱销、电厂发电和钢厂保温用煤断供、全市库存大米仅够市民一周之用……这些运粮、运煤、运菜保民生之事，都得54军驱车派兵，冒武斗人员拦截、抢夺和殴打之险去解决。更有生活无计、性命难保的草民百姓，纷纷扶老携幼躲去军部大院暂避，54军高层不能不责成后勤人员为他们安排住宿，于营房操场挖灶支锅熬稀饭，甚至通知位于沙坪坝的第七军医大学派医疗队协助，为群众看病。避难军部大院已足月的孕妇，在此分娩生孩子的，就有几十人。[19] 54军真可谓忍气吞声。韦统泰传记作者如是记录：正是"在制止武斗、保护国家财产和群众生命安全的过程中，军党委成员逐渐认识到，重庆的'全面内战'同四川省其他地区的'内战'有着紧密的联系，在其背后都有一双看不见的黑手操纵着，煽风点火、兴风作浪，愈演愈烈。渐渐地，这个后台浮出水面，竟是靠造反翻案起家、混进'省革委'领导班子的刘结挺和张西挺"，

---

17 袁光厚《悲剧是怎样造成的》上册，页331。
18 逯守标《从书生到虎将》页420。北京，解放军文艺出版社。2011年1月第一版。
19 同上注。

第八章 生死劫后的新一轮政治博弈

韦文称：

刘结挺哪里是来制止武斗，这不明明是对"砸派"的纵容和支持吗？这不明明是挑动他们反"市革筹组"，反54军吗？军党委综合各方面的情况，经过多次全面深入的分析研究，认为刘、张是地地道道的野心家、阴谋家，是挑起四川省大规模群众武斗的总后台，是搞乱四川的罪魁祸首，必须旗帜鲜明地、坚决地与刘、张作斗争[20]。

54军通过军队系统管道不断电报中央和军委。电文称"他们（指刘、张）挑动群众斗群众，暗中组织和操纵一些受蒙蔽的群众和群众组织，压制革命，挑动武斗，制造混乱""他们颠倒黑白，混淆是非，到处散布谣言，是反军乱军的阴谋家，是妄图篡夺四川省党、政、军领导权的野心家"[21]。

重庆军方当事人披露这些资料反映的鲜明立场和情感发泄，当时是否通过某种渠道传递给了群众无法证实，但八一五一门心思中意于《九五命令》《九一讲话》则毫无疑问。仅凭数落"砸派""反军"之罪和挑动武斗之罪，就足以自信于"大方向"又正确了一回。这样，八一五的政治损益、对反到底的仇恨及对刘、张的负面认知，与重庆军方高度同频，打倒刘、张终于在重庆引发共振[22]，掀动了第一波喧嚣。

3. "轮船会议"拉开大幕

重庆战火初歇，八一五派郑重其事召开了一个总结会。时间是1967年9月16日，会期三天。参会人数多达到600余，会议由"革

20　逯守标《从书生到虎将——韦统泰将军》页428。
21　逯守标《从书生到虎将——韦统泰将军》页429。
22　上世纪80年代，全军开展"彻底否定文革"教育中，按照中央军委统一部署，54军党委派出由党委书记李九龙率领的走访组回到重庆，"专程来渝看望受迫害受冲击的老干部"并"听取意见"。在座谈中，李九龙发言坦承"部队当时在重庆支'左'，实际上就是支派，助长了派性，加剧了两派的对立情绪"（见1985年3月20日《重庆日报》头版消息"文革期间曾在我市支'左'的某部党委/专程来渝看望受迫害受冲击的老干部"。

联会"主持召开。[23] 会议的郑重其事，别出心裁地安排在长江朝天门段江心并排停泊的两艘客轮上进行。

重庆大武斗结束后首次总结会兹事体大，为确保600余人静下来专心商讨派系大计，组织者特意将参会者完全封闭于江心船头，参会人无法私离返岸，岸上人亦无法登船，真正实现了"吃、住、开会三位一体""全封闭"。这次会议被重庆好事者传得很诡秘，称之为"轮船会议"。

据会议亲历者回忆[24]，轮船会议的任务一是"分析形势，统一认识，增强信心，把重庆文革进行到底"；一是提出对八一五派各级组织进行整顿[25]；还有明确下一阶段的任务等。

重大八一五学生领袖周家喻的两次形势报告是为"轮船会议"重头戏。周极具口才，思维敏捷，报告从国际讲到国内，从省外讲到省内，内容除重庆大武斗，还直接延伸至重庆周边的"武装支泸"和涪陵"剿匪"及其组织者，最后矛头直指刘、张，王、郭及系列干将。周家喻以常委会名义提出的行动方案是："第一步炮轰，第二步由大家去想，要大家讨论。"[26]

会议新选的革联会班长、重钢工人陈万明的回忆录特别说明，从策略考虑，会议正式文件暂未明确这一口号：

> 会后整理的报告要点文字中，刘结挺的姓名也是用×××代替的，更不要说研究打倒刘、张了。在周家喻的第二次讲话中，专门谈了刘、张问题，仍然没有提及他们的姓氏。他说："关于对×××、

23　五条下达后，新的权力机构重庆市革筹直接由54军组阁，原革联会作为纯粹的群众组织，正式更名为"重庆市八一五革命造反联合委员会"（简称"八一五革联会"）。

24　相关内容参见当时革联会班长陈万明回忆录《亲历继续革命的实践》（未刊稿）及八一五派军工系统"八一兵团"司令阳增太回忆录《写给历史的交代》。

25　新机构设常务委员会，常委单位19个；办事机构设办公室、政治部、大批判指挥部、工人总指挥部、农民指挥部、红代会筹委会、机关指挥部等。各区县设立分会，并设置相应的办事机构。选举重庆钢铁公司"九八战团"负责人陈万明为班长。

26　阳增太《写给历史的交代》，页154。

×××的态度问题,现在战机不成熟,操之过急,适得其反,就会由主动变成被动。有十条、五条,把主要方向对准他们,不符合中央精神。假如现在提出打倒×××、×××的口号,写大字报上街,让"砸派"捞到稻草了。我现在提请大家注意,不适于马上把斗争公开,不适于写大字报、大标语上街。第一步是发动群众,收集材料,做好准备,各组织内部传阅,准备材料向中央汇报。

"轮船会议"的书面决议话头虽未公开挑明,但对刘、张的攻击行动却正式以此肇端。正是地处省会的红成扼腕无计之时,重庆八一五派在停靠朝天门江心的轮船上,由周家喻为打刘、张的政治大戏,正式拉开了帷幕。

第三节 "第一中心"的权力游戏

1. 西线无战事

四川八月内战,行政中心成都没有成为风暴眼,50军入川是一个重要保障。

文革之初,四川共207个县、设17个军分区,驻扎野战军仅有一个(54军),人数少而布局分散,在重庆支持了造反派,还"取得显著成绩"(《重庆五条》语),但毕竟人手不足,面对狂飙四起的乱局显得捉襟见肘。5月28日,中央军委命令沈阳军区的50军急调四川[27],负责成都及川西地区防务及支左。6月10日,中央军委批准成立成都警备区,由50军兼负成都警备区职责。50军入新防区,与两派均无恩怨,可忠实执行《红十条》,给风高浪急的四川文革之船增压舱之效。按杨成武指令:"四川面积57万平方公里,七千万人口。

27　50军军部及148师驻成都地区,149师驻乐山地区。一个月后,由成都军区的部队组建了150师,部署在绵阳地区。

现在54军、一个独立师、29个独立团,但不敷分配,内地交通不很方便,现在文化大革命需要,将来战备也需要。"[28] 杨成武将这次调防定义为毛泽东"重要的战略措施":

> 走得急是由于成都部队在支左中犯了错误,支持保守派,造成混乱。中央决定后有好转,当前主要任务是保卫无产阶级文化大革命。[29]

同时参与接见的肖华强调,要50军"支持革命委员会筹备小组,搞革命的大联合、三结合。服从军区张、梁的领导,服从军区党委的领导。"副总长李天佑的指导意见更具体:"这次入川就是执行政治任务""1.对群众组织不要轻易下结论,就是保守组织,也不要戴帽子,就是群众组织。2.打政治仗,不要急性,大的问题一定要做到请示报告,不要自作主张。"

作为外来军人,50军与四川两派素无恩怨,入川新军的政治认知理当先入为主地偏向于四川十条钦定的左派刘、张,及相对应的群众派系川大八二六战团及成都工人革命造反兵团,诚如成都军区顶头上司张(国华)、梁(兴初)当时采取的态度。50军军部及所辖148师进驻成都不久,就遇上红成砸"省筹办"继而万人上京告状,一去便差不多3个月。有新驻军压阵,四川八月武斗战火纷飞,省会成都局面却基本保持平静。仅一墙之隔的四川大学和成都工学院之间、东郊红成与隔河相对的市区,在一号桥附近发生过一些小型火力摩擦。周恩来、江青诸人《九一讲话》及《九五命令》,这些重庆方面反响激烈的敕令,在省会竟没有引起特别的注意。

《九五命令》下达第三天,在成都警备司令部小礼堂召开了一个两派停战谈判会议,成都军区政委张国华主持,50军政委曲竞济、代军长郑志士、副军长兼成都警备区司令员孙洪道等人参加,停火谈判由侯振东(兵团负责人)游寿兴(川大"八二六"战团团长)分别

---

28 1967年5月28日中央军委首长接见50军的讲话。笔者据"郑志士笔记"图片照录。
29 相关引文均摘自笔者根据"郑志士笔记"照片转录的文字稿。

任八二六派正、副团长,红成派则由学生领袖武陵江(成都地院"东方红"负责人)、石福全(成都工学院十一战团负责人)任正、副团长。蓉城无战事,双方仅谈判约莫一小时余,便顺利签署了《停战协议书》,协议书承诺:自生效"第二天起停止一切形式的武斗。以后任何一方挑起武斗,承担由此而产生的一切后果!"[30]

四川的权力中枢成都,似乎一切就这样轻松过去了。

2. 上层权力核心辨析

按毛泽东战略迂回和战术怀柔实现大联合,消弭仇恨,上层权力团队的协调一致是最重要的因素。中央任命的由张、梁、刘、张组成的四川权力核心,恰恰在这一关键时段开始出现裂缝,四川的文革上层,变成张、梁及刘张夫妇的四人三方游戏。

张国华、梁兴初刚入川时逢会必讲,井冈山时期他们二人同属一个连队,一个是通讯员,一个是司号员,是为亲密战友。除中央红军创建初期二人在同一个连队短暂共事,此后的长期革命生涯中并无交集,是《红十条》把他们的命运再度连在一起。来川任职之初,二人的基本政治立场是一致的,5月5日,张、梁在京西宾馆接见四川群众组织代表时发表讲话,梁兴初立场鲜明地表示:

解放军要解决支持"成都工人革命造反兵团""川大八二六"和"红卫兵成都部队"等革命造反派的问题。(注:此时江海云把4月18日署名为"成都军区广大指战员给产业军的信"拿给梁司令员看。梁继续说)这些人代表解放军吗?他们只能代表他们自己几个极少数的人,他们能代表什么广大指战员?我就是支持"兵团"和"八二六"的,不支持"产业军"。他们(指张国华政委和新调往成都军区去的一个部长)也坚决反对"产业军",坚决不支持他们。现在有少数人受了"老产"观点的影响,在脑子里还一时拐不过弯来,这中间还需要一个教育过程,转变过程。我们希望和你们合作,共同工作促

---

30 侯振东《沧海桑田50载》(载《乌有之乡》网刊2016年6月27日)。

使这些同志转变过来。总之我们的态度就是支持你们,毫不含糊地支持你们的一切革命行动。[31]

《红十条》认定的四人权力核心另外二人:刘结挺为中共入川时18军的团政委、张西挺是18军机关的连职指导员,均为时任18军军长张国华下属。18军奉命进藏前对官兵进行普遍体检,查出刘结挺的腰椎有问题,遂决定将他留四川地方工作[32]。梁兴初与刘、张在历史上从无交集亦无了解,既然中央给他们平反并授予高位,军人梁兴初理当完全遵从。

张国华性格温良敦厚,处事稳重缜密,对党忠诚,对同侪友善,颇多古贤臣之风,担纲四人团队核心,实当其位。历史上,他是梁兴初的老战友、又是刘、张的老上司,与三人合作具有先天的良好基础,而且四人皆为《红十条》的受益者,是故贯彻《红十条》精神,自然当戮力同心,合作奋力。四人处境相异之处仅仅在于各自遭遇的具体情节:张国华、梁兴初来川主政前,均正在原执政地遭遇造反派死缠烂打,西藏造反派攻击张国华"包庇和讨好"阿沛和班禅这帮农奴主,"是林芝森林公司群众斗群众的幕后策划者""在自卫反击战中枪杀了两名战士"。大字报干脆称他是"杀人魔王"云云[33];梁兴初来川前,亦正困于被广州军区造反派"打倒"围攻之中[34]。中央替二人从困境解脱,委以重任,重赋在巴蜀"天府"再展才干的新天地,他们能不珍惜?刘、张夫妇则纯为"咸鱼翻身""冰火两重天"之变,所得"红十条"收益之大,于公于私,实无人能匹也。

基于这些缘由,四人在给"二月镇反"受害者平反昭雪、瓦解保守组织、促地方军分区转向等方面,都表现出贯彻《红十条》极大的同维力度。涪陵军分区司令员刘绍堂对《四川十条》心有不服,梁兴

---

31 谢信步整理《四川文革大事记》。
32 坊间有关于刘结挺为逃避进藏装病的传闻,系讹传。
33 见《井冈山上走出的"井冈山"——张国华传》第十五章"从雪域高原到巴山蜀水"。
34 "二月镇反"时,广州军区司令员黄永胜在北京,政委刘兴元因病住院,梁兴初作为军区临时负责人,参与了广州军区弹压军内造反派和地方造反派的行动。

初直接摆出老资格将他"骂了个狗血淋头"[35]，继而由张、梁、刘签署，专门下一个《涪陵五条》，明确涪陵军分区支左的方向和任务；宜宾地区支左的54军135师下属部队一时难于转向，军区下令将其调走，换防来宜的54军130师的部队，成为王茂聚和"红旗派"的坚定支持者……所有这些皆可成例。《红十条》下达次月，红成初掀"打刘、张"浪潮，张、梁即持坚决反对之态，梁兴初对红成头头蔡文彬说"刘、张刚平反，你们就打倒，这是打倒你们自己！"张国华的表达稍显委婉："我们刚到不久，就是犯错误也来不及，你们就炮轰，我们想不通。"1967年国庆日，红成人员涌涌直冲主席台要抓刘、张，梁兴初大发雷霆，当场令50军副军长孙洪道："开枪，打二老产！"孙洪道果然对天鸣枪示警，吓退了红成。

缺憾的是，总揽全局的张国华将地方事务一体划给了刘、张二人，给予全方位支持以至于迁就，甚至姑息纵容，致使四川权力核心很快失衡。北京钦赐的"左派"夫妇一旦任性为之，儒雅稳重的一把手就难控方寸。诚如后来张国华"自我检查"所言："我没有按毛主席视察大江南北三大区的指示办事""未按主席教导办事，而是办事机构来管。我把办事机构交给刘、张，发生了严重的问题，而我又依靠刘、张去解决，因而问题就越来越多，问题越来越严重，造成不可收拾的地步"[36]。

二把手梁兴初赴川履新，成都军区司、政、后机关一大堆麻烦事、各地方军分区按"十条"实施"转向"亟待解决，梁兴初对四川问题的政治认知与张国华、刘、张夫妇初时并无分歧，甚至对红成给川局添乱同样心存反感。

梁兴初这样的强势耿介的战场虎将后来不能见容于刘、张，实因过大的权力给后者带来的傲慢与任性。梁赴川不过3月，1967年8月9日，他们便搞了一场微缩版"清君侧"行动，史称"八九事件"。过程如下：

35　参见本书第7章第三节"涪陵：小县城大屠杀。"
36　1970年3月7日张国华在东方红礼堂的公开检讨。

梁任广州军区司令员时的秘书张鸿志，替来川履新的首长搬家。广州军区时期，梁兴初被桂林步校学生打伤住院，为防军校学生继续纠缠，张秘书曾化妆进医院将梁秘密接走，二人关系之紧密由斯可见。来川后，梁要张暂时多待一段以协助工作，于公于私，皆属常理中事。自贡造反派在审讯当地业已垮台的保守组织"五军一兵"人员时，忽得张鸿志有"支保"悖言，当即认定其为自贡保守派后台，旋挑精壮人员组成"小分队"赴蓉实施"揪张行动"，到成都军区大院、军区战旗文工团等地揪斗张秘书。

中国素有"投鼠忌器""打狗欺主"一类禁忌。权力上层无小事，虽然仅事涉秘书，尚处于权力磨合期的刘、张为维护四川新班子团结，如果对此息事宁人，给梁来个顺水人情，正好美事一桩。可惜刘、张夫妇春风得意，对此类事偏偏巨细不饶。"赴蓉小分队"到成都军区当天，张西挺便亲自接见小分队，夸奖其"为四川文化大革命立下一个大功劳，挖出了埋在梁司令员身边的一颗定时炸弹"，继而火上浇油，说张鸿志"冒用首长办公室名义干了不少坏事。据各地反映，重庆、自贡、灌县、邛崃、泸州的老保，张鸿志都支持，挑起武斗。你们来了材料以后，各地都陆续来了材料。""张鸿志到四川时间虽不长，但干的坏事这样多，如果不把他揪出来，对整个四川的文化大革命将带来严重的损失，我们对大家的这一革命行动表示坚决的支持。""张鸿志干的坏事这样多，对四川造反派犯下了滔天罪行，现在把他交给战旗文工团斗，然后交自贡造反派斗，以后交给邛崃造反派斗。至于重庆，不大方便，以后再考虑。"云云。

张国华和梁兴初考虑事情已酿成群体争端，决定将张鸿志暂交成都警司"看押"，实则变相保护以缓解僵局。两天后，刘结挺再次接见"战旗文工团"人员，继续怂恿说"现在情况紧急，张鸿志暂留成都，他问题非常严重，也非常复杂。张鸿志不但同四川好几个地区的老保狼狈为奸，还同某些造反派有勾结。"得刘、张加温，自贡造反派不依不饶，再次、三次派员赴蓉揪人。一把手张国华为保全上层"团结"脸面，只得同意将张秘书揪去自贡批斗。二把手梁兴初为涉事人，不便忤逆老战友、新上司张国华，只好忍下一口气，让大秘去受一回罪。

3. 刘、张的权力傲慢

张国华的妥协对刘、张的权力欲多有刺激。西线无战事，上层多绥靖，刘、张夫妇我行我素，权力战车继续加速挺进。由刘、张核心直接控制的"打李总站"下属五大组织之一"兵团"负责人侯振东在演讲中信心满满地宣称：至1967年10月上旬"全四川省除重庆外，190多个县大部分有兵团的分团、战团、纵队，在册的兵团战士已经超过了360万人。不能再发展了。"至于"冥顽不化"的对立群众组织，刘、张当局或直接组织指挥（如"武装支泸"），或通过"武装左派"（如涪陵、万县），假群众组织之手武力消灭之。

1967年秋，毛泽东实施重大的战略怀柔和战术迂回，明确宣布"站队站错了，站过来就是了"。四川的现实在于，通过几个月贯彻《红十条》的操作，对群众组织的"革""保"划分已固定成型，眼皮子底下的成渝两地，情况相对明了简单：红成八一五、"兵团""八二六"反到底皆属造反派，实施"一碗水端平"政策。成都"三军一旗"铁定保守组织，不予承认。专县情况五花八门，张国华则一体交刘、张处置，刘、张只管"以我划线"，张国华一律照单全收。张坦承：在专县对泸州"红联站"、自贡"五军一兵"、"地总"等群众组织长期不承认，或者是承认一部分，不承认一部分，宜宾的"宜红总"类似组织也是如此[37]。如今领袖既发上谕，宣布"在工人阶级内部没有根本利害冲突"，原来划分"革""保"的政策已经过时，只要熬过了7、8月武斗还幸存的派系，一律当冠以"革命群众组织"，都应参

---

[37]《张国华的检查》，1970年3月7日成都东方红礼堂大会。其中的"2.我的错误是没有正确对待群众，犯了支一派，疏一派，亲一派，压一派的严重错误。我陷入资产阶级派性。没有按毛主席视察大江南北三大区的指示办事，在工人阶级内部没有根本利害冲突的伟大教导，对泸州红联站，自贡五军一兵，地总等群众组织长期不承认，或者是承认一部分，不承认一部分，宜宾的宜红总类似组织也是如此，（68）川革发64号文件，就是全川的典型，永川搞了一个四四二的方案，只承认上头，不承认下头，或承认下头，不承认上头，这是违背毛泽东思想和党中央政策的。"

与"革命大联合",刘、张模式认可的"造反派"打压"保守派"政策不改变不行了。

只是政治格局既成,全社会在刘、张问题上剑拔弩张的争执,成为"大联合"的最大障碍,张国华处于两难之中,不得不提出一个无可奈何的议题:"绕过刘、张大联合"。

此议立遭张西挺反对,称:"绕过刘、张大联合,就是联合起来打刘、张。""反对刘、张不是反对我们两个人的问题,是对《红十条》的态度问题,是对中央的态度问题。"[38] 1967年11月,经由刘、张策划,省革筹政工组长钱春华在锦江宾馆以及省革筹办等处多次召开"形势座谈会",反复强调大联合必须坚持革命原则,说"有人提出'要绕过刘,张搞大联合',是不对的,这是原则问题,你们要顶住,不要退让。"由"革筹办"主持召集"打李总站"旗下五大组织头头多次开会统一口径,提出坚持革命原则,就是要坚持在大联合。有官方推动,成都街头庚即出现要张国华向山东王效禹、贵州李再含学习的大标语。本来就松散的大联合再度稀释,成都地区第一个实现大联合、影响很大的94信箱也重新分裂。[39]

组织层面,刘、张继续按其政治逻辑扩大基层权力盘面的管控。省革筹政工组地方组由心腹郭一民任组长、省革筹政工组组织组由姚德茂[40]担任组长,此二机构代表省革筹控制了全省基层革委会的审批决定大权,以确保最终对全省各级行政权、进而党权的把控。官史记录:

> 1967年10月,刘、张派出亲信,以省革筹工作组名义到达县,大肆宣传"参加'二月镇反'的与'二月镇反'被压的是路线斗争。被压是左派,不能与老保联合,不能与右派组织联合",还把大竹两

---

38 田禾在中央第二次解决四川问题学习班上的发言资料。转引自《悲剧是怎样造成的(上)》,页292。

39 冯德华在中央第二次解决四川问题学习班上的发言。转引自《悲剧是怎样造成的(上)》页323。

40 姚德茂系空军第十三航空学校(番号空字028部队)造反组织"红总"负责人之一。

大派联合成立的"三代会"(指工人、贫下中农、红卫兵代表委员会)认为是"派代会",不合法。工作组在达县两年之久,直接筹划、搅动群众斗群众,大搞一派掌权。在许多地方,如成都、重庆、永川、铜梁、江津、阿坝、凉山、甘孜、涪陵、垫江,刘结挺、张西挺均做了支持一派反一派,毁坏群众组织大联合之事。他们曾对重庆一派支持他们的组织说:"听说他们搞大联合,我生怕你们被吃掉。要搞大联合可以,内部搞嘛,莫要上当。如果要联合,你们要占绝对优势,否则不能联合。"他还强调大联合也应当有核心,核心就是他们支持的造反派。全省19个地、市、州中,有13个革委会和16个地、市、州下属的887个县一级革委会一派掌权[41]。在宜宾,地、县市革委会的办事机构,特别是要害部门,基本上由其亲信把持[42]。

1967年12月,刘结挺从宜宾、自贡视察归来,提出先易后难、加快进度之策,指示姚德茂"把重点转到没有'红成、八一五'的地区去,抓紧帮助这些地区建立革委会。"地方组组长郭一民随即增派人员下到这类地区督阵;刘结挺继而又指示,如地区组人手不够,可由"028"再调100人带上省筹办介绍信前去参与配合。此计划果现成效,到次年3月中央第二次解决四川问题前夕,全川大部分地区基本上搞成了一派或一派占绝对优势之局面。[43]

在社会层面,为将川内群众组织分割成标识清晰、易于识别的敌对阵营,张西挺在公开讲话中极富创意地提议:"现在组织名称很多,成都叫'兵团''八二六',那边叫红成、'八一五',专县也有好多名字,其实只有两家。为了统一好叫,'兵团''八二六'叫'红十条派'算了。"[44]

如此一分,所谓"红十条派"理所当然便占领了政治高地,提升了政治合法性和正义性;而对立派则被降格为反中央的敌对面。诚如

---

41 《中国共产党四川历史》,页354。
42 中共四川省委党史研究室《中国共产党四川历史(1950—1978)》页352。
43 郭一民在中央第二次解决四川问题学习班上的发言。转引自《悲剧是怎样造成的》上册,页332。
44 1967年10月28日,张西挺对胡晓明、杨德洪、刘西源等人谈话。

官史评议：

刘结挺、张西挺自认为是"造反派的化身"，"正确路线的化身"，把自己作为《红十条》的化身，把对刘结挺、张西挺有意见的就说成反对《红十条》，使《红十条》成为镇压群众的棍子[45]。

刘、张这些做法明显与毛泽东号召和解，实现"天下大治"的政策相悖，因而在舆论上就不能不让对方占了先手。1967年10月，重庆发动的打刘、张浪潮勃起，成都的红成派及全川"反红十条"起而响应，刘、张才好梦初惊。革筹组负责人责怪："9月26日周总理给红成作了指示，红成从北京回来打倒刘、张的调子（却）一直在升级。"[46] 刘、张幕僚丁祖涵亦向"西指"[47]负责人传达了刘结挺如下抱怨："这几个月这一派（指八二六派）太沉默了，谈大联合不坚持原则，什么都讲对等，绕开刘、张谈大联合，结果让红成占了上风，到处都是红成一家舆论。""这样下去不行，还是要拉开干……要抓住一些事件开一系列大会，造成声势，你们可以写一有分量的文章，批驳一些错误论点。""西指"王同臻据此指示写出《评红成的斗争大方向》后，刘、张又将苗逢澍[48]给李井泉的一封信的照片及从省革筹"干部学习班"调来关于庄顷的材料交给王同臻，要他再起草了两篇反击红成的文章。10月30日，还由"西指"和"空字028"策划召开大会，以维护最高统帅尊严为名义，攻击红成"伪造三条最高指示"云云，[49] 继而带动专县亦先后召开了同样主题大会，对"反红十条派"大张挞伐。四川已无大联合的大好形势可言，两派内战再掀高潮。

45　《中国共产党四川历史》，353页。
46　见1967年12月30日张国华接见的讲话。
47　全名"西南局机关造反指挥部"。
48　苗逢澍，山西裹垣人，晋绥系干部。文革前曾任省监委书记，参与过对刘、张的处理。
49　王同臻在第二次解决四川问题学习班的发言。转引自《悲剧是怎样造成的》上册，页324。

4. 政治形象的"自我包装"

政治人物立威，都必作形象包装，塑造"超人""先知"一类神话。刘、张自知根底浅薄，为官为人负面传闻不少，仅靠"十条"所赐一顶"左"帽实难服众，还需在舆论宣传上对"形象包装"下功夫，其包装尺度之大、范围之广、体裁之广，全国绝无二例。刘结挺说过："李井泉把我们搞臭了，现在我们要把自己搞香。"[50] 如今，北京高层已用刘、张这两块石头将李井泉砸翻倒地，胜利者要在自己脸上涂抹任何油彩皆属正义。

刘、张组阁之初，1967 年 8 月，心腹幕僚田禾便正式执掌了四川最高权力机关省革筹文卫组、宣传组，川报、川台等官媒，以及峨眉电影制片厂、出版社等文化团体等均一体收入帐下。《四川十条》是刘、张"左派"护身符，舆论宣传均一律以此基调展开，塑造刘、张"三个化身"的形象：一、"反李井泉英雄""造反派的代表"；二、顶住了"二月镇反"的"正确路线的代表"；三、《红十条》的代表。川报"社论"、专文、专版、专栏及川台"专题广播"等一起狂轰滥炸，单 1967 年 9 月 1 日，随《四川日报》附送的刘、张对李井泉的"控诉报告"便多达 40 余万份。

除了纸媒和电台，由当局宣传部门支持鼓动，几乎所有文艺样式：从话剧、川剧、电影、连环画，到说唱曲艺："金钱板""莲花落"、枪杆诗、三句半，对口词，清音、车灯、扬琴、快板等等，全都拉上颂歌舞台，剧目之多，蔚为大观：《刘、张、王、郭去川大》《突破口》《金沙激浪》《宜宾风云》《烈火炼真金》《翠屏松》《突破口上红旗飘》《风雷显红梅》《飞雪迎春》《长缨在手》《敢教日月换新天》《毛主席派人来》《金莲含花》《红书记》《毛主席的好干部——刘结挺、张西挺》等等，不一而足；由省革筹宣传组直接组织专业创作组以刘、张事迹为原型，创作了大型话剧《敢把皇帝拉下马》，剧本完稿

---

[50] 田禾在中央第二次解决四川问题是的揭发。转引自《悲剧是怎样造成的（上）》页 281。

后交由四川省人民艺术剧院（时称"工农兵文工团"）排练推出，刘、张扮演者专门做特型化妆。正式演出时，刘、张到场观看并与演员合影。合影照刘、张居中，刘旁站刘的扮演者，张则手拉张扮演者。张赞扬说"演戏这玩意儿就是好，大人小孩都喜欢看，把我们的事编成戏演，那不当得作几十个报告！"

重庆市歌舞团青年歌唱演员李天鑫热情奔放，才华横溢，1966年末重庆大田湾体育场发生"一二·四血案"，李灵感迸发，当即写出歌曲《亲爱的战友你在哪里？》，一时满城传唱。次年李加入了反到底，旋被田禾拉入毂中，负责川剧、曲艺，甚至美术方面事宜的操办。李这样介绍了连环画《毛主席的好干部——刘结挺、张西挺》的组织、编绘和出版：

> 六七年十月，我们与四川美术学院拼凑了一个创作班子，首先以田××编写的刘、张控诉材料为蓝本，拟了一个初稿，共两百多幅图画，然后经贵州李再含同意和他的办事机构大力支持，在贵阳的一个公园的小别墅进行秘密炮制。十二月，我到贵州看了底稿，十分满意。连环画对画面的安排和对刘、张二人的形象是精心设计的，例如其中一幅表现刘、张读八届十中全会的公报时，特地把刘、张安排在当中，背景是矗立云端的高山，青松挺拔，岩石峥嵘，完全把刘、张打扮成革命路线的化身，把他的所谓自己就是"打倒李井泉"的唯一的"孤胆英雄"形象地展现在画面上。又如最后一幅画，为了集中体现刘、张是"三个化身"，特地安排了刘、张昂着头走在金水桥上，形象顶天立地，背景是簇拥着刘、张他俩的群众场面。

> 画稿完成后，确定分两步走，先出连环画刊，选登六十多幅，然后准备在六八年初由贵州省人民出版社以官方名义出版全套连环画册（两百多幅），由新华书店向全国发售。[51]

文革疯魔，全中国只允许一个权威、而且是绝对权威的政治环境下，刘、张如此放胆实施个人政治形象"包装"实为全国孤例，同时

---

51 袁光厚：《悲剧是怎样造成的（上）》页290。

也为自己最后的倒台挖了个大坑。权力欲望让聪明人变得愚蠢，由此可见。

第四节 "第二中心"的反击

1. 梁兴初重庆之行

四川的政治棋局，与成都刘、张隔"河界"相峙的是驻重庆的54军。他们同样有钦定《重庆五条》护法，还有北京军方高层后台庇护；其次，四川权力核心位列第二的梁兴初，与54军同出四野山头，有天然的政治、情感血缘；还有，54军政委谢家祥不久前调成都军区任副政委，成为梁兴初联系54军的直接纽带。重庆反到底派对54军的大不敬从而挑衅攻击之类负面信息都能实时传递给梁，使两者声息相通。毛泽东视察大江南北的怀柔号召没有让四川内战之殇抚平，反而让双方都再难隐忍，四川权力高层"四人三方"游戏终于直接摊牌。

1967年10月23日，梁兴初离开成都，到重庆54军军部一住就两个多月。其时，八一五派自"轮船会议"初鼓"打刘、张"之气，经月余鼓吹，重庆已遍地积薪。梁兴初来此烧起一把大火，全川很快掀起对刘、张派系总攻击的高潮。

关于梁兴初赴渝，相关当事人有如下三种表述：一是梁兴初本人事后的说法，是"我和张国华同志来四川工作后，起初在一些原则问题上认识基本是一致的。但由于我陷入资产阶级派性，加之我个人主义，骄傲自满的恶性发展，逐渐在一些问题上同张政委有些不同的意见，我的不同意见，我并没有按照党的组织原则拿到党的会议上讨论，也没有很好地同张政委研究。而是自以为正确，信口开河，随便在群众中表态，公开唱对台戏。当这种行动还不能达到我的个人目的的时候，就进一步发展到另立中心，搞分裂行动"[52]；二是说梁与张国华意见不合，"于是在谢家祥的再三动员下"来到重庆[53]；三是说1967年5月梁兴初赴川履新，重庆驻军便多次电请其赴渝指导工作，后经梁和张研究后遂到重庆视察。[54]

　　前两种说法均出自"九一三事件"发生之后，清算林彪集团时梁、谢二人交待材料。高压之下，言不由衷，所言虽不翔实，略可采信；第三种说法出自《统领万岁军》一书，该书策划人兼作者之一任桂兰系梁兴初夫人，护夫情笃，难免对具体情节有意虚化淡化甚至扭曲之，暂供参考罢了。刘、张核心幕僚、其时掌握省筹办实权的郭一民后来在中央学习班上一段发言，却多含信息量，值得关注：

　　1967年10月，梁司令员从军委办事组开会回来后，在重庆接见了一些群众组织的代表。11月中旬，我拿到几份梁司令员在重庆的讲话的传单给张西挺送去，张西挺看了以后，借题发挥，大做文章。张西挺说："梁司令员从北京回来，态度突然转变，绝不是因为王力出了问题，我看背后有人支持。"

　　张西挺说的这个"背后有人"还怕我领会不了……接着，她更露骨地说："问题不那么简单，看来中央现在是不是还有两个司令部的斗争问题，现在还有人要为'二月逆流'翻案。你不想想，我们这两个小人物，一个地委书记，一个市委书记，一无兵，二无权，为什么会引起那么多人注视？就是因为我们是'二月镇反'受害者的代表。他们搞我们，背后有人支持他，搞我们是醉翁之意不在酒，而是他们背后有人要为'二月镇反'翻案。"我问张西挺是谁在支持？她别有用心地说："总是有人支持嘛！"[55]

52　1972年7月15日梁兴初写给中央的检查交代。交代还说"（后来）张政委又亲自到重庆来教育我，帮助我，要我很快回成都。"摘自宋永毅主编《中国文化大革命文库》光盘。
53　参见谢家祥《我的检查和交代》（1972年6月20日）。
54　任桂兰、李宗儒著《统领万岁军》，页508。
55　郭一民在1970年中央学习班上的发言。转引自《悲剧是怎样造成的（下）》页30。

此说有两点值得注意：第一，梁兴初的重庆之行发生在"军委办事组开会回来"。以杨成武为组长、吴法宪为副组长的军委办事组正式运行于 1967 年 9 月。其时正是杨成武最得毛泽东恩宠之时，对毛战略意图应当最为了解：迅速稳定"七二〇武汉事变"后的全国乱局，首先安抚并稳住军队，再通过军队去推动群众和解，实现大联合从而尽快建立"新生红色政权"。实施此项任务，军委办事组的戏份自然很重。八月武斗重庆名冠全国。梁兴初到北京参会结束要亲自到重庆调研抓点确乎情理之中；再说，军委办事组副组长吴法宪同出四野山头，彼此情感相通，要梁去重庆为遭反到底攻击的 54 军站台，梁虽有先入为主之嫌，也属顺情合理。第二个看点亦非常重要：作为文革造反起家的张西挺，对于四川两派斗争的上层背景，即"两个司令部（文革派和军方）"之争确有独特的敏感。毛泽东战略调整的各种号召，对刘、张绝非舆情宣传，而是与自身命运攸关之生死判词。生长于极权环境的党国官吏当非常清楚，自己命运或吉或凶，或上云端或堕地狱，全来源于上面一句话，亦全取决于上层博弈中，自己这枚棋子暂时有用抑或无用将弃？张西挺慨叹："我们这两个小人物，一个地委书记，一个市委书记，一无兵，二无权，为什么会引起那么多人注视？"足可读出面对军方势力从八月反军潮低谷中拉升而起，刘、张心中的惶恐不安。如今围猎巴蜀之计全功未成，反遭 54 军得梁兴初现场撑腰开始实施反击，刘、张宁不深感忧虑？

2. 梁兴初旋风

中央关于支左的文件明确规定以野战军为核心建立支左体系，驻地部队都必须服从之。在一个地区，支持谁反对谁，野战军有极大的独立裁量权[56]。驻节重庆的 54 军偏向八一五派，事实上已经成为刘、张企图统领全川的一大障碍。1967 年 9 月，重庆八一五派"轮

---

56 这种政策造成一个省或一个地区出现两个或多个权力中心很普遍，如云南省军区和 13 军、14 军支持的派别不同，驻河北的 38 军和北京军区对着干，南京军区、济南军区、68 军形成多中心，来来回回拉锯。

船会议"正式启动打刘张的活动,与刘张已多有龃龉的梁兴初来渝,很快便掀了一阵旋风。

梁兴初于 10 月 22 日到重庆至年底返蓉,时间共两月余,日程一直安排满满,可谓紧锣密鼓。除了和 54 军高层沟通、视察武斗现场[57],此外,更多是参与两派群众组织的交流互动。这些活动计有: 10 月 31 日,参加重庆同属八一五派的三个全市性红卫兵组织[58]"大联合"成立为"红卫兵重庆警备区"的大会;11 月 2 日,重庆大学举行"热烈欢呼毛主席最新指示,掀起教育革命新高潮誓师大会",梁兴初到会祝贺、与重大八一五负责人交谈并观看大字报;11 月 5 日,出席观看八一五派编排演出的歌颂本派"文革历程""伟绩丰功"的所谓"大型音乐舞蹈史诗"《八一五风暴》[59]首演;11 月 11 日,在文化宫礼堂观看了八一五派演出《红卫兵战歌》等等。梁兴初与八一五派见面,一般都做如下配置:一、陪同人员:54 军军长韦统泰,市革筹小组组长蓝亦农、副组长白斌和重庆地方驻军首长,来渝调研的中央调查组组长陈彬及周恩来联络员温伯华亦基本全程陪同。梁兴初讲话后,陪同人员也都按同样调子讲话。二、每次接见或观看演出,均表示祝贺并接受献袖章、胸章等,演出后均接见全体演职员予以鼓励。《815 战报》记者记录了梁兴初观看上述首演后接见演员的表态:"我希望你们多给山城人民演几场!多给山城八一五派演几场!多给解放军演几场!"三、气氛都非常和谐欢快,其乐融融。四、梁的讲话,除对八一五派的赞扬溢美之词,常常都同时带入对反到底派的指责。如参加重大八一五会议,"首长们在讲话中强调指出,有人说什么市革筹小组是'黑市委的第三代',要'砸烂伪市革筹!'甚至

---

57 11 月 1 日,梁兴初观看了杨家坪战场废墟。11 月 4 日,梁兴初偕中央调查组负责人、韦统泰、蓝亦农、白斌、唐兴盛等乘东方红 111 号轮船到望江厂视察,查看打捞上来的,8 月 3 日被反到底派击沉的重庆军分区交通艇现场。梁等当场表示对八一五派的支持和对反到底派的斥责。八一五派长航兵团、港口兵团在朝天门码头举行死难解放军三战士追悼会。
58 指"重庆红卫兵革命造反司令部""重庆中学生红卫兵红联会"和"重庆东方红红卫兵"。
59 剧本由重庆一中高三学生虘来明撰稿。

数次武装冲击市革筹组,这是完全错误的。那些是走资派,那些是地富反坏右牛鬼蛇神不甘心失败的表现。"[60]

如果说梁兴初与八一五的互动是军民联谊嘉年华,那么,对反到底的互动交流,气氛则与接见八一五大相径庭,虽然也有握手、客套问候、寒暄之类程序,但整个过程更像气氛肃然的庭审。中央调查组组长陈彬和周恩来联络员温伯华多未参会,54军军长韦统泰、政委蓝亦农和副军长白斌,则像原告证人兼陪审团,在"庭审"中不断进行提词和训斥,场面与接见八一五完全两样了。[61]

梁兴初对反到底代表的接见连续进行了三次:11月2日下午、3日下午和6日全天。地点都是在军方主场:重庆警备区小礼堂。参加接见的反到底派代表为黄廉、李木森、邓长春、徐光明、李盛龙等负责人23名[62]。通览接见文字记录稿,长达31200字,所涉及的内容大体为三大类:1.关于贯彻毛泽东视察大江南北指示,把握文革运动大方向,如批判重庆头号走资派任白戈问题、两派大联合问题,并根据中央《重庆五条》推动重庆市革筹的组建工作,等等,约6000字,占五分之一;2.关于重庆武斗事件追责,约12000字,这一部分涉及的事件和人物最多,占全部内容近一半;3.关于拥军(更多是追责反军问题,如:反到底动辄要绞死"匪首"蓝亦农、白斌等驻军首长等),约4000字。第二、三两个问题可说大体属于同一话题。

就1967年5月北京处理四川问题和单独处理重庆问题的两个文件(所谓《红十条》《红五条》)下达后的政治处境、心理状态和行为对策而言,成都地区的红成之于《十条》和重庆反到底之于《五条》,角色正好相当,只是在激烈程度上,反到底表现更极端罢了。梁兴初接见中谈及这些问题,都是反到底的"软肋",故而整个接见与对话过程,反到底都显得十分被动。反到底参会代表对政局的变迁及梁兴初政治分量是有所感悟的,因此始终表现得很知趣,该认错时认错,

---

60 《815战报》46期头版消息,1967年11月15日出版。
61 以下内容,摘自宋永毅主编《中国文化大革命文库》光盘。
62 黄廉代表造反军、李木森代表工总司、邓长春代表军工井冈山、徐光明代表重大井冈山、李盛龙代表西师八三一。

该讨好时讨好，该高姿态时高姿态。绝对掌握话语主动权的梁兴初，则充分展示了只有中共军人独有的稔熟之政治智慧和手段，恩威并施，嬉笑怒骂，纵横捭阖。初通政治秘籍的草民领袖实在还不够过招水准。

比如，接见一开始，社会经验老道又最喜领衔的反到底派老牌领袖黄廉想要抢占主动，于是争打头炮，诉苦说："几次来求见梁司令员，警司门卫不让进"，不料梁兴初当即调来门卫值班记录宣念，来访者姓甚名谁全都记载清楚，就是没有黄廉。梁立即训斥黄"以资产阶级政客（手段）对付共产党，对付人民，对付专政机关，不好。"黄廉理亏，顿时哑口。梁兴初反过来安慰："前面是一段插曲。黄廉同志不要难过。"黄廉表示要"回去斗私批修"，众群众头目也附和："（首长是）爱护我们嘛。"梁司令的姿态就更谦和："革命群众组织的领导嘛，你们大小都是头头，可以调动几十万人马，是领导。我脱下军装穿上便衣，一个人都调不动，只能调动我的老婆，有时孩子都调不动。我家有上大学，上高中、小学的。他们还要造反。"

触及实质问题和原则问题，梁兴初绝对寸步不让。比如，一反到底代表头脑短路，唐突插入："我们（指反到底派）的后台是省革筹、中央嘛！"梁兴初立即驳回："胡扯！怎么说省革筹是你们的后台呢？"又如：与会代表"汇报"街上有攻击刘、张的标语，梁司令即刻反怼："八月份你们还有'绞死白斌'，9月14号还有攻击54军的。你们还是做些自我批评。"

谈及武斗追责，梁将军的话题最多，情绪也最为愤怒。重庆一天打上万发炮弹，成了全国武斗最经典的桥段。该段对话摘要如下：

梁兴初：重庆一天打一万多发炮弹。（正如）总理说：真是败家子！

白斌插话：（指反到底代表）：你们打得多一点。

蓝亦农问：李木森，江陵厂打了多少炮弹？

李木森回答：打了三至四千发。没有统计。

韦统泰证实：望江（反到底）打了一万多发。

梁兴初：把这么多炮弹拿到越南，可打下三百六十五架飞机。

白斌：不仅是浪费，还打死了阶级兄弟，破坏了国家财产。

梁兴初刚去杨家坪战地废墟看过，怒火立马上头："那不叫败家叫什么？文化革命搞成了武化革命！"他仔细询问了反到底五个专业武斗组织、特别跨行业组织"猛虎团"的情况并作了记录，其中，三个散兵游勇在山城宽银幕电影院路口拦路枪击54军吉普，打死打伤警司官兵多人，及望江机器厂武斗组织"金猴"击沉军分区快艇事最让梁兴初愤怒。接见时他拿着反到底印发的传单向邓长春[63]责问："黄纸黑字，还想抵赖！凭这个就可以逮捕你！""你是舰队司令[64]，由你打沉了几只船？你不要认为你有后台，你们的后台总有一天要垮台的。我还不知道你那个后台是好是坏？你今年二十三岁了，够枪毙了。邓长春你还跑不跑啊？"

邓长春显得可怜，自我解嘲道："我能跑到哪里去嘛！"

梁道："你跑不了。你跑到天上，我们有飞机，有高射炮，还有地对空导弹。你跑到地下，我也要把你抓回来。你跑到外国去就是叛国！"继而再追邓长春"前段时间搞武斗，搞了几千条猪，你们是怎么吃的？以后国家要算账的。这账我是要记的。不要以为二十多岁，杀不了头罗！账算在你们身上，群众是要算的罗！要交待交待罗！""你们自己先算一算，谁吃的？哪些单位？哪些人吃的？有国法论罪。要杀头的，到时候你哭都哭不赢。杀你的时候，你说'不要杀我啊'，那就迟了。二十二岁法律上可以（杀头）了。"

蓝亦农跟着抱怨："你们抢到我们警备区头上了，抢了我们的纸烟，还有几百元钱。"

梁兴初宽厚表态："这是小意思，算警备区慰劳你们了。"蓝亦农不依不饶："慰劳是慰劳，抢是抢！"

63　邓长春即曾经指挥三条改装的军舰在长江上所向无敌的舰队司令。八月十八日为了给武斗中罹难的副司令李鲁沂祭灵，他曾亲自递枪，将八一五俘虏二人枪决并抛尸江流。

64　指重庆武斗期间，由望江机器厂运输艇"望江101号"、嘉陵机器厂"嘉陵1号"及长航属下大货轮"人民5号"组成"反到底舰队"。

接见中，梁兴初处处表现出明显过火的情绪和大刀阔斧的行事风格，有些话已直逼临界点，威胁"你们的后台总有一天要垮台的""省革筹的人我还不一定相信呢！"但又随时控制情绪回返策略轨道，比如反到底代表汇报说周家喻去西师作报告，宣称"八一五派和反到底派的斗争是两条路线的斗争，不打倒刘、张不能搞联合"，梁兴初如是劝慰："只提拥护不拥护《十条》就行了，张、梁、刘、张都可以不提，《红十条》都包括了嘛！"又如，对54军的"护犊"亦半玩笑半认真，反到底代表李盛龙谈及执行"八二五号召"问题，承认"在有些问题上我们是有错误的"，梁兴初的反问则是"你们现在还打不打倒？绞不绞死？""蓝亦农、白斌是'匪'，为什么中共中央还要他当组长、副组长？你把他打成'匪'，把毛主席放在哪里？"第二次接见结束时间最晚，军队首脑们都已起身欲行，急于自证清白的反到底代表急呼："梁司令员，你指示我们写个制止武斗的倡议，写好了，念给你听。"梁兴初马上痛快称"好"，要大家都坐下来听。倡议念完，他非常客气地吩咐："你们回去把它打出来，送一份到我这里。我给你们修改，然后发给反到底每一个战士好好讨论。走群众路线。"后来还有"今晚我请你们看戏，都参加！"

3. 渝报抵制川报

11月6日，梁兴初第三次接见反到底派代表并严加训斥，时间正好是《四川十条》下达整半年的日子。成都方面没有放过机会对梁兴初的重庆行动予以抨击。刘、张心腹幕僚田禾操控的《四川日报》以纪念《红十条》颁发半周年为由，于11月11日刊发了由刘结挺亲自签发的社论《喜看大好形势，誓把无产阶级文化大革命进行到底》。

社论冠以毛泽东"全国的无产阶级文化天革命形势大好，不是小好。整个形势比以往任何时候都好"之后，通篇用《四川十条》说事，强调"每一条、每一句都说出了四川人民心里的话""是毛主席的伟大战略部署中不可分割的一个组成部分……每一条、每一句、每一字,都符合四川人民和全国人民的利益,都体现了党的政策和策略,都闪耀着毛泽东思想的光辉""必须是理解的要坚决地贯彻执行,暂时不理解的也要坚决地贯彻执行""必须坚决照办,句句照办,字字照办"。社论特别强调:"由《红十条》指定的人选所组成的省革命委员会筹备小组,是以毛主席为首的党中央肯定的一个领导班子。这是四川人民在摧毁李井泉独立王国后建立起来的初生的红色政权,是全川人民日夜盼念的无产阶级司令部。""四川文化大革命在省革命委员会筹备小组的正确领导下,进入了一个新的阶段。《红十条》威力无穷,沿着《红十条》指引的方向前进,就是胜利。"社论号召:"一定要继续在省革命委员会筹备小组的正确领导下,紧跟毛主席的伟大战略部署,牢牢掌握斗争的大方向,排除各种干扰,继续不折不扣地贯彻执行《红十条》。只有这样,才能夺取无产阶级文化大革命的更大胜利!"社论弦上之音、弦外之音铮铮可闻。此外,社论还有针对性地再次强调要"全盘否定'二月镇反'",公开批驳红成派对"二月镇反"的"根本否定论"[65],等等。

由54军和八一五派掌控的《新重庆报》对《四川日报》社论公开打脸,不予转载并发表声明称,川报这篇社论"不符合毛泽东思想""不是大树特树毛泽东思想的绝对权威""社论对四川文化大革命形势的分析是带有派性的"等等,还组织文章对川报社论展开大批判,重点批判其所提"全盘否定二月镇反"的口号是"为牛鬼蛇神鸣冤叫屈",所提"由《红十条》指定的人选组成的省革命委员会筹备小组,是以毛主席为首的党中央肯定的领导班子"是挥舞"反对我就是反对党"的大棒,为刘、张支持的一派歌功颂德,称刘、张操控的省革筹"是全川人民日夜盼望的无产阶级司令部",更是无耻的自我封赏[66]等等。两篇官方社论的对垒,很容易让人联想起文革发动初始,

---

65 对于"二月镇反",当时八二六的观点是"全盘否定",而红成认为该"根本否定",即否定其政治性质,对其中具体案例应该具体分析,不排除确实抓有个别坏人。

66 12月30张国华接见会上,省筹办有人提出:"川报十一月十一日社论,重庆公开抵制,还作为毒草来批,而梁司令员在重庆说,那篇文章我不知道。这样就支持了下面反红十条。"

毛泽东以上海为支点撬动对北京的反叛，梁兴初则以重庆为支点撬动对成都的反叛。本来，梁兴初不管接见八一五派还是反到底派，措辞强硬的讲话都毫无掩饰对同僚刘结挺、张西挺的鄙夷和讨伐，川报"11.11社论"更把群众派系之间对垒、及梁兴初的个人指责，公开到了官方层面。11月11日社论被性格幽默的四川反对派嘲笑为"妖妖妖妖社论"。川局的发展与毛泽东企图收拾乱局、尽快实现天下大治的期望南辕北辙，所谓"红十条派"和"反红十条派"不但无消解仇恨、实施联合的征象，相反，双方均如滚雪球一般越滚越大，分别以成都和重庆为据点形成了两大中心，开始了更大规模的公开对垒。

与此同时发生的，是1967年8月军委办事组成立，林彪心腹、四野爱将吴法宪、邱会作等正式入主接管军队权力[67]。梁兴初在重庆的讲话稿曾被人传到北京，毛泽东看了很不满意，认为是错误的，批给中央文革看，但是，叶群"别有用心地给梁兴初打电话，说他的讲话，毛主席批了，很好。"致使梁兴初挑战劲头更足，甚至周恩来批评他的讲话是错误的，他亦不服，说："我的讲话没有错，是林总看过的"[68]。

相对超脱的一把手张国华担心事情闹僵，亲赴重庆工作十余天，力和稀泥，意欲劝返梁兴初终未可得。

4. "第二中心"吹响集结号

梁兴初的重庆存在，极大鼓舞了八一五派打倒刘、张的意志，全川向刘、张反攻的集结号就此吹响。梁兴初坐镇重庆的两个多月，成了八一五派的盛大节日。用当时小报的说法：

---

67 1967年4月反击"二月逆流"之后，中央军委几位副主席挨批，原负责日常工作的军委办公会议陷入瘫痪，后经林彪提议，毛泽东同意，1967年8月，中共中央、中央军委决定成立军委办事组负责处理日常事务。办事组由吴法宪、邱会作、张秀川组成，吴法宪负责。9月，经周恩来提议，中央决定由杨成武任组长，吴法宪任副组长，增加李作鹏为组员。次年3月杨余付事件后，由黄永胜任组长。

68 四川省革委政工组印发的大批判材料：刘景周《揭发批判梁兴初以"我"划线，大搞分裂主义的严重罪行》（1972年8月）》。

第八章 生死劫后的新一轮政治博弈

我们的梁司令员从毛主席身边来到了凯歌入云的山城，带来毛主席党中央对英雄的 54 军，山城八一五革命派和山城四百万人民的最亲切的关怀和最巨大的鼓舞。梁司令员来渝后的鲜明态度，已经使那些装腔作势地高呼"张梁刘张好干部"的"砸派"歌手们哑巴吃黄连，只好悄悄地带上黑材料，到北京告梁司令员的状去了；那些以省革筹"当然卫士"自居的癞蛤蟆们这几天也默不作声，只好偷偷地躲进阴沟里诅咒几声："梁兴初拉一派打一派绝没有好下场。"[69]

被刘、张定义为"反红十条派"的全川群众组织都把重庆看作了避风港和训练营，纷纷前来集结，名为交流文革经验，实为公开的大规模政治串联。重庆成了四川"第二政治中心"。

川北重镇南充为重庆近邻，该地驻军为 54 军 134 师，南充八一五派观点的"临联"力量一直占优。"临联"的"拥军慰问团"11 月 1 日最先进入重庆，还带来粮食、生猪和川北土特产品等丰厚礼品，表达对解放军的"热爱、支持和拥护"以及对"重庆人民和重庆八一五派"的"兄弟情谊"。慰问团领衔人刘光友老太太乃全体国人每日必诵《老三篇》之一《为人民服务》主角、烧炭兵张思德之母，其时被尊为"张妈妈"，神圣荣光与《新约全书》之圣母玛利亚等同。一经"临联"发现，立即委以"政委"要职。麻烦又在于张妈妈蛰居山乡，没见过世面，口舌不利索，要她面对万千陌生面孔发表演说，实在困难多多。讲话内容事前由秀才编好，既身份贴切，把捉刀者的意思说得明白，尤其需要把《为人民服务》中毛泽东的原话改头换面加以发挥，如，把"八路军"改为八一五、把"根据地"已经"有几百万人口，但这还不够，还有更大些，更多些"改为"八一五解放区已经有几百万人口，但这还不够，还有更大些，更多些"，还有"'反到底'的人替法西斯卖力，替剥削人民和压迫人民的人去死，比鸿毛还轻。'八一五'的人死了，是'重如泰山'"等等，张妈妈每次上台，都必须有人幕后提词以防出纰漏。

---

[69]《山城战报》《815 战报》两报合刊文章：《大局已定，八一五必胜》（1967 年 12 月 1 日）。

还有一只串联团队领衔人亦为老太太,政治分量同样不菲:特级英雄黄继光之母邓芳芝、大名鼎鼎的"黄妈妈"。黄继光家乡中江县红成派群众组织直接起名"继光兵团",黄妈妈被尊为"政委"。"继光兵团"隶属于成都"地总",故而黄妈妈率领的团队直接名之为"红成赴渝慰问团"。该团队来自冲击刘、张第一线,前来重庆"慰问",所受欢迎和礼遇也特别隆重。

除了两大"妈妈"率团赴渝,以英雄本人或英雄亲属率领团队前往重庆的还有:著名英雄邱少云父亲率领的烈士家属赴渝慰问团、中印边界反击战英雄吴元明率领的江津九七赴渝慰问团,文革初期当红的"32111钻井队"英雄王有发、彭美凤率领的泸州赴渝慰问团等。四川各地宣传队亦走亲访友般纷至沓来,载歌载舞。重庆革联会、重庆大学等学校、单位八一五组织纷纷为他们举行规模不等的欢迎会、报告会、控诉会、文艺演出等,所有这些活动主题,无一不是控诉"反军派"罪行及其"黑后台"刘结挺、张西挺之其罪当诛。

实质性的交流活动与热热闹闹的场面活动同时进行。红成负责人、成都电讯工程学院学生蔡文彬、南充"临联"负责人、南充师范学院讲师汪澍俊等成了串联活动的贵宾,"武装支泸"中惨遭败绩的泸州红联站、涪陵"剿匪"中被击散溃逃的涪陵红联司等组织的负责人亦在重庆对刘、张当局的武装清剿做了专题控诉,并向重庆八一五"老大哥"递送申诉材料。八月内战时期,泸州、涪陵等地武斗获胜的一方被四川新当局钦定为"经过考验的左派"而由官方正式发放枪支,甚至干脆由执政当局直接组织武力清剿另一派。如今毛泽东宣布"在无产阶级专政下的工人阶级内部,更没有理由一定要分裂成为势不两立的两大派组织。"惨遭进剿的这些"右派",为向刘、张当局追讨战争罪责并要求平冤翻身提供了大量证据;经过一年多的文革折腾,造反群众已初通政治实用主义秘诀,懂得"敌人的敌人就是朋友",虽然从严苛意义上区分,涪陵"红贸"和泸州"红联"在某种意义上确有保守倾向,因为遭受刘、张派系的镇压甚至武力追杀(重庆反到底也直接参与其中),重庆八一五于"公(官方公开的理念)"于"私(派系单方的利益)",都完全应该并有理由将他们视为"革命战友"。重庆革联会班长陈万明这样表述八一五行动的正义性：

> 应该按照中央十条的精神，承认他们（指红联派等）是革命群众组织。不要因为这些联合组织恰恰在二、三月份响应党中央革命大联合号召成立，同四川"二月镇反"交织在一起，就认定他们是"二月镇反"的产物。定性群众组织是看他们执行的是毛主席的革命路线，还是刘、邓的资产阶级反动路线？而不是成立时间。保守组织反戈一击，甚至在保守组织垮掉之后再站过来的干部、群众，其实双方都有。根据党的政策，即使是走资派操纵的保守组织也不要对其群众进行打击报复，更不准进行武装镇压，要把他们看作反动路线的受害者。成都有人竟然提出"只准老保守寨，不准老保改嫁"这样的口号，是不符合毛主席思想的。[70]

11月27日是著名的重庆渣滓洞烈士殉难日。八一五革联会利用这一具有革命表征意义的日子，隆重举行了一次声势浩大的大会"声援全川无产阶级革命派"。地点在气势恢宏的山城地标"人民大礼堂"。大会由八一五革联会主持，成都、南充、江津等地代表陆续发言，华彩段是泸州红联站代表控诉王茂聚组织"武装支泸"的"罪行"及涪陵红联司代表控诉"李畔武装剿匪"罪行，可谓"字字血，声声泪"。大礼堂高阔穹顶之下，声援呼喊回荡不止。

重庆社会动员的政治氛围使具体行动外溢的负面效应随之而来：重庆地区靠成都方向的永川县，时为江津专区专员公署所在地，1967年8月1日成都军区批准成立永川驻军"支左领导小组"，由江津军分区司令员姜仕安任组长，明确支持曾在"二月镇反"中受压的永川"红旗派"。后成都军区为加强该专区支左工作，决定增加大足空军基地（7304部队）、54军铜梁驻军7801部队和54军江津驻军7803部队参加"永川驻军支左领导小组"工作。并由"永川驻军支左领导小组"第一副组长李治平在群众大会进行传达。不料事后不久，梁兴初即在韦统泰、蓝亦农等陪同下召集江津驻军各部门负责人

---

[70] 陈万明回忆录《亲历继续革命的实践》（未刊稿）。

开会，明确批评李治平，敲打姜仕安，对永川支左工作予以否定。11月17日梁兴初在重庆警备区接见永川两派代表，红旗派代表入场后拒绝坐下，反对否定"永川驻军支左小组"成绩，接着全体退场以示抗议。5天后，11月22日，原在永川支左的7784部队奉命调离，永川红旗派担心工农派会卷土重来，发动上万群众卧轨阻止军列开出[71]。11月23日，梁兴初经与54军商量，决定另立"江津专区驻军支左领导小组"，由54军一三五师副政委孙呈祥任组长，支持与"红旗派"对立的"工农派"。大足空军基地7304部队领导对此决定表示不满，并致电张国华，拒绝参加江津专区支左小组工作。

自此，永川县城于是出现两个支左小组并存局面，各办各的公，各支各的"左"，各爱各的民，两派群众组织也各拥各的军。两个支左小组各批各的革命委员会。"永川县50个公社，共挂出80多块'革委会'的牌子，其中有30多个公社是一个公社两个'革委会'"[72]。同一个地级行政地区成立两个相互对立的支左领导小组，全国罕见。江津地区成为全川最后一个建立地革会的地区。

在八月内战中处境尴尬的重庆警备区对反到底的挑衅不再文质彬彬。反到底派在市中心仅存的据点：设于解放碑东侧友谊商店楼上的财贸井冈山总部及"完蛋就完蛋广播站"，1967年12月15日被群众举报，说有反到底人员在附近的大阳沟菜市场持枪抢白菜，驻军断然出手，派兵包围了据点逼其交出枪械。此前，"完蛋就完蛋"广播站与附近的八一五派"痛打落水狗"广播站、"红旗"广播站已从广播互喷发展到不时枪弹对射。反到底派指责驻军"支一派压一派"，只收缴反到底而不收缴八一五，拒绝军人搜查。军人则毫无示弱，只管久围长困，直至次年1月底方才撤走。

71　永川"卧轨留军"活动至次年1月13日止，时长达一月余。
72　《中共永川地委党史大事记（文化大革命的十年）》，页31。中共重庆市委党史研究室永川编写组、重庆市档案馆永川分馆合编，1990年3月印。

5. 一篇文章闯了祸

1967年11月下旬，全川红成、八一五会师重庆，情势火热。此时，重大《815战报》编辑头脑发热，不经意便为本派惹出了一个不小麻烦。无非一篇小报文章罢了，没承想文章发表四个月后，北京第二次解决四川问题，此文竟成了北京对八一五派当头棒喝的开篇之辞，甚至被坊间称为所谓"全国五大毒草"[73]之一，四川文革一个不大不小的现象级事件。民间编撰四川文革大事记、相关派系头面人物撰写回忆录，均得花笔墨对该文带来的麻烦加以记录。该文就是1967年12月1日发表于《山城战报》《八一五战报》合刊上的两报编辑部"时局述评"：《大局已定，八一五必胜》。

八一五革联会班长陈万明在回忆录《亲历继续革命的实践》用5000余字立专题"两报编辑部文章"介绍文章出炉的前因后果："重庆八一五早已是一座反对刘结挺、张西挺的汽油库，只要有一颗火星就会燃起熊熊烈火，而《大局已定，八一五必胜》就是那颗火星。八一五派为这篇文章叫好，奔走相告，出了一口气。""我见过反到底派批判《八一五必胜》的文章，足足有对开报纸四个整板。"重庆军工系统"八一兵团"司令阳增太在回忆录中亦做如下记述："在八一五派鼓吹'打刘、张'的重头文章《大局已定，八一五必胜》发表后，我在卫生局礼堂召开了八一五派各级组织头头和50余种小报的编辑会议，热情推荐这篇文章，要求大家大量刊登。"[74]

文章出版当天，就有中学生上街刷大标语，狂赞该文是"投向刘、张独立王国的一颗重磅炸弹""敲响了刘、张独立王国的丧钟"等等。全川八一五派小报大量疯转，对立派则同仇敌忾猛批。一份小报的一则文章造出如此轰动效果，实超人们预料。在编辑部事后召开的专题座谈会上，《山城战报》主编、重庆石油校语文老师李乃如不无得意

73　民间盛传的"全国五大毒草"分别是：清华周泉缨撰《四一四思潮必胜》、湖南杨曦光（杨小凯）撰《我们的纲领》《中国向何处去》、广西萧普云、钱文俊撰《今日哥达纲领》及本文。

74　阳增太《写给历史的交代》。页156。

地说:"一文既出,洛阳纸贵呀!"与此对等的,是四个月后的1968年3月在北京第二次解决四川问题会议上,这篇文章给八一五带来的,也是他们没想到的灾难性影响。

对这篇文章的论述简作复盘,对于分析1967年秋八一五派对毛泽东意图的误读,及群众组织的舆论运作是必要的。

文章很长,共14800字,占尽小报整整四版,如果抽掉让读者眼花缭乱的语言煽动和事件烘托,文论的逻辑叙事其实非常简单明了:全国八月大乱(导言部分)——全国既然同时同频大乱,肯定有一庞然大物幕后提线操纵。庞然大物为谁?王力(第一部分:"两个基地几股黑线")——四川大乱尤甚,幕后提线者为谁?当然就是王力在四川的代理人刘结挺、张西挺(第二部分:"王力在四川的代理人上台后干了些什么?")——刘、张的阴谋为何不能"得逞"?有54军的存在(第三部分:"54军是四川文化大革命的中流砥柱")——重庆"反刘、张"大串联的热闹既诠释了毛泽东的最新指示:"全国的无产阶级文化大革命形势大好,不是小好。整个形势比以往任何时候都好"说明八一五大方向始终正确,第四部分标题"八一五革命派勇敢战斗"直接取自八一五派《战歌》歌词首句,很容易煽动起八一五群众对本派光荣历史的自豪感:

> 四川的无产阶级革命派,从巴山蜀水,从四川的各个专县来到英雄的山城向中央调查团和梁司令员,向54军汇报情况,和山城八一五革命派交流革命经验,他们"字字血、声声泪"的控诉,像一排排怒吼的炮弹,把刘、张两挺刚刚奠基的独立王国黑宫殿震得风雨飘摇!四川无产阶级革命派最盛大的节日来到了!四川无产阶级文化大革命最后胜利的日子来到了!

文章作者作为外省普通学生,对毛泽东绥靖战略的个中玄妙全然无知,立论无非依据毛视察大江南北的"最新指示"及周恩来、江青诸人"九一讲话"的表层认知、从而按自己的政治需要进行解读。把王力拖出来痛加鞭挞,实为政治实用主义最便捷的手段罢了。事实上,"七二〇事变"及八月乱局让毛泽东心急的,是快刀斩乱麻,尽快结束运动,1967年9月21日毛泽东在武昌东湖客舍同杨成武谈话就明确说了:"全国无产阶级文化大革命形势大好,不是小好。整个形势比以往任何时候都好。全国在春节前就差不多了,解决了。文化大革命明年春天结束,不能再搞了。[75]"9月23日毛回京,29日即召周恩来等人谈召开"九大"等收官事宜。[76] 地处西南的重庆学生当然不知道这些宫廷秘策,注定只会如市井氓汉一样为身边事论争成败胜负,从而在政治认知上走入歧途。比如,江青在《九一讲话》中言之凿凿地指责北京学生"出去串连是错的……(他们)错误地判断了形势,错听了过左的词句,有的还是受煽动,斗争的锋芒错了,出去串连斗争矛头不是对准刘、邓、陶,而是对准'军内一小撮'。"重庆学生当然听不懂所谓批判"反军潮"——无非是根据需要暂时敲打一下文革派所代表的激进一翼,稳定被"七二〇事件"搞得满腹牢骚的军方罢了,最后目的还是要大家抓紧打倒刘少奇(这才是毛泽东发动文革最具体的权力目标);其次,重庆学生出于自身的情感取向,被上述讲话中的批"左"言辞所打中,遂为自己的"稳健"深感自豪而走入盲区。文革作为史无前例的左倾冒险,必然需要激进、暴烈和狂热,自文革肇起,造反派哪一个口号不左倾?保守派垮台后冒出的新组织,哪个不是以更左的面目反右倾起家?王力属极端势力代表,王力的倒台不过是毛泽东实施战略平衡的权谋操作,这波貌似清算极左思潮的操作仅仅是一种假象,而重庆八一五却自以为抓得了一面旗帜,于是呼啦啦反攻而上。1967年的年末,被折腾得九死一生的八一五太需要这种假象和由假象激发而出的快感了。群体走进剧场,理性判断力本已大幅降低,他们只期望舞台剧情高潮马上出现,表演者的情绪只要足够夸张,台词狂轰滥炸,他们就会疯狂地喝彩鼓掌。

毛泽东的文革大业自始至终都是靠左倾极端思潮驱动。中国文革左派重镇上海市革委会写作组,曾奉张春桥之命编写了一册《无产

---

75 《毛泽东年谱(第6卷)》中央文献出版社,页126。
76 《周恩来年谱(下)》页192。

阶级文化大革命时期各种思潮资料汇编》，该《资料汇编》第 4 部分"四川红成和八一五"篇目中，《大局已定，八一五必胜》已被明确认定为四川右倾翻案"反动思潮的代表作"[77]，这就是《必胜》的命运。

《必胜》的子标题叫"评四川时局"，既然反响热烈，接着马上就来"二评""三评""四评"甚至更多。这是年轻人浸淫于文革前"中苏论战"染就的通病：皆因《人民日报》和《红旗》杂志发表了系列大块文章"九评"，谈笑间就让苏修头目赫鲁晓夫"灰飞烟灭"。《山城战报》和《815 战报》也走火入魔，坚信只要再来几篇文章就足以把权倾巴蜀的刘、张二人也评成"历史的狗屎堆"。于是让《必胜》主笔续写"二评"《从王力的倒台到新独立王国的破产》（刊于 1967 年 12 月 9 日两报合刊）、"三评"《把无产阶级专政下的反复辟斗争进行到底》（刊于 1967 年 12 月 26 日两报合刊），此时，关于"四川时局"的述评已让两报名声大噪，到四评《再论把无产阶级专政下的反复辟斗争进行到底》，已是六报合刊了，原来的两报再加上《八一战报》《山城红卫兵》《星火燎原》和《机关战报》，好像打群架，参加斗殴者越多越具分量。

6. 隐秘战线寻踪

打刘、张高潮迭起，坊间又忽传爆炸性消息：刘、张历史有重大疑团：刘结挺曾脱党，张西挺是叛徒。八一五派为此大感鼓舞。

"叛徒"是党内斗争致敌于死命最廉价也最便捷的罪名。毛泽东扳倒国家主席刘少奇所加三顶罪帽，头一顶就是"叛徒"。为"倒刘"预热，1967 年 3 月北京首先就批发了"关于所谓薄一波、安子文等 61 人自首叛变材料"文件，继而 4 月 1 日发布戚本禹的大块文章《爱

---

[77] 《无产阶级文化大革命时期各种思潮资料汇编》关于四川的内容从页 133-137。被斥为四川反动思潮"代表作"的还有成都红成《夺权斗争中目前所提出的一些问题》（即《十五条》）泸州《红闻将》编辑部文章《王茂聚们的武装支泸及其在江城历史上的教训》。

国主义还是卖国主义》作舆论先声,此后,全国各地纷纷攘攘的"揪叛徒"活动,成为造反派摧毁对立派干部最易见效的"杀手锏",也成为历史多少有"污点"的"走资派"们的噩梦。

文革一开始,全国就掀起了一股"揪叛徒"狂潮。狂潮滥觞于文革前夕毛泽东高度首肯戚本禹的史论《评李秀成自述》并批"忠王不忠""铁证如山"诸语。1966 年 5 月 21 日,中央政治局扩大会议讨论通过《五一六通知》,周恩来讲话就把瞿秋白与李秀成相提并论,统称为"叛徒",并提议将瞿秋白墓迁出八宝山。讲话内容传去社会,红卫兵不久即去砸了有周恩来题字的瞿秋白墓碑。[78] 最初,一些红卫兵、造反派组织出于纯洁革命队伍的真诚愿望投身此举,后来随派性冲突的加剧和亲闻高层政治的翻云覆雨,业已分裂的群众组织就以此作为方便有效的争斗手段,钻头觅缝从对方组织或对方所保的干部中"揪叛徒",一时风声鹤唳,最后连周恩来也被一个早有定论的"伍豪启事"假案弄得临死都不能安心。

1967 年 5 月,刘、张顶着《平反通知》和《四川十条》的巨大光环荣归四川,对根据地宜宾地区的"红联派"大施高压,"宜红总"面临灭顶之际,忽然想起的一根救命稻草正是"揪叛徒"。张西挺历史上被国民党抓捕坐牢而又释放,在宜宾已不是秘密,此文章大有可做。5 月 3 日,"宜红总赴京告状团"头目袁俊、徐丕俊、罗振新、彭联成等深感形势危峻,决定马上组织专人到河南调查张西挺"叛徒"旧事以求一逞。5 月 26 日,由张本其、谢正元和代红江三人组成的调查组抵达张西挺家乡河南息县开始了揪叛行动——这次行动因准备仓促、条件粗疏、经验不足,特别是宜宾后援派系已被瓦解,此举难以为继,憾告失败。[79]

事情到了 1967 年 10 月中旬,对"砸派黑后台"穷追猛打的八一五再次检索到这一线索,顿感欢欣鼓舞,立即重启行动。

10 月 24 日,即梁兴初到达重庆次日,经后勤工程学院(242 部

---

78 1966 年 8 月 30 日周恩来接见中国科学院部分代表时的讲话。
79 据谢正元介绍,所遇困难多有组织介绍手续不全、开展调查渠道不够权威等等。

队）"文筹"总勤务员李国才同意，由学员张家立、学员 C 某及数学教员 H 三人正式组成秘密调查小组，代号"4003"（43 代表四川，00 代表刘、张[80]），调查组持重庆市革筹、242 部队和重庆大学三种介绍信正式行动。后工学院徐副政委还以私人名义给当时河南省革筹某老干部写便函一封，请予帮助。考虑到刘、张"钦定左派"的特殊身份，行动预设十分缜密，全过程便有了惊悚大片的紧张、神秘和一波三折。

先是，张家立独胆出行，在成都 7790 部队[81]营教导员处查到 1949 年 6 月 9 日南京解放时张西挺与周子华（周汉卿）、郭志超（张启芳）、余直（余亚能）的四人合影（照片背面有四人签名），其中除张西挺，其余 3 人均在中共执政后的政治运动中被查出变节并受到处理，此事已让张对揪叛行动成功初获信心。得闻成都方面已有多个小组已投入同题调查[82]，事不宜迟，重大八一五决定抽调"笔杆子"、无线电系学生何斗辉参与助阵。为保密及安全计，决定"4003 小组"人员不再扩大，中途亦不作通信汇报。

12 月 1 日开始，张家立和何斗辉马不停蹄跑西安、北京、天津，到西安交大、南开大学、北航"红旗"及北京档案馆、天津图书馆等查找资料，憾无斩获。已至 1968 新年，时间紧迫，张、何二人分析，刘、张二人既为鲁豫人士，早期活动必当发生在该地区，旋于 1 月 15 日急奔河南再查。拜重庆官方大红印信及的民间介绍信之权威，张家立又一身戎装，郑州市公安局热情揖客，张、何二人从曾经关押张西挺的"郑州青年训导总队"敌伪档案入手，终于查到 1946 年秋冬该总队 6 个大队的关押对象、关押地点及关押人员的遣返日期，从中找到被开释人员的下落并迅速进行走访，顿时大获斩益。其中，

---

80 后因调查方式和工作性质需要，实际工作只由张家立一人进行。
81 即 54 军 130 师，师部驻雅安。该师在成都驻有一个团。
82 据《红卫东》报 1968 年 2 月第四版载《省红联、八二六第二次出川调查张西挺历史问题概况》载，当时进行此项调查的还有四川省红联所属的省委办公厅红色造反团一人、省委组织部一人、省监委"一二·二六"一人、川大八·二六二人组成联合调查组。

李冠卿和张汉辉[83]详细介绍了张西挺等 20 余人的狱中表现，称缧绁青训队时确有集体宣誓并签名"脱党宣言"等变节之举，张汉辉特别提供若干细节称："当时张西挺叫简玉霞，狱中化名叫张海达，是 1946 年初冬在开封被俘后送来的，在青训队里与曾起草过反共宣言的张福雨非常要好，两人谈过恋爱"。已逼近主题了。

调查组决定删繁就简，弃刘结挺而"主攻"张西挺。根据张"1946 年初冬在开封被俘"线索，1 月 21 日，张、何二人专赴开封做最后冲刺：首先对 1946 年秋冬开封地下党及周边根据地、游击区一些老干部档案及同期开封警备司令部敌伪档案进行查询比对，弄清当时国共双方组织机构及重要干部（人员）下落，继而进行遍访筛查并取得实质性突破，开封地委副书记赵仲三、开封市委书记林西萍、开封监委书记叶枫、河南交通厅干部王达夫等知情人均与张西挺共过事，都毫无保留地介绍了国共内战初期那段经历：

1946 年初冬，简玉霞（即张西挺）在豫皖苏区扶太西县（扶沟、太康、西华）崔桥区作区委宣传委员。简字写得不错，做刻写员。此地属于国共拉锯的游击走廊，组织要求女干部须得化妆成农妇以便躲避。但简极具个性，因不化妆而挨过批评。11 月某晚，区委书记赵仲三、宣传委员简玉霞、钱粮员戴德贤（女）及一男性通信员躲在村外黄泛区芦苇丛过夜。清晨，赵仲三忽发现大路上有国军跑步而来，赵甩掉棉袍钻草丛深处跑掉，简、戴三人稍有迟疑被敌人围抓，随即被押到崔桥镇审讯。赵称：当时简身上有手枪、文件和一些公款，身份不可能不暴露，简、戴二人被押去开封关押于裕丰纱厂的青训队去了，后来即办了脱党手续，遣回原籍息县，由一个本家当保长的叔叔陪同到县上去报到，由地方看管。两个月后，1947 年 10 月上旬，共产党刘邓大军南下，骑兵团渡淮开辟新根据地路过赵集，张西挺自称地下党区委书记，被俘后没有暴露身份，经组织营救出狱，要求分配工作。约 11 月下旬，被安排给县长余子龙当秘书。她要求恢复党籍，因无证明人而未遂。1948 年简调地委当文书，负责刻写钢

---

[83] 李为河南省检察院申诉科科长（已退休）、张为郑州人民银行干部。

板和油印工作。当时刘结挺在抗大四分校当组织科长,经介绍认识并于 1948 年 9 月结婚……

赵仲三是当年简玉霞的直接上司,他的介绍当有相当的可信度;赵(仲三)、林(西萍)、叶(枫)、王(达夫)4 位知情人的介绍各自独立,大体一致,又可相互印证,结论可以落锤了。只是要扳倒北京钦点的左派,张家立、何斗辉认为证据还应该更充分和具有说服力。

几十年后,已从国家级军事院校主要领导位置上退下来的张家立先生,他提供给本书编撰者的资料比上述文字要详细许多[84],张说,当他在开封市公安局查看"镇反"时期涉案国民党军法处法官冯廷庆的 249 号案卷,看到冯的判决书上"简玉霞"三字赫然出现,激动得几乎要跳起来![85] 冯的判决书记载:1946 年 11 月初,在敌开封警备司令部的陈留前线指挥部(开封远郊),曾审讯判决俘获的中共地方干部娄席、简玉霞、戴德贤及战士通信员 4 人。再据参与审理冯案的戴哲[86]提供线索,查得"青训队"一中队指导员、负责"管教"简、戴等人的伪军官常立水,从常的交待及派出所提供的材料得知:简和戴均在郑州青训队履行了各种自首手续……[87]

"4003 小组"所备路费已消耗殆尽,1968 年 2 月 22 日,张家立、何斗辉返回成都,抓紧整理出《关于张西挺历史上自首变节和叛变问题的初步调查报告》,为慎重起见,又改名以《有关张西挺历史

---

84 张家立介绍的调查对象还有国民党保安团王鸿藻、军法处军法官胡耀铮、开封敌警备司令部六个保安团的团长姓名及部分人的下落,以及军法处六名军法官冯廷庆、李腾展、夏小川、姬子静、杨献庭、王懋武,及三名书记员陈前烈、李雨南、张绍华,及看守所警卫连长等人的下落及线索。军法处承办的开封地下党胡万杰书记、马怀谟委员、查录鑫委员被活埋一案中,中共地下党有高玉温(女)、郭景廉(女)二人叛变等等。

85 冯系河南修武人,中共建政后潜逃甘肃原籍,1955 年 2 月 29 日于甘肃华亭县安口镇东街 29 号被捕,押回开封审讯中交代了曾承办过简玉霞被俘一案。

86 戴哲时任开封郊区法院办公室副主任。

87 以上引文采用自张家立《我在文革中参与调查张西挺历史问题的一段回忆》(未刊稿)。张退休前系某军事学院负责人,文革时为解放军后勤工程学院学员。

的几条线索》为题,写了五个问题,分别是:一、被俘——投降;二、被审——变节;三、关押——叛党;四、资遣——隐瞒真相混入革命队伍;五、特嫌——待查。作为附件,有赵仲三、杨之樑、冯廷庆、常立水等人的证明材料,及开封公安局部分档案材料的复印件。材料写好后,张家立和郑全体即去成都军区梁兴初家中汇报,再返重庆,于3月3日到警备区司令部向54军参谋长耿志刚汇报。耿表示:"你们搞的这一段,可以。只要有一两点扣死,有一个活证人、两份口供就行了。她把什么情况都给了敌人了,不是叛徒是什么?要抓紧上报。但最后定案还不能靠你们,你们主要是提供线索。"张家立最后回公安学校向后工学院"革筹"做了汇报,将所有资料全部拍成了135胶卷备存。

除张家立一组的调查,成都、重庆和宜宾红成、八一五其他组织也争先恐后行动,力图抢夺奇功。他们通过各种渠道向北京反映,甚至直接在小报上加以披露。成都工学院1968年1月5日出版的《四川通讯》称:"据查证落实,张西挺于1946年12月在河南卢台县(扶太县)以南20里地被俘,和另两人同时被关在国民党陆军绥靖指挥部爱国军训部(队)青训班二队。1947年5月至7月叛党,排队盖手印"自新"。现已拿获其手印信和照片。叛徒原名简玉霞,狱中化名张海达,在狱中与另一名叛徒张汉辉乱搞。"西南师范学院"春雷"1968年3月7日公布了张西挺解放后写给同狱难友曾铭的证明材料:"1946年12月我在河南作群众工作,在一次敌人部队扫荡时和一群当地老百姓被敌人作为八路嫌疑而扣留。以后由敌人送至郑州天成路集中营。大概在1947年2、3月份,由于大家在一个狱院里,便认识了曾铭同志。曾铭同志是我被送到郑州监狱以前(1946年12月以前)就在那里,我是1947年6月份被敌人作为无辜老百姓释放出狱的。"

新华社记者袁光厚先生自1967年11月始,就此问题曾向总社提交了三次"内参":

一、《刘结挺、张西挺曾经叛变的嫌疑很大》(1967年11月10

日专题反映叛徒问题);

又一,《刘、张"平反"中是怎样进行欺骗的?——关于"刘、张问题"的调查报告之一》,(1968年1月15日。本文非专题,但其中提及张西挺的叛变问题);

再一,《四川革命群众组织已查清四川省革筹小组成员张西挺的叛变问题》(1968年3月7日,专题反映叛徒问题。)

反刘、张攻势其来汹汹,当事人当然不会不知道,也不可能不着急。为捍卫已经到手的权力,张西挺不能不亲自出马替自己祛污洗地。1967年11月27日,张西挺在省筹办召见洪韵珊和另一叫王宏恩的干部,告知他们自己收到了一丹东的叔叔和一北京同事的来信,说红成有人前去"逼"他们写有关历史问题材料。"红成可以调查;你们也可以去调查嘛。"张西挺强调,"(你们)调查的时候,要了解一下,红成他们究竟是怎么搞的?"

洪韵珊据此交待对"西指"及"省红联"[88]作了布置,同时让省革筹办布置人员进行张西挺历史调查。洪在布置调查行动时专门叮嘱,要带上《红十条》和《平反通知》,调查时向被调查对象说明四川当前两条路线斗争的焦点,就是刘、张问题;说明红成的反刘、张行动,是反省革筹,反《红十条》,一定"要宣传这样子一些东西"[89];调查之后还需将调查的结果抄送、报告张西挺本人。这样由被调查人授命的"调查"结果注定毫无悬念。1967年12月5日"省红联"主办的《省红联快报》第十三期,在头版全版刊登了长篇调查报告:《不准诬蔑篡改刘结挺、张西挺同志的革命历史》,仅读导语,便可窥其全豹了:

目前,由李廖死党的黑爪牙,网罗社会上的牛鬼蛇神,操纵"地总"红成的坏头头,联合全省各地的保守势力掀起"打倒刘、张"的反动逆流,正随着其嚣张气焰不断升高,向彻底破产的下场步步逼近。

---

88 全称"四川省级机关红色造反联合指挥部"的简称,八二六派观点。
89 见袁光厚《悲剧是怎样造成的(下册)》页168。

第八章　生死劫后的新一轮政治博弈

一切魑魅魍魉终究逃不脱战无不胜的毛泽东思想的阳光，全省革命人民用阶级分析的观点，愈来愈清楚地洞察了这股反动逆流企图推翻四川的新生红色政权进行反夺权的罪恶阴谋。

李廖死党的黑爪牙和"地总、红成"的坏头头已经陷入了日暮途穷的困境，担心末日降临了。困兽犹斗，为了挽救他们的彻底覆灭，他们使出了人间最卑劣的手段，在刘、张的历史上大做文章，捏造"刘结挺脱党"，"张西挺自首变节"等无耻已极的谣言，作为他们最"钢鞭"的一张"王牌"，企图以此欺骗、蒙蔽群众，稳住阵脚，积聚力量，向红色政权进行最后拼死的反扑。"搬起石头砸自己的脚"。敌人的阶级本能决定了他的事干这种天字第一号蠢事。一小撮李家王朝的遗老遗少，妄想一手遮天，颠倒黑白，混淆视听，在明察秋毫的毛泽东思想的照妖镜，岂非白日梦呓。

"假的就是假的、伪装应当剥去"，我们绝不准许李廖死党的黑爪牙和受他们操纵的"地总、红成"坏头头篡改刘结挺、张西挺同志的历史！刘结挺、张西挺同志的历史是响当当的革命历史，敌人的任何恶毒诽谤和中伤，丝毫不能冲淡他们的革命本色。

重庆反到底也不甘落后。反到底小报《指点江山》于1968年1月10日刊出第十七期将原"宜红总"工交十团勤务员、赴京告状团成员、赴豫调查组成员谢正元写于1967年12月10日一则交待，证明5月份那次失败的揪叛行动中的所谓简玉霞（张西挺）纯属子虚乌有，目的是再度陷害张西挺同志，"以此达到他们推翻《红十条》的个大阴谋"，发誓"要高举毛泽东思想伟大红旗，以斗私批修为网，和红旗派的同志们一道战斗，彻底粉碎这股逆流，誓把无产阶级文化大革命进行到底！""交待"以《三个简玉霞》为题刊出，说明他们查到的三个简玉霞都牛头不对马嘴，很有舆论冲击力。次年三月，江青在著名的"315讲话"中披露："三个简玉霞，是主席在小报上看到的。"

张西挺的历史问题在社会上闹得沸沸扬扬，以至弄得张国华心无定数，甚至亦想组织一个专案组去调查一下，他将此意见报告上级，得到的答复是否定的。

政治历来讲求实用，手段只是用来实现目标、而非确保价值纯洁性的工具。所谓"揪叛徒"，不过是权力政治工具箱中用起来顺手的杀器罢了。完全可以这样认定，群众组织伤精费神、钻头觅缝，像乱蝇争血一般到处搜寻"叛徒（包括张西挺）"材料，纯属毫无意义的无聊之举。说穿了，如果"叛徒"尚有用场，任你证据多么充分也白搭。对于当时四川文革的政治形势，不论八一五派对真相的孜孜以求，还是张西挺本人及八二六派的刻意掩饰，其实都不重要。我们很快就会看到，关键问题是最高当局需要什么：刘、张"应该"是坏人？抑或"应该"继续扮演左派？同样，我们很快会看到：两派群众在隐秘战线伤精费神的探案故事，妥妥一桩可有可无的笑料而已。

第五节　张国华困境

1. 夹缝中的一把手

事情至此，四川格局已非常明朗：刘、张支持的"兵团、八二六"派以成都为"第一中心（含川西地区）"和梁兴初、54军支持的"八一五、红成"派以重庆为"第二中心（含周边地区）"壁垒分明，你死我活，毛泽东希望的"大联合"曙光变得愈益遥远。

刘、张自恃有北京左倾势力支撑又实际控制了四川全省的行政权力，挟"兵团、八二六"社会力量之强势威态，从组织和舆论各个方面加速扩容，也闹得有声有色，风起云涌。

张国华执政理念和行事风格与周恩来颇多相似。周恩来负责中央的日常事务，张国华作为四川一把手，有问题向周恩来请示汇报符合组织原则和办事程序。张做事喜面面俱到，左顾右盼，面对两个中心之间越来越严重的公开撕斗，虽欲调和鼎鼐，要向北京端出一台皆大欢喜的四川盛宴，难度却越来越大了。

2. 红成再出难题

"打刘、张"始作俑者红成派，9月在京被周恩来一顿狠克告败，一直没缓过气来，如今重庆声势浩大的"倒刘、张"风潮，让他们大受鼓舞。

这时，正好一根导火线被点燃。成都电讯工程学院有一个少数派组织叫"独立寒秋"（八二六派），被"东方红"（红成派）赶出学校多日。12月初，在校掌权的东方红派以"独立寒秋"成员离校违纪为由，扣发他们的工资，被激怒的"独立寒秋"成员遂打起"反饥饿、反迫害"的横幅上街游行，并直奔发放工资的执行银行——工商银行成都分行示威，要求军代表出面解决问题。工行军代表提议两派的人来协商，成电"东方红"拒不参加协调会，于是军代表决定，两派没有达成发放工资的协议前，暂停整个成电教职员工工资的发放[90]。为了防止类似事件再次发生，工行决定将此办法推而广之，成都所有大专院校在两派未达成工资发放协商办法前，一律停发工资。这一下炸了锅，红成派认定是刘、张搞"阴谋"，不打倒刘、张活不出来，有学生敲着锅碗瓢盆也喊着"反饥饿、反迫害"的口号游行以示抗议。

有激进的学生乘机提出"打倒刘、张过元旦"的口号，称要在12月20日上午9点以前"打倒刘、张"，如果打不倒就立即解散。所谓某日上午某时打倒刘、张，是指要在那一时刻召开大规模群众大会，并前往军区大院揪出刘、张进行批斗。计划动作太大，以至于本已被两派顶牛厮斗搞得左右为难的张国华深感忧虑，如果大会既遂并果真将刘、张揪出批斗，困局之难将更为失控，张国华不能不于19日致电周恩来请示方略。周恩来清楚毛决意尽快收官文革，当然不能允许红成继续胡闹甚至再发暴力。据说周恩来明确表态：一、刘、张的问题事关四川十条，对待刘、张的态度就是对待十条的态度，打倒刘、张就是反对四川十条，就是反对了中央；二、刘、张的住处不要

---

[90] 后经成都警备区、工行军代表协调，两派在当年12月底达成协议："独立寒秋"教职员工工资由他们单独造册，工行成都分行直接发放；其余教职员工的工资，仍按原办法由成电东方红造册发放。

转移,原来住在哪儿,还住在哪儿。军区要保卫他们的安全,这是对军区、部队的一个考验;三、揪斗刘、张,是严重的政治错误。揪斗刘、张的会,无论刘、张在不在场,大方向就错定了。[91]

得周恩来指令,张国华赓即于19日夜开会,将在蓉军队负责人、主要群众组织代表:成都军区副政委刘结挺、谢家祥、50军副军长孙洪道,还有空字028红总和红成、红卫东代表招来传达北京指示。张国华插话表态,说"如果他们(红成派)要揪刘、张的话,我就准备一辆宣传车,第一个宣传刘、张打不倒。"孙洪道的表态最为强硬,称:"对刘、张就是要死保,谁要打倒刘、张,就要和他拼到底!"[92]谢家祥表示:"打倒刘、张怎么能行?"刘结挺的插话故作谦逊之态,说"八二六派的口号、标语有些过头了",劝诫"兵团""八二六"不要大规模地写,云云。红成万人告状败绩殷鉴未远,如今试图用同一话题再侥幸试水,遭周恩来当头一棒,只能就此罢手。

"12·20大会"流产10天后,张国华在接见省筹办人员的会议上,说总理原话是"刘、张不能揪斗"而不是"刘、张打不倒",刘、张打不倒是他个人"根据总理的意思加的,而非周恩来的原话",甚至表示:"红成打倒刘、张是他们的权利,人家是开展四大的单位嘛。"省筹办穿军装的工作人员当场顶撞:"请张政委把总理电话全部传达给我们。"张国华回答:"没有那个必要!该传达的都传达了,你们这样要求也不对吧!你们都是军队同志,连这点都不懂?那天晚上我给你们讲了,叫你们不要传达出去。结果,就把大字报贴出去了!""(大字报)篡改了我的讲话的意思,说孙副军长说的'谁打倒刘、张我就和他血战到底……'根本没有这样说嘛!孙副军长只是接着说按《红

---

[91] 按张国华自己的说法:"周总理指示三点(一说四点),筹办也不知是从哪里来的。你们为什么不打电话问我?有些东西哪有这些指示?还说是5号楼的准确消息,绝对可靠。十八号两条指示,根本没有这回事,就是十九号我和红成谈的,有些是我根据总理的意思讲的。你们却说成是总理的。""总理有指示,也有我的意见,你们为什么强加在总理头上"(1967年12月30日,张国华接见四川省筹办工作人员的讲话)。

[92] 张国华否认此语,称"孙副军长只是说按红十条办事。"(1967年12月30日,张国华接见四川省筹办工作人员的讲话)。

十条》办事"[93]

"12·20 大会"流产，省会局面暂时稳住，张国华的无奈却暴露无遗。时已岁末，让他闹心的事还在继续发生，一是重庆大学革委会的成立，一是省革筹办对他群起而攻之。

3. 重庆大学革委会成立风波

作为四川文革的领头羊，四川大学八二六派和重庆大学八一五派内部派别结构都非常清晰：造反派一开始并且一直占绝对优势。同样，"川大八二六"的造反身份有《四川十条》认定，"重大八一五"的造反身份有《重庆五条》认定。让这两所大学领头成立革委会，对于表征四川文革的大好形势，推动各地革委会的建立以向北京方面交卷，具有标志性意义。

四川大学革委会按计划于 1967 年 12 月 24 日举行成立庆典，一切顺遂；而原计划于 12 月 26 日毛泽东诞降吉日成立的重庆大学革委会，庆典却忽遭意外：省革筹对重庆大学的申请报告不予批准，接下来的麻烦便是，一、庆典会场布置、装饰、彩旗、气球、标语，甚至礼花等通通备齐，二、全国各地前来朝贺的"兄弟单位"代表均已应邀到位，三、最要命的是，重庆"最先、最大、最高"的，礼请中国毛塑首席专家叶毓山主塑的毛泽东站像历时半年多已制作完毕，塑像高达近 15 米[94]，巍巍乎高哉，也定于这一天举行揭幕。盛宴已成，宾客就座，偏遭不得开筵之令，局面尴尬可想而知。

原因很简单：革委会审批权掌握在刘、张心腹郭一民手上（省革筹地方组），否决理由也很简单：重庆大学没有实现两派大联合。这确实是一有理却无解的理由。作为群体造反闹事，"重大八一五"在

---

[93] 《张政委接见省筹办、政工组部分工作人员》，原载成都工学院临时革命委员会、地区总部红卫兵成都部队工学院总部、成都工学院十一战斗团、工人硬骨头战斗团工院分团主编《十一战报》第 50 期，1968 年 1 月 12 日出版。

[94] 底座高 5.7 米（象征五七指示），塑像本身高 9.15 米（代表 1966 年 9 月 15 日八一五上京告状队伍得以见过毛泽东），总高 14.85 米。

全川首开先河,造反派在校内一直保持人数的绝对优势。保守派垮台后多逍遥度日,不想也不敢轻举妄动,故而八一五派始终绝对把控校园局势。

校内同期确实存在一个属于造反性质的组织《红岩公社》,"社长"徐光明,皆因认知超前,曲高和寡,[95] "公社"成员始终保留在个位数。局面逆转是1967年4月重庆"砸烂革联会"突掀高潮,八一五造反的老资格骨干、电机系二年级邹世友、吴桂伦等人反水而出,成立了"重大八一五东方红纵队","红岩公社"与其合并,改名"井冈山公社",为尽快壮大队伍,初通政治谋略的邹世友等老造反坚称追求队伍的纯洁而作茧自缚全无必要,主张大量吸纳闲散保守派人士入伙[96],人数很快增至百余。徐、邹二人皆成为中央解决重庆问题的"砸派"正式代表。"红五条"下达后,徐光明还把建工学院、师专、川外、美院及一些中学的"井冈山"整合成"重庆市井冈山红卫兵",6月2日在解放碑正式开了一个成立大会。据徐本人回忆,重大"井冈山"一部分是老造反,一部分是八一五分裂出来的,还有一部分系原赤卫军,还有本校的中层干部和教授等。公开参加者和暗地参加者加起来约有1000多人。[97]

与重大"八一五战斗团"相比,"井冈山公社"的人数和实力悬殊太大,被赶出学校后一直不敢回来。武斗结束,毛泽东宣布战略调整,措施之一便是宣谕大、中、小学学生回校"复课闹革命"。八月内战,"重大八一五"深受战祸蹂躏,20多名同学殒命杀戮场,留校同学对"小不点儿""井冈山"之仇恨可想而知。"井冈山"考虑返校安全,专门在重纺厂召开"勤务组扩大会",商量响应中央号召的问题:回校肯定挨打,不回去又咋办?徐光明自告奋勇,决定只身返校以探风险。徐个子瘦小,虽有英雄独胆之概,走回校园立即被战场上

---

95 参看本书第五章"大洗牌"。
96 邹世友所撰《文化大革命回忆录》证实,"红岩公社开初只有7人、到和重大815东方红纵队合并时也只有7个人",皆因邹等人吸收各方反八一五人士,队伍才大有扩张。
97 陈永迪与徐光明访谈记录。

杀红了眼的"301部队"武夫们扭押去刚落成的松林坡"烈士陵园"谢罪，徐被人抓住头发直往墓台碑石上磕，顿时头破血流，几近丧命[98]。其余井冈山成员无一敢回校了。要让八一五成员和井冈山人员对等组成革委会，两派人数太过悬殊，占绝大多数的学生民意肯定无法接纳"井冈山"。就"政治正确"而言，在重庆当时的文革语境之下，"红五条"下达后新成立的"井冈山"显然不符合"大方向"，仅此两端，重大学生肯定不会把"袖珍"对立组织放在眼里。再说，重大革委会委员确实按所谓"巴黎公社"式一人一票的"民主选举"选出并用大字报张榜公布，票多者得之，井冈山公社成员即便参选也难以入围。

考虑到北京关于"大联合""三结合"精神，重大革委会申报报告有意高姿态为反到底预留了名额，而反到底不会满意也不敢回校参与协商，这就给省革筹地方组的否决提供了充足理由。问题是，如果错过12月26日领袖诞降"吉时"，尴尬的不仅是重大八一五及重庆八一五派，更是打脸在重庆全力推进"倒刘、张"的成都军区司令员梁兴初，还有54军韦统泰、蓝亦农等高级将领。按大会安排，他们都是上主席台致辞的贵宾。还好，事情仅拖延一天，27日，庆祝大会还是按原计划举行了。大会热热闹闹：警备区武装军人为大会值勤，梁兴初、韦统泰、兰亦农等一字儿前排就座并发表讲话祝贺；宾客如云，本地和外地朝贺者人潮汹涌；气球、彩旗、大标语满天里高悬；重庆话剧团来演出话剧《张思德》、重庆京剧团来演出《智取威虎山》，入夜，东方红广场礼花井喷、一派"火树银花不夜天"之盛。

既然成立大会召开，说明省革筹地区组屈服了某种压力，不得不发给批文，虽然极不情愿——压力正是自于一把手张国华。张国华不愿意忤逆梁兴初的强求，于是下令强批了。以下事实足以证明这背后的博弈：重大革委会成立后第三天，省革筹办公室严某向张国华建议道："对'重大成立革委会'问题，我们写了一张大字报，内容很好。"

---

98 据徐光明回忆，幸得八一五总团负责人、301部队政委吴庆举闻讯赶来制止，并亲自将徐背下松林坡，送校医室抢救方保得一命。

请张国华前去看看，张当即回怼："你贴大字报叫我怎样看？看了不就支持你们贴大字报？""'重大革委会'是我们批准的，你们办事机关不执行，还贴大字报，叫我们怎么下台？"筹办人员群哄："对'重大革委会'承认？"张答："批准了怎么不承认？批准了就得承认，就得支持！"再哄："联合要不要革命原则？"张肯定地驳回："革命群众组织就是原则，就是基础。"[99]

重大革委会成立不足14个月，终以"补台"进行了脱胎换骨的改造。徐光明说他至今保留着两个报告：

一个是67年12月18日，八一五以"重庆大学革命委员会筹备小组"的名义写的请示报告，请示报告说："井冈山是犯了严重错误的群众组织"，指名道姓说"徐光明经实践证明是一个坏头头"；另一个是69年12月12日"川革发（69）84号"文："四川省革命委员会关于重庆大学革命委员会补台的批示"补台的名额安排基本是对半，整个革委会的架构都变了，主任由13军军代表担任，副主任除了干部都是一派一半。

只是时过境迁，大学生基本上已分配离校（包括井冈山的始作俑者徐光明本人）或即将离校，实际掌权的军代表也已经换成来自云南边疆的13军。重庆大学文革的血火经历，在桃飞李散的大学生心中正在变成遥远的记忆。1967年年底关于重大校革委会的争议，只是继续放在张国华面前一道难堪的政治议题。

4. 张国华"舌战群儒"

一贯迁就刘、张的张国华，如今对梁兴初一再绥靖退让，刘、张注定难以忍受，面对梁兴初步步进逼，刘、张势力终于向张国华公开摊牌，在"重大革委会"成立后的第三天，演出了一场逼宫戏。地点

---

[99] 也有另外一种说法，说张国华所谓"重大革委会是我们批准的"，按后来重庆大学校史记载，并非四川省革筹组批准，而只是在重庆"另立中心"的省革筹副组长梁兴初批准，善于在一些矛盾问题上"和稀泥"的张国华为了"顾全大局"而不好公开表示反对。

第八章　生死劫后的新一轮政治博弈

是成都军区五号楼，四川省革筹负责人及工作人员对张国华群起舌战，12月30日下午6点持续至夜里11点50分，将近整整6小时。参加人为省筹办、政工组部分工作人员，政工组组长钱春华[100]和50军代军长郑志士[101]及省革筹实权人物张西挺全程现场镇守并参与。

公开的记录文稿题为《张政委接见省筹办、政工组部分工作人员》[102]，名为接见，整体气氛却分明为一场唇枪舌剑的辩论。记录稿上多处可见"（众轰）""（众起哄）"一类字样，以至于脾气很好的张国华忍不住多次发火甚至大发雷霆，反问："你们是来听话的，还是来吵架的？""你们要吵就出去吵。"甚至直指发言者训斥："每次吵闹的都是你[103]，你给我滚蛋！""你滚出去！"

工作人员之所以敢如此放胆指责上司"不是和稀泥的问题，而是丧失原则"，皆因自信占领了政治制高点，认定他们之所为"不单是刘、张的问题，而是保卫和反对《红十条》的问题"，还有，张西挺就亲自在现场观战，他们有必要表现自己的忠诚。"逼宫"内容从54军说到梁兴初讲话、从反到底广播站说到被困到江津地区支左小组的两块牌子，甚至八一五小报发表的《必胜》一文……重庆几个月"倒刘、张"的所作所为无所不包，语气咄咄逼人。张国华无奈诉苦："我没有睡觉，有分工嘛……你们啥都找我，还有××万军队管不管？"闹众辩称自己是"为了把文化大革命搞好。"张恼怒抗辩："只有你才是把文化大革命搞好，别人就不是？"被接见人再称张国华"不接见地方上的同志，他们很有意见"，有人甚至当面指责张的"官僚主义"到了"筹办门往哪方开都不知道"……好脾气的张国华已不想忍让，说"筹办分工是张西挺管，政工组分工是刘结挺管"，宣布"（你们）有意见，有吧，我理解。但（我）没时间。"

面对工作人员的围攻，张国华终于一改绥靖之风，直吐胸臆，痛

---

100 钱春华，1911年生，浙江鄞县人，1938年加入中共，1964年晋升为少将军衔。文革爆发时为成都军区政治部副主任。四川省革命委员会筹备小组建立后任政工组组长。1993年在成都逝世。
101 郑志士：50军（即7848部队）代军长。
102 张国华这一接见讲话记录发表于红成派小报。
103 指在筹办工作的"空字028部队"一发言者。

快反击。有严姓工作人员称:"打倒刘、张,大量的是敌我矛盾。"张国华当即顶回:"我的看法不同,一是敌人在搞,二是派性。敌人搞还是利用派性。如果我们政工组、筹办的同志连这些都不懂,就非犯错误不可"。第二次"武装支泸"正好发起于《九五命令》下达当天的凌晨,张国华曾阻止未遂,成为刘、张派系最理亏的事件,张国华于是以此题反击,立即大获论辩主动权,他指责道:"对泸州搞武装进攻是错误的,就算是保守组织也不能这样搞……集中七八个县[104]去搞,既不请示又无报告,动用部队,动用子弹几十万发,还动用了粮秣,无论从政治上、组织上都是错误的""泸州问题的处理,无论如何都是错误的。成都那么多保守派都没有那么解决,宜宾为什么要那样解决呢?要那样解决也要请示中央,宜宾同志至今不承认错误。""我就没有听说你们哪个反映泸州问题,泸州问题,那样处理是错误的。你们在讨论形势时为什么不提呢?""你钱春华就没有向我讲过(钱答:我向张西挺反映过)……泸州问题,至今也不作检查,批评了也不作检查,就在这里批评的(指五号楼),他不但不检查,还攻击省革筹、成都军区。郭林川,王茂聚的讲话录音都拿到了,你们愿意听可以听听嘛!说我们捞稻草,说他武装支泸大方向是正确的,你们就没一个人出来讲话,这不是派性是什么?""这样大的问题(按:指泸州问题)你们不知道,动用几十万发子弹动用几千条枪,不请示省革筹、军区。地革筹个别人搞亲信,能行吗?郭、王在群众大会上讲话反对我们,我打电话叫他收回,他就不理。这么大的问题你们不知道?"

辩论场主动权转换,张国华的愤怒接着一股脑儿喷出:"你们整我的材料,说我修了、右了、两面派,你们整我的材料,不叫黑材料又叫什么?""我是不怕的。""我不怕大家整材料……还有人到广州、西藏去整我和梁司令员的材料""我这个革筹组长怎样当嘛?"继而威胁:"今天我不点名""总理的四点指示究竟是谁抄出去的?你们不

---

[104] 具体动员了本地的六县一市(泸县、合江、纳溪、江安、隆昌、叙永与泸州市),外地的如重庆反到底派,亦有参加对红联派的群殴武斗。

说我也知道。""你们有人写信向我讲的，还是领导同志""还有人要打倒我呢！你们的意思是不是说，打倒刘、张是我搞的呀？""如果我张国华是那样的人，就该打倒，只是不那么公开，是不是？你们可以整我的材料。""你们跳嘛！我是知道你们有后台的"。"我看你们来势就不对，是带有情绪来的，在军队很少看到这种现象。在军队干了几十年，没看到这种现象。""你们再按派性办事，干脆部队的就回部队去。""你们敢于这样乱搞，我看背后有人指使。"他指名道姓斥责一叫孙德明的参会者挑事起哄，"告我嘛，可以告嘛！我看完全可以告，我就是这个态度。也可能我错，也可能你错，你们错。"郭一民试探，问道："刚才说背后有人指使，这是有所指的？"张国华明确答道："当然是有所指的……说我鼓动红成打刘、张。我现在不点名。"

开始引而不发，顶牛到了极限，张国华彻底把话挑明："除了军事上的事情以外，其他重大问题，张西挺都知道的。"甚至石破天惊甩出一句："张西挺确实被俘过，刘结挺脱党一年多，在十八军时（他）就知道"，接着留个话把子，"被俘过不一定是叛徒嘛，我至今也没有得到是叛徒的材料嘛"。

在场的张西挺不能不装好好先生了，说"（张政委）对我们的工作是非常支持的，昨天我也和江海云讲了，不要把群众的意思和张政委的混淆起来，领导做工作嘛，要讲步骤，讲方法，讲效果，张政委不能表态刘、张打不倒，不能那样绝对，我就不便那样讲嘛。张政委从北京回来直到现在都是支持我们的，以后有人打倒我们，张政委还是支持我们的。"

在这次会议上，张国华十分明确地说明了他对看待四川两派组织的认知：

革命发展到这个阶段，我们应扩大教育面，联合面，走资派打倒了嘛（当然还没有完全倒掉），他保谁呢？你们考虑一下主席指示浙江红暴派那个精神[105]怎么样？

---

[105] 指 1967 年 12 月 2 日以中发［67］367 号文件发出的《中共中央、国务院、中央军委、中央文革关于正确对待犯过错误的老造反派的通知》中传达的

四川二、三月在甘、韦[106]的影响下急于搞联合,里边有造反派也有保守派在镇反中犯了错误,错误有大有小,时间有长有短,有的后来改了。犯错误不要紧嘛。希望筹办政工组的同志好好研究这个问题,不然政策掌握得不好,这个说法同志们不要误会,不是说没有保守组织,要看他是认识问题还是保走资派。主席讲了,真正的造反派、保守派是两头小中间大,周总理、张春桥的讲话也是符合四川情况的。现在争论很大。

对群众组织的错误不能用加法。如果不看大方向,用加法的办法把错误加在一块,那多得很。任何一个人加起来都有几条,恐怕你也有几条,我工作四十多年加起来恐怕有几百条错误。不可能不做错事,不说错话,对革命群众组织不能这样加。二、三月间甘韦就是把兵团加了好几条,把八二六加了很多条错误,改了就好了嘛。

客观地说,不管张国华的两面调和,还是左右开弓有节制地敲打,所表现的政治智慧还是高人一筹,他对毛泽东战略调整的认知与北京高层是合拍的。

5. 金牛坝会议交锋

金牛坝会议是1967、1968年之交,成都军区党委在金牛坝宾馆召开的党委扩大会议,参会人为军以上领导干部。这一特殊时刻召开

毛泽东"最近对浙江如何正确对待红暴派问题,作了重要的批示",批示中说:"浙江的红暴,与湖北的百万雄师不同,是个犯过错误的老造反派,有许多群众,似宜以帮助,批评,联合为原则。"

106 指成都军区第四政委甘渭汉和副司令员韦杰。二人因在1967年主持了四川"二月镇反",在4月中央解决四川问题会议上遭到批判。5月7日下达的《中共中央关于处理四川问题的决定》中称:"成都军区个别负责人从二月下旬以来,支持了为一些保守分子所蒙蔽、被党内一小撮走资本主义道路当权派背后操纵的保守组织,把革命群众组织'成都工人革命造反兵团'和'川大八二六战斗团'等,打成了反革命组织,大量逮捕革命群众。他们把无产阶级文化大革命运动变成了'镇压反革命运动'。同时,擅自调动部队到宜宾,支持宜宾军分区,支持宜宾地委内一小撮党内走资本主义道路的当权派,镇压革命群众组织和革命群众,实行大逮捕。在万县军分区,还制造了武装镇压群众的流血惨案。"此后甘、韦在成都军区内遭到多次批斗。

的特别会议，对于解析四川文革具有特殊重要的意义，可惜民间资料和地方官史资料对此均鲜有记录。本章文稿对此会的记述虽显粗疏，但聊胜于无，且大有必要。

一、主旨。解决四川"支左"部队与驻地群众组织相关的问题，特别是解决 54 军与刘、张斗争的问题。[107] 刘、张幕僚丁祖涵[108]称这次"军区党委金牛坝会议，是中央同意召开的，是当时准备解决四川问题的一次重要会议。"既然"中央同意召开"，事前成都军区肯定有主动报备。其时，四川党政军一把手张国华想通过会议将很快要端去北京这盘"川菜"调和得好看一点，非常符合其一贯处事风格。北京方面对于第二次解决四川问题前夕，成都军区能主动就其内部纠纷捏揉出某种平衡，自然乐观其成。

二、会期。根据已有的资料，当为 1968 年年初至 2 月上旬，即一个月左右。亦有开幕于 1967 年底一说，[109] 但据分析，12 月 27 日重庆大学革委会成立庆典，梁兴初及 54 军主要领导均有出席、而 12 月 30 日张国华与省革筹众工作人员舌战，亦不应发生于此重要会议期间，笔者以为会议开幕于 1968 年初似更准确，会议开了约莫一月余，各方回忆则无歧义。按韦统泰传记说法："金牛坝会议开了一个多月，没有解决任何问题，可以说是无果而终，不欢而散"，斯言可信。

三、交锋焦点。会议整个过程，就是刘、张与 54 军之间围绕四川文革评价和走向的公开交锋。54 军的愿望是：

> 要从根本上制止重庆地区的武斗，说服教育两派群众组织实现革命大联合，就必须充分揭露刘、张肆无忌惮地编造谎言，大造反革命舆论，在群众中制造混乱，树立个人威望的罪恶阴谋，揭露他们反

---

107 据韦统泰传纪《从书生到虎将》提供的说法。
108 袁光厚《悲剧是怎样造成的（下册）》页 38。
109 韦统泰传纪《从书生到虎将》称会议开始于 1967"年底"，又，《虎将》一书称 1968 年春节刚过，54 军党委就接到成都军区的通知，要军里的主要领导和"三支两军"的干部于 3 月份到北京参加毛泽东思想学习班。1968 年春节是 2 月 2 日，称会议结束于二月初，会议开了一个多月，庶几合于情理。

军乱军，妄图篡夺四川省党政军领导权的野心，教育群众明辨是非停止武斗，才能稳定四川和重庆局势，搞好三线建设和工农业生产。年底专门解决军队"支左"中的一些问题，解决54军与刘、张斗争的问题解决驻军与派系斗争的问题。[110]

刘、张深知他们是54军的主攻对象，反击策略是把54军与李井泉捆绑，抓住54军搞过镇反的软肋进行攻击。

四、会议进程及具体内容，有韦统泰的传记和1969年中央第三次解决四川问题期间相关人员对刘、张的揭发。这些材料受当时政治环境的影响，带有明显地偏向性，但在一定程度上反映会议的部分情况。

先说韦统泰传记所载：

如果说54军党委与刘、张过去是背靠背的斗争，那么这次会议上就完全挑明了，变成了面对面的斗争。刘、张恬不知耻地吹嘘自己，无中生有地捏造事实，无限上纲污蔑54军在"二月镇反"和"支左"中犯了方向、路线错误，是"走资本主义道路当权派"李（井泉）、任（白戈）的"黑部队"，恶毒攻击中央指定的"市革筹组"领导小组组长蓝亦农、副组长白斌执行了"资产阶级反动路线"。

韦统泰、蓝亦农、白斌、雷远高等几位军领导据理力争，用大量事实揭露刘、张的反革命嘴脸。开始几天主要由蓝亦农、白斌发言，由雷远高写发言稿，后来发展到只要开大会，他们就与刘、张唇枪舌剑，毫不留情地争论不休。

韦统泰虽然性情直爽，脾气刚烈，但他在政治斗争面前处事谨慎，不经过认真思考和分析是不轻易发表意见的，克制力极强。但是，他对刘、张那种妄自尊大、骄横跋扈、不可一世的嚣张气焰，狂犬吠日的恶意攻击，实在忍无可忍。在一次会议上，韦统泰拍着桌子，指着刘、张气愤地说：你们两口子结合到"省革筹组"以后，以我划线，结党营私，挑起群众斗群众，是成都、重庆乃至整个四川两

---

[110] 逯守标《从书生到虎将》页430。

派武斗的罪魁祸首;你们幕后挑唆、操纵造反派打、砸、抢、抄、抓,大搞武斗升级,武装夺权,严重破坏了抗美援越的军工生产任务、国防工程建设、工农业生产和国民经济建设。你们把自己凌驾于"省革筹组"之上,唆使造反派利用电影、话剧等文艺形式为自己歌功颂德,树碑立传,可谓是"司马昭之心,路人皆知"。你们转移斗争大方向,反军乱军,怂恿造反派把斗争矛头指向军队,破坏毛主席"三支两军"的伟大战略部署。在全省的武装部长会议上,你们捏造事实,大造谣言,否定军队的"三支两军",污蔑54军是执行资产阶级路线的"黑警司",挑拨军民关系,迫害我军干部的家属。刘结挺亲手炮制《四川日报》社论,肆意诋毁人民解放军的声誉,操纵造反派"揪军内一小撮",抓"山城的赵永夫",充分暴露了你们居心叵测的政治阴谋……

他声色俱厉,越说越激动,一桩桩、一件件句句有证,件件是实,把刘、张这两个"文革"中的跳梁小丑的丑恶面目彻底暴露在光天化日之下。然而,金牛坝会议开了一个多月,没有解决任何问题,可以说是无果而终,不欢而散[111]。

西南局机关造反指挥部的主要负责人、刘、张派系心腹人物洪韵珊对金牛坝会议的表述是:"从第一次解决重庆问题之后……到金牛坝军区党委扩大会议这样一段时间,他们(指刘、张)准备就绪,发动了一场向54军的全面进攻"。发动进攻的材料主要为两个方面:第一,主要的斗争矛头对准54军,就是按照刘结挺在七月份分析四川总形势所讲的那样一个思想:"四川的问题要解决取决于重庆问题的解决";第二,"刘、张在会上把南充、泸州、江津、涪陵等一大片地方,一大批群众组织统统打成'保守组织',把大批群众打成'老保'",从而将54军定义为"支保、支右、支错",需要来个"再转向"。

刘、张幕僚丁祖涵对会议活动的策划说明得更具体:

---

111 逯守标《从书生到虎将》,页430。

我们研究，由张西挺在这个会议正面攻击，唱黑脸。刘结挺就唱高调，装红脸。一个担任主攻，一个从侧面配合。张西挺说："主要的话由我来讲。"刘结挺说："我讲什么呢？"他想了一想说："我就讲办事机构。"张西挺说："对，你就讲这个。人家谢家祥不是说，四川的问题主要在办事机构吗？"刘结挺就说："好，我就讲一讲半年来办事机构的成绩吧！"于是张西挺凑了一些材料，说办事机构接待了多少人，搞了什么事，他亲自写了一个发言稿，从侧面攻击谢副政委和54军。

刘、张另一心腹幕僚郭一民对此亦有披露：

（金牛坝会议期间）一天张西挺从金牛坝回来，对我说："攻还是不攻？攻，肯定得不到支持；不攻，我们的话讲不出来。"我说："要攻，但要等他们把话讲完。如果张政委表态说他们错了，我们政治上主动，就高姿态一下算了，如果张政委不表态，你再攻也主动，后发制人。最好你和刘一攻一守，你攻刘守，讲错了，刘来个检讨就圆场了。"

张西挺听了我的献计很满意说："只有这样。"我说："我们还是集中搞54军，要害是抓他们和李井泉的关系。"于是我又去组织人员准备材料。

姚德茂的另一段介绍表述了会议气氛之紧张和张西挺之忙碌：

会议开始不久，丁祖涵通知郭一民等人到原西南局大楼四楼的"六办"，张西挺对到场的郭一民、丁祖涵等六、七个人说："金牛坝会议一开始，54军领导人就攻击我们两天，我要求参加会议就被反对，找你们来是要动手马上准备材料"。接着郭一民就去拿有关重庆的材料，她叫杨德洪和其他两个同志，帮助丁祖涵和刘结挺的秘书审查54军的报告。丁祖涵和刘结挺的秘书还带来了很多54军给军区和省革筹的机要电报，叫杨德洪同志先看，看哪一封有问题就用电报卡片摘抄下来。军队的机要电报、机密电报是根本不容许这样摘抄的，她却大量地搞摘抄。

双方对立已到如此尖锐的程度，事情注定没有任何转圜的余地，会议再开无益。四川的局势距离毛泽东的战略调整，急于实现"大联合""天下大治"的要求越来越远。

第六节　第二次解决四川问题前夕最后的社会缠斗

金牛坝会议开始不久，张西挺即向"西指"负责人洪韵珊吹风："会议的气味很不对头。军区×××同志是'二月逆流'的干将，又跳出来了，攻击八月武斗，说八月武斗造成的损失比'二月镇反'还严重。""这不是为'二月逆流'翻案吗？反过来了，还不是又把你们这些人都打成反革命啦！""江海云、邓兴国他们还在做梦，以为他的左派当定了，一翻案还不是又把他们打成反革命。"她要洪"去跟他们做点工作，叫他们看到形势，要关心社会斗争。"洪很快将张西挺所谈会情通报了局机关造反派，并将会议的主要材料和主要观点加以整理，写成大字报《我们为什么要死保刘、张》在社会上广为散发。大字报再次强调刘、张的三重政治身份：《红十条》钦定左派、"打倒李井泉的英雄"和"顶住了'二月逆流'"的"正确路线"代表。金牛坝会议的斗争很快捅到了社会，大字报理直气壮地喊出口号："用《红十条》统率全川！"

1967年12月10日，反到底在体育场召开"排除干扰，反对迫害"大会。次日，"八月内战"时反到底的重要武库望江厂便重开武斗，只是这回被八一五派抢了先手，迅速占领了全厂，反到底4000多人只好溃逃涪陵，直到次年1月29日才由成都军区护送回厂。1968年新年伊始，"八一五革联会"常委会议明确提出："据各个方面的情况了解，重庆两大派的武斗又要出现了。我们今年要吸取去年的教训，早作准备，来它一个先发制人，以免挨打。"会议决定仍由军工系统"八一兵团"司令阳增太组建武斗司令部并组织武斗人员备战。八月内战反到底抢先占领军工厂（尤其如建设机器厂这类常规武器生产大厂），使人数占优的八一五打得被动吃力。这一回情况不一样了，望江厂得手后，八一五旋于2月初又包围攻占建设厂，控制了半自动步枪的生产和分派，对八一五派实施武装[112]。从年前12月中旬开始，处于劣势的重庆反到底人员不得不大批离厂离校，逃往内江、达县、宜宾、涪陵、成都、贵阳等地避险。

成都方面有50军压阵，社会大局一时相对稳定，只是巴蜀情势险恶，偶然事件变生肘腋，亦总让当局猝不及防。

金牛坝会议无果而终。闭门会议的恶斗很快传向社会，与社会的风高浪急再次共振，掀起一波更大狂澜。

1. 杜灵事件

1968年1月22日深夜，成都闹市中心区突发了一桩令人震惊的凶案：成都军区独立师师长杜灵、副师长李文到下属独立一团公干，乘车返回师部营地后子门，途径市文化宫，突遭乱枪射击，杜灵头部中弹，当场殒命，副师长李文手臂亦遭枪伤。杜灵，1935年参加红军，历任宣传科长、军政处长、师参谋长，建国后历任西南军区公安司令部副参谋长、长沙工程兵学院教育长、四川省公安总队总队长等职，1955年授大校衔（行政九级）。文革支左，杜先后担任两台两报（省、市电台、日报）军管代表、省公检法军管代表，地位高，权力亦大。"二月镇反"后杜灵立场转变较快，对兵团、八二六派持明确支持之态。死事偏偏发生在兵团总部所在地文化宫门前，注定让人大觉蹊跷。再说，事件发生，金牛坝会议期间两派军人正吵闹激烈，杜灵之死顿时成了成都社会颇有价值的惊悚话题，闪电既降，接着注定将有一场暴风雨。杜灵之子杜红一回忆：

第二天上午，成都军区张国华政委和梁兴初司令员来总医院吊唁，看望母亲和我们，传达了周总理的几点指示。我记得第一条是"杜灵是个好同志，这次的事件要严肃处理……。"父亲的牺牲，成

---

112 阳增太《写给历史的交代》，页162。

都两派闹得更厉害了。军区领导给我母亲做工作,希望母亲顾全大局,尽快火化遗体,母亲虽然感情上不能接受,但她是抗战时期参加革命的老党员、老干部,顾全大局懂道理,为了避免更多的无辜人员伤亡,听从了军区领导的劝说。

父亲火化前,在总医院进行了一次公开吊唁。记得那天上午开始就人流不断,一直持续到下午,无数认识和不认识的同学、群众、各派组织、部队干部战士来祭奠。当时省革委筹备组那个靠造反起家的张西挺,也来医院探望(实为摸情况),被守灵堂的独立师干部推出门外论理,要求追查凶手。

杜灵观点偏于八二六派,事关舆情,八二六派当然不能不对尚未查清的凶手(大概率是"自己人"打死了"自己人")表示一番革命义愤;红成派的愤怒则真实许多(虽然不排除有点幸灾乐祸)。总之,两方都派人去陆军总医院参加吊唁。正巧,遇到了张西挺也礼节性前来参加遗体告别,冤家路窄,独立师一些悲哀的战士于是一拥而上,少不了诅咒围攻,用杜红一的表述,就是"部分指战员和群众出于义愤,当面质问和动手推搡了挑动武斗的罪魁祸首张西挺。"据传还打成了"脑震荡"。

事情惊悚,红成派想借机向兵团、八二六发起攻击,但毕竟悬案未破,即便是兵团自己人打死了自己人,红成亦难有更多文章可做。在四川当时的政治环境下,杜灵虽贵为老红军、独立师长,理该享受的哀荣只能丧事匆匆了事。成都庶民百姓期待的热闹很快烟消火灭,半个月后,北京第二次解决四川问题很快开锣,成都市中心的人民南路广场,一场真刀真枪的暴力厮杀终于爆发,杜灵事件的关注度迅速消解。

2. "十中保卫战"

1968 年 2 月 17 日,是中央军委发出《给成都工人革命造反兵团、川大八二六战斗团同志们的信》、即广遭民众诟病的"二月镇反"启动、四川造反派整体蒙难一周年的纪念日。

八二六派以"打李总站"之名在成都人民南路广场隆重召开了名为"打倒派性，彻底肃清二月镇反流毒，实现两派革命大联合誓师大会"，参会人凡30万。其时，成都两派格局如下：以绕城而过的府河、南河为界，市内基本上被八二六派所控制；城外、特别东郊工业区，则基本上由红成派控制，而地处人民南路广场附近陕西街的成都市第十中学偏偏是"红成派"控制的"钉子户"，以十中、四中、二十七中、十四中等几个中学的"中红成"为主力，于此建立"红成四中警备区"，人称"小东郊"。为确保大会安全，"兵团"于会前在广场附近的百货大楼、芙蓉餐厅、第一门诊部等制高点布置了火力点以防不测，警司也在会场周边部署了军人对大会安全实施护卫。

"八二六"的大会开得热闹，十中据点的小年轻激怒难耐，于是不断用高音喇叭对会场进行骚扰。面前的广场上已是"八二六"人山人海，十中学生担心冲突吃亏，又急请四中、十四中、二十七中及其他"中红成"，荷枪实弹前往驰援，双方武力冲突的架势很快摆开。

中午，大会结束。布置于芙蓉餐厅的"兵团"火力点憋了半天，终于向挑衅大会的十中广播站高音喇叭开射，手握枪杆的十中学生憋了半天，听枪声一响，立即兴奋地冲出校门胡乱实弹射击，哔哩巴拉之声很快搅得人心大骇，参会群众纷纷夺路逃生。

火力既开，血仇已燃，武力冲突迅速扩大。兵团火力威猛，又在自身的地盘上显威，十中的"中红成"抵挡不住，很快向四中溃退。红成总部急令四中学生顶上。四中原名"石室中学"，系西汉蜀郡郡守文翁实施教化所立"文学精舍讲堂"，招各县子弟入学教化之，故一直以"文翁石室"名世，校址经年未变，有"千年名校"美誉。四中队伍听红成总部决定由他们顶上，顿时群情激奋，一窝蜂直扑陕西街，几所中学红成派统一行动，占据这一区域所有路口，修建地堡、工事及街垒，统一制定口令，形成了标准巷战格局，战区陆续扩大。四川八月内战期间成都未曾出现过的规模化武斗就此展开，时称"十中保卫战"。

该武斗从2月17日开始，至3月5日正式停火，双方打打停停，共历时17天。相比重庆、泸州等地武斗，此役虽只算得小打小闹，但问题是，武装冲突发生在四川当局和各派群众组织头目已经奉诏，马上就要进京解决问题之时，交战区域又位于省会中心干道的正中心，事情足够刺激，影响亦不同于一般。

2月23日，"中红成"凭借地形熟悉，越过陕西街福音堂，一举占领更靠街口的高教局大楼制高点，情况愈益恶化。25日，由"川大八二六"团长游寿兴主持，在四川大学校办小会议室举行该派三大核心组织：川大八二六、兵团（负责人邓兴国、冯玉德参会）和空字028部队红总（负责人韩永寿参会）召开紧急会议商议对策，决定首先将红成武斗人员从高教局赶走。具体方案为：先以三组织名义向警司提出请求并施压，如军队出面解决不了便由"兵团"组织武力强攻。

没有资料说明警司对该三组织的请求如何表态，但接下来，以"兵团"街道工业分团为主力，以百货大楼和芙蓉餐厅为据点武装攻打高教局的事件是果真发生了。街道工业分团多底层草民、引车卖浆者流，"二月镇反"时被权力当局第一个揪出来开刀问斩，故该分团对新当局最铁心。该组织一号勤务员宋立本多富传奇，民间广传"文革"前宋即因"男女关系"问题被政府收审劳教云云。宋造起反来绝对彪悍，搞起武斗注定亡命。攻打高教局之役，正是由他指挥并亲自抱炸药包带头冲锋，把高教局大楼炸出了一个大洞，四中两名学生重伤。局势再度升级。

当时红成负责人曾到"前方"视察并做出多项决定：组织精干武装特遣小队助战；全市红成派要大力支援前线，不仅保障供给，还要派出医疗队实施战地救护；由成都大学孟某负责指挥十中、十四中、二十七中及一些散兵游勇；东郊工业区派来的小分队则独立作战；四中的学生不再直接第一线作战，改为负责维持治安、整肃队伍、后勤保护等类似"宪兵"的任务；由"红四毛"主办《火线战报》每日一期，等。这些决定均一一得以落实并实施之。郊区农民为"前线"送来了粮油蔬菜，本派亦有送腊肉、白酒者。总部派来的特遣小队多为部队复员的特等射手、军事比武标兵一类，出手不凡。小分队很快拿下了一门诊部，打死"兵团"武装人员一名，俘虏多人。成都地院学生名邓履安者亦在交火中殒命。一门诊部遭战火延烧，腾腾烈焰冲天而起。消防队员无法进入交战区，只能眼睁睁看着楼房烧成废墟。

经警司出面调停，"红成派"同意退出高教局大楼，继续固守与高教局隔街对峙的十中本校，前来支援的其他"中红成"，则继续固守八二六派四面环峙间的市中心武装割据区。红成总部抓紧在现场举办展览，控诉川大八二六和兵团"暴徒"大搞武斗、大搞法西斯暴行的"罪行"，不少人前往观看，一时间议论纷纷，满城热闹。

"八二六"不能容忍"国中之国"的胡闹。某日，"兵团"开来一辆"土装甲"，从光华街招摇而来，经红照壁，穿过十中防区示威。四中学生亦连夜赶制"土炸弹"予以反制。"土地雷"用"82"迫击炮弹壳装上 TNT 及电发雷管，故意摆放在几个路口中央显眼位置。"土装甲"心怵，不敢贸然再来。亲历者介绍，这几发"土炸弹"的威力，是在"中红成"撤到东郊以后才得以显露：二十七中有人将"土炸弹"投入沙河炸鱼，威力不凡，其描述词是："地动山摇，捡鱼十几斤"。

冲突继续时时发生。为打通西线，突破交通系统"兵团"据点的卡口，十四中、二十七中与西北中学等久攻不下，遂改火攻，结果又是一场大火。死人的事亦时有发生而且莫名其妙，文庙前街粮店门口一老太婆遭流弹意外飞来，击中头顶而殁。四中军训团政委来校动员停火，突然从南门方向飞来一颗流弹，击中警卫员肖中明右胸，紧急送医不治。又传某夜，一穿旧军大衣男青年从北方老家省亲归来，火车晚点，步行进城，身背一捆家乡大葱路过陕西街，驻守街垒的中学生以为其身怀炸药，急呼口令未得回应，旋开枪将其击毙……

所有这些，都成了最能吸睛的上好素材。红成派报纸关于"十中保卫战"的花絮新闻、篇目皆多噱头，如："叫花子火线显身手""老丘八重操中正式"等等，一经刊出，很是畅销。八二六派亦不示弱，红成有学生试验手榴弹不慎手被炸伤，"八二六"大字报立即谐虐喷出"轰然一声，炸飞猪蹄一只"——红卫兵成都部队被谐音为红卫兵"蠢猪部队"。

2月25日，成都军区发布《关于制止成都武斗的公开信》指出：

一、武斗双方必须停止射击，不得向过往行人、车辆开枪，不得妨碍交通；二、双方人员立即返回本单位，各自派代表到成都警备区谈判；三、双方释放被抓的对方人员。3月4日，由梁兴初亲自主持，两派代表在成都警备区二楼举行了停火会议。奉诏赴京在即，已没有时间拖延，游戏必须马上结束。双方本来还想在会上一争高低，均被梁将军断然阻截，他宣布，当前全国各地都在筹备成立革命委员会，四川省和成都市也要成立革委会，你们两派首先要放下武器，结束武斗，搞大联合，接着指令，凡是部队子女必须立刻退出派性组织，甚至恶狠狠地说了一句："我的孩子要敢参加什么组织，我拿石头砸死他！"成都文革中自诩革命的两派组织他都不屑一顾，只管斩钉截铁地下命令：两派回去后，马上停止武斗，撤出队伍，恢复正常的秩序。造反代表们本来还想争个输赢，见此气势，只能唯命是从，当天即达成《成都两派关于立即全面停火，制止武斗的协议》。[113]

3月5日，历时十八天十七夜的战火就此平息。

这场没有赢家的战斗，最后还有一个快乐的结尾：上万成都市民热热闹闹涌进十中，免费参观一场劫后风景，观众们看弹痕密麻的教学楼山墙，看簸箕里装得满满的子弹头……无不啧啧咋舌。还有，红成派趁机举办现场展览，还有照片陈列，包括四中学生持枪守护居民房屋和财产的、正义之师"宪兵照"……毕竟受困挨打一方全是中学毛桃少年，最易赢得市井草民同情之泪。参战娃娃自然也享受了一回廉价的自豪之感。人们惊叹：哟，四中这帮书呆子还会打仗呢！

只是这一切都没有意义了。谜底很快就要揭晓，四川的棋局与毛泽东九月以来预设的路线南辕北辙，愈走愈远。巴蜀两大派群众最后完全聚集在两面彻底极端的政治大旗之下，一面旗帜上写着"刘、张杀头我提刀，刘、张坐牢我守牢"、另一面旗帜上写着："张、梁、刘、张好干部，敌人反对我拥护"。

---

113 川筹发[68]第 28 号文件：省革筹、成都军区《对成都两派"关于立即全面停火，制止武斗的协议"的批示（1968 年 3 月 5 日）》，见《中国共产党四川历史（1950—1978）》，页 366。

3. 等待最后裁决的迷惘

与省会成都市中心枪炮厮杀相先后，巴蜀各地的文革群众都心怀侥幸，继续在政治迷宫里东突西撞。

1月7日，重庆反到底派25万人在市体育场召开批斗李井泉、廖志高大会。赴会途中与八一五派多发冲突；会后游行又遭二十九中石块投掷攻击并发生枪战。刚从成都返渝的反到底派工总司负责人邓长春到现场附近（原《新华日报》营业部旧址外）发表"省革筹支持我们"的简短演说，方才将队伍劝说撤走。次日，反到底派在市体育馆召开"死难烈士"追悼大会，会后抬尸游行；1月10日，万县地区云阳县"红云派"数千名群众向县外撤离，至南溪区水市公社和江口区团滩公社时，遭与重庆八一五派挂钩的"11·27"派（简称"拐派"）武装袭击。1月19日，该县两派大规模武斗，"秋收起义红卫兵云阳部队"（"红云"观点，简称"秋派"）撤往万县市，"拐派"控制了县境；1月26日，因成渝铁路重镇荣昌县两派严重武斗，致使永川县和隆昌县之间停开了11列火车。成都地区"红十条派"为拿下眼鼻底下的"钉子户"中江，在金堂县设立金堂、广汉、中江及成都青白江区组成的三县一区联防指挥部，由军队专业人员直接参与组织，将武装力量扩展至整个绵阳及川西各县，对以"黄妈妈"名义领衔的"继光兵团"实施铁壁合围。

一月底，"中江东方红"分三路向中江县城发起总攻，首先夺取绕城而下的凯江南渡口，继而大队人马沿南岸布防，隔河打响战斗。"继光兵团"土坦克冲上凯江桥企图南向反击，被"东方红"密集的重机枪强大火力压制，只好节节退却。2月2日（大年初一），"东方红"占领南渡口，攻进县城，旧街古巷贴满标语欢呼："中江解放了！""继光兵团"得南充地区八一五"临联"支持，退守中江东南部四区，继续与"东方红"对峙；2月9日，川中"永川专联司"派在重庆八一五支持下武装打回永川，红旗派近万人溃逃至内江、自贡、成都一带，由省革筹给每人每天发粮票1斤、钱2角5分维持生活，时称为"吃一二五"；2月15日，荣昌两派在峰高区及县城持续武斗，死

17 人（峰高 12 人，排山坳 5 人）；2 月 25 日，璧山县"璧联司"抢夺县武装部枪支弹药，足武装了 2 个连 4 个排……[114]

2 月 28 日，重庆八一五派的 58 名赴京代表来到重庆大学，在毛泽东巨型塑像下由周家喻领衔宣誓"打倒刘、张志不移"。开会通过了由革联会起草的《汇报提纲》、总报告和若干附件。临走的上午，全体代表又规定了八条纪律，统一观点。并宣布，代表赴京后一律不准单独发电报、电话回家，一律不准单独在学习中表态，控制十分严密。代表刘陵川回忆："到北京后，代表每顿吃饭时都要集体呼口号'打倒刘、张'。还专门组织人员每天上门骂刘、张，甚至抢走刘结挺同志的材料。周家喻还单独与'红成、红卫东'开会，交流'打倒刘、张'的经验，一副志在必胜的神气。"

因《大局已定 815 必胜》一文而名噪全川的《山城战报》将主笔周孜仁"关"在编辑部抓紧写《五评》。3 月 16 日文章脱稿，单等发排，谜底很快揭晓，用不着评九回了，这次的文题直截了当：《把刘、张推上历史的断头台》。

4003 小组的第一次调查结果定稿，第二步的调查正欲开始，参加解决四川问题学习班的领导和代表已经启程。张家立带着复写的材料匆匆赶来北京，3 月 18 日，到玉泉路四川学习班驻地，分别向八一五派代表周家喻及梁兴初秘书再次汇报了调查材料。次日，他们转达梁兴初意见："中央首长刚讲过话，不能再提了，停下来吧。"

四川局势又一场风云突变降临了。

---

114 以上数据，均采摘自何蜀《重庆文革大事记》（未刊稿），及其他相关地区资料。

第九章

"新生红色政权"的强力催产

(1968年3月—1968年10月)

第一节 《三一五指示》：对红成八一五的政治廷杖

文革本是一场史无前例的"左倾冒险"。前台干臣"王、关、戚"被毛泽东"挥泪斩马谡"，本身就是无奈之举，红成八一五为攻击刘、张，大张旗鼓拿"王、关、戚"说事，在当时的政治语境下，最高当局要将他们定为"右倾复辟势力"其理顺章；其次，《四川十条》已明确打倒了李井泉代表的"旧政府"，同时将地方小吏刘结挺、张西挺平反，推上高位，这些都不容许任何人心怀歧见；第三，前一年九月毛泽东视察大江南北归来便决定转变战略，停"天下大乱"而改"天下大治"，红成八一五反向逆行，而且越乱越起劲——所有这些，都是毛泽东和中央文革不能允许的。

1968年4月初湖南革委会成立，《人民日报》《解放军报》发表祝贺社论《芙蓉国里尽朝晖》，正式公布了毛泽东的"最新最高指示"：

无产阶级文化大革命，实质上是在社会主义条件下，无产阶级反对资产阶级和一切剥削阶级的政治大革命，是中国共产党及其领导下的广大革命人民群众和国民党反动派长期斗争的继续，是无产阶级和资产阶级阶级斗争的继续。

指示明确"继续革命"是阶级斗争的延续。也就是说，如今斗争矛头已经从走资派转向庶民百姓。谁要和北京拧着来，谁就是国民

第九章 "新生红色政权"的强力催产

党。共产党与国民党打内战,三年解决问题。现在文革搞了已近三年,必须收官了。时值春末,29个省市自治区中剩下的第三批:宁夏、安徽、陕西、辽宁正快马加鞭,至五月初,23个革委会建立均可完毕,四川作为西南地区龙头、毛泽东心心念念的世界革命"大三线"基地,新政权的建立必须痛下决心,强行催产[1]。

奉命前来参加解决四川问题的军、地官员及群众组织代表甫抵京城,结果立马揭晓。《周恩来年谱》1968年3月15日条目记载:"参加中央文革碰头会,听取四川省革筹小组成员汇报。会上,江青提出:目前在全国,右倾翻案是主要危险。"

碰头会由周恩来领衔,陈伯达、康生、江青、姚文元、谢富治、吴法宪、叶群、汪东兴等参与;四川方面被接见人有张国华、梁兴初、刘结挺、张西挺、谢家祥、曲竞济、韦统泰、蓝亦农、孙洪道等。原省长李大章虽未"解放",但按北京指示也奉命前来参加了会议。地点是人民大会堂河北厅,时间从3月15日20时至16日零时30分。

诚如《周恩来年谱》所示,既然江青提出右倾翻案是全国的主要危险。"三一五指示"对四川"右倾翻案""危险"势力大张挞伐之甚,无异于一场"政治廷杖"[2]。此惩戒对巴蜀政局顷刻间造成巨大冲击也是必然激应。为缓减冲击,传达过程可谓层层设防,步步为营,先由成都方面和重庆方面的参会领导人向相关各方私下交底,两天之后,方才根据张国华的记录稿整理,形成一正式通稿《中央首长接见四川省革筹小组领导成员的指示》。4天后,3月19日下午两点,在炮兵礼堂召开大会,由张、梁、刘、张进行正式传达。

正式传达称,周恩来这样破题:"要把矛头对准最大走资派在四川的代理人李井泉、廖志高及其顽固的追随者黄新廷、郭林祥,集中对准主要敌人(认识)就统一了,派性就少了,共同性就多了。要解

1　1968年5月31日成立四川省革委会排位后面的是:25、云南省(1968年8月13日)26、福建(1968年8月14日)27、广西自治区(1968年8月26日)28、西藏自治区(1968年9月5日)29、新疆自治区(1968年9月5日)。

2　廷杖是中国古代一种针对朝中官吏的惩罚制度,指在朝廷上当众用杖责打官员,兼具肉体惩罚与精神羞辱的双重目的。

决问题，还是按《红十条》办。"

开篇闲聊看似云淡风轻，闲话随意，指向却明确清晰，下手极重："重庆去年把李井泉搞去，不给'反到底'斗，'反到底'扎了三个草人，斗了后把他烧了，'纸船明烛照天烧。'[3] 为什么不给他们斗，这是大方向问题，我是听主席说的。""主席看的比我们多，是主席看小报，看了给我们讲的。主席许多小报都看了。重庆八一五的《大局已定，八一五必胜》，主席说叫反到底派批得一塌糊涂，还有什么《嘉陵江上烟云滚滚》，主席都看了。"

周恩来对准"八一五、红成"便一番当头棒喝。其余大员紧跟着棍棒交加。

江青训斥："革筹小组去了没有十天，就打倒刘、张，就分裂了，试问你们革筹怎么领导工作！"

康生话不多，却干脆利落，直点死穴：反刘、张就是给李、廖翻案。

周恩来紧接的上纲更完全、更彻底：就是刘、邓复辟。

周恩来继而反复强调《四川十条》之不可动摇："你们在十条面前，退半步，你们自己也待不住。"

作为毛泽东的文革操盘手，此确为实实在在的大实话，而支撑此论的依据，则多率性之言，甚至信口开河、强词夺理。比如"反刘、张的材料，很多都是从李井泉那里搞来的，实际上是替李井泉翻案。"这种场合本非讲理之地，被接见者别无选择，只能规规矩矩听训。江青风头出演更是张扬十足，一似主子训家奴，其余人等跟随其后，或加码，或表态，或捧场，同义反复，轮番轰炸，骂你没商量。

江青理直气壮切割，宣布"王、关问题就是我们端出来的"。姚文元立马跟进："就是江青同志端出来的"，江青于是愤愤而冤屈："他们借王、关攻我们，把中央文革小组的一个个的端"；（张国华汇

---

3 根据总理办公室明确指示：李井泉是中央管理的高级领导干部，有关批判情况要向中央报告，并保证身体不能出问题的要求，对李的生活派专人照管，重大815对李的情况需一日一报。据此，"智擒"了李井泉的重大815从不敢半点造次。

报说四川争议在于有人对《中央十条》二条、五条有意见,说"十条过时了")江青马上威胁:"十条过时,就让李井泉再出来嘛!""说十条过时,是翻案嘛!是一股翻案风。"康生立即跟上:"要修改二条、五条,这不是替二月镇反翻案吗?"接下来的桥段足见绝对权力之随心所欲、信口雌黄:

江青谈及武斗,说:败家子,不管怎样是败家子。不过打一打也好,练习练习。

康生接话:可以改进技术。

江青宣布:杨尚昆是恶霸地主,他的家属没有好的。

江青:李大章的问题不知说了多少次了,到现在站不出来。李大章同志,我为了接济你,一天吃两个烧饼。

康生:去年把杨超搞来,他态度坏得很,让他讲话他不讲。

江青:弄个廖井丹来,他也是个呀呀乌。

康生:黑手很多,就是没有抓出来。

江青:李井泉的老婆搞起来了没有?还有廖志高的老婆,很坏。

有些话即便率性而言,信口开河,却为四川文革的后续乱局埋下了重大隐患:

江青:因为一个剧叫我调查,华蓥山我做了调查,碰见鬼,根本没有这么回事,罗广斌是罗广文的弟弟,有人替他翻案,我们根本不理他。华蓥山游击队,根本糟得很,叛徒太多了。

蓝亦农汇报谈及:×××支持万县的翻案风。

江青:这个老头不甘心寂寞的。肖华的老婆是他的侄女,她妖精得很,还搞涂脂抹粉,还要画眉。

(当蓝亦农汇报到社会上存在有七星党、三老会(老红军、老干部、老地下党员)、自由民主党时)

总理、江青:反动得很,要坚决镇压。当然要区别对待。组织要解散,核心成员一定要专政。

毫无疑义,"三一五指示"宣布了八一五派的死刑和八二六派的胜利。作为正处于情绪峰值期的一大派别,红成和八一五头头们的沮丧和抵触可想而知,只因身陷北京学习班,这些头头们不得不在高压下屈服,规规矩矩低头认错。红成武陵江、八一五周家喻分别在3月20日的传达会上做了公开检讨,紧接四川班当局便正式宣布学习班领导班子:刘结挺任组长,副组长有成都军区副司令邓少东、50军张副军长和54军白副军长,成员有李大章等。

3月20日,省革筹政工组和成都军区政治部联合下发贯彻《三一五指示》的文件,文件附《三一五讲话》记录通稿。文件要求如下:

各市,地,县革委会(革筹小组),警备区,驻军支左领导小组,军分区,军管会,县(市)人民武装部:

三月十五日中央首长在北京接见我省革筹小组、成都军区和50军,54军领导同志的讲话("三·一五"讲话),是毛主席的声音,是无产阶级司令部的重要指示,是夺取四川无产阶级文化大革命全面胜利极为重要的思想武器,应该立即向全省军民传达,坚决地不折不扣地贯彻执行。

现将《三·一五讲话》(记录稿)发给你们,请用最快的速度,发各革命群众组织,各基层单位,部队连队,农村各生产队。并开动一切宣传工具(不得登地方报,不得用无线电广播),广泛深入地向广大军民群众宣传毛主席的最新指示,《三·一五》和《红十条》(重庆还要宣传《红五条》),做到家喻户晓。

《三·一五讲话》由我们直发至县。

第二节 狂欢与挣扎

周恩来在《三一五讲话》中自信宣布"你们革命委员会三月份搞不起来,四月份总会搞起来,一推动就解决了。"事实上,北京这一

"推"太猛,大大超出了巴蜀群众的心理承受力。省革筹政工组上述关于《三一五指示》的文件下达,顿时引起全川两派截然相反的极端的反响:拥护刘、张派占主导的地区,如成都、自贡等地,鞭炮爆响,游行欢呼;反刘、张派占优的重庆,对立情绪陡然拉升到极致。

1. 赢家尾巴翘上天

巴蜀文化学者、当年川大八二六的核心人物袁庭栋回忆:

"三一五讲话"传来,我们认为是得到了党中央的完全支持,是长期斗争之后取得了决定性的胜利,一片欢呼,兴奋异常。周恩来讲话引用了一句古话:"天下未乱蜀先乱,天下已治蜀后治",对我们震动很大,以为蜀治之时到来了,四川问题解决了,"红成派"应当认输了,四川省革命委员会就要成立了,文革快要结束了。[4]

参加四川学习班的重庆"军工井冈山"一号勤务员李木森这样讲述学习班中反到底代表的狂欢和八一五代表的落寞沮丧:

最让反到底代表兴奋的是,毛主席还专门为反到底派发出了"最新最高指示",特别是那一句"重庆八一五的《大局已定,八一五必胜》,叫反到底派批得一塌糊涂",这条"最新最高指示"在学习班里被使用得最多,最广泛,有的反到底代表一见到八一五代表就背诵这条语录,八一五代表只得忍气吞声,就像听到宣读圣旨一样,不敢有任何不满的表示。有的反到底代表像话剧演员背台词一样,一天到晚就在反复背诵这条"最新最高指示"……

《三一五指示》传达后,反到底派欢天喜地,八一五派垂头丧气。反到底派的个别代表听完传达下来,马上把八一五派和54军一直想要结合的辛易之拉出来,用墨汁给他画了花脸,画上乌龟相,衣服、裤子也画得花花的,把他拉到政治学院大门旁边去低头请罪。

学习班里谈大联合时,有的反到底派代表说,八一五错完了,没

---

4 袁庭栋《小草春秋》页392。

有资格进入革命委员会；有的说八一五自己也认为他们在革委会中可以占三到四成，反到底可以占六到七成；有的说现在反到底还在受压，还没有翻身，要等翻身了再谈联合……总之，反到底派代表普遍是趾高气扬，尾巴真的是翘到天上去了。[5]

袁庭栋分析：

可是我们很快得到的消息是："红成派"和"八一五派"仍然不服，仍然在高喊"拥护中央，相信自己，打倒刘、张，革命到底"的口号，宣称"中央首长受了蒙蔽"，仍在搞材料、送材料，向中央喊冤叫屈，还是要坚持打倒刘、张，改组省革筹。这种情况下，"川大八二六"在考虑下一步应当如何办时议论纷纷（当时的流行语是毛泽东的诗句"宜将剩勇追穷寇，不可沽名学霸王"），还召开过全团的辩论大会，团部负责人最后的结论是，对方还有幕后支持者，就是长期支持他们的54军，其关键人物是谢家祥。

3月28日，由八二六派组织"打李总站"留川负责人、空字028红总头目冯德华将省内16个专、市的"红十条无产阶级革命派"222个群众组织的主要头头招来省会，在成都旅馆举行声势浩大的会议大倡"打倒谢家祥"。4月1日，"四川《红十条》无产阶级革命派代表座谈纪要"由参会组织一一签名，《关于坚决打倒谢家祥，彻底粉碎右倾翻案风的紧急声明》，以及《打倒谢家祥，粉碎右倾翻案风》的会议《座谈纪要》。"座谈纪要"称：

对于在二月黑风和右倾翻案风中起家和复活的保守组织，如泸州"红联站"、涪陵"红贸"、南充"临联"、永川"专联司"、中江"继光兵团"之类，必须分化瓦解，揪出黑手和坏头头……在（这些）阶级敌人挑起反革命武装进攻面前，我们必须坚持文攻武卫的正确方针。在当前反击右倾翻案风的斗争中，必须集中火力，集中目标，向反革命两面派谢家祥开火。

5　李木森回忆，何蜀整理、注释《亲历重庆大武斗》，页154。

第九章 "新生红色政权"的强力催产

四川权力当局的喉舌《四川日报》,"迎头痛击""杀退""彻底粉碎"右倾翻案反革命妖风、"打倒李廖死党,打倒黑干将,揪出变色龙,横扫小爬虫"一类口号天天都以特号黑体在社论、消息和通栏标题登陆版面。文章以"反右倾翻案"说事,实际所指谁都明白:

1968 年 4 月 11 日头版:

《四川日报》社论《欢呼毛主席最新指示,坚决粉碎右倾翻案妖风》;二版:署名"028 战报"编辑部文章:《坚决彻底粉碎右倾翻案妖风》;三版:署名"成都工人革命造反兵团总部"文章:《誓死捍卫红十条,粉碎右倾翻案妖风》、署名"西南局机关革命造反指挥部'打倒李井泉战斗队'"文章:《不准为李廖死党翻案》。

4 月 13 日头版全版消息:

解放军成都部队领导机关举行誓师大会。消息称:成都军区"干部、战士、职工等决心坚决贯彻毛主席最新指示和以毛主席为首以林副主席为副的无产阶级司令部发出的最新战斗号令,粉碎右倾翻案的反革命妖风,打倒右倾保守主义、右倾分裂主义、右倾投降主义,打倒黑干将,揪出变色龙,横扫小爬虫,全面落实'红十条',把两个阶级、两条道路、两条路线斗争进行到底,夺取无产阶级文化大革命全面胜利。"

4 月 13 日,头版转二版:

刊登约 9000 字长文《一场反翻案反复辟的阶级大搏斗》,直接署名:重庆反到底西南师范学院"八三一"《红岩》编辑部。文章宣布:"叫反到底派批得一塌糊涂的那篇臭名昭著的大毒草《大局已定,×××必胜》……臭文的作者……和李井泉穿的是一条裤子,不是同伙,便是走狗、小爬虫。"

4 月 14 日,头版头条消息:

《重庆反到底二十万革命群众集会誓师粉碎右倾翻案妖风》称:重庆反到底革命派二十万战士和革命群众,在市内大田湾广场举行了盛大的誓师大会，坚决贯彻来自以毛主席为首的无产阶级司令部的重要指示，彻底粉碎右倾翻案的反革命妖风……会上，来自成都等地的捍卫《红十条》的无产阶级革命派的代表也发了言。

4月15日，头版头条报道：

《十万人在四川大学广场举行声势浩大誓师大会》的消息称：参加群众大会的，除八二六战士外，还有成都市捍卫《红十条》的无产阶级革命派和军内无产阶级革命派，以及重庆反到底派，南充地区三个反逆流指挥部，永川地区红旗派，泸州地区红旗派，合川革大等来自全省各专县捍卫《红十条》的一千五百多个革命群众组织的无产阶级革命派战友十万人。（他们）一遍又一遍地不断振臂高呼：誓死捍卫毛主席的革命路线，坚决粉碎右倾翻案的反革命妖风！打倒右倾保守主义、右倾分裂主义、右倾投降主义！打倒中国赫鲁晓夫！打倒李廖死党！打倒反革命野心家、阴谋家！打倒黑干将！揪出变色龙！横扫小爬虫！……

为彻底瓦解四川军内反对势力，刘结挺将参加学习班的军队学员抽出来专门组成一个学习单元：军队组。刘结挺兼组长，副手则由四川军内"三大左派"中之两大"左派"：自贡武装部李宗白[6]及涪陵军分区李畔[7]担纲，领导小组7个成员有6个属于挺刘、张派。1967年底金牛坝会议前夕，刘、张曾通过田禾告诉李宗白："军区党委审批自贡市革委会时就是谢家祥一个人不同意。"目的当然是要李宗白投桃报李。如今全胜到手，正是猛追穷寇之时，一切力量都得调用上阵。刘、张通过荆×向李宗白提示："你是支左红旗哟，要起带头作用。""倒谢的材料比打黄、郭的材料还多。"

---

6 自贡市在四川第一个成立革委会。时间是1967年12月11日，由武装部政委李宗白任主任。

7 李畔，文革开始时为四川省涪陵军分区第二政委，文革中1967年2、3月"镇反"中参与镇压当地造反派，1967年5月《中共中央关于处理四川问题的决定》（即"红十条"）下达后，按照"红十条"精神，转向支持造反派，打击"保守派"，1967年6月主持涪陵军分区支左工作。1969年中央第三次解决四川问题后被批判。

第九章 "新生红色政权"的强力催产

为加强火力,学习班还专门通知54军内部的"异见分子"黄富成、杨玉荣及陈华祥[8]三人来京参会,黄富成等很快贴出第一批大字报,后又由自贡市武装部和军区"×××"抛出给张、梁首长的公开信,矛头直指谢家祥。4月8日,李宗白和军区荆×,徐××等召集部分军分区的负责人开会,对谢家祥定调,称谢为"四川打刘、张,反《红十条》的根子,是四川右倾翻案妖风的后台",并决定据此回川发动群众。学习班所在的解放军政治学院,到处刷满倒谢标语、大字报,大好形势让李宗白激情偾张,通知其所在的自贡组在每张饭桌上都贴上了倒谢标语。

气势已成。4月16日,军队组要求谢家祥到学习班听取意见,按当时的情势和流行作派,无非批判、围攻、起哄一类,足足折腾了一整天。黄富成系54军内少有的激进分子,事前又得李宗白等交底、动员,也就顾不得军人身份和后果了,会上的抢眼表现对升级斗争氛围大起煽动之效。后来李宗白交待:"(大会)对谢副政委进行诬蔑攻击,围攻谩骂,闹得乌烟瘴气。"更有意思的是,刘结挺亦在现场,竟全无声色之动。

刘结挺的正式态度在一周之后才公事公办表露。4月22日刘到军队组做动员报告,正式提出"双支论"概念,并从理论高度加以批判之:"'双支论'在思想上是二元论,在政治上是折中、调和,在行动上是支保、支错。双支是假,单支是真,都是搞右倾翻案。"[9]

2. 张国华劝解无功

"三一五"风暴顷刻间搅得巴蜀两派天地翻覆,身处最高当局眼皮底下的张国华惴惴不安,为避免意外危机引爆,他必须抓紧滞阻减震。得知冯德华以"打李总站"之名在成都大张旗鼓组织指挥"倒谢"

8　黄富成系54军副营职干部,文革前曾为军内"学毛著积极分子"。1967年底在反到底《红岩》报发表文章《斗私批修,做毛主席革命路线的忠实捍卫者》,批李井泉及原军区负责人。

9　李宗白在1970年的中央学习班上的揭发、交代。转引自袁光厚《悲剧是怎样造成的(下)》页125。

行动，张国华急忙将其召至北京多加劝慰，与成都方面实施物理"隔离"。4月6日，冯德华抵京，张国华即让50军政委郑志士对冯"做工作"。其时冯头脑正发热，怎容得他人降温？他后来承认，说他"根本不听郑政委的批评教育，与郑政委闹了几个小时。"[10] 同时发生的，偏偏是刘结挺当天晚上在京西宾馆对冯的鼓动："听说你们在成都提出打倒谢家祥的口号，为什么要提这个口号呢？……光提口号是解决不了问题的，要扎扎实实地发动群众，把他的问题彻底揭发出来，特别是发动红成、红卫东的群众，把他的问题彻底揭发出来，才能解决问题。"[11] 如果说刘结挺在埋头实干，张国华进行的只是一桩行为艺术。

更有意思的还有，听说李宗白诸人在军队组闹腾，张国华将他召到京西宾馆"做工作"，李事后称："我对张政委的耐心教育、诚恳批评听不进。"同时在场的刘结挺却当着张国华的面提示："你们可以送材料嘛，可以向中央送材料嘛。"李宗白出门甫离，张西挺直接追来楼梯口，提醒李宗白"不要光是空喊，要搞材料。"

从北京到四川，"三一五"的赢家热戏愈演愈烈。

3. 输家苦苦挣扎

遭遇"三一五"廷杖的输家：成都红成和重庆八一五，都是起事最早、人数众多的老"造反"，特别是重庆的八一五派因得驻军54军支持，一直处于"大方向始终正确"的亢奋之中，现今陡然跌落深渊，受辱反差最大。

《三一五讲话》一经下达，八一五大本营重大校园一片哗然，当晚，校园里便刷出许多大标语宣泄被抛弃、愚弄之情：

> 刘、张不是烂萝卜，是一对好萝卜！？落款：《8894815部队（谐音"爸爸就是815"）》

10　冯德华在1970年的中央学习班上的揭发。转引自《悲剧（下）》页122。
11　冯德华在1970年的中央学习班上的揭发。转引自《悲剧（下）》页122。

第九章 "新生红色政权"的强力催产

敬爱的周总理,你曾说你在重庆生活了八年,对重庆很有感情,你还到过我们重大哟!为什么给我们打刘、张上纲上线,好高哟!刘、张能等于刘邓吗?

周总理你到底知不知道刘、张在四川干了许多坏事?"落款:《硬是想不通战斗队》

康老你不老嘛,为什么你说的话有糊味?落款:《长胡子兵团留守处》

曾流泪歌唱"抬头望见北斗星,心中想念毛泽东"步行上京告状的重大学生,现在用大标语无奈呐喊:"苍天呀!大地呀!为什么毛主席不知道四川、重庆文革的真实情况?!"

有人干脆发誓:"下辈子我们决不参加这样的文化大革命了!"[12]

地处成都的红成派,"二月镇反"被否,"四川十条"下达后一直运途多舛,《三一五指示》让他们彻底坠入深渊。广义地说,当年最早造反这批大专院校学生,正好是完整接受了中共政治教育的一代年轻人。文革风起,毛泽东恩赐的"四大"让他们享受了一把"自由"带来的虚荣和快感,但就根本而言,他们从来就没有经受过现代民主意识熏染,如今被他们捍卫的"上帝"一巴掌从云端打下来,其失落、绝望和无助使之对政治感悟更为敏彻。红成派一号学生领袖武陵江的"交待"材料,除了牢骚之外,其认知已不乏一些初级省悟:

在总部勤务组,有人念道"阶级斗争,一些阶级胜利了,一些阶级消灭了"……我说,四川"八二六"胜利了,红成失败了,这就是四川无产阶级文化大革命的历史。红成的路走完了。

群众是牺牲品,群众算不了什么,红卫兵是牺牲品,运动初期用我们冲一冲,我们不知道上面是怎么搞的,犯了错误,就把我们压得抬不起头来。

---

12 据当时留校主持工作的重大八一五总团负责人黄顺义介绍:这些标语都是晚上有同学悄悄贴出来的,我看到有过激的内容就叫人撕了,或者悄悄安排人把这些标语覆盖了。但是,我把这些标语的内容记录了下来。免得反到底抓到什么钢鞭材料,说我们又在炮打中央文革,炮打总理,反对"三一五指示"。

现在实际是把我们红成看成国民党一派,如果不把我们看成国民党一派,也把我们看成国民党支持的军队,看成是起义部队,也只能等待整编……以后不要搞政治斗争,弄不好犯了错误爬也爬不起来。宁可当一个爱国主义者,也不愿当一个共产主义者,要当老百姓,不要当头头,犯了错误,跑都跑不了。

人生途次的巨大挫折,最容易逼得落败者反省。武陵江"交待"中有一句话可堪玩味:"三年自然灾害,本来政策上有些问题,是刘、邓制定政策,后来就算在刘、邓头上。""交待"最后的结论是"千万不要搞政治斗争,犯了错误爬也爬不起来。"

世界上的人际争斗,手段无非两种:一是运用谋略博弈,另一种则是暴力硬拼。第一种属于社会群居的人类所特有,第二种则纯属丛林野兽。当政治本身演变为少数集权者主宰的丛林,狼对小羊的命令就是不可违拗的真理;《三一五指示》的失意方,逆反无助之情太过强烈,仅发牢骚无以排解,暴力再次成为无奈的选项。四川时断时续的武斗,因《三一五指示》的下达再次激烈爆发。

第三节　政治投影下的杀戮战场

4月1日,由"四川《红十条》无产阶级革命派"在成都发布《座谈纪要》,以"赢家通吃"的凌人盛气宣布:

1967年8月,泸州、涪陵、万县等地区红十条派的自卫反击战是完全正义的,武装支泸的大方向是完全正确的……当前我们必须估计到敌人垂死挣扎、狗急跳墙的可能性,必须在加强文攻,在以文攻为主的前提下,随时准备粉碎阶级敌人的任何武装进攻。

输家不会轻易就降,政治幽暗投影下的武力杀戮只会更加丧失理智,其中最为惨烈的、规模化的战斗,先后发生在中江、重庆、云阳和泸州等地。这几次武斗的特点,首先是输家已不再怀抱曾有过的道义追求,纯粹为保卫自己的生存而战;其次,与之相对应,《三一五指示》后完全掌握政治主导权的赢家,对反对派持零容忍之心,对武力取胜志在必得。

1. 继光兵团的死拼

春节时分,八二六派的"三县一区联防指挥部"正式攻占中江县城,继光兵团余部被压制于中江东南部四区。如今八二六派全线飘红,以"打倒谢家祥"为标志的政治追杀嚣起,地处成都周边的继光兵团成为必须尽快剿灭的目标。袁庭栋曾应邀前去中江做"形势报告",亲自见识了设于某乡村小学的"前线指挥部":

(教室)除了墙上的地图之外,中央摆着一个大约有一个乒乓球台大小的沙盘,山头、道路、院落、河流、桥梁……一清二楚,上面密密麻麻地插着标志双方情况的红旗和白旗,其情其景,和电影中看到的前线指挥部完全一样……印象深刻的是那个专业的沙盘制作者和在现场的几位参谋人员竟然都是穿着便衣的现役军人,他们是成都军区步兵学校[13]的教员,是真正搞战役指挥的专业军人……他们来中江已经有一些时候,是"东方红"的主要参谋班子。[14]

自从大年初一县城易手以来,中江双方对峙死守,均无动作。继光兵团司令李志贤是转业军人,属下丁壮多富当兵打仗经验,抢先占领几个山头作为制高点,制高点上的石头寨成为现成工事。石头寨原为乡间大户为防匪患而建,围墙用石条砌成,厚度在50厘米以上,有的达1米,防守者在围墙内挖掩体,再砍松树铺于其上,再填土约厚1米,指挥部则设于地下,可说固若金汤了。继光兵团还给参战人员每月30元军饷,于是军心大盛。进攻方号称"八县联防"(含金堂、德阳、绵竹、绵阳、广汉、三台及成渝两地),兵力达数千,只

---

13 对外称"六零一部队",属于开展"四大"的军事院校,"八二六派"占绝对优势。

14 上述两段引文皆摘自袁著:《小草春秋》。

是面对防守方的坚固工事,"东方红"多次进攻均被打退,用迫击炮轰寨墙亦未起效。从军时即有"神炮手"之称的二纵队头头王金山建言:"要有一门57无后坐力炮,老子3炮就轰垮它寨墙了!"战区指挥认为其言有理。《三一五指示》已下,政治正确给了八二六派巨大的杀戮勇气。使用大口径炮已经没有任何心理障碍。东方红派在4月23、24日顺利拿下摩天岭,母猪寨,终于用重炮向太阳山堡垒发起轰击总攻。吴华明[15]回忆:

  我与张谷一拿着介绍信到三台、绵阳的驻军中去找这种炮,没找到,又到成都工人造反兵团请求援助,才知在中江同情与救助过我们的7800部队已进驻峨眉电影制片厂与132厂,部队杜政委叫我们去找群众组织。132厂武装民兵连陆连长愿大力协助,叫我们拿出图纸来,他们可以加工赶造。又问可否用另外的炮代替,我们说能轰垮寨墙,什么炮都可以,最后,经他们勤务组决定,5月12日出动解放牌汽车二辆,载着23机关炮两门,单发的两门,145与147高射机枪各一架,弹药若干,由陆队长带领8名炮手同我们齐返中江……先进行试验,发现单发炮比连发的效果更好,又回成都拉来8门单发炮来,5月15日,发动太阳山总攻。凌晨,3发信号弹在天空一亮,枪炮齐响,只见炮弹像火老鸦直飞寨墙,燃起熊熊大火,寨墙还是不垮,李飚与袁同顺等人急了,抱起炸药包连续3次在同一地方爆破,才成功炸垮几公尺寨墙,其他人一拥而上,终于拔掉继光兵团这个重要堡垒,战斗从4月24日打响,到5月15日结束,在山上,只发现3具尸体,却有些坛子装着氯化钴制毒气用的毒物,败退时,他们来不及处理。继光兵团途中炸毁桥梁,逃往了乐至县城。乐至县造反派组织把他们全部缴械。我们赶到时,当地造反派要我们把继光兵团两千余人押解回中江,不知谁运来一车绳子,我们把这两千多人全部绑了……

---

15 吴华明,百货公司员工,1957年入职,背布匹赶乡镇贩卖。文革后被捕,服刑13年。

攻打太阳山的亲历者刘召贵[16]回忆：

这一仗，打了23天21夜，打得够残酷啊！死尸一个个拖下来，人就钻到死人堆里作战。有时，头一歪，就倒在死尸上睡着了。那时，打得我身上长了虱子，7805部队的耿副团长对我说，这战斗，比我在朝鲜打的仗还残酷，最凶不过比刺刀嘛！从成都拉来的那些炮，炮弹都打得快完了，132厂来支援的也有人牺牲了。不少时候，你派人去夜袭，他也派人来夜袭，混战到一团，分不清敌我，听到有人喊：受伤了！卫生员赶去包扎，一看，是对方的人，一梭子弹送他归天。有时，把氰氢类毒液装在瓶里，装入炮膛与炮弹打出去，什么也不管了。炮弹供不上，由川大学生在城里印刷厂自己制造，他们懂化学，造的炮弹，有的能打出去，有的炸了自己人。没办法，还是要打，在炮座旁挖个坑，一放了炮就跃入坑里隐蔽。继光兵团见我们冲上寨子，就把一束手榴弹拉响放在坛子里滚下来，很响，杀伤力不大。中江那土法赶制手榴弹，也炸死了不少制造者。打下了太阳山的堡垒，就在上面拚刺刀！上头的粮食储藏得几个月也吃不完。这一仗，参加战斗的几千人，要是拍成纪录片，不比斯大林格勒大血战逊色。

官史对这一次武斗的记录十分简洁：

1968年4月25日至5月15日，在中江县广福区太阳山一带，发生震惊全川的大型武斗。此次武斗是刘结挺、张西挺支持搞的所谓围剿"保守派"据点，激战21天，参加武斗的不仅是中江的两大派，而且有来自全川20个县3个市的武斗队，达数千人之多，不仅使用轻重武器，还使用了毒气弹，围攻对方，摧毁阵地，双方伤亡数百人。[17]

---

[16] 刘召贵，金堂县826派井冈山12.4战团司令。金堂建材厂退休厂长。
[17] 中国共产党绵阳历史（1949—1978）（第二卷），第四章十年"'文化大革命'的内乱"，见中华网（https://news.china.com/history/all/11025807/20160120/21227349_all.html）。

2. "第二中心"绝地反叛

中江文革在全川占比分量太轻,"三一五指示"在四川"第二中心"重庆催生的战事就麻烦多了。自前一年秋天"九五命令"下达,重庆两派的大规模武斗基本结束,但自3月18日重庆开始传达"三一五指示"至4月15日28天之内,据不完全统计,重庆发生较大规模武斗就达50余次,其中计有:

3月23日,重庆八一五派机校、石油校的武斗队,在八月内战最惨烈的大坪、杨家坪等地"戒严",拦截过往车辆实施强行检查,致使电车、汽车停驶。

3月24日,1967年两派血拼争夺的关键企业:生产常规武器的建设机床厂热战重开,死1人。八一五派率先抢占了厂区及周边高地。

3月25日,八月内战时期反到底派炮战基地江陵机器厂,遭遇八一五派主动冲击,抢走大批武器,部队制止无效,被迫开枪,死1人,伤6人。同日,重庆特殊钢厂两派开打,死10余人,反到底兵败撤离,全厂停产。次日,重钢三厂八一五拦截从江北方向开来的12辆运送大米的卡车及军队从川北达县拉回粮食的卡车10辆……

反到底得理不让人,在重钢三厂拦截粮车同日,他们占领市邮电局电讯大楼,致长报台、长话台、战备台停止工作。同日,嘉陵江南桥头两派武斗,死3人,冶金局大楼被烧毁。位于南桥头边的"特园"系著名的"民主之家",抗战时期曾接待过毛泽东、周恩来、董必武、王若飞等中共领袖和多位民主党派领袖。此战中被八一五武斗悍将六中"32111战斗团"攻占,撤退时焚烧传单资料引发火灾,致使"特园"主体建筑达观楼化为废墟。

面对迅速升级武斗,重庆警备区司令部于26日紧急召集重庆两派举行谈判并达成《立即全面停火、制止武斗的协议》。有号召力的头面人物已经全部封闭在北京学习班,草台班底匆促签署的协议仅具有象征意义而无约束力。当晚,八一五派即在"反到底工总司"所在地(团市委大院)对面的市革筹大院擦枪厉兵,准备进攻。

3月27日，八一五派拿下反到底派工总司、机关司令部及化工总部，打死2人，抓走数十人。同一天，八一五还拿下重庆邮电学院，迫使反到底撤离、重庆长安机器厂八一五冲击驻厂部队，抢劫部队武器。3月下旬，重钢炼焦炉因武斗停炉……

四月初渡，成都方面煽起的"倒谢"之风全川劲吹，重庆的政治穹顶有中央《重庆五条》的"金钟罩"保护，八一五派只管用枪杆子发言，与赢家对呛。4月5日，重庆市公安局两派在市局大楼武斗；4月10日，重庆綦江松藻矿区两派武斗致数百人受伤，数千人出逃；4月11日，重庆铁路分局九龙坡机务段两派武斗，成渝铁路一度中断；4月12日，重庆电力学校两派武斗，装有反到底广播喇叭的实习工厂烟囱被八一五炸塌，自备电厂被毁，学生宿舍6幢被烧；同日，江陵机器厂两派再战，死3人，反到底从装配车间抢走"三七"高炮弹三箱，手榴弹一箱。13日，两派于长江航运局开打，死2人，港口运输瘫痪；14日，两派在江陵机器厂再战，死2人；八一五从总装车间抢走子弹一卡车，抢走驻厂部队枪支10支；同处江北区的长安机器厂接连武斗两日，死3人，机器及厂房大损，全厂停产。至此，重庆水陆交通中断，市场粮食、煤炭供应极度紧张，重庆警备区不得不紧急派出军车运输队，突击抢运粮、煤等生活物资以保障市民基本生活……

按照八一五"革联会"班长陈万明的表述：

这次重庆武斗与1967年的八月相比，其特点第一是"参加的人数多，八一五派有团结起来做最后斗争的心理准备"；二是"人员伤亡大，一次武斗受伤上百人并不少见"，三是前一年武斗从拳头、钢钎到真枪实炮经历了两个多月的试探与升级，这次则一步到位，开场便是热兵器；四是本次武斗多以产业工人（特别是军工企业和大型企业）为核心和骨干，大中学生仅仅为二线辅助……八一五派形成了绝对优势"。深究其原因，则因"一个城市的大多数人受到了冤屈，那股怨气爆发出来足以排山倒海，雷霆万钧，公理、正义得不到申雪，怎么制止武斗？……重庆人民认为是中央首长'三一五指示'引发了武斗……重庆人骂娘声到处都听得见,有的指桑骂槐,有的甚至指名谩骂。反到底派一些人出来充当卫道士……想用武力把八一五派群众的怨气压下去,就此武斗升级为两派对立的全市性武斗。"

八一五派来京联络的人员自信地告慰困守北京学习班的陈万明:"你们放心,我们收拾反到底派那点儿人还是绰绰有余的。"

重庆周边专县的两派组织,因"三一五"刺激,政治赢家和输家亦纷纷武力相向,大打出手:

3月21日,江津红总(八二六观点)举行欢呼《三一五指示》游行,一举砸了"大联委"吊牌。"九七"派(八一五观点)则立即启封热兵器。双方拉开了武斗阵势;3月29日,潼南县造反司令部组织成员300余人抢走县武装部库存武器一批;3月31日、4月1日,重庆下川东地区八一五派唯一的据点云阳县,"拐派"两次抢夺县武装部枪支弹药,并在县农机厂、云安盐厂生产制造炸药,防御主力军派即将发起的武力行动……

遍地开花的武装暴力被《三一五指示》激活,如果再得到重庆军工生产基地的武器支持,周恩来在"三一五讲话"中宣布的川省新政权预期"三月份搞不起来,四月份总会搞起来,一推动就解决了"只能泡汤。失控的现实让高层决策者不能不对形势予以重估。

就在八县一市正式对中江"继光兵团"发起总攻的前夕,4月23日,张国华携刘结挺,由54军军长韦统泰、政委蓝亦农陪同,在京西宾馆召见八一五派在京学习的代表座谈"重庆形势",张国华称"重庆问题严重一点,还有南充。当然不是说成都就没有问题了,要改变才好,不是没问题啰。我昨天给总理打了个电话,重庆在向坏的方面发展,是很不好的,出的问题严重,不是孤立的现象,后面是有坏人挑拨,制造事端,挑动两大派对立。"

重庆八一五代表虚与委蛇,公事公办地大谈学习了《三一五指示》,"后悔不该响应红成打刘、张,我们已经改正了,不打刘、张了,但绝口不说"打刘、张就是为李、廖翻案,为刘、邓复辟的话。[18]"

---

18 陈万明:《亲历继续革命的实践》(自印本)"张国华召开座谈会制止重庆武

第九章 "新生红色政权"的强力催产

至于重庆发生了武斗,一个个则装聋作哑,只听说重庆在传达《三一五指示》后发生了武斗,但不知道情况。"我们就想不通了,《三一五指示》既然都纠正革命的大方向了,怎么还在武斗?这说不过去呀!为什么不把挑拨的坏人抓出来呢?也太手软了!"

张国华顾左右而言他,企图转弯抹角引入正题:"我们前天在万县发现一个特务,叫段海洲,又叫洛文,万县政协副秘书长,是个大特务,昨天已经逮回来了,是邓小平保下来的。"刘结挺顺杆爬,提示"这个人是青年总队的,国民党的武装特务,在华北杀人很多。"张国华再前进:"发现后报中央,中央也知道这个人,中央叫逮捕了。重庆有王明的妹夫,找到他,把他暂时关起来。康老说,重庆黑手很多,就是没抓出来,这是有根据的。"刘结挺再跟进:"南岸区那个区长就是叛徒。1958年初,杨尚昆来吃顿饭就把赵文刚的右派帽子摘了。"张国华再提:"去年12月12日至18日的会是反动的。"刘结挺再跟:"这个会是人家先串联好了,再由(重庆)公安总部去主持的。"这些坏人是何方妖孽?从何而来?往何而去?听者全都心不在焉,对真、假、善、恶全然无感,张国华只得直接甩出好言语安抚:"八一五是革命群众组织,犯了错误嘛,改正就好了。一定要坚决改,改了就好,《五条》上写了的。有错误,当然要做工作啰,要批评,都是阶级弟兄,是同志。"最后,张国华披露了一条要命信息:"提出打倒谢家祥是错误的,省革筹没有这个意见,我们是表了态的。对谢家祥同志有意见,可以提,需要做检查也可以检查,但是内部问题,这是很明确的。"[19]

第二天,四川班重庆组领导、54军副军长白斌向八一五代表证实周恩来的这一指示:

> 我现在向你们传达周总理对学习班的一个重要指示。宋维栻副主任[20]说,要原原本本传达。

斗"一节。
19　陈万明:《亲历继续革命的实践》(自印本)"张国华召开座谈会制止重庆武斗"一节。
20　宋维栻时任解放军政治学院政委、中央学习班办公室副主任。

周总理办公室电话说：总理看到了红成斗私批修的材料，说"听到红成斗私，通过谢家祥的问题，上面涉及梁兴初，下面涉及54军，这样不好，不能这样做。这样不利于大联合，不利于三结合，不利于大批判，不利于团结，不利于革命委员会的建立。红成对他们有意见可以提，也可以向上面反映，不要在会议上讲。"

白斌说，总理指示精神，军内问题，不要向社会上扩散。[21]

两番讲话都说到一个名字："谢家祥"，其实也即这个名字所指代的54军。八一五打刘、张的全过程都是在这支野战军的支持下进行的，照《必胜》一文的说法，这支"林副统帅"的嫡系铁军，是"毛主席手中的一柄倚天长剑"，是"四川文化大革命的中流砥柱"，"英雄的五十四军巍然屹立四川，这是一切国内外反动派妄图把四川作为中国反革命复辟基地的最大障碍！"八一五派敢于挑战刘、张，完全因为有这个"护法神"的存在。"三一五"廷杖将54军也不客气地打了一顿板子，在八一五群众眼里，54军已没有说服力了，面对政治现实，他们只能自己干了，哪怕拼个鱼死网破也在所不惜。

重庆局势的稳定必须依靠54军。最有效的办法，就是对54军重新赋予脸面，由他们去驯服八一五这头犟牛。

第四节 "四二七指示"：对54军紧急安抚

1968年4月27日，《三一五指示》发布后第43天，周恩来以降，陈伯达、康生、江青、张春桥、姚文元、谢富治、黄永胜、吴法宪、叶群、汪东兴等中央领导，再次在人民大会堂接见四川省革筹、成都军区、50军、54军的领导张国华、梁兴初、刘结挺、谢家祥、张西挺、郑志士、曲竞济、韦统泰、蓝亦农、董占林、梁大门、胡俊

---

21 陈万明：《亲历继续革命的实践》（自印本）"张国华召开座谈会制止重庆武斗"一节。

人、张示心、王明德、李慰华、李富元、汪永富等四川军政领导人。李大章也奉命参加。

与《三一五指示》相较，两次接见的时长相若，都是4小时左右（3月15日从20时进行至24时30分。4月27日从20时进行至24时25分）。再看传达稿，《三一五指示》文字记录稿，剔除张国华汇报内容，中央首长的指示、插话近8000字；同样，4月27日接见文字记录稿剔除重庆市革筹主任蓝亦农等人汇报，中央首长的指示、插话约9000字，两者几乎相等。这次接见讲话史称"四二七指示"。

对两次指示作比对，首先是话风大变，对成都八二六、重庆反到底掀起的"倒谢"浪潮明确作了批评；对54军领导人及成都军区副政委谢家祥则大加安抚，甚至当场下令将在54军内部造反的副营长黄富成抓起来，等等。只是没有上纲上线、扯上为刘、邓、李、廖翻案一类。

其次，《三一五指示》传达文字稿发话人姓甚名谁清清楚楚，这次不一样，除了被接见人，其余均统称"中央首长"。文革研究者何蜀其时也属于川内造反派群众，据他回忆，当时听传达是有讲话人姓名的，比如江青说了辛易之"滑头滑脑"，这就导致辛易之失去入阁可能——发话者谁，大家都有印象，尤其江青讲话之"杨尚昆的亲戚没有一个好的""重庆武斗可以练习"一类信口开河，在巴蜀百姓舆情中一度广遭诟病。正式下发的记录一律不记发话人名，统一以"中央首长"示人。

第三，《三一五指示》由四川省革筹和成都军区联合印发的正式传达文件，而"四二七指示"却没有发布官方正式传达文件，只有八一五派群众组织未标来源出处的翻印件。两者等级之差别明显，首先是不想让听众发觉后者否定前者之逻辑混乱，其次则确保前者所定原则之正确无误。两则级别不等的讲话互补，足见操盘手对造反民众玩弄政治工具之无奈矣！

下面亦将该"指示"摘要以作简要复盘：

"中央首长"首先点明主题："想听听54军同志的意见"，54军政委、重庆市革筹主任蓝亦农开始汇报,劈头便一番沉痛检讨:"我们犯了错误,很惭愧,对不起党中央。"

蓝姿态极为低下,"中央首长"马上安抚:"上次会议(指3月15日),我炮轰了你们,我放的可能是空炮,不要怕,不像重庆那样打了一万多发真炮。"

又一"中央首长"安抚:"是警钟嘛,是爱护。"

自4月24日54军副军长白斌向重庆组传达周恩来指示可知,蓝亦农等54军诸将领应该已摸到北京底细,不过为表白心迹诚恳,故而汇报过程一路谦恭卑微,姿态低得越发可怜,"中央首长"也就越发宽宏大量,大表高层温情。

蓝亦农汇报"二月镇反"错误,"中央首长"安抚:"是甘渭汉的命令嘛,是韦杰、甘渭汉的命令嘛,你们怎么能顶得住?不能完全怪你们。"韦统泰接着还要说"二月镇反",不知哪位"中央首长"干脆打起抱不平来:"你们就是不敢提甘渭汉。我看你蓝亦农总是说军区某个领导人,是老军区,还是现在的军区?就是甘渭汉搞的嘛,这与'八一五'没关系。'八一五'不负责任的,是甘渭汉搞的,还有个杨刚[22]。应该解决这个问题,给'八一五'把包袱卸了。"韦统泰继续说"'二月镇反'我们应负的责任",不知哪位"中央首长"简直就有点不耐烦了:"你们这样讲,把矛头对着你们自己了,你们怎么担当得了?"

接下来某"中央首长"明确宣布:"过去你们压'反到底'是不对的,现在你们(指支持反到底)再去压'八一五',同样要犯错误,要上敌人的当。""中央首长"指令:刘、张给'反到底'解释,叫他们不要怪'八一五'。"

有了如此氛围,蓝亦农的汇报愈顺当:

(当蓝亦农汇报到54军进行工作有困难,和"打倒谢家祥,揪出谢家祥的难兄难弟""抓小爬虫、小虫卵"时)

---

22 杨刚,原四川省公安厅副厅长。"二月镇反"期间,领成都军区之命,前往重庆督阵"镇反"运动。

第九章 "新生红色政权"的强力催产

中央首长：是"八二六""兵团"吗？（蓝：主要是军队的少数人）

中央首长：矛头应该对准黄、郭、甘，为什么对着你们呢？

张国华：军区机关也有个别"积极分子"，"二月镇反"是积极分子，打刘、张是积极分子，这次倒谢家祥也是积极分子。

中央首长：你们在两派后面发现坏人没有？发现黑后台没有？你们在那里这么久，摸清楚了吗？能不能搞出几个出来？任白戈是关着吧？他老婆、孩子有活动吗？（张西挺：关的不严，还自己出来打饭）

（当韦统泰提到3月18日后坏人又挑起武斗时）中央首长：总有个原因吧，是不是《三一五指示》闯祸了？敌人是待机的。

中央首长：过去放松了敌情，矛头不对。所以造成现在这样的结果。你们好好想一想，重庆乱透了，坏人出来了，现在是对敌情了解的问题了。

中央首长：学习班军队的个别人跳出来了。

（当蓝亦农谈到"思想通了"时）

中央首长：（笑）你们通了？

中央首长：这是一件好事嘛！

中央首长：两派都是革命群众组织。两派里都有坏人，有幕后指挥的，还有黑手。你们没有把这个问题当成第一位，实际上坏人在两派都钻进去了。现在大家要把矛头对准敌人，不能对群众。重庆是解决问题的时候了。不能再拖了。

中央首长：成都好一些，现在交枪了，重庆还在抢枪。你们到重庆，刘、张多给反到底讲，梁（兴初）多给八一五讲，把矛头对准敌人，要下功夫，多做工作。

中央首长：打刘、张是打自己人，倒谢家祥也是打自己人，都是打自己人。

谢家祥问题自然是重头戏。谢家祥本人和蓝亦农一样，取低姿态以退为进，大打悲情牌，效果不错：

中央首长：军队要专门开个会，讲清楚，打倒谢家祥是根本错误的。

中央首长：（当谈到有人说54军是刘少奇的兵，是黑部队时）说54军是刘少奇的兵，是黑部队，尤其是错误的，要顶回去。

中央首长：坚决顶回去！

中央首长：我们是毛主席的部队。

中央首长：（对谢家祥）过去说了错话，检讨了就好了。（谢：我检讨的还不够，还要继续检讨）

中央首长：（当谈到学习班军队组有人布置"打倒谢家祥"时）这就不像话了。

中央首长：军委不是有命令？不准搞"四大"。已下过两次命令了。

中央首长：为什么不执行命令？你们要顶住嘛！

中央首长：把矛头指向谢家祥就是错误的。

中央首长：你们敌情观念不强，你们几个人没有好好研究敌情，自己打自己，人家一个个地整你们，对"中央文革"也是这样的，也是一个个整嘛！

中央首长：（当谈到学习班办公室在军队组布置"倒谢家祥"情况时）办公室副主任是谁？（答：李宗白。自贡武装部长，革委会副主任）

再捅下去就该捅到学习班主任刘结挺了。谢家祥马上替李宗白说情："李在'二月镇反'是顶了的，是比较好的。"

谢家祥的高风格让"中央首长"释然，于是宽厚叹息："他（李宗白）就上了当了。"

而不知哪位"中央首长"接着指责一句："学习班大方向有问题。"

又不知哪位"中央首长"认真训诫：

"你们学习班要接受教训。开始让刘结挺当组长就通不过，现在又揪谢家祥。""没有贯彻中央指示。""我看你们几位没有敌情观念，现在人家一个个地打你们。"最后不知哪位"中央首长"总结了："你

第九章 "新生红色政权"的强力催产

们不站在一起,就是不行。"

事情进行到最后时段,轮到把那几个名不见经传的反谢"小东西"拎出来痛揣。

(当谈到军区机关有个别人到部队了解三一五指示教育,要师揭发军时)中央首长:挑拨离间,对这种人,要是我的话,不仅顶回去,而且把他扣起来。

(当谈到军队有三人[23]擅自离队来京时)中央首长:那不是开小差吗?是违犯军纪的,那还行吗?军队还打仗不打仗?

中央首长:这就是搞"四大"嘛!

中央首长:刚才那位同志谈你们副营长[24]的问题……你们为什么不反过来抓他一下,擅离职守,跑了九个月,你们为什么不严格处理呢?完全可以开除军籍,限他多少天回来,不归队就开除军籍……我看你们就是软弱。把纪律放在什么地方去了?黄富成应开除军籍。

中央首长:什么人支持?谁让他到北京来的?

中央首长:你们学习班谁负责?(答:刘结挺同志)你对此事知道不知道?刘结挺同志你们要开个会,对这个问题要表态。

中央首长:总长在这里,那还了得?还能打仗吗?

中央首长:谁怂恿那个副营长,这个问题就大了。

中央首长:你们要抓一下学习班,有坏人伸向军队。他搞你们的"四大",为什么你们不可以搞他的"四大"呢?一个副营长可以搞你们的四大,你师政委就不可以搞他的"四大"?不但是"四大",而且还有纪律的问题。他们可能有后台的。把他们三人端出来,后台就会出来了。不准串连,他们搞串连。我们怎么能培养这样的人呢?把人民解放军搞成什么样子呢?把我们人民解放军的军纪放到什么地方去呢?你们自己就很软弱。

中央首长:那三个人不能放在学习班。

中央首长:不能让他们跑掉了。

---

23 指黄富成等3位军人,事实是接学习班通知来京的。
24 指黄富成。

中央首长：把那三个人马上找来。（有人说，他们不会来）

中央首长：送卫戍区处理。

中央首长：今天晚上就把他们三个人的问题解决了。这就看你们军区的纪律了。（有人说：他们不会听的）不听就把他们逮捕起来。

中央首长：军队是打仗的，没有纪律怎么能行呢？张、梁拿出点权威来。

归根结底，汇总至于主题，"中央首长"训诫："我一听到学习班打倒谢家祥，我就说怎么行呢？军队学习班打倒谢家祥是根本错误的。"继而再好言劝慰54军不要灰溜溜：

中央首长：54军的同志不要灰溜溜的，不要什么都往自己身上担，给人民解放军抹黑。替甘渭汉他们那些人担什么？

中央首长：该担的就要担，不该担的就不担，原则问题要坚持。

中央首长：54军不要灰溜溜的，你们太软弱了，好像缴了械似的。

中央首长：不要感到灰溜溜的，不能这样子。

中央首长：听说54军师的同志来开会，完了要回去……我们不放心，所以把你们留下。你们承认三个错误是好的，但不能灰溜溜。

把"四二七指示"和《三一五指示》的内涵与风格对照，反差何其大也！这一回合，谁也别想自作主张，统统得乖乖按"中央首长"指挥棒起舞，抓紧把"新政权"建立起来。"四二七指示"直到过了十多天，5月11日才正式传达。对于红成八一五来说，风声早已吹出，没什么值得兴奋的。八二六派虽然不开心，也懂得必须接受。

京城"四川学习班"所在的解放军政治学院位于玉泉路，当街隔着一道长长的铸铁围栏。每天晚饭后，两派头头和来自家乡的"交通员"都会在约定俗认的地段隔着栏杆交流信息、商量对策：此行为彼此互不干涉，绝无告密揭发之举，只是愉快而无奈地将此违规行为戏称为"探监"。翻越栏杆也极其容易，有些铸铁栏杆干脆就被学员悄悄砸断，轻轻一提便穿栏而出。无论心情好与不好，代表们都有机会溜出来去京城闲逛，把公园名胜游扫个遍。学习班有人传闻，说京西有个潭柘寺,乃京城发祥之地,"没去过潭柘寺等于没到过北京",该古寺地处偏远,学员们也接二连三、牵四挂五地去旅游了一遍。

《三一五指示》传达后,两派中的一些人都已暂时的丧失了斗志,但想法是各不同的。八一五派怨天尤人,认为中央首长处事不公,在这样的背景下,遵守纪律,增强斗志还有什么意义?每天有不少人翻墙出入去逛北京城,以减轻政治压力。反到底派则认为跟随刘结挺、张西挺正确了,只等分胜利果实了,乘此也去北京城里逍遥几天。[25]

"四二七"之后,踰栏旅游之风更甚。受捧者和受杖者都已没有太多兴奋与沮丧,反正北京叫咋干就咋干。笔者当时在重大八一五驻京办事处,就陪几个翻墙外出的头头学员去天津塘沽海边戏水访渔,兴致盎然游玩三天方才重回学习班继续"斗私批修"。

第五节 四川省革委会的组阁与成立

戴上"精神镣铐",群众代表老实多了。"四二七"指示再次强调革委会建立的紧迫性,指出"两派都是革命群众组织。两派里都有坏人,有幕后指挥的,还有黑手。你们没有把这个问题当成第一位,实际上坏人在两派都钻进去了。现在大家要把矛头对准敌人,不能对群众……是解决问题的时候了。不能再拖了!""坏人"是个说不清道不明的大口袋,谁不听话谁就可能被当作政治渣滓扔进去。如今学习班代表只能规规矩矩按上峰指示行事,不敢越雷池一步,充其量就谁该入阁?谁该"发扬风格"放弃爵位?关起门争吵一番,一切便云淡风轻了。

四川省革委,包括成都市革委的组阁比较顺利。红成派政治上已

---

25 陈万明:《亲历继续革命的实践》(自印本)。

输得精光，前台的学生领袖，"幕后"的老干部史立言[26]、苗逢澍[27]之流，统统成了"右倾翻案""错误路线""二月逆流"的"坏头头""黑干将"。5月13日，北京学习班专门召开大会，让红成派"坏头头"：成都工学院的石福全、四川师范学院的刘国选等一一上台"斗私批修""检查交待"。红成派的"成电东方红战团"有一位色彩相对温和的学生领袖蔡文彬，为红成保留了一点颜面。

文革学者徐友渔其时系成都一中"中红成"领袖，与"大红成"多有交接。几十年后谈及旧时印象，他如是评价蔡文彬："他是造反派里面的政策派，从不乱来。""他在造反派里面不是主流，但他做事比较有头脑会分析。"[28]尤其是蔡文彬曾经反对公开提刘、张的口号。四川师范学院刘国选在5月13日的检讨会上承认，来京前红成总部商定代表人选"我们排斥了蔡文斌同志，认为蔡文斌同志不支持我们打刘、张是右倾。在红成总部勤务组蔡文斌同志是受排挤的，不给工作，不给文件看，有问题，不汇报，实际上是什么事情也不知道。这次到学习班，警司是决定通知他去的，而我们却借口他要抓总部工作，留下来不让去。我们的思想是怕到北京思想不统一，内部闹分歧就糟了，所以千方百计不让蔡去"，故而《三一五指示》有记，"当张国华说到蔡文斌情况时，谢富治马上宣布：'让蔡文斌来（学习班）'"陈伯达的命令更痛快："坐飞机来！"

5月26日四川省革筹、成都军区向毛泽东、林彪、中共中央呈报了关于成立四川省革命委员会的请示报告。5月28日，中共中央、国务院、中央军委、中央文革小组发出中发（68）75号文件，批准成立四川省革命委员会，张国华任主任。李大章、梁兴初、刘结挺、

26　史立言（1921-2007）山西省兴县人，1937年参加革命并入中共，南下入川后历任成都市团委副书记，省委办公厅秘书，省委农工部处长、办公室主任，西南局副秘书长等职。曾任李井泉秘书，1994年离休。

27　苗逢澍，山西垣县人，生于1916年，1937年参加中共，1949年随军南下入川，先后任西康省党委委员兼康定地委书记等职，文革前任四川省委组织部常务副部长，曾参与李井泉整肃刘、张的专案组，任副组长（省委监委书记梁岐山为组长）。

28　《周伦佐采访徐友渔》记录稿（2011年1月16日）。

第九章 "新生红色政权"的强力催产

天宝、张西挺、徐驰、邓兴国、江海云、王恒霖、彭家治、张泗洲、冯玉德、蔡文彬、杨志诚、但坤蓉任副主任。晚 8 点 45 分到 10 点 50 分，周恩来、陈伯达、康生、江青等中央领导人接见四川班全体学员，宣布中央批准成立四川省革命委员会的指示。5 月 31 日，成都市人民南路广场召开有 100 多万人参加的群众大会，宣告四川省革命委员会正式成立。6 月 2 日，《人民日报》《解放军报》发表祝贺社论《七千万四川人民在前进——热烈欢呼四川省革命委员会成立》

袁庭栋先生这样回忆四川省革委成立时的开心之情：

> 在省市革命委员会的三结合成员中，"八二六派"和支持、同情"八二六派"的成员占了明显的、甚至可以说是压倒的优势。以四川省革命委员会为例，在干部中，支持"八二六派"的李大章、天宝，还有刘结挺、张西挺都是副主任；在群众代表中，川大的江海云是副主任，游寿兴是常委，"兵团"的邓兴国、冯玉德是副主任，还有石油战线的劳动模范彭家治、农业战线的劳动模范张泗洲、知青代表但坤蓉，也都是"八二六派"；在副主任中，"红成派"只有两人。重要的是，从"红成派"造反出来加入"八二六派"、被"红成派"斥为"叛徒"的"红卫东新总部"负责人王恒霖是副主任，"红成新总部"负责人袁正蓉[29]是常委。当时我就听说过，全省各地革委会中的群众代表的总比例是"八二六派"占四分之三，"红成派"占四分之一。所以，用当时的派性语言说，我们是"大获全胜"。[30]

在中央文件批准的 16 名副主任中，值得瞩目的是李大章，排名第一，位处梁兴初、刘结挺、张西挺等人之前。李大章"二月镇反"时曾莫名其妙蒙冤入狱，就感情而言，更容易和"八二六"靠近，只

---

29 "红成新总部"于 1967 年 12 月 30 日成立。据 1968 年 5 月 30 日出版的《新红成》红十二号刊登的《红成（新）总部的胜利——红成（新）总部斗争史简况》第一部分说明，红成（新）宗旨是"在红十条下达以后，广大红成战士迫切地希望与兵团、八二六战友在革命的原则基础上联合起来。迫切地希望不折不扣地贯彻执行《红十条》，把四川的文化大革命进行到底。"负责人是川医"九一五炮轰团"的女生袁正蓉。
30 袁庭栋《小草春秋》，下册，页 178。

是作为中共元老级老官僚,饱经历练,我们很快就会看到,他绝不可能成为群众派系的附庸。

文革流行一句话:革命是无产阶级的盛大节日。为筹办这一大喜事,由"川大八二六"策划牵头、由省歌舞团和成都军区战旗文工团八二六派负责编导、由成都市八二六派联合组成文艺团队排练、演出了一台大型歌舞节目《四川很有希望》——"四川很有希望"是《人民日报》和《解放军报》祝贺四川省革委成立社论《七千万四川人民在前进》中公布的一则毛泽东"最高指示",公布前坊间早有流传,故被恭奉为剧名。文革前曾有大型音乐舞蹈史诗《东方红》风靡全国,《四川很有希望》见样学样,按四川文革各政治时段加以克隆。歌舞凡六幕:曰《造反有理》、曰《一月风暴》、曰《飞雪迎春》、曰《伟大长城》、曰《为红色政权而战》、曰《革命委员会好》。大型歌舞在气势恢宏的锦江大礼堂首演,张国华、梁兴初等省、市领导和部队领导出席观看,赢得满堂喝彩。四川人民广播电台、成都人民广播电台录播了整台节目歌曲,中央人民广播电台亦播出了多首主题歌曲,峨眉电影制片厂对其中的精彩片段拍摄记录,接下来继续进行公演并赴专县巡演近百场。演出台本、全部歌曲及多祯剧照集印成书,由"川大八二六"出版。其中以彝族、藏族和羌族风格创作的歌曲《金色的葫芦笙金色的歌》《洁白的哈达》和《岷山飞出金凤凰》[31]最为脍炙人口。时过多年,说起四川"新生红色政权"诞降之热闹,八二六派学生还能自豪地哼唱当年旧调:

> 金色的葫芦笙金色的歌
> 一人唱来万人和
> 凉山九十九个火把节哟
> 比不上今天多快活,
> 比不上今天多快活,多快活,多快活

这样的节目当然不可能带有严重派性色彩。《三一五指示》多次

---

31 由川大中文系学生姚衡作词,四川音乐学院老师谱曲。

第九章 "新生红色政权"的强力催产

对重庆反到底派点名赞扬,故而《四川很有希望》第五幕《为红色政权而战》,专门编排了歌颂重庆反到底的内容,标志性歌曲是《完蛋就完蛋》,几个"叛徒、特务、小爬虫"以鬼鬼祟祟的舞步出场,在大字报棚中刷出"打倒刘、张""要李井泉,不要十条"的大标语,然后是反到底"捍卫《红十条》广播站"开始广播批判"打刘、张"口号,不幸遭退至台角的"叛、特、爬"枪击,电喇叭被打哑,男广播员拿起纸话筒继续广播,遭枪击受伤,女广播员接过话筒续播,又中弹重伤,她挣扎着摘下手臂上的红袖章珍重嘱托:"请带给江青同志,我《红十条》派战士永远忠于毛主席!"随后便是一段歌舞,歌词曰:"完蛋就完蛋!反到底战士钢铁汉,心最红,志最坚,打不垮,压不弯!热血染山城,日月换新天!为《红十条》而战,完蛋就完蛋!为毛主席而战,完蛋就完蛋!"

接下来还有一小段《纸船明烛照天烧》,创意则直接取自《三一五指示》,周恩来指责八一五不把李井泉交给反到底斗,同时赞扬反到底做了个纸人批斗烧掉,说这叫"纸船明烛照天烧"。舞台上一队反到底战士押着李井泉纸人边歌边舞,很是豪迈,歌曰:"山城炮声隆,长江浪滔滔。战恶风,闯险道,抗逆流,迎惊涛,天可动,地可摇,忠于毛主席不动摇。嘉陵两岸硝烟浓,反到底大旗迎风飘……第二段歌词以"天可动,地可摇,革命大方向不动摇!反到底怒批李廖任,纸船明烛照天烧!"

作为彻底的政治宣传节目,《三一五指示》和《四二七指示》必不可少。歌舞小段《毛主席司令部发出战斗号令》开启:中央首长"两大指示"首先在天幕上金光闪闪,接着歌舞:《打倒黑干将,粉碎右倾翻案风》,"兵团""八二六""重庆反到底""宜宾方面军""南充反逆流指挥部""隆昌革委会"等所有品牌的《红十条》组织和解放军一体出场,揪出"叛徒、特务、国民党残渣余孽"……

为纪念得手的巨大喜悦,四川大学的"八二六"学子,还集本校文革大字报和文稿等,编印了一册《八二六文选》,版式高仿《毛泽东选集》,江海云仅630字的大字报《章添,你在干啥?》赫然在书。另外,热情洋溢的大学生还恭集中央文革小组组长陈伯达文稿若干,编印了一册《陈伯达文选》。近年有研究者网上发文称,川大编印的《陈伯达文选》是全国所见收集陈伯达单篇文章最多的陈氏文选。

第六节　重庆不快活

1. 一波三折

如果成都方面(包括四川其他八二六派占优地区)革委会组阁与成立顺水顺风,快活如"九十九个火把节",重庆市(包括其他八一五势力占优的地区)革委会组阁和成立则大费周章,一波三折,没办法快活。

歧义最大在市革委的人员配置。掌握实权的主任、副主任依旧是蓝(亦农)白(斌),在反到底看来,这样的重庆市革委不过是他们一直想砸烂的市革筹招牌换记而已。蓝白二人是《红五条》批准的革筹组组长、副组长,反《红五条》等同反中央,无计可解;其次,《三一五指示》下达之初,反到底欣喜若狂,驻京学习班代表一度宣称,说八一五错完了,没资格进入革委会;一些八一五代表亦自认为在革委会可能只能占三到四成。没承想接着来了个"四二七讲话",对八一五如注强心针,有这般好机会,焉能不再争一回?八一五坚决要求两派数量对等。反到底能快活起来吗?

身处北京的头头低头了,远在重庆的民众依旧迷失在《三一五讲话》的亢奋中。5月26日,"反到底二十五中兵团"在解放碑旁贴出大标语:打倒反动的"对等论",要革委会,不要"政协"!

5月27日,反到底"重大井冈山""建院井冈山"在市区门户上清寺贴出大标语:无产阶级必须压倒资产阶级,打倒反革命的"对等论"!

5月28日,"军工井冈山长江兵团永卫东战斗队"在南岸区红旗街,继而"军工井冈山总部""四十一中反到底""二轻雄狮"等组织均在市中区张贴相同内容的标语。

毛泽东决心已下，绝不容乱局继续，一切服从快速成立革委会，双方都不得胡闹。"四二七指示"宣谕："过去你们（指八一五）压反到底是不对的，现在你们（指反到底）如果再去压八一五，同样要犯错误，要上敌人的当。""两派里都有坏人，有幕后指挥的，还有黑手。你们没有把这个问题当成第一位，实际上坏人在两派都钻进去了。现在大家要把矛头对准敌人，不能对群众。重庆是解决问题的时候了。不能再拖了"，否则就揪坏人。"坏人"可是根据权力需要任意指认的，何人敢于抗拒？

5月20日，重庆两派代表受命到政治学院礼堂听省革筹领导训话。张国华、蓝亦农、张西挺、刘结挺、梁兴初分别发表演说，口径高度一致。张政委开门见山宣告宗旨："今天我们省革筹同志来和大家见面，来意大家很清楚了。就是要重庆两大派联合起来，团结起来，共同对敌，促进你们尽快成立革命委员会。""中央两次接见我们，电话就更多了，我就接到三、四次，还有秘书接的。我们和梁司令员在五一观礼，总理也讲，'该解决了'。同志们，我们要问一下，该不该解决了？"

众人齐呼："该！"张国华心情大悦，宣布"我们心情是一致的"，接下来力推"稀泥原则"，宣布两派皆犯了错误：

八一五一段时间犯了方向、路线错误，这是上了敌人的当，总的来说，八一五已经改过来了，八一五批判《大局已定，八一五必胜》这个文章，你们给了我两张，这就好嘛。反到底应正确对待八一五，八一五改正了错误，应热烈欢迎。不应当扭住不放，这不符合主席思想，刚才我讲反到底同志在"倒谢家祥"问题上，在对54军态度问题上，也是有错误的，八一五也不要抓住不放。我这个说法，可能有的人要说我在这里和稀泥。这是原则，我们要坚持这个原则。这个很重要。说什么你是国民党，我是共产党，那就更错了。那是指的走资派、叛徒、特务、帝国主义等等，他们代表资产阶级的代表国民党，我们是和他们斗争，怎么能说两派革命组织一派是国民党，一派是共产党？这是认识问题，要好好学习主席著作，改过来。

双方之错皆源于立场极端，只有停止争斗方能回归棋局平衡。过去事到此为止，当务之急就一样：尽快成立革委会。蓝亦农讲话重点强调成立市革委之紧迫：

"三一五""四二七"指示都讲了，重庆形势大好，该解决的时候了。要督促我们成立革命委员会，要重庆和四川省同时成立。（张政委插话：昨晚又打电话，不能再拖了。）

……建立重庆革委会，我们有个初步意见（按名额、比例、条件等），希望你们两派组织和市革筹合作，革命干部也和市革筹合作，紧跟主席战略部署，要当成大事来抓。

八一五学员陈万明回忆：

蓝亦农政委详细介绍了重庆市革命委员会的方案设想。委员的人数120人至130人，常委29人。其中革命领导干部代表占12%；解放军的代表占26%；革命群众的代表占百分之62%。留适当的机动名额出来。重庆是工业城市，工人代表要占多数，占百分之32%，其他占30%，包括学生、农民和其他代表。

军队代表由重庆部队自己去协商，经过省革筹组和成都军区党委批准。革命领导干部不是哪一派革命群众组织的干部，八一五派不能说哪一个干部是支持八一五派的，我就结合他，支持反到底派的就不同意。干部问题，我们一定要按无产阶级的党性办事，不能按派性办。

至于干部入阁，按省革委组阁的原则"先解放，后亮相"，即干部"解放"在先，然后告之群众即可，上级一锤定音，少了很多麻烦。结合进重庆市革委的主要干部是鲁大东、岳林等，这样干部问题不再是市革委组阁障碍，就难度和工作量，麻烦还在于群众代表。蓝亦农宣布的方案是，两派群众组织进革委会的名额相等，各派自主推荐本派名单交上级审批定谳，以此化解相互攻击扯皮的矛盾。

深广的社会动乱、危机（尤其战争），总是替乱世豪杰的种子勃

第九章 "新生红色政权"的强力催产

勃生长深翻了一遍板结的土地,所谓群雄竞位,其上难决,此决策效率之悖困也。重庆大乱远甚于成都,张国华、蓝亦农等定立的两派自理门户的完美预案,依旧遭遇了重重困难。

先说反到底。豪杰济济的代表之中,无基本队伍、但名气超大的黄廉,被其所属"造反军总部"提名进省革委当副主任,实力强大的"军工井冈山"则认为他只能进省革委当委员,其他总部干脆不赞同黄进省革委,甚至连市革委也不能进。六大总部经协商,考虑黄廉毕竟是社会上有影响人士,为顾全大局,同意推荐黄进省革委当个委员。事情到此应结束了。

不料某日,"军工井冈山"一把手李木森被 54 军白斌召去告知一惊人信息,说省革委成立报告送毛泽东批示,毛在上报的名单没看到重庆黄廉的名字,"他老人家"虽然只这么问了一声,没表什么具体意见,可在当时的政治氛围下,此事定含天大隐喻,周恩来赶紧告诉了四川省、重庆市革筹组,省、市革筹组做专门研究,所有上报革委会的成立报告都需附常委名单。黄廉仅为省革委委员,所以毛泽东没见到,这次成立重庆市革委会,必须安排黄廉作副主任,以让"老人家"看到黄廉的名字而圣心愉悦。黄廉一人占了两个名额,省革委委员、市革委副主任,反到底派在省革委就少了一个名额,免不了心有耿耿。

实力派人物、"猛虎团"的团长邱开全也遇到了麻烦。"猛虎团"乃"武斗之花",不仅在重庆名气大,而且还"出征"江津、泸州诸地,颇多威名,如此铁心卖力之徒,在市革委当个委员实至名归。孰料名单报上不久,李木森又被白斌约谈,通报说"邱开全是一个双手沾满鲜血的武斗干将,八一五派坚决反对邱开全进入市革委,市革筹和我们军部掌握了不少邱开全的材料,希望反到底派自己研究,把邱开全换成其他人为好,如果你们硬要把他报上来,我们也一定要把他的名字划掉,我们也要求八一五派不要报阳增太,阳增太也是武斗干将嘛!八一五派就在内部统一了认识,不报阳增太,另报了其他人。你们也研究研究吧!"反到底派六大总部在京勤务员研究后决定,偏与白斌对着干,就是要把邱开全报上去。名单报上去后,不出所料,邱开全的名字还是被划掉了。反到底派在省、市革委会中的名额就这样少了两个。

八一五也遇到难题，就是三个人的安排问题，第一个是熊代富。八一五临时勤务组拟推熊担任市革委副主任，但有人提出，他被砸派抓去受伤后就再没有为八一五派服务了。经过辩论，统一了认识，认为熊在革联会期间担任过副主任，在这个岗位上做了努力，他身体受到摧残，被迫失去了直接为八一五派服务的一切可能，这是熊代富本人所不愿意的。若出任重庆市革委会副主任，反到底眼中的'熊革联'变成了'熊革委'，其政治意义不可估量。最后，一致同意推荐熊代富担任市革委副主任。

第二个是周家喻。临时勤务组拟推周担任省革委常委，五月二十一日晚上，白斌传达上面不同意周家喻担任省革委会常委，理由是武斗问题，说他是"八一五文攻武卫总司令部"政委。临时勤务组认为周能说会道，是到省里去当"刺头"的好人选，于是，决定和省革筹"个别人"干到底，坚决推周当省革委常委。后来，省革筹"个别人"收回成命，周顺利当上省革委常委。

第三个是阳增太。阳也是武斗干将，在武斗问题上很容易被人抓住把柄，如果他进了市革委会，就会成为"枪打出头鸟"的目标。临时勤务组举棋不定，最终，决定把这个"烫手山芋"踢回去，交给阳增太所属的国防工业口决定。不出所料，国防工业口很快又报了一个候选人，阳增太的姓名在两级革委会委员的名单中消失了。

据文革研究者何蜀解析，重庆市革委最终组成及组分概要如下：

两派群众组织都是造反派；1968年5月间两派负责人在中央毛泽东思想学习班四川班按"对等"原则推选出了各自进入四川省和重庆市革命委员会的代表，其中，四川省革委会各15人，重庆市革委会各40人。四川省革委会副主任本有重庆两派代表各一个名额，因省革筹（偏向反到底派）与重庆市革筹（偏向八一五派）意见不能统一，这两名副主任暂缺。重庆市革委会的八一五派委员中，因省革筹坚持将已经在中央首长"三一五指示"之后从八一五派分化出来另立

"忠于毛主席联络站"（倾向反到底派）的刘陵川指定为代表，使八一五派实际减少了一个名额。反到底派的市革委委员中，因市革筹坚决反对推选邱开全（反到底猛虎团团长），并明确表示一旦推选出来必定要被否决而且不能另换他人，等于自动放弃一个名额。

省革委、成都军区党委同意了成立重庆市革命委员会的批示，蓝亦农任主任，唐兴盛、岳林、白斌、、鲁大东、熊代富、李木森、袁金梁、黄廉任副主任，重庆市革命委员会组阁终于落下帷幕，"喜事"可以开场了。

2. 尴尬的庆典

6月2日，重庆市革命委员会成立庆典如期举行。6月11日，《人民日报》发表评论员文章《热烈祝贺重庆市革命委员会的诞生》赞称："有着光荣革命传统的重庆无产阶级革命派和广大人民群众，在支左人民解放军的强大支持下，终于取得了重庆市无产阶级文化大革命的决定性胜利。""重庆市革命委员会的成立，为全国无产阶级文化大革命的大好形势增添了新的光彩。"规格虽低于社论，但权威党媒专为一市级革委会发表贺词，殊有荣焉。

庆典却并不快乐。1968年6月2日的重庆天气难得晴好，但通往庆典会场大田湾体育场的马路上，却一早就有人满地抛撒白纸钱，以表晦气与诅咒。梁兴初、李大章、张西挺等一干省革委领导前一天专程从成都赶来捧场，亦在会场遭遇了许多尴尬。上午九时庆典礼成：奏乐、唱歌、市革委副主任白斌宣读省革委、成都军区党委同意成立重庆市革命委员会的批示，接着由市革委主任蓝亦农发表讲话，接下来群众入阁委员发言环节，便异状频出了：先是市革委副主任、重大八一五学生领袖熊代富发言，主席台对面左侧看台，突然打出"砸烂重大伪革委"的巨幅标语，绕场半周，直向主席台前挂来[32]，

---

32 本节记录摘要自重庆八一五工总部《重庆工人》编辑部主办的小报《重庆工人》文章《触目惊心的"六・二"反革命事件》第21期（1968年6月17日出版）。

几辆载满滋事者的卡车亦从场外向会场中心冲驶。执勤军人手挽手组成人墙阻拦不得,于是双方冲撞。既然是反到底肇事,张西挺遂让坐她旁边的"重大井冈山"头头徐光明前去处理,不料徐光明处理无果,反倒抱怨:"他们不听我的话,还要打我。"云云。

闹场高潮发生在尾声时段,八一五军工代表阳增太正要发言,看台右侧外又乱哄哄喧闹而起,一拨人簇拥一具抬在木板上的死尸破场而入,向大会主席台发起冲击。

主持大会的重庆军分区司令员唐兴盛断然叫停发言,对话筒大呼秩序。冲击者哪管劝阻,继续向主席台发起冲锋。唐司令疾呼会场中的军人跑步上前维持,冲击者干脆放下尸体,拿起抬尸棒、语录牌、毛泽东像牌和各种木棍、砖头、石块开打,有的石块直接扔上主席台。梁兴初临危发威,要张西挺出面劝阻,此时张西挺不敢忤逆,于是拿起话筒劝解:"反到底派的同志们,你们是最听毛主席的话的,是最革命的,你们不要冲主席台了……"抬尸人消停片刻,不待张西挺安坐,抬尸人群再度喧嚣,而且将那具尸体高高抛起:目睹者看得清楚,腐尸已发绿,且发出一股难闻臭味……

奉命参加劝阻的反到底一号领袖、市革委副主任李木森对此回忆如下:

我坐在主席台上,看得很清楚,只见一伙人,大约有二三十个,抬着一个躺在木板上的人,强行穿过会场上的人群向主席台冲来。沿途秩序大乱。当他们冲到离主席台还有二十米左右时,值勤的十多个解放军官兵前去阻止。一边要往上抬,一边不准往上抬,从推推拉拉发展到相互扭打,解放军的人比冲主席台的人少,在扭打中,这群人又往主席台方向移动了一段,离主席台只有十来米了……这时,白斌果断决定,要我和邓长春下去处理此事,他已得到报告,说这是二轻兵团的人[33],抬了一个据称被八一五派打死的人来要求解决,他要我

---

[33] 据陈万明事后通过可靠线索了解,5月31日,重庆南纪门偶现一无人认领的无名尸体,被人抬到附近的重庆四十中校内暂停放。是日晚,工人造反军(反到底派)头目某从北京回到重庆市文联办公点,商量如何参与市革委成立庆典。有人提出以尸体"做点文章",遂让陈万明发小、"异派"好友

第九章 "新生红色政权"的强力催产

们去传达他的命令,要他们停止前进,把所抬的尸体就地放下,有问题会后再调查解决。同时增派了二十余名解放军官兵前去执行"就地放下"的任务。……

(我和邓长春)马上起身走下主席台。这时,解放军的人数增加了,与冲击主席台的人势均力敌,双方互不相让,大打出手,冲击者抓过旁边的标语牌拆了,用标语牌的木棒作武器打,解放军官兵手中没有武器,有的就抓起主席台上的茶杯砸……[34]

李、邓二人在混战之中冲进人群,要求二轻兵团人员把尸体就地放下,停止前进……李木森额头被迎面冲来的木棒戳了一条口,鲜血流了一身。邓长春则被掷来的茶杯砸伤了后脑。冲击队伍快接近主席台时,张西挺在尸体前出现了——抬尸队的指挥者终于给了"自家人"张西挺面子,同意将尸体停放在主席台左侧作为妥协。喜庆大典继续,凑凑合合礼成、收尾。

红白喜事这类社交仪式,对于放大和强化社会人群情绪感染,增强群体凝聚力十分重要。可惜重庆市革委的成立庆典,除了向北京表明重庆权力的重新分配从程序上已经完成,其余什么都没有证明。庆典后第三天,6月5日,还"关"在中央学习班"斗私批修"的西南师范学院反到底一号领袖周荣便离京返渝,在北碚作"形势报告"称:

现在就是要讲实力政策,打得赢是大哥,打不赢是二哥,打赢了什么问题都好办了,核心问题也解决了。北京成立了革命委员会,蒯大富还戴起藤帽,拿起钢钎打仗,我看重庆北碚武斗是不可能免的,还要干一场,还要升级。[35]

11日晚,"猛虎团"团长邱开全从北京返回,与其余猛虎团成员

于次日凌晨调一辆解放牌汽车将尸体从四十中转运至二轻局的停车库里藏匿。晚十时再将尸体运到了大田湾体育场主席台下杂物间藏匿,时值仲夏,密闭杂物间温度很高,到六月二日上午将尸体抬出冲击主席台时,尸已腐臭。

34 《亲历重庆大武斗》(李木森回忆、何蜀整理注释)页173。
35 陈万明《亲历继续革命的实践》自印本下册,页249。

暂驻于北碚新华书店，邱站在阳台上向围观人群发表了简短讲话。6月12日凌晨，闻讯前来的北碚八一五派即包围了新华书店，以高射机枪等重武器展开猛烈攻击，当即打死5人，仅佩随身短枪的邱开全等趁枪击暂停间隙跳楼翻墙逃离。猛虎团副团长王树良（重纺五厂工人）等3人被击毙后暴尸3天——此为重庆市革委成立后的第一场大武斗：北碚"612事件"[36]。山城形势骤然紧张。

6月26日，重庆市革委召开全委会，对"头抛重庆，血洒四川，迎接七月大决战"的"反动口号"进行了揭露和批判，决定由重庆市革委与重庆警备区联合发出《紧急通令》，重申坚决执行中央《九五》命令及重庆市警备区、市革委会的有关决议。

第七节 血祭"新政权"

四川和重庆"新生红色政权"喜事礼成。文革作为巴蜀历史的又一次深重苦难并未结束，要回归正常社会生活，还必得千百尸骨作为血祭。

1968年夏天，四川文革"突破口"宜宾地区的泸州和川东万县地区的云阳，政治牌局尚未终局。只是现在事情的政治内涵已经变得简单，毛泽东既已发话，宣谕文革"是中国共产党及其领导下的广大革命人民群众和国民党反动派长期斗争的继续"。那么，"新生红色政权"对这些个地方以共产党名义消灭国民党，任何手段均属合法。

---

36 关于此事，八一五派的说法是：邱开全11日从北京返回北碚，于次日下午二时许亲率武斗人员80余冲进新华书店，将"猛虎团"和朝阳高中"九·五"等反到底派旗帜插上楼顶。十三中"九·八战团"和西师附中"布尔什维克"则攻占百货大楼，并紧接冲进十三中学占领教学大楼猛砍狂刺，造成70余人死伤，重伤22、死者1。

第九章 "新生红色政权"的强力催产

1. 第三次"武装支泸"

1967年夏秋，宜宾革筹组一把手的王茂聚[37]亲自组织发动过对泸州的两场武装进剿，将红联派逼于最后一个孤悬据点、地处高坝的二五五厂——溃败方绝地放言，将引爆厂区存放的巨量炸药，让人厂俱焚，断流长江——逼得周恩来亲自发话制止，王茂聚不得不停止进攻，功亏一篑。泸州红联派退守合江，与重庆八一五武装连成一片，并加入"打刘、张"的政治大合唱。

《三一五指示》发布后四川第一个地区级"新生红色政权"宜宾地区革委会[38]于4月18日正式宣告成立。地革筹组长、两次武装支泸的总指挥王茂聚，名正言顺坐稳新政权一把手交椅。宜宾权力定鼎，王绝不容许泸州红联站继续在"卧榻之侧"鼾睡，于是再次发兵征讨，此即所谓"第三次武装支泸"。

第三次"武装支泸"发动于1968年7月4日。此前一天，中共中央、国务院、中央军委、中央文革小组刚刚就制止武斗发布了有名的《七三布告》，王茂聚亲自组织的上一次"武装支泸"，亦恰恰发动于中央《九五命令》下达当日。与北京的部署逆向而行，成了王茂聚的宿命。

此前，王茂聚作为省革委常委正在成都轮值[39]，7月1日不假离岗，悄然出走，7月4日"武装支泸"打响，王才公开露面宜宾，惹得刘结挺大为不悦，让丁祖涵拨通电话嗔怪："你为什么不在革委会

1　王茂聚，原为中共宜宾地委副书记，文革前与刘结挺、张西挺等一起受到批判处理。文革中1967年4月经毛泽东批准，由中共中央宣布与刘结挺、张西挺等一起平反，被称为"坚持党的原则的好同志"，随即被任命为四川省宜宾地区革命委员会筹备小组组长。8月由中央军委任命为宜宾军分区第一政委。1968年4月宜宾地区革命委员会成立任主任。5月四川省革命委员会成立，王任常委。

38　《三一五指示》下达前成立的地区级革委会分别是：1967年12月11日成立的自贡市，因有支左红旗、武装部长李宗白支持而红十条派绝对占优；1968年3月7日成立的乐山地区革委会（严格按《四川十条》精神的50军强力支持）和1968年3月23日成立的渡口市革委会。

39　革委会均设立了常委值班制度。外地的常务委员按安排都需到省革委会机关办公室轮值工作一段时间。

值班，跑回宜宾去了？无组织，无纪律！"又问："宜宾的形势怎样？听说宜宾又发生武斗了，有没有？"通话毕，刘结挺向丁祖涵口授了一条电话记录云，王茂聚听说宜宾又发生了武斗，回去制止武斗去了。刘结挺在"电话记录"上批道："送张、李、梁、天（宝）等同志阅。"然后对丁祖涵说："这个王茂聚真蠢，就是不接受教训。上次（指第二次"武装支泸"）就是他把事情搞糟了的，你直接出面干啥？上次他不出面，叫民兵师去干，这个责任在他们，他出面就把事情弄糟了，什么话都不好说了。现在他还不接受教训，又跑回去了。"

这一次是宜宾新政权发兵征伐，必须尽显王师风范，一切都需规范有样。5月初，宜宾地革委正式成立"文攻武卫指挥部"，对红旗派观点的武斗队伍按民兵团、民兵营进行整编，指挥部成员均由地革委成员及军分区军人担任，下设政工组、作训组、后勤组、办公室、俘虏营等机构。在富顺县和泸州蓝田分设代号101和301的两个前敌指挥部。按所谓"宜宾文攻武卫（68）002号文件"，统一各地区各县市武斗队番号，其编制如下：

二字头：202为泸州市民兵团，203为纳溪县民兵团，204为宜宾东风矿区民兵团，205为石油工业民兵团；三字头：301到305是为隆昌县民兵团；四字头全为宜宾方面军，401：红旗柏树溪民兵团、402：八八工人战斗民兵团、403：宜宾交通部队民兵团、404：宜宾城建部队民兵团、405：宜宾江北民兵团、406：七九九厂民兵团[40]、407：宜宾地方工业、手工业民兵团、408：地专机关直属民兵营；五字头系富顺县民兵团；六字头：泸县民兵团；七字头：合江县、长宁县民兵团；八字头：叙永县、古蔺县民兵团，总计民兵团共20个，人数6万左右。仅宜宾市上报的领粮人数就有2.5万余人。

1968年7月4日，武斗正式打响。进攻队伍分成三个战区展开。101前指负责的隆昌战区；301前指负责的纳溪战区和蓝田战区，计划从隆昌、富顺和泸县三县部分地方先作诈退佯撤，将泸州红联站兵力引出围而歼之，继而沿泸隆公路直取泸州，端掉红联站老窝泸州小

40　为军事情报需要，宜宾公安系统直属连也编为406。

市和高坝，最终与 301 前指所率队伍会师纳溪、蓝田占领整座泸州。

面对强大攻势，红联站没轻易上当，而是将合江等地的武斗人员撤回泸州，坚守小市、高坝不动，以逸待劳。纳溪方面的石油兵团、野战兵团谨防慎守。官方武装仅在泸县方向收复了先失的地盘，将前线推至天洋坪、青龙场一带，与红联站派在豇豆山断续交战，数十人死伤，青龙小学和天洋玄滩小学校舍全部毁于兵燹。两军对峙期间，当局令小学老师集中在天洋公社学习，否则扣发工资。某日，宋观小学陈世潮、祝德厚老师因事返家，路过豇豆山，随便拿了一张《红旗战报》带走，几分钟后进入红联站阵地，红联站"战士"见二人手携带红旗派报纸，不由分说便猛刺几十刀，再将垂死者扔进农家粪坑淹毙。[41]

301 前指方向集中六个团一万余兵力从江安县渡过长江，攻打纳溪石油兵团、野战兵团和纳溪革联站。宜宾 403 民兵团用机关炮击沉红联站用钢板改装的土军舰，现场指挥李良[42]直呼"打得安逸！"。7 月 4 日，宜宾方面军 500 人左右与泸州红联站方担任阻击的泸天化、纳溪革联站、野战兵团等在安富大桥一带混战，枪声炒豆一般爆响不停。红联站渐感力有不逮，总指挥孙志明[43]发现对方增援的兵力越来越多，傍晚 6 时，只好下令作一次佯攻，随即迅急撤出阵地。孙志明及警卫班正要通过纳溪大桥，长江北岸白塔坝的机关炮扫射过来，一颗子弹正中孙志明面颊，被卡进牙床，孙拔出弹头，到医院作简单包扎又继续指挥战斗。入夜，宜宾方面大军压境，合围纳溪。晚 9 时，孙决定从各连队抽出二三十名身强力壮、善游泳、熟悉地形的人员组成敢死队，分乘两辆汽车，每辆车上架重机枪一挺，大开车灯从安富出发，沿泸（州）纳（溪）公路向泸州方向攻击前进，将对方主力吸引到公路上来。两辆汽车上的敢死队驶过安富约两公里的白

---

41 据陈世潮的妹妹陈世培介绍，事后查到杀人的凶手，对方给了一些钱粮，请求死者家属和解，死者家属同意和解，不再追究对方法律责任。
42 李良，宜宾市革委会主任。
43 孙志明，转业军人。在部队任职团作训股长，转业后在泸州蔬菜公司当副经理，人都称他"孙落耳胡"。"落耳胡"系四川土话，即络腮胡子。

果园时，站在汽车踏板上的吴某被流弹击中，跌下汽车丧生，汽车继续狂奔，终得安全撤出，其余数千溃逃队伍则乘机钻进山沟，从棉花坡、倒流河一带"敌军"相对薄弱的地方冲出包围圈，纳溪县城破。与此先后，宜宾支泸大军攻占合江县城，合江红联站人员和部分群众逃往江津县白沙镇和江津县城等地。

此时全国绝大多数省、市、自治区革委会已经成立、文革乱局接近收官。7月3日和24日，中共中央、国务院、中央军委、中央文革接连两次发出布告，严斥武斗行为是"一小撮阶级敌人破坏无产阶级专政，破坏抗美援越斗争，破坏无产阶级文化大革命的反革命罪行。"慑于"七三布告""七二四布告"威势，第三次声势浩大、宜宾新政权"官办"的"武装支泸"，只好草草收兵。"红十条派"以胡市、天洋、隆昌作为进攻前沿，准备伺机再作中央突破，进而南下再夺小市，占领整个泸州。早已筋疲力尽的红联站无奈放弃长江南岸的大片地区，撤至北岸以泸（州）隆（昌）路的小市、福集、界牌为第一条防线，泸（州）永（川）路二道溪、云锦、立石、黄瓜山为第二条防线，背靠重庆八一五，作长期"反围剿"准备。

第三次武装支泸，据不完全统计，双方共死亡274人。[44]

2. 云阳：最后的拼杀

云阳为万县地区下辖县。经过1967年8月武斗，万县地区"红色派"被以"主力军"为代表的造反派武力打垮，自此，万县市及各县（包括云阳县）"工代会""农代会""红代会"和"职代会"[45]相继成立，造反派理论上执掌大权，天下太平了。

可惜武斗刚结束，分别以成都和重庆为中心，全川造反派便公开翻脸，挺刘、张和反刘、张两大阵营势同水火。万县地区主力军派力挺刘、张，而"工造""工总"则针锋相对，力主倒刘、张，皆因在共同剿杀红色派的武斗中结成的血火友谊深厚，双方还来不及撕下

---

44 章明：《泸州文革笔记》（自印书）页160。
45 除万县市外，各县只有工代会、农代会和红代会而无"职代会"。

第九章 "新生红色政权"的强力催产

脸皮。万县地区社会形势波澜不惊。

主力军派和赤旗派本已势力占优,经《三一五指示》猛推,万县地区及各县革委会于是顺水下滩,陆续礼成。[46] 1968年5月16日,万县地革委方案获批,主任为军分区政委高恩堂,群众组织头领:"主力军"的熊道生、"赤旗"的钟嘉钰占却4位副主任之一半。市革委四位副主任:造反派亦占却一半("主力军"冯天禄和"赤旗"应维忠)。地区所辖各县陆续成立的"新政权"情况基本如此,唯有云阳县特立独行,反刘、张的"11·27红卫兵"(俗称"拐派")一家独大,不听招呼而无法获批成立新政权。

拐派特立独行原因有二,首先是造反资格老;其次,县武装部部长孙耀宗系54军转业干部。有武装部强势支持,拐派于是英雄独胆,敢于挑战碾压全地区的刘、张阵营。1967年秋冬,云阳拐派策应重庆八一五,在云阳县亦公开喊出:"张、梁好干部,刘、张烂萝卜!""一一二七加油干,打倒刘、张过元旦!""打不倒刘、张,老子跳长江!"一类口号。

与"拐派"对立的阵营是"红云战线"(又称"三云"[47])。1967年12月,两派就"刘、张问题"无法调和首开战端,人多势众的"拐派"轻松打垮"红云"。"红云"只得逃到万县市当"难民",时时上街游行叫苦,到支左小组请愿不息。

《三一五指示》下达,云阳"难民"终于等来曙光。4月4日,万县军分区和地革筹发出《给云阳县广大革命群众的信》,明确认定"几个月来,云阳李廖死党的爪牙、社会上的牛鬼蛇神以及混进革命组织内的少数坏人……妄图把云阳变成一个针插不进、水泼不进的独立王国,变成李廖死党在下川东复辟资本主义的基地。"5月,军分区和地革筹又联署颁发(68)48号文件(军分区、地革筹部分领导《座谈纪要》),宣布"云阳两派斗争的性质,是国共两党斗争的继

---

46 万县地区革委会和万县市革委会成立庆典,于5月28日同时举行。
47 "三云派"最先称为"秋(收起义)派",几经整合后成为"三云",即"主云"("主力军云阳部队")、"红云"("红卫兵云阳部队")和"教云"("教工云阳部队")。

续"[48]，为了维护新生红色政权权威，武力征讨异见分子正式提上官方日程。万县地区革委主任、军分区政委高恩堂是个稳健派，拿不出解决方案却坚决反对动武，已获巨大政治红利的赤旗派决定以准官方的形式动手。地革委成立庆典后第三天：5 月 31 日，万县市"四代会"与万县、忠县、梁平、开县、奉节、巫溪、巫山、城口"三代会"及万县市、忠县、梁平、奉节、巫山"文攻武卫指挥部"、开县"野战民兵师"、万县"直属民兵营"等联合发出《就云阳问题的再次联合声明》，宣称将"武装护送"红云群众返回云阳"抓革命促生产"，紧接成立"前线总指挥部"和"后勤总指挥部"，组成有数千武斗人员的 32 个武装连队待命出征。

地区一把手对此举始终不明确表态，军方态度却毫不含糊，分区副参谋长邓金贵给征讨云阳的前线指挥牟维才讲明："云阳问题，我们部队不好出面，由你们出面。云阳那些狗日的太不像话了。国务院、成都军区、省革筹，万县分区、地革筹去的工作组，他们都围攻、殴打，几次送'三云'返县都被打出来了。"公开不出面，暗地里却拨付民兵事业费及粮秣供给，让"民兵团"到后勤部领枪、领炮、领子弹等军用物资，派军械师为"民兵团"修理枪械，作战科丁佳才等人被派民兵团担任作战参谋，各县武斗人员集结万市吊崖坪，由现役军人亲自训练。兵马既遂，出师有名，6 月 2 日，八县一市[49]武斗连队共 4000 余人分五路出发，对云阳"拐派"正式发起军事行动。

云阳县地处万县下游，被长江分隔为两部分，县城位于北岸。攻方采取"东西包围、南北夹击、四路进军、直插县城"方案，从南、北两岸实施夹击。"拐派"毫不怯场，全面动员当地农民参战备战，派参加过朝鲜战争的老兵指挥，仿上甘岭阵地在山头构筑防御工事：挖环形坑道，坑道上面纵横铺以碗口粗细圆木，圆木上再铺厚厚柴草，柴草上再铺杂木条，杂木条上再铺茅草，茅草上面再堆以厚土。

---

48 《熊道生上诉书》附件三《关于打云阳有关问题及其它》，1980 年 1 月 7 日写于万县（沙子河）看守所。转引自张甦《我们与万县（上）》页 290。
49 万县地区辖万县市（地辖市）及开县、城口、巫溪、云阳、奉节、巫山、忠县等 8 县。此次攻打俗称"九县一市"，准确称法应为"八县一市"。

据称，这样的坑道顶部可防御一般炮弹轰击，手榴弹对其毫发无损。坑道四通八达，内置各类射击孔，人员调动，火力配备，弹药补充等，均隐蔽而快捷。守备方还发明了一种自制的"鼎罐炸弹"[50]，威力巨大，从坑道里甩出来，顺势而下，越滚越快，遍坡开花，能将敌群炸得血肉横飞。

进攻方来势虽猛，但多为缺少训练的学生、工人、农民和机关干部，面对守备方居高临下的坚固工事，一直进展维艰。进攻方用高音喇叭实施"攻心战"，昼夜不停、轮番宣读《红十条》及《三一五指示》，企图从心理上瓦解对方、不战而屈人之兵。对立双方既已血肉相搏，此计毫无作用。双方打了一个多月，战事始终僵持。

民兵团和"三云"武装伤亡不断增加。"主云"勤务员拼得只剩下一把手陶维章，以至前线指挥任天明[51]担忧，"三云"头头"拼光了，今后谁来掌权？"众人力劝熊道生阻止老陶继续上前线打头阵；四川省革委政工组万县联络员邓洪树来此督阵亦深感忧虑，打电话给江口前线指挥牟维才，要他们加快攻打进度，尽早解决问题。《七三布告》下达在即，万县虽远僻，得长江水道之利，信息却快捷而芜杂，熊道生担心战事久拖不决，形势会有恶变，急赴军分区求教司令员李明[52]，问中央和省里有何新指示？新精神？李司令反问："云阳怎么样嘛？"熊答："恼火，现在是两军相持，我方既不能前进，也不能后退。"李说："儿妈个老子（湖北口音）没有用！一个云阳还打不下来。解决得了就尽快解决……解决不了就干脆把人撤回来。"熊说他很为难："真有点像美帝侵略越南一样，投进了陷阱，越陷越深！前线士气低。主要是吃不准中央精神。"李司令明确表态：

---

50 鼎罐是四川地区常用的一种煲汤煮饭的铸铁炊具，整体呈圆形。鼎罐炸弹系装上烈性炸药，接上雷管和导火线，用铁丝将它们牢牢地绑在一起，形成一个圆形的会滚动的大炸弹。
51 任天明，万县市丝绸厂保全工。"主力军"主要负责人。
52 李明，湖北人。文革开始时为万县军分区司令员，"二月镇反"时执行成都军区指令，抓捕镇压当地造反派。"红十条"下达后转向，支持造反派打击"保守派"。1968年10月调任宜宾军分区司令员，1969年6月兼宜宾地区革命委员会副主任。1969年底中央第三次解决四川问题后被批判。1973年12月任四川省军区副参谋长。

中央有啥精神？还能过问你小小的云阳？靠你们自己。群众搞了，还不是搞了。儿妈不是不晓得？……省里的态度很明显的嘛！我看弄个（"这样"之意）拖下去，才不成个样子呢。越拖越被动。今后有新精神下来，就成问题了。据说最近中央可能有什么文件下来，所以要抓紧呀！

新科地革委副主任熊道生决定亲自挂帅上阵。李司令首肯："那是可以的，总之要快点解决就是了"。接下来将战斗聚焦到两个制高点：江南的凤凰山和江北的祖师观。

3. 凤凰山血拼[53]

凤凰山位于云阳县城正南，由长江南岸突兀而起的笔架山、著名历史遗址张飞庙背后的飞凤山及石海坝绵延拱卫而成。北面山麓是为长江，南面则为大峡谷，历来为兵家必争之地。"前指"总结前一段失利教训，急调转业军官陈启宴、张远六和李茂轩等参加战区指挥，改变正面进攻模式，而用"挖心战术"：从背后偷袭"拐派"指挥部，趁指挥机关失灵，一举拿下凤凰山。

民兵团侦察人员侦察地形时抓回一个"舌头"，经审讯，弄清了拐派指挥部哨卫部署及行动口令，遂挑选 10 名精英组成"奇袭队"，每人配冲锋枪、手枪各 1 支、手榴弹 5 枚，手电筒 1 支。右臂扎白布条以为标志，统一暗号以作夜间联络。"主云二路军"汤才华对此战做如下回忆：

7月3日晚，天刚擦黑，奇袭小队就开始行动。他们先向长江边猛扑，顺凤凰山脚江边朝张飞庙摸过去，再从张飞庙侧的杨柳树大梯子往上爬行 10 多里。不到半夜就迂回到了石海坝。

石海坝是飞凤山与白鹤梁之间的一个大平坝，平坝里遍地是等待收割的黄澄澄的水稻……对方指挥部及大本营就设在这里。村庄背后的白鹤梁山头就是对方的一道重要防线，工事建筑最坚固，火力

53　张甦：《激荡岁月（第三部）我们和万县（下）》，页309。

配备最强大,是我方久攻不下、付出代价最大的一座顽固堡垒。

此时夜色朦胧。奇袭小队歇足气,喝够水,往前摸过去。这时,对方一队人员正好走来,问:"口令!"我方回答:"水磨!——回令!"对方答:"白鹤!"双方对上了口令,对方解除戒备,走上来与我小队人员握手问好,还说,"你们辛苦了!连夜给我们送来了这么好的武器。"我小队顺水推舟说:"你们先排队坐好,等领导给大家讲完话,就把武器分发给你们。"他们高兴得不得了,马上排队坐下,我方人员趁他们坐好后,一齐开火,将这支30多人的武装,几乎全部击毙!殊不知对方有个人就势向山坡后一侧身逃跑,到对方指挥部报告了遇袭情况,对方迅速组织强大的火力围剿我方小队。幸好我方火力猛,目标小,行动快,迅速从后山坡突围,大家各自抱着冲锋枪往山坡下一滚,然后越过坡底的大深沟,经双坝、朝阳绕道回到了水磨前线。

这次奇袭,我方虽无人员伤亡,但杀死对方30余人,后来成为我方武力攻打云阳的一大罪状,通通算在了我方各级领导人员的身上。[54]

遭遇此次奇袭,拐派采取措施加固凤凰山防守,从县城调来大功率发电机,各山头都安装探照灯,一旦入夜,凤凰山便被照耀得如同白昼。还将阵地附近的苞谷、高粱和树木砍光……凤凰山前线的僵持局面,直到熊道生亲临指挥才发生扭转并最后取得胜利。

1980年1月7日,囚禁于万县看守所的熊道生在上诉书附件三《关于打云阳有关问题及其它》[55],这样自述他指挥攻打凤凰山的情况:

从军分区回来,简单收拾了一下行李,带着彭立全和警卫员王衡炳等,坐港务局机动船,先到了双江。双江战线人员一盘散沙,我对"三云"指挥人员讲,磨盘寨围住就行了,不要去强攻;强攻只会增

54　摘自汤才华回忆录:《犹如大河行船人》,(自印本)。文字略有删节。
55　文革结束后,熊道生以打砸抢之罪被捕,判处20年。狱中经过3次减刑,共减刑5年。这是熊道生在狱中的申述,引文略有删节。

加我方伤亡……

7月8日，我到达凤凰山前线阵地，先摸了一下双方虚实。7月11日晚，我让几十个战士摸黑爬到对方阵地前匍匐下来，等到天亮进攻时再猛攻上去。但对方警惕性很高，我方战士小心翼翼地到达对方阵地前天已大亮，又被对方发觉；对方用猛烈的炮火压制，我方战士被压在一条沟壑里，进不得，退不得。我在望远镜里望得一清二楚！我集中了我方全部轻重机枪向对方火力点猛烈射击，掩护我方战士撤退了回来。当时，我看见彭立全由田坎往回跑，突然一下子栽了下去。我以为他被对方子弹击中了。不久，他又毫发无损回来了，原来他一脚踩虚，摔下了两米高的田坎。安全撤回的，还有我亲弟弟熊道全。

我对拿下凤凰山心中有底了。决定7月13日凌晨发起总攻，正面佯攻，左右两面穿插。7月12日进行战斗动员，兵力部署，让战士们吃饱喝足，养精蓄锐。

13日凌晨，我方集中全部火力，正面猛攻对方阵地，同时左右穿插分队蓄势待发。正面攻击一小时后，左右分队插进对方工事，已空无一人！原来对方招架不住，已撤退了，我方乘胜追击。我带队到张飞庙时，由于两天两夜没闭一下眼，人疲倦到了极点，一下子晕了过去。

胜利消息传回，万县市区一片欢腾。傍晚，熊道生被众人用一顶滑竿抬回了万县市。从1966年文革伊始便到万县煽风点火的北大学生张甦正好返回万县，听闻消息，他感觉"对他（指熊）充满钦佩！"次日上午，张甦打听到熊刚去二马路理发，便匆匆前去寻他。

我找到那家理发店，只见他的警卫员王衡炳挎着"二十响"，坐在门外凳子上。我和他点一下头就进店了。

老熊正躺在理发椅上，闭着双眼；老理发师用一把梳子，慢条斯理地梳弄着老熊头上稀疏的头发，不时用剪子剪一剪。我知道他太疲倦了，就在旁边条凳上坐下来。大约过了十多分钟，老熊醒来了，他一眼看见我，说："老张来了？"我说："听说凤凰山拿下来了，你刚从前线回来,就跑来看看你。"经理发师一番修整,老熊显得分外精神。我说:"老熊,听说你带头冲锋,太危险了。"小王说:"我们四五个人拉都拉不住。"末了,老熊告诉我:"可能明天我就要去江口了。"

4. 突击祖师观

熊道生称即将前去江口,具体即指趁凤凰山胜利之余烈,发起长江北岸祖师观之战,全面占领云阳。

祖师观系道教故庙,始建于盛唐,成规模于明末,是下川东首屈一指的道教名筑,坐落于云阳南溪镇吉仙村海拔1200多米的青杠坡山脊,四围皆陡峭山崖,立观顶可远眺云阳、万州、开县、奉节、巫山诸县城。祖师观设东门、中门、西门三道关口,青石方窗、炼炉天井,典型的朝圣布局。当地有民谚喟叹:"云阳有个祖师观,爬上板凳能摸天"。文革让此扬善布道之地不幸成为血肉杀戮场。

凤凰山战斗结束后第三天,熊道生即赶赴江口镇召集"前指"会议。当时江口配置的"主力军""赤旗"派武装民兵有城口县两个连、忠县两个连、万县市两个连、巫山县一个女子排。熊提出,"11·27"派丢失江南屏障凤凰山以后,北岸的军事据点只剩下磨盘寨、祖师观和县城栖霞宫三处,祖师观的战略地位最重要,只要拿下祖师观,其余两处就不在话下了。当晚,熊道生和牟维才、籍业明带两名警卫员亲自摸去前线,潜伏在"牛屎包"(山坡名)下让警卫员用半自动步枪朝祖师观打一枪,拐派各个火力点顿时猛烈回击,熊道生一行详细记下对方火力点部署,然后悄悄返回指挥部,18日和19日晚再两次摸上祖师观作火力侦察,反复核实对方火力部署。

7月20日上午,"前指"开会制定攻打祖师观作战方案并下达命令。熊道生回忆:

当天深夜,参战部队200多人悄无声息来到祖师观前"牛屎包"一带隐蔽下来。我和牟维才、籍业明在"牛屎包"观察对方动静:夜半时分,月色朦胧,对方有两人打开前门出来挑水,一人打手电筒,一人挑水，共挑了三次。

凌晨3点，各参战部队依次进入各自阵地。凌晨5点，天刚蒙蒙亮，后山门和前山门响起了两声巨大爆炸声，一下子打破了清晨的沉寂，随即响起了双方猛烈的交火！后山门炸开了，但前山门没有炸破！担任前门爆破手的是"主力军"二路军农民熊德坤，外号叫"土匪"。他的炸药包没紧贴山门，又自我防护不当，反而炸伤了自己。在战友们掩护下他捧着流出来的肠子，鲜血淋漓来到我面前，说："老熊，对不起，我没完成任务！"我赶紧叫来救护兵，将他抬下阵地，赶紧抢救。……"前指"随即传令城口爆破手来炸前山门。他安放了两个炸药包，炸塌了右扇石门，巫山女子排便向里边猛烈扫射，肃清残敌，随即占领第一屋舍。城口民兵连占领了第三屋舍，残敌退守中间地堡顽抗。城口迫击炮手连发两发炮弹，中间屋舍守敌全部缴械投降被押下战场。整场战斗花了不到两个小时。

"前指"领导成员随即开会，决定乘拿下祖师观之余烈乘胜追击，迅速拔除长江北岸拐派剩余的武斗据点。万县市两个民兵连向云阳县城进发，扫除云阳县城拐派残余武力，21日，熊道生带领万县市民兵连向云阳县城进发，武力围困栖霞宫，同时开展政治攻势。残余力量大势已去，纷纷溃逃。主力军武装开进云阳县城，继续清剿余下的拐派据点。5日，八县一市进剿队占领云阳县城所在地云安镇，抓捕"俘虏"341人（含原县委正、副书记3人，副县长1人，部、局长7人），枪杀"俘虏"32人。8月8日，八县一市武斗队在云安镇隆重召开"庆祝云阳解放庆功大会"。彻底败落的云阳拐派人员则仓皇逃遁，经巫溪、城口，翻越大巴山直逃陕西省侥幸求生。

这场持续两月余的大规模武斗，先后发生了江南"穿心战"集体枪杀38人，祖师观战斗打死156人，江口大会战棍棒打死18人，巫溪朝阳追歼战杀害和冻死67人等多起惨案。以此上溯，自1967年8月武斗首起到1968年八县一市攻打云阳，云阳全县被打死共1032人（区科级干部2人，公社干部14人，工人、农民953人，其他63人），其中，在武斗中打死361人、无辜杀害551人、武斗被俘后杀害 111 人，其他致死 9 人。全县 78 个公社，发生武斗的 73 个公社，死亡 10 人以上的 16 个公社。武斗还造成损失粮食 1000 万余斤、人民币及其物资折款 1000 万余元。

"拐派"的突围队伍在"红云"武装围追堵截之下，爬过云（阳）巫（溪）城（口）间的崇山峻岭，一直溃逃到陕西安康地区，终被彻底缴械。云阳学者甄炎当时只有 12 岁，曾听幸存的邻居告诉他溃逃者九死一生的血火经历，3000 余武装人员及其家属沿途被打死、打散，最后只剩下 684 人。[56]

5. 俘殇：1960 年代中国的地狱变相

少年甄炎最为刻骨铭心的，是亲眼所见血腥杀俘经历。"祖师观大捷"后，虽然熊道生确曾下令民兵武装必须严格执行"三大纪律八项注意"，不允许滥杀俘虏。仇恨的歇斯底里早已将起码的理智和人性摧毁得荡然无存，手里有枪，心中有气，"不管有无公仇私仇，也不论认识不认识，只要你愿意，你都可以自己或请求本派的外地战友将仇人立马枪杀，无须任何人批准，也无须收尸，就像在路上踩死蚂蚁一样。"甄炎这样记忆。

下面有必要摘录甄炎亲历"云阳解放"的杀俘故事。摘录文字也许有点长，但笔者认为必须记录下来，因为这不单是一个普通少年在人间地狱一段恐怖经历，而是巴蜀苦难历史必须留下的文革档案：

8 月 6 日下午，云安古镇汤溪河两岸聚集着密密麻麻的人群，顾不得天气酷热，都想看看胜利者的风采。流经镇中心的左右两岸叫做和沙湾河坝。此刻，我正好站在左岸石嘴的石栏的最佳视角，尽看对岸沙湾河坝上发生的一切：大约有一个班的武装人员沿对岸撒下一条警戒线，有两个人看押着三个一眼就可看出是农民的俘虏。一个指挥员模样的人走过来，他头戴一顶钢盔，鼻梁上架着墨镜，上身赤裸

---

56 甄炎：《我亲见"文革"虐杀俘虏惨烈一幕》，发表于《天涯论坛》2012-05-1002：30：22，http：//bbs.tianya.cn/post-45-1632646-1.shtml。

着，斜挎着公文包和驳壳枪的皮带在胸前背后交叉着，很像电影里经常见到的游击队长。他双手呈战斗姿势握着上了刺刀的三八大盖步枪……他朝其中一个裸露上身的俘虏挥了挥手，这个俘虏就前去用锄头在沙滩上刨坑，几分钟后，形成了一个两米长见方的沙坑。砰！枪声突然响起，只见俘虏倏地倒下，脑袋上鲜血直喷。听见枪响的两个俘虏马上吓瘫在地，其中一个跪着向看押人求饶。这时钢盔走过来，向吓瘫的俘虏挥手并说着什么，只见这个穿着花布衫的俘虏拖不起脚步似地慢慢走过去，用双手有气无力地刨沙掩埋着可能是他曾经的战友。当尸体完全被沙子覆盖时，只听见又是砰的一声枪响，钢盔在后面顶着花布衫的背心扣动了扳机，第二个俘虏应声趴倒在沙坑里。这时钢盔环沙坑绕了一圈，接着又朝喷血的身体开了一枪，趴倒的人体一下被子弹的力量推得仰面朝天。轮到第三个俘虏了，他瘫倒得只能被两个武装人员强架到沙坑边，又开始缓缓地用手刨沙，掩埋他第二个刚刚断气的战友，其结局和前两人没有任何两样。这三个俘虏自掘坟墓埋葬在镇中心的同一个沙坑里。

第二天我才知道，那三个俘虏是从云安津口对面的巴岩井（疑是古人为探寻盐矿而开掘的深井，一般十几二十米）里捞抬尸体后被枪杀的。周围人纷纷说，在"拐派"撤离云安的前夕，镇人委附近的居民连续几晚都听见一阵阵惨叫声，被关押在此的"秋派"俘虏不论男女老少被打得死去活来。这些人最后被趁着夜色统统扔进了镇郊的几个巴岩井。其中有未断气的，呻吟声、哀求声一路不绝，让沿途居民听得毛骨悚然，心颤不已！得到这一讯息后，"秋派"前线指挥部立即派人循着点点血迹找到巴岩井，放绳下去才知道，几个井里大概扔下二三十人，尸体或缺手少脚、或遍体鳞伤，浸泡在被染红的咸水里，甚至还有一个年轻孕妇，她的肚子上还插着一根钢钎，尸体已经发胀了……接下来就发生了前面惨烈的一幕。

次日下午，我又随好奇的人群来到石嘴上。从巴岩井捞起来的十几具尸体被白布裹着，摆在凉板床上一字排列于河坝上，距离十米左右都能闻见一阵阵恶臭，令人发呕。床的四周点燃起许多蚊香，在武装人员的看押下，有几个俘虏模样的男女正在双手用力挥动白布以

第九章 "新生红色政权"的强力催产

驱赶着绿头苍蝇。在人群一阵骚动声中,我听见有人喊"敲了她(云阳人把枪毙叫做敲砂罐)",有人喊"叫她舔尸"等等嘈杂呼叫。循声,我看见一个蓬头垢面的中年妇女在刺刀逼押下走了过来,然后跪在地上,双手扒住尸体的头部,边抽搐着边用舌头去舔脸上的血水,每舔一下又不停地仰天伏地呕吐。我看得浑身起鸡皮疙瘩,真叫人感到肮脏至极!后来我记起了她,她是云安镇商业部门的一个干部,人比较泼辣干练,又比较漂亮,经常在两派辩论会唇枪舌剑打口水仗,故而引人注目。但她显然没有随着"拐派"撤走,就被抓了起来。但她是不是没欠血债,因"民愤"大就弄去舔尸我不得而知。据说,这个妇女因为受到舔尸惩罚和求饶得好而幸免一死。

第三天早上,红火的太阳才冒出山头。我和街坊小孩子又去石嘴上看热闹。听说要押俘虏去后城洞起尸,我不知何为起尸,于是又跟着瞎撵。沿途,通过家属断断续续的哭诉和随行人摆谈,我才略知原委,大意是:云安附近毛坝公社三湾大队解某系民兵排长,作为"秋派"他于6月从万县市悄悄潜回,被"拐派"探知,疑是负有刺探军情或里应外合(此时双方大战甚酣)使命。7月某夜晚被秘密抓走,"敲"了,后被人挖个坑埋掉,埋得很浅,被一群野狗扯去一条腿为争食打斗得在沟里乱叫。"秋派"克复后,在离镇中心两公里外一山弯处石灰窑工场的沟边刨到了解某尸体,已经高度腐烂,阵阵恶臭远袭一二十米,一闻到,其臭难以形容。

后来我们带信告诉家属,家属不敢运回去,找了人悄悄来培了土算是收了尸。这时我看见发泡的尸体被完全刨出来,其间夹杂不少泥土,果然缺少一只小腿。两个俘虏准备将腐尸抬到旁边铺着白布的板车上,哪知根本就不可能,整个尸体就像久炖在锅里的肉,完全粉了。俘虏只好慢慢一块一块把腐骨腐肉往几米外的白布上捧去。可能是实在太臭了,其家属也只好在远远处不停地述哭哽咽。火辣的太阳照射山谷,俘虏俩喘着粗气,噗嗤噗嗤干着,浑身大汗淋漓,但仍被呵斥着没让停歇。返途,我怕臭远远跟在人群后面,快走到石嘴上时,只听见一声枪响,其中一个俘虏应声倒下,旋即被抬上石栏掀下了汤溪河里。待我走近时,公路上只留下一块头盖骨、一滩脑浆、一团还没凝固的鲜血。

第四天，听说有四五个在突围中被抓获的俘虏在石嘴上下游百米处的炭渣码头等待行刑。果然，被人群围观中几个衣衫褴褛的俘虏蹲在一起，蜷缩着身体，看样子饥饿得很厉害，眼睛里透露出绝望的目光。还有人在不停地求饶，大意说他是因为想吃饱饭才拿枪杆的，家里还有婆娘娃儿如何如何。这时，一个挎驳壳枪的人走来，大声宣告道，在追击战中我们牺牲了包括冻死饿死了多少战友，现在要向他们讨还血债，还说了，对敌人的仁慈就是对同志的残忍云云。于是，俘虏们一字排列跪在渣滓码头，一阵枪响之后，全部被滔滔河水冲走……从"秋派"攻占云安大开杀戒之日起，汤溪河不断漂浮着一具具尸体，我就亲眼看见从巴岩井扔下几具死尸，轰的一声大响溅起很高浪花。那些时日里，原本在河里挑水吃的居民，只好统统到几里外一个叫的老龙洞的地方挑山泉水吃了。

一个星期以后，杀俘暴行仍在乡村肆虐。我回到了距云安二十里左右的栖霞公社小学我的母校，走到花椒四队一个叫做桥沟湾的地方，看到几个武装人员押着一个五花大绑的俘虏，走着走着就枪声响起，俘虏倒进约一丈以下的沟壑里，脑袋削去一半，倒栽葱下来正好像坐太师椅一样，背靠着岩壁，双腿搭在坑沿上。武装人员随即扬长而去。我听说此人姓余，系本公社小溪大队的农民，曾当过兵是民兵排长。原本要把他到前线指挥部接受讯问，不料前来接应人员得知他曾参加了天池观战斗（"秋派"在此初战失利损失惨重），当即就毫不犹豫把他"敲"掉了。几年后，我在此处插队落户当知青，每每经过于此都感到一阵阵心悸。

8月22日，云阳县武装部在云阳师范学校召开了为期5天的全县四级（县、区、社、大队）干部大会。武装部政委李明[57]指出："以'红云战线'为代表的无产阶级革命派粉碎了阶级敌人的武装围剿，粉碎了阶级敌人复辟资本主义的美梦，'红云战线'在云阳无产阶级文化大革命中立下了不朽的功勋！云阳'11.27'犯下了严重错误，

57　此人和地区军分区司令李明同名，人称"小李明"（称分区司令为"大李明"）。

执行了资产阶级反动路线而至今坚持不改。"接着布置今后工作："要立即在全县范围内掀起一个学习毛主席著作的新高潮，以开展'三忠于''四无限'[58]活动为中心，把全县广大干部和人民群众的思想统一到毛主席的革命路线上来，搞好革命大联合，搞好各级革命委员会的筹备工作。"当然也强调了："在抓好革命的同时，要大力抓好各条战线的生产。"[59] 8月24日上午，云阳县武装部又召开了"热烈庆祝'红云战线'返县抓革命、促生产胜利大会"。

6. 重庆：无奈的绝响

毛泽东"大治天下"战略转变的强力催产，四川和重庆的"新生红色政权"好歹算成立了。可是，毛泽东大乱天下战略造成的血火仇恨已融入不同群体的集体记忆和身份认同之中，注定久难消弭，加上某些深陷乱局难以脱身者，尤其已获利的政客、暴发户和食利者，或利益所系、或有意为之，还必得从燃烧的仇恨中获益。

"无产阶级司令部"用以摧毁旧政权的无政府主义，现在轮到反叛者用来对付新政权自己了。

1968年7月，在成都参加省革委常委会的重大八一五派领袖周家喻致电在渝主持工作的"八一五工人总部"领袖阳增太，说，省革委常委会已经决定将涪陵地区的红贸派、南充临联、泸州红联站、永川工农派等组织定为保守组织，省革委首长提出，要求重庆八一五派与这些组织脱钩，不要再管专县。周家喻要阳增太将该一决定精神向工总部传达，阳增太顿时"火冒三丈"，电话怒怼：

周家喻，你晓不晓得你这个省革委常委是怎么当上的？是千百个八一五战士用白骨把你堆上去的！你现在当了官就不认人了吗？省、市革委会早已成立，现在哪里还有什么'革'与'保'？大家都

---

[58] 即："永远忠于毛主席、忠于毛泽东思想、忠于毛主席的无产阶级革命路线"及"无限热爱、无限信仰、无限崇拜、无限忠诚毛主席"。

[59] 汤才华回忆录《犹如大河行船人》（自印书），汤时任云阳县龙角区生产指挥组副组长。

是保毛主席。你可以与专县的革命战友脱钩,我阳增太办不到,我八一五工总部坚决与专县的革命战友战斗在一起!……[60]

　　四川省和重庆市革委成立已一月余,重庆依旧战火纷飞。反到底派失利,再次大批外逃。军工系统八一五领袖方文正[61]主持两次总部全委会强调:刘、张在全川大搞反革命武装围剿,现在重庆周边专县危急。我们不能同专县脱钩。专县是"刘管区"通向重庆的障碍,失去了专县,就等于失去了手足。方文正宣布,通过这次武斗,"八一兵团"要左右山城局势。建设、长江厂要拿出枪、弹,武装我"八一兵团"各分团,小厂一个排,大厂一至二个连,平时配弹,半自动50发,机枪200发。打起来了,要多少给多少。阳增太主张要武装"八一兵团"六分团(泸州二五五厂红联派)、武装涪陵"红贸"、云阳"11·27"、江津"801"等同观点组织。生产弹药的长江电工厂"八一兵团"负责人心有顾虑,方文正遂宣布,从长江厂"提走"子弹属总部决定,总部头头个个签字,集体承担责任。7月9日,方文正指挥"八一兵团"武斗队从长江电工厂运走子弹100万发。

　　7月4日,王茂聚发动第三次"武装支泸"次日,重庆的民间武装八一五派则在江北大石坝地区实施戒严,抄家抓人;7月7日至9日,八一五派向大坪地区反到底派控制的后字242部队、煤矿设计院、地质部第二普查大队、重庆医学院及其附属第一医院等单位大举进攻。多处房屋被毁,重医一院药房、库房、材料科被抢劫一空,大量贵重医疗设备遭到破坏,伤亡多人。后字242部队反到底派红总负责人张龙宝在组织撤离时中弹身亡。7月12日,八一兵团在江北

60　阳增太回忆录:《写给历史的交代》,(香港)中国文化传播出版社。2014年11月第一版,页176。

61　方文正,重庆空气压缩机厂技术员,文革前的上海交通大学毕业生,革命烈士后代。文革中1966年(25岁)任该厂八一兵团负责人。1968年6月重庆市革命委员会成立任常委。同年11月在中央召开的"八一五会议"上被以"武斗杀人"、"破坏大联合"等罪名抓捕。11月24日《重庆日报》发表本报评论员《坚决把混进广大群众中的一小撮反革命分子挖出来》,点名称之为"混进群众组织、作恶多端的坏头头",并发表《彻底戳穿方文正的反革命嘴脸》、《揪出方文正,扫除害人虫》等文。关押至文革结束后1978年4月被判处有期徒刑7年(实际已坐牢9年)。后回江苏老家。

江陵厂地区与反到底派展开激战,反到底派败退撤离。17日,江陵厂八一五派大摆宴席庆祝胜利。阳增太前来祝贺,该厂头目刘德胜和彭乾元上前祝酒道"司令海量,来!干了这碗!"阳增太醉倒,等到酒醒,众人"请司令作指示!"阳增太仗着酒兴大放豪言:

> 砸派说什么7月开头,8月决战,说什么头断西南,血洒四川……砸种头头邓长春,声称要在宜宾组织一百个连队杀回重庆来。人家打来了,我们没有跑处,全川几乎都成"刘管区"了,我们往哪里跑?跑到成都去吗?……专县被吃掉,只剩下重庆一座孤城,我们去跳长江?八一兵团要左右山城局势,不能忘掉支持专县……[62]

位于朝天门的"重庆饭店"成了全川被"新生红色政权"武力围剿"受难者"的避难所。每天从专县前来求援者人来人往。根据江津专区八一五派倡议,决定在合川县召开一个专县问题革命串联会。7月25日,重庆八一五工总部负责"武卫"的常委阳增太如约按期前去赴会。泸州红联站、涪陵红联司、云阳"11·27"、中江县继光兵团等组织的代表声泪俱下控诉本单位、本地区遭受武力围剿的惨状,会场激愤难抑,一致主张提出统一的政治口号:"彻底粉碎全川反革命武装围剿";有的还提出要在组织上联合,建立地区联防指挥部,组建以退伍军人为主体的专业武斗队,一方有难,八方支援,还提出建立"全川反围剿总司令部"等等。

7. 紧急刹车

与巴蜀持续乱局同期、全国其他省区陆续发生的武斗亦愈演愈烈,毛泽东及其"无产阶级司令部"不能不痛下猛药。中共中央、国务院、中央军委、中央文革小组连续于7月3日发出针对广西地区发生破坏铁路交通、抢劫援越物资、冲击军队、抢夺武器等事件的《布告》(时称《七三布告》),于7月24日发出针对陕西地区连续发生抢劫银行、烧毁仓库、中断交通、抢夺武器等事件的《布告》(时

---

[62] 阳增太回忆录《写给历史的交代》,页181。

称《七二四布告》）。

八一五离经叛道，擅行其事，惹得54军的领导心有不快。7月20日，54军军长韦统泰、副军长白斌、副政委雷远高在重庆警备区小礼堂接见八一五派各大兵团的主要负责人及各支左办公室干部。对八一五派近段时间的打砸抢抄抓提出了严厉的批评。这是大规模武斗以来，重庆警备区领导人对八一五派最严厉的一次批评。"阳增太记录了讲话要点[63]。

白副军长首先领读《毛主席语录》219页"纪律"部分的"在人民内部，民主是对集中而言……"和220页第二段"党的纪律之一是少数服从多数……"，221页第二段"必须提高纪律性，坚决执行命令……"等语录；

随后是警备区制止武斗小组廖副组长汇报了近来有关情况：7月6号制止武斗领导小组成立以来，八一五派单方面的问题，而又是不好的问题。

一、在武斗中浑水摸鱼，搞打砸抢抄抓。在交院、江陵、重医，都是这样。

二、在交院（交通学院），7月17日早上4点30分开始武斗，谁打第一枪？调查八一五派是有组织、有计划的，空压（厂）八一，建设（厂）八一，是在头天晚上进入阵地，据空压说是路过碰上的。八一五派有200多人，交院"九一五"不到100人。武斗发生后，八一五又派机械兵团2个排和南岸中学生的武斗人员去增援。交院"九一五"撤走后，八一五还进行追击。

三、江陵厂，阶级敌人从7月8号到7月11号三次挑起武斗，7月11较为严重。八一五派不当的是，"制止武斗小组"打电话不接，到现场讲也不听，并到建字028部队去抓反到底派的人，江陵（厂）八一兵团，下午4点制止有力，并处理江陵军工12个伤员很好，有理。

63　阳增太回忆录《写给历史的交代》，页200—204。

第九章 "新生红色政权"的强力催产

雷远高历数八一五这段时间的劣行,指出"八一五派内部有坏人。坏人做坏事,这说明无政府主义思潮严重。有的同志讲,要整顿组织,清理阶级队伍,这很好。我看问题不在战士,主要在于你们头头。"接下来白斌以"刹住打砸抢抄抓,掌握住大方向"为题讲话:

我同意雷副政委给同志们讲的几个问题,这次给你们批评很重的。主要是重庆形势大好,分析形势看你站在哪个立场。只有站在毛主席革命路线上,用阶级斗争观点去分析形势,才会正确估计形势。重庆形势大好,是主流。当前应重点解决的问题是端正斗争大方向,把矛头指向党内的一小撮阶级敌人。两派要团结一致,共同对敌。一定要制止武斗、打砸抢抄抓的歪风。反对武斗,不上阶级敌人的当。特别是好斗的头头,两派都有,要引起注意。当前主要矛盾是你们八一五派。可能这话说得很重,认识重点有好处。斗争矛头对准谁?是对内还是对外?这是个严肃的问题。原来你们是一派……你们立下不朽的功勋……夺权以后……分成两派……大部分来说,矛头没有对准阶级敌人。同志们要重温中央"三一五"指示。

大方向,是搞好对敌斗争,搞大批判,清理阶级队伍,搞抓革命促生产。有条件的,搞本单位的"斗批改"。

街上大方向的口号少得很,大批判专栏破旧不堪,一看就像搞武斗的样子。就连无限忠于伟大领袖毛主席的标语也少,有的礼堂,连毛主席语录也没有。希望三天内改变。向解放军学习,全国都在搞"三忠于"活动,连歌颂毛主席的大标语都没有,怎样把山城办成红彤彤的毛泽东思想大学校?我们希望你们带着你们的问题搞学习,搞"斗私批修",整顿组织纪律,克服无政府主义思潮,在新的形势下立新功,建新劳,夺取无产阶级文化大革命的全面胜利!

韦统泰作总结讲话强调:"给同志们批评,是爱护同志们,有缺点错误,指出来改正,这是应当的,对军民关系也有好处。不要错误估计形势,错误估计了就要犯错误。"

阳增太在回忆录中说,他从来没有见过这样的场面:"几位首长的神情都很严肃,脸色十分难看。"

从上一年 1 月接令"支左"开始，54 军便与重庆两派的争斗相关联。54 军在感情上倾向于八一五派，军委下令将该野战军于是年 9 月移防云南边疆。副军长白斌在 8 月，即已接到调国防科委 21 基地的命令。他们不希望为服务多年的山城百姓留下后患危机。几位军领导对阳增太诸人的严厉训斥，是 54 军最后的临别赠言。

第八节　关闸：七二七指示和八一五会议

1. 魔盒封函

1968 年 9 月 5 日，最后两个"新生红色政权"西藏和新疆自治区革委会同时成立，毛泽东念兹在兹的"全国山河一片红"（除台湾省外）终得草草收官。此前两个月，毛泽东即宣布对所有武斗行为"零容忍"：《七三布告》和《七二四布告》[64]接连发布，严厉正告：凡确有证据的杀人放火、抢夺解放军武器装备、破坏国家财物等均属于"破坏无产阶级文化大革命的反革命罪行"，必须对这些现行反革命分子以及幕后操纵者"坚决实行无产阶级专政"。54 军领导训斥阳增太诸人后第 7 天，京城再传震撼级信息：1968 年 7 月 27 日，毛泽东派数万工人开进清华大学"宣传毛泽东思想"，不知底里的清华学生与浩浩荡荡的宣传队发生武力冲突并发生人员伤亡。28 日晨 3 时半至 8 时半，毛泽东在人民大会堂紧急召见北京五大学生领袖，[65] 林彪、周恩来、陈伯达、康生、江青、姚文元、谢富治、黄永胜、吴法宪、叶群、温玉成、吴德等在座。毛泽东就蒯大富称工宣队进清华背

---

64 《七三布告》是 1968 年 7 月 3 日中共中央、国务院、中央军委、中央文革为应对广西地区发生的打砸抢事件而颁布的布告；《七二四布告》是 1968 年 7 月 24 日，中共中央、国务院、中央军委、中央文革发布的制止陕西等部分地区武斗的布告。

65 北京大学聂元梓、清华大学蒯大富、北京师范大学谭厚兰、北京航空学院韩爱晶、北京地质学院王大宾。

后有黑手一说，宣布："黑手就是我。现在我们采取了一个办法，就是工人伸出'黑手'""你们再搞，就是用工人来干涉，无产阶级专政！"他警告自己亲自从魔盒里放出的"天兵天将"说：现在是"轮到你们小将犯错误的时候了。不要脑子膨胀，甚至全身膨胀，闹浮肿病。"。毛泽东警告：

> 我说你们脱离群众，群众就是不爱打武斗。有人讲，广西布告只适用广西，陕西布告只适用陕西，在我们这里不适用。那现在再发一个全国的布告，谁如果继续违犯，打解放军、破坏交通、杀人、放火，就要犯罪。如果有少数人不听劝阻，坚持不改，就是土匪，就是国民党，就要包围起来，还继续顽抗，就要实行歼灭。[66]

两年前毛泽东亲自打开的魔盒，这一天正式关闸封函。红卫兵作为一个特殊的历史性群体，被整体赶下舞台。共产党开展政治运动屡试不爽的"工作组"，因文革初期"批判资产阶级反动路线"而被批得臭名昭著，不好再用，现在改以"工宣队"的牌号重新进场，占领了所有高校和所有意识形态领域。曾经叱咤风云的"天兵天将"，一夜之间变成位列于地（主）、富（农）、反（革命）、坏（分子）、右（派）、叛徒、特务、走资派之后的"臭老九"。

阳增太一干人等是7月30日在璧山县听到毛泽东召见首都"五大领袖"消息的，意识到大势有变，立即返回重庆召集八一五工总部常委会，一是汇报专县之行的所见所闻；二是按毛泽东"七二七"最新指示，如何顺应时变，应对尚处严重的四川武斗？在阳增太的记忆里，工人领袖们一个个"都感到不安，议论纷纷"，曾经对学生主导运动多有微词者，也感到进退维谷了。原来计划利用"八一五事件"两周年大造一番声势，如今只能在重庆大礼堂匆匆开了一个大会纪念完事。

8月22日，因武斗外逃的反到底派群众首批4500余人从成都遣返，到达重庆火车站。以后数日，每天都有数千反到底派"难民"

---

66 摘自谢富治主持、有北京高校五大领袖参加撰写的传达稿《毛主席关于制止武斗问题的指示精神要点》。

返回重庆。

9月5日,重庆两派分别举行纪念《九五命令》下达一周年大会,并分别到警备区上缴武器。许多武斗人员在缴枪途中最后"过把瘾",拼命对空鸣枪,山城上空一时枪声大作,震耳欲聋。

9月23日,重庆市革委会、警备区做出《贯彻执行省革委、成都军区"关于进一步深入学习、贯彻中央〈七三布告〉和〈七二四布告〉的决定"的决定》,严令一切群众组织、团体和个人,必须于10月15日前无条件上缴一切武器、弹药、运输车辆,拆除武斗工事、据点,解散一切专业武斗队。

10月15日,重庆市两派群众组织在人民大礼堂集会,宣布从即日起撤销各自总部,解散组织。此后,重庆主城区及附近地区两大派群众组织间真枪实弹的武斗基本平息。

2. 八一五会议

四川省革委会成立后两月余,就在重庆八一五运动两周年纪念大会开会当天,中央召集的"全国国防工业部分工厂和一机部、化工部部分协作工厂'抓革命促生产会议'"在北京正式开幕。在中国工业史上,这个时称"八一五会议"的会议可谓史无前例,会议开了整整五个月零十一天,到1969年1月26日方才结束。全国六大地区、十九个省、市的重点国防企业,派出代表3000余名出席。四川地区重点企业43个,包括重庆地区、泸州地区等军工企业,加上四川省革委会、成都军区负责人,代表多达650余人,占了会议代表总数的五分之一。这次会议的任务,是完成毛泽东的战略部署,通过革命大批判,揭开国防工厂的阶级斗争盖子,促进和巩固两派的大联合,迅速成立各个国防工厂"三结合"的革命委员会。这次会议对闹腾了两年多的全国"工人运动"具有强制性的指导意义,实质上是在"7.27"学生运动被强制终结后,强行解散工矿企业的群众组织,终结工人及全社会群众的文革活动。

泸州苦乱久矣。《红十条》和《三一五指示》引发的武装剿灭红联站派，其中敌手多有重点军工企业，特别是红联站派最后溃败的孤悬据点：泸州二五五厂血腥的故事一旦摊开，输家和赢家、"左派"和"右派"、暴力和权诈……一切都无法躲藏。

9月16日，中央文革碰头会成员周恩来、陈伯达、康生、江青、谢富治、黄永胜、吴法宪、叶群、汪东兴、温玉成、李富春、李先念等出席会议，在人民大会堂三楼小礼堂接见"八一五会议"代表，听取部分代表汇报并发表了讲话。这次讲话与地方文革争论不休的保守还是造反无涉，与打刘、张是否属"替李廖翻案""刘邓复辟"无涉，与是否反军、拥军无涉，北京只关注一条标准：工人们是否重新老老实实回车间干活、生产武器？轮到二五五厂红联站派代表唱悲剧主角了，宜宾官方组织的武装进攻，把泸州十余万群众围困在该厂仅两平方公里的高坝范围之内，运输中断，生产停顿，生活困顿。厂工会女干部刘年英的汇报声泪俱下，催人动容，让中央首长（特别是江青）闻之大怒。这次接见的讲话，史称"九一六讲话"。记录稿略作摘录如下（记录中×××均系二五五厂工人代表）：

×××：老工人要我们带话请示首长，一年多来我们戴着保守组织的帽子。老工人死了63人，他们调动34个县市的力量对付我们。

×××：王茂聚支持的陈洪主任[67]说，泸化兵团是保守组织，陈主任说要集中力量打歼灭战，连小学生也不放过。完全是用对付敌人的办法来对付另一个革命群众组织，造成两派的对立。

×××：陈有杀父之仇，两派严重对立与陈有关系，他这次也来参加了会议。[68]

总理：郭俊堂同志[69]，陈洪以什么名义参加的？

郭俊堂：从宜宾那里指定来的。我没有参加研究。

---

67 陈洪系二五五厂政治部主任，红旗派观点，故有"王茂聚支持"的发言表述的定语。
68 据二五五厂退休工程师王钜鹏介绍，陈洪是山西人，抗日战争时期参加工作，曾任山西兵工厂的科长，建国后赴北京理工学院读书，毕业后分配来二五五厂，文革结束后调南京炮兵学院。所谓"杀父之仇"属子虚乌有。
69 宜宾军分区独立团二五五厂支左负责人，属红旗派观点。

康生：不管知道不知道。他是怎么来的？

江青：有杀父之仇，是不是说共产党杀了他父亲之仇？该杀就杀嘛！

郭俊堂：陈洪是革命干部，不是革命干部怎么来的？是军分区决定的，他是1964年转业到厂当政治部主任的。

江青：有杀父之仇是什么问题？

×××：陈洪父亲当过伪保长，搞我们游击队情况的，当过谍报组长，当时游击队把他镇压了。陈洪通过私人关系，找了××县长，他父亲的朋友，××县长给平了反。他杀过我们的游击队员。

江青：同志们听到了吧？杀得有理没有呀？泸州支左同志要站出来讲话，是怎么回事？具体什么人负责？

×××：去年11月还没有军管会，有一个营值勤。营长叫翟西英，他是军代室代表，是支持红旗的。

×××：他们镇压时，说是总理9月3日批准他们来打我们的。

总理：我怎么能批准这种事？

江青：军队同志如实汇报！

郭俊堂：整个泸州支左是统一的，我们一个营护厂。

康生：不管是多少人。

江青：你们镇压老工人，就叫支左？没有走资派，能调动这么多县的民兵？

郭俊堂：去年8月发的枪，武装了好几个团。

康生：你把事情说清楚，把自己撇开。

江青：你再不说老实话，我给你摘掉红帽徽、红领章。你知道红星的来源吗？

总理：你说老实话！（当谈到泸化兵团被定为保守组织时）是否你表态他们是保守组织？

郭俊堂：没有。那是武装部定的。

总理：成都军区、宜宾地革筹已经通知我们，他们要改变作法。对你们那个地方的形势，还是推动你们联合，真正联合起来，好把双方组织的坏人揪出来。

第九章 "新生红色政权"的强力催产

刘年英（哭着控诉）：去年把我们泸化兵团打成反革命组织，工厂的老工人为了保护工厂，被他们杀害了。

江青：不要哭，你们有自卫权利。

刘年英：今年2月又来了第二次大围剿，今年7月还在打炮……我们要联合起来，把一小撮阶级敌人揪出来。

江青：对！

总理：讲得好，本质问题指出来了，你们两派这样对立，就是背后有人。

江青（对另一个代表郭光昶[70]）：你们对工人就下死劲地打，哪给的枪炮屠杀工人？

总理：你们包围在外头，你动员人包围的，是不是？

郭光昶：我在运动初期就靠边站了。

江青：要老实点，说老实话

郭光昶：我是支持红旗的。

总理：你给红旗出谋划策。

郭光昶：6月份后恢复了我的工作，我表态支持红旗，但我和红旗还没有发生关系

……

×××：我来揭发，我是红旗普通联络员。郭光昶虽不在勤务组中，但起到参谋作用，而且以军管组身份参加过红旗派勤务组会……

（此时郭遭到围攻，有人威逼他承认在"八一五会议"期间外出开黑会，有人追问其家庭出身，其父与他本人历史等）

黄永胜：毛主席叫你们支左，哪一个指示叫你们支一派压一派？

江青：你们镇压老工人，就叫支左？

郭俊堂：武装支泸是错误的……军管会是5月10日成立的。政委是主任，曹德林等三个是副主任。

黄永胜：你们对毛主席是什么态度？你们对毛泽东思想是什么

---

70 据泸化厂退休工程师王钜鹏介绍，郭光昶毕业于重庆大学，在二五五厂担任两个车间的主任，其中一个是军品生产车间。他父亲是外语教授，他在政治运动中常因其父有"问题"而遭到批判。

629

态度？对中央文革是什么态度？你们忘记了你们是解放军！你们没有改嘛！文化大革命已经搞了两年多了，你们天天学习毛主席著作，毛泽东思想学到哪里去了？群众是要革命的，大多数工人是好的，工人阶级是老大哥，应该向工人阶级学习。你们不但不向他们学习，而且镇压、打死那么多。那么多国民党你们不抓，现在全国山河一片红嘛。你们还不觉悟。

郭俊堂：我有错误，坚决改。

黄永胜：没有改，两年多了。你们还是那样。

总理：这样重要的厂，是国家急需的，打敌人、援外都少不了的。在你们军管会，团的副政委参加下，要把它搞坏，包围起来，怎么叫解放军！难怪你前两天说，把军衣脱掉也要支持红旗，支一派压一派。

郭俊堂：不是我说的。我听到过这个反映，是一个战士说的。

黄永胜：把军衣给他脱掉！

长江起重机厂（简称"长起"）系为解放军二炮配套生产吊具的重点企业。中央首长在会议上责令该厂参会代表赵敏等签字保证，回泸州立即实现大联合，恢复生产。"长起"厂参会代表返回泸州，军队派出多辆大卡车把该厂红联站观点的人护送回厂，不久后"长起"在全市率先成立了革委会，恢复了生产。"第二次武装支泸"时调二五五厂支左的宜宾军分区独立团一部迅速撤回宜宾。在"九一六讲话"中被跟随曝光的宜宾地革委一把手、武装支泸总指挥王茂聚心有戚戚，故意组织一次盛会，"热烈欢迎7840支左代表凯旋"，以此淡化"九一六讲话"的冲击。

"九一六讲话"发表前的9月12日，宜宾地革委出台了一个《关于解决泸州问题的意见》；9月14日，四川省革委和成都军区批复同意并以"川革发〔68〕164号文件"下发。文件按照一贯的调子，宣布"泸州红联站以及原泸州市委机关一月革命、政法战线政治兵等群众组织是未经地革委、军分区批准的权力机构""实行二月镇反"等，以此为由，继续否认其革命群众组织的身份。164号文理所当然遭到

第九章 "新生红色政权"的强力催产

泸州红联站的强烈反对，只得被迫收回；10月6日，四川省革委、成都军区重新下发修改后的宜宾地革委《关于解决泸州问题的意见》以及批示，仍遭泸州红联站派的坚决抵制。中央领导已明确表态泸州红联站不是保守组织而是革命群众组织，武装支泸不是革命行动而是错误行动；未来的方向不是彻底消灭"反红十条"派，而是要停止武斗，实现两派大联合。一年前北京为刘、张、王、郭公开平反并捧上高位，历时不过一年半，风向发生改变。

事情不止于泸州。既然要将工厂文革的狂热分子彻底扫平，四川武斗惨烈之城重庆，两派的武斗名将也必须予以清理，不得轻易漏网。与会代表黄荣华是普通工人，因为女性身份，稀里糊涂当了重庆市革委委员。她对会议有如下一段记忆：

"八届十二中全会"[71]之后，"八一五会议"的学习内容发生了变化，清查"造反派"内部的坏人坏事进入高潮。十一月十一日的大会上，会议领导正式宣布了中央的决定：逮捕重庆望江机器厂的反到底派、"井冈山金猴战斗团"的头头邓长春（四川省革委会常委），第二天，又逮捕了空压厂"八一兵团"一号头头方文正（重庆市革委会常委）。由于大会逮捕了好些个人，学习班的气氛立即变得紧张严肃，军代表说话的口气也强硬了些，分量也比先前重了一些，平常派性比较强又爱说一些调皮捣乱话的人，也收敛了许多，学习班的气氛犹如"山雨欲来风满楼"。我感觉抓人这一招真灵，的确起到了杀鸡给猴看，惩一儆百的效果，我心想这一下文化大革命该结束了吧！

以后每天的大小会议，都围绕着揭发批判象邓长春、方文正这一类的人和事。每个工厂都有重点的清理斗争对象，只是有些人没有逮捕罢了。我们厂八一五联合指挥部的一号勤务员易永忠，因为批准拿出大量子弹（据说是七十二万发）搞武斗，也被批斗、隔离。我厂反到底派干部王柏林成了批斗重点，他本来没有参加"八一五会议"，

---

[71] 中共八届十二中全会1968年10月13日～31日在北京举行。会议批准了《关于叛徒、内奸、工贼刘少奇罪行的审查报告》，决定把刘少奇永远开除出党，撤销其党内外的一切职务。这次会议是文革取得伟大胜利的标志性事件。

组织上为了显示"对等",以免被认为是偏向了哪一派,要抓人就每派都抓一个,要批斗人也是每派都批斗一个。(会议假意)叫他在九月里给我们(在京参会代表)送衣服来,来了就不让他走了,列为会议的一个批斗对象。每个厂都有人被批斗,被隔离审查,一遇到开大会就在台子上站一长排,有点像回到了文化大革命的起点,只是站台的人是不同的人罢了。其他的人也都要"斗私批修",做自我批评,检查自己所犯错误的思想根源,还要上纲上线的骂自己,因为党的方针政策是要抗拒从严。大会领导在动员深入揭、批、查的会上讲,有的人想不通,说:我跟毛主席干革命,辛苦受累又没打人杀人有啥好斗的吗?还有人说,他们是"龙游浅水受虾戏,虎落平原被犬欺"……。

"八一五会议"上被隔离、批斗的人回厂以后,继续接受审查、批斗,我听易永忠的妻子说:我们还没回厂的时候,厂里厂外的马路两边,就已经写满了"打倒易永忠"的大标语,易永忠的名字都被倒着写,还打上了大红的××,吓得她走路都只能低着头绕道而行,一家老小都抬不起头来,她怕得要命。[72]

四川高层得北京高层同意给泸州,涪陵、万县三地区"左派"发枪早已不是秘密。

1967年8月28日,张国华就在一个大会[73]公开宣布了,说"武装左派是毛主席的伟大战略部署。在四川有几个地方已经武装了经得起考验的革命左派,一个是万县,一个是涪陵,还有泸州。"这些地区发枪是"经中央批准的"。

令人感觉滑稽的是,周恩来在接见会上却大秀无奈,说"我怎么能批准这种事!"

同样,为了瓦解红联派,成都军区下令把支持红联派的部队调走,换防来支持红旗派的部队。黄永胜坐在台上居然深表困惑,问:

---

[72] 黄荣华:《百味人生:一个苦命女孩的文革起落》(未刊稿)。黄系原重庆市革命委员会委员、八一五派代表。
[73] 张国华在"四川省农业生产计划、财贸、金属材料生产供应会议"上的讲话(1967年8月28日)。

"哪一个指示叫你们支一派压一派?"

政治实用主义者面对变局,常常采用权宜之计,完全不考虑道义原则和信任风险。只不过在文革这样以崇高名义制造出的恐怖环境,能让杀戮停下来,不管他们用什么理由操作,总算是百姓的福音。

第十章

社会重构与上层博弈

(1968年10月—1969年3月)

第一节 社会秩序大整饬

1. 奠基各层级权力机构

经过三年多"天下大乱",毛泽东梦寐求之的"全国山河一片红"终得完成。作为省一级"新生红色政权"四川省革委会及"单列"解决的重庆市革委会分别于1968年5月28日和6月2日批准成立,在全国29省、市、自治区中仅略早于云南、广西、西藏和新疆,"天下已治蜀后治"的古老叹息不幸一语成谶。地区级革委会,从排位第一的自贡市(成立于1967年12月11日)到末位江津地区(成立于1969年9月29日),全程耗时22个月(见附表)。县级革委会全部收官则更晚,最后一名云阳县革委会,成立时间已经拖到表征文革"伟大胜利"的中共九大召开大半年后的1969年10月8日[1]。地、县级"新生红色政权"之所以久拖难决,皆因各造反组织在权力分配上互不相让,在推荐"群众代表""革命干部"名额人选等可能影响自身权益的议题争论不休。更严重的,则是不少县区还在继续内战,除前面说到的云阳、泸州,其他如达县、江津等地,零星武斗一直持续到1969年底方才结束。

---

[1] 1969年底全国2066个县中还有33个县没有成立革委会。

"革命委员会"虽然只是过渡性权力机构，但有一个权威来替代无政府状态，毕竟好过群雄争霸；再说，造反领头人或多或少进了"领导班子"，犹如奔腾的野马套上了缰绳。

被八二六派盛赞为东郊"阿尔巴尼亚"的成都硅酸盐厂"九八战团"这样的小微组织，一号领袖丘先甫好歹也被封了个厂革委副主任。他毫不掩饰自己的喜悦：

那是一个火红的年代，基层革命委员会如雨后春笋般地建立，广大群众都像庆祝最盛大的节日似地迎接和欢庆革命委员会的成立。每个月都要收到相邻或友好单位的请柬。那时，革命化的成立典礼既隆重而又简单，应邀的单位无须送礼，最多用16开的大红纸写一封贺信。成立大会方的领导讲话，来宾讲话，然后聚餐。最富有特色的是每个成立单位都有自制的毛主席纪念章，分送给职工和来宾。我当时收到的各式毛主席纪念章竟有100多枚。

按毛的路线图，"三结合的革命委员会"建立以后，按流程接着还有"大批判，清理阶级队伍，整党，精简机构、改革不合理的规章制度、下放科室人员，工厂里的斗、批、改，大体经历这么几个阶段。"[2] 全社会还得按此路线开展彻底的、大规模的整饬。我们很快也会看到，这些重塑新秩序采用的手段不过新瓶装旧酒，换汤不换药罢了，比如，把"工作组"换成"毛泽东思想宣传队"、把批斗对象由"走资派"换成了造反派、把知识分子换成了"臭老九"等等。

附表：四川省19个市、地、州革命委员会成立情况一览表[3]

批准成立时间	地　区	主　任
1967年12月11日	自贡市	李宗白
1968年3月7日	乐山地区	林长修
1968年3月23日	渡口市	徐驰
1968年4月18日	宜宾地区	王茂聚

2　毛泽东这一最新指示披露于1968年8月25日姚文元的文章《工人阶级必须领导一切》。
3　该表摘自《中国共产党四川历史》，371页，四川省委党史研究室中共党史出版社。

1968年5月4日	成都市	孙洪道
1968年5月8日	涪陵地区	黄鹤寿
1968年5月16日	万县地区	高恩堂
1968年5月29日	重庆市	蓝亦农
1968年7月1日	内江地区	陈崇礼
1968年7月2日	绵阳地区	张金错
1968年9月12日	达县地区	王俊洪
1968年10月12日	甘孜州	天宝
1968年10月13日	阿坝州	周子珍
1968年10月14日	温江地区	徐广生
1968年10月26日	雅安地区	张示心
1968年11月16日	西昌地区	杜林
1969年1月2日	凉山地区	王民英
1969年1月6日	南充地区	李晋爱
1969年9月29日	江津地区	耿忠贤

2. 大、中学生的处置

高校学生必须首先予以处理。毛泽东于1968年7月27日派工宣队强行进驻清华大学，继而紧急召见北京高校"五大领袖"宣布："你们再搞，就是用工人来干涉，无产阶级专政！"

喧闹了三年的"红卫兵"运动顷刻间烟消火灭。8月25日，中共中央、国务院、中央军委、中央文革正式联合发文《关于派工人宣传队进学校的通知》[4]，各地"新生红色政权"迅速跟进，让士兵和工匠大规模占领高校。成都13所大专院校同时由成都市革委和50军派出庞大"宣传队"占领之。仅川大一校入驻人数即达1200人，其中工人从南光机器厂、成都仪器厂等厂抽调，这些师傅当初革命造反，正是由川大学生前去煽动而起。全川八二六派大本营一夜间乖乖地被一个小小的毕姓团副政委带领"宣传队"占领，"左派"学生实难以咽下这口气，该校学生领袖刘安聪忍不住喟叹：

---

4 各地实际情况一般是由军人为主，故多称为"工、军宣队"。

（大批工人和解放军同时进驻）说是工人阶级占领上层建筑领域，实际是军人主宰，工人配盘，相当于对大学实行变相军管。红卫兵是天之骄子，三年文化革命头角峥嵘，气势正盛，哪堪俯首称臣拱手相让？夺权的工人原是学生发动起来的，两年来一直跟着学生干革命，现在却对学生颐指气使，谁能受得了？[5]

中央又有敕令，群众组织必须"倒旗""脱钩"，悉行解散，一切活动均需纳入各级革委会管理，否则属于搞"多中心即无中心论"。成都红成派政治上连连败北，大学生早已没有脾气，于是选一"吉日"：文革纲领性文件《十六条》发表两周年的8月8日正式宣布散伙。川大八二六政治上如日中天，对自己的组织恋恋不舍，他们向军宣队提出，希望到8月26日召开一个"八二六革命造反两周年纪念大会"，再宣布解散"倒旗"，这一小小要求亦被小小的毕副政委断然拒绝。大学生不肯让步，直接申告到省、市革委会，省革委不得不派张西挺前来川大劝解妥协：同意举行纪念大会，但必须低调，且不得邀请"兵团"等战友单位参加大会。憋了一肚子气的川大学生热热闹闹开会，然后游行，从川大校园一直到大街、到各校驻地……勤务员刘安聪远远注视行进队伍唱着红歌，精神抖擞地走过，"心中一阵阵紧缩"，黯然叹息："这是最后的检阅，是回光返照……再见了，战友们。再见了，红卫兵。一个时代，一个属于青年学生的光荣时代，结束了。[6]

大学生有什么情绪已经不重要，他们很快都得分配离校。11月15日中共中央、国务院、中央军委、中央文革小组发出国发（68）158号文件《关于1968年大专院校毕业生分配问题的通知》，宣布1968年大专院校、中等专业学校、技工学校、半工（农）半读学校毕业生，从11月起开始分配，来不及分配的赶去军垦农场劳动。大学生李散桃飞，既不会给新权力当局再添乱子，对他们个人未来的日子也不会有何实质影响——除非少数在运动中把"走资派"得罪太

5　刘安聪：《八·二六与军（工）宣队的抗争》（未刊稿）。
6　同上。

过,或在暴力冲突中有某些过头行为者,还会招致报复和清算。

大学生遣散完毕,为数更多的中学生就成了城市里最不安定的因素,娃娃们的前途涉及千家万户的命运,社会涉及面更大。自文革始,大学不招生,工厂不招工,商业和服务行业处于停滞状态,城市初、高中毕业生既不能升学也无法分配工作,堆积人数之多、解决问题难度之大,可想而知。1968年12月22日,《人民日报》发布毛泽东指示"知识青年到农村去,接受贫下中农的再教育,很有必要。要说服城里干部和其他人,把自己初中、高中、大学毕业的子女,送到乡下去"。上山下乡、到穷乡僻壤插队落户既已成为"神谕"之唯一光明路,大规模的上山下乡运动以政治运动的形式发动,知识青年及其家长安敢不从?1969年1月7日,四川省革委下发《关于分配城市知识青年和脱离劳动的城镇居民到农村去的通知》,规定四川省1966、1967、1968年的初中、高中毕业生一律到农村去插队落户,并分配了成都、重庆、自贡三市必去乡村的具体人数,其中成都市11.3万人、重庆市18.9万人、自贡市2.5万人[7]。截至1969年2月底,全省中学毕业生下乡人数已达16万人,占应下乡人数的40%[8]。文革内乱三年,虽然政权刚刚得以修复,但拥有极权体制通行的效率,有毛泽东神一般的权威,还是在极短时间将无数尚未成年或刚刚成年的孩子们,成批成批地赶去了边山野地、穷乡僻壤。只要不涉及权力内部的争斗,要对付没有个人权益议价能力的草民百姓,威权政府干起这类事效率都很高。

3. 清理干部

1968年10月5日,《人民日报》刊登了题为《柳河"五七"干校为机关革命化提供了新的经验》的通讯,并在编者按中发表了毛泽东关于"广大干部下放劳动"的号召,称:"广大干部下放劳动,这对干部是一种重新学习的极好机会,除老弱病残者外都应这样做。在

---

7 四川省委党史办编:《中国共产党四川历史(1950—1978)》,页396。
8 《当代四川》丛书编辑部组编、杨超主编《当代四川大事辑要》,页267。

职干部也应分批下放劳动"。此后，全国各地以落实毛泽东指示为名，普遍开办"五七干校"，把原党政机关、高等院校的绝大部分干部和教师，送到干校劳动、学习。[9]

所谓"五七指示"，指1966年的5月7日毛泽东对林彪呈报的中央军委总后勤部一个报告批复，该报告内容本是关于进一步搞好部队农副业生产的。作为寻常工作报告，本身并无重大政治价值，毛泽东借题发挥，以此勾勒出他所憧憬的社会无分工、无差异的乌托邦图景：通过"批判资产阶级"，限制和逐步消灭商品，建立一个分配大体平均、自给自足或半自给自足、小而全、封闭式的军事共产主义的模式。[10]

此前，北京将柳河"五七"干校树为建设机关革命化样板，刚成立不久的四川革委会当然不甘落后。1969年1月10日，省革委、成都军区决定将西昌地区米易县原劳改农场的人员全部迁走，改办成省"五七"干校。农场位于大凉山区湾丘，远离都市，周遭满山遍野的原始森林，实为改造机关人员的好去处。省级机关第一批"学员"于是年4月26日首赴湾丘，至年底，省级机关9000多名干部基本上都到湾丘农场就位。四川各地区和一些省级厅局也随之举办了类似"干校"。据官方统计，除了省级机关干校，全省县以上机关共办"五七"干校102所，下放到干校劳动的干部共2.3万名。[11]

新华社四川分社记者袁光厚如是成为省级干校的五七学员，别妻离子，到湾丘的荒林野田之间生活了数年时间。他这样介绍了当时的生活：

> 劳动很艰苦，又是"半军事化"的生活。每天高音喇叭指挥作息，从早到晚紧张……春日，在寒冷的水田中栽插稻秧，泥腿上常钉着吸

---

[9] 1966年5月7日，毛泽东在给林彪的信中，提出要把解放军以及工、农、商、学、党政机关都办成学政治、学军事、学文化，又能从事生产的"大学校"。此后，这一被称为"五七指示"的信件得到广泛宣传。
[10] 参看王禄林《五·七指示初探》，载《党史研究》1987年第2期。
[11] 见杨超、何郝炬、宋锡仁主编《当代四川简史》页203。四川省级机关干校大体于1972年结束，省级以下的干校，有的一直持续到1970年代后期才取消。

血的蚂蟥；夏天，又在火烤般的烈日下收苞谷，赤膊肩背汗水与血痕交相辉映。在这样的体力劳动中，那些年长的老干部自然感到是苦的。……住的是一排排依山而建的平房，都是在我们之前的干校学员自建的。每间住室四张双人床，靠窗有张小条桌。我住的那间房有两个是省里的局级干部，有位已是有着白发的老同志。还有一位姓薛的局长，年轻一点，夫妻俩都同在一个大队。那时，生活起居，上山下田，真可谓"人人平等"（安排重体力劳动方面对年老的还是有所照顾）……白天劳动下来，夜里还常常开会……[12]

如此众多机关干部被集中到如此偏远的山野集营圈禁，除了进行体力劳动，还要搞"斗、批、改"，要不断地开大会、小会，"批判资产阶级"。机关干部本多社会经验和业务工作经验，多谙隐忍韬晦之术，对上层争斗亦多婉转应对之策。对这一特别群体，任何统治集团都既需使用又恐难驾驭，如今巴蜀权力新奠，需打理的事情太多，将这帮人逐之荒野，由军人进行管理，劳其筋骨、苦其心志而驯化之，不失为权宜良策。

4. 民间社会的打理

1968年8月5日，《人民日报》发表编辑部文章《在以毛主席为首的无产阶级司令部的领导下团结起来——纪念毛主席〈炮打司令部（我的一张大字报）〉发表两周年》，强调"以毛主席为首、林副主席为副的无产阶级司令部，是全党、全军、全国和广大革命群众唯一的领导中心。全党、全军、全国只能有这样一个中心，不能有第二个中心。""所谓'多中心论'是一种资产阶级山头主义、个人主义的反动理论，他涣散革命队伍在毛泽东思想基础上的团结，妨碍无产阶级革命路线的贯彻执行。倘若各个部门、各个单位都要'以我为中心'，全国有许多个'中心'，仍旧是无中心。这种思想如果听任发展下去而不加纠正，就会走到脱离以至对抗无产阶级司令部的错误的道路

---

12 袁光厚著《悲剧是这样造成的（下）》，页306。

上去。我们必须批判'以我为中心'的错误思想,加强无产阶级的整体观念,加强革命的组织纪律性。"文章宣布:"无产阶级革命派和广大革命群众,要在无产阶级司令部的号令下统一意志,统一步伐,统一行动。"

"无产阶级司令部"已经不再需要"造反派"和各类"革命群众组织"了,不仅不需要,而且被明确定义为"资产阶级"的"多中心论",必须予以解散。重庆市革委率先于 1968 年 10 月 15 日举行"两大派革命群众组织撤销总部,掀起斗、批、改新高潮誓师大会",省会成都及其他各地、县群众组织亦纷纷脱钩、倒旗、归口大联合,向毛泽东"表忠心"。

文革三年多来系统的、形式变换多样的思想暴力和政治暴力,本已让所有百姓都陷入巨大的不安全感之中。即使最普通的日常行为,甚至家庭成员之间的聊天,都会担心"越界"而变得谨小慎微,从而习惯性地对个人的言行做强迫性的自我审查。曾经叱咤风云的造反派头目,如今尚且变得胆怯如此,芸芸草民岂敢吱声?如今没有了民间社会组织的庇护,对散沙一盘的单独庶民打理起来就简单多了。成都市革委从 10 月初全面转入"深入开展革命大批判和清理阶级队伍","放手发动群众,向一小撮阶级敌人发起了全面的、声势浩大、空前猛烈的进攻。从工厂到学校,从商店到街道,群众普遍行动起来,组成浩浩荡荡的群众专政大军,狠挖猛批阶级敌人,取得了巨大的成绩,全市开展对敌斗争以来,大约揪斗了 2 万余人。"[13]

即便刚享受东郊"阿尔巴尼亚"殊荣的八二六派功臣、仅有 200 人左右的弹丸小厂硅酸盐厂,革委会成立一个月旋即开展的"清队",立案审查关牛棚者即多达 10 余人,罪行五花八门,有"汉奸"之嫌者安××(副厂长)、有贪污之嫌者陈××(财务科长)、私下写小说《怨女诗笺》涉攻击社会主义制度之嫌者蒋××、疑似有男女私情、道德败坏者李××、疑似有参加特务外围组织之嫌者王××,等等,

---

13　成都市革委《关于半年来成都市无产阶级文化大革命的总结报告(初稿)》,(中共成都市委党史研究室、成都市档案馆编中国共产党成都历史资料丛书《"文化大革命"时期资料选编》,(一九六八年卷)。

其中尤以铁杆"八二六"分子、技术员华重光问题最为严重，虽然文革"大方向"和"路线"始终正确亦未能幸免。华就读哈尔滨军事工程学院时响应号召"向党交心"，曾极度虔诚"交出"内心所藏"反动言论"200余条，"言论"矛头甚至直指最高，因"思想反动"遂被踢到硅酸盐厂这个贱民成堆的小旮旯卖技谋生。文革风飙骤起，书呆子华重光理所当然成了造反先锋。如今轮到"清理"，华技术员当年主动向组织汇报的 200 余条反动言论再成罪行，该员的"反动本质"不能与造反有功两抵，必须揪出来关"牛棚"候审[14]。乐山是 50 军支左重点地区，八二六派基本盘，该地区五通桥锅厂的造反群众组织的 7 名勤务组员，"5 个勤务组员是坏蛋清出来了，还剩了两个。"[15]

如果说上述基层工厂揪出来的属"跳蚤"级小人物，那么，西南局揪出的机关干部肖光则俨然一"大伽"了。肖光原名吴学昭，享誉中外的国学大师吴宓[16]之女，1930 年生，出于知识世家，受教于燕京大学，性格张扬叛逆、激情奔放，年轻时便投奔中共，大陆政权鼎革，肖光先后出任《中国儿童》主编、《中国少年报》副秘书长、《人民日报》国际评论员等职，一时名重京师。只可惜儿女情长，文革前与"马克思主义教育家""中国青年运动著名领导者"、高教部部长兼清华大学校长、已有家室的蒋南翔关系暧昧[17]，被远放蜀地，改名"肖光"，

---

14 丘先甫《我这七十年》，（自印书），页 49。
15 见《李大章在四川省革委对三次全委会上的讲话（1969 年 2 月 19 日）》。
16 吴宓（1894—1978），陕西省泾阳县人。字雨僧、玉衡，笔名余生。中国现代著名西洋文学家、国学大师、诗人。建国前历任：东南大学文学院教授、西南联大外文系教授，1941 年当选教育部部聘教授。建国后任西南师范学院历史系（后到中文系）教授。清华大学国学院创办人之一，学贯中西，融通古今，被称为中国比较文学之父。与陈寅恪、汤用彤并称"哈佛三杰"。"文革"期间，76 岁的吴宓作为"反动学术权威"被打倒，饱受批斗折磨，一次批斗中被推下高台跌断左腿，伤好后安排扫厕所。1971 年病重，右目失明，左目白内障严重，就只好让他回家养病。1977 年吴宓已生活完全不能自理，只好让其胞妹吴须曼领回陕西老家，终使其得到了一些兄妹深情的照顾和温馨，1978 年 1 月 17 日病逝老家，终年 84 岁。1979 年 8 月平反昭雪。
17 文革中蒋南翔被打倒，原配离异，文革后吴学昭返京，与蒋正式结为夫妻。

到西南局宣传部作了一普通干部。按肖光的个性和资历，文革中注定不甘寂寞，于是闹出了一著名事件：1967年4月17日，正是北京权力中枢鼎力推出左派刘、张之时，中央文革当红大员王力与肖旧时相识，遂亲自致信肖光一封，称"刘结挺、张西挺同志是坚贞不屈的马列主义者"云云，此信立即被"西指"[18]抄成大字报在成都满街张贴，"西指"主要负责人洪韵珊深谙中共高层行为规则，于是自以为是地判定，公布王力给肖光的信件注定将成为替刘、张返川上位造势博得头功。[19] 可惜，待到清理阶级队伍，为刘、张造势立下头功的肖光照样被50军及成都市革委派来的工宣队揪出来，原因很简单：肖光与蒋南翔有染，蒋是大黑帮，肖光自然清白不了，加上其父吴宓乃著名反动学术权威，其女能不黑上加黑？

"清理阶级队伍"已超越了前三年变幻莫测的所谓"路线""方向"之斗，不论"八二六"还是红成八一五还是反到底，统统不能幸免。所谓造反派，其群体组织中往往多中共执政以来被边缘化的失意者、社会畸零人、生活无望的底层贱民……他们投身文革，将自己的命运托付给某个组织，无非抱团取暖，渴望在动乱和争斗中侥幸逃离失败的过往，寻求重生，尤其那些受过当局惩处的"社会渣滓"级别人物。

刘、张政治权力飙升，皆因上有领袖钦授"左派"名衔，而下则有巴蜀基层"造反派"，尤其是"二月镇反"中"平反"而出的"红十条派"民意汹汹，于是顺利构建起强大的权力体系。如今随着群众组织"倒旗"，加之清理"阶级队伍"不分派别地实施无差别扫荡，造反成员多遭躺枪，从而社会表达渠道消解、民意流量稀释继而失效。接下来的文革权斗，势必渐渐转移向上层宫闱。

---

18 全称"西南局机关革命造反指挥部"，是刘张返川主政后主要依仗的群众组织之一。
19 《中央办的毛泽东思想学习班四川班揭发批判省革委个别领导人严重错误的材料（1970年8月）》，页59。

第二节　巴蜀权局日日新

1. 50军的政治抉择

作为社会秩序的代表和支柱，军队在四川实施"天下大治"过程中的权重愈益彰显。

1968年10月，中央将54军从重庆派斗的泥淖中彻底拔出，远调云南滇西，而将驻扎滇南的13军调来接防，履新巴渝的13军与两派无历史恩怨，紧张局面相对缓解。

1967年5月27日，50军奉命从东北急调四川，军委负责人在行前明确训令，要他们"支持革命委员会筹备小组……服从他们及军区张、梁首长的领导，服从军区党委的领导"[20]，尽快稳定四川局势。

50军前身系国民革命军第60军。该军乃滇军老班底，因不满蒋介石对地方派系歧视，在林彪发起长春围城战期间，于1948年10月由军长曾泽生率部起义[21]。1949年1月2日，中共中央军委授予60军起义部队以中国人民解放军陆军50军番号，除曾泽生任军长外，排以上干部从四野各部队抽调，该军已脱胎换骨。50军成立后参与了多次重要军事行动，包括1949年的鄂西战役和成都战役；1950年10月，加入中国人民志愿军，参与了包括汉城战役在内的多次战役，赢得了优良的战斗声誉并受多次褒奖。1967年5月北京为强化《四川十条》的落实，急调50军入川，亦足见对其将校之可信、兵卒之可托也。

50军初来乍到，一时不可能有任何具体感受和独立认知，唯一的选择就是坚决执行《四川十条》，也就是对刘、张，对"兵团""八二六"予以坚决支持，此种选择，自然让红成派心有不爽。文革前曾有一部电影名曰《兵临城下》，专述长春围城、国军60军起义故事，

20　郑志士工作笔记，1967年5月28日。
21　曾泽生，原国民革命军起义将领，1955年授予中将军衔。1966年8月后，50军主要由代军长郑志士及政委曲竟济负责。曾泽生1968年9月离休。

于是有人以此电影模糊舆论,称 50 军乃投降败军以示不齿。此类市井浮言对新来驻军的政治选择当然不可能有任何影响。

如今 50 军入川已有一年,如果当时初来,一切均小心谨慎按军委首长指示办,"虚心接受军区及筹委会的领导,立场不能站错。"那么经过一年来亲历亲受,已逐渐形成了独立的认知,为契合形势变化,必须按自己的认知做出抉择,不再事事都顺着刘、张。事实上,50 军入川最先进驻的成都和乐山作为执行《红十条》重镇,革委会均由 50 军掌控大权[22],但"新生红色政权"一经成立、开始斗、批、改,搞清队、整党,就完全不按刘、张的指挥棒起舞了。乐山地区五通桥锅厂的造反派"群众组织"七名勤务组员,"五个勤务组员是坏蛋清出来了,还剩了两个。"1968 年召开全省整党座谈会,组织者之一姚德茂披露:"参会一些军队的同志和成都市革委的代表对'依靠造反派整党',把党员队伍看得一团糟的'反动谬论',提出了不同意见,进行了抵制。"以至被刘结挺斥责为"'二月逆流'流毒没有肃清的表现。"[23]

四川省革委会成立,副主任张西挺宣布成立革委会审批组以掌控全川基层革委会审批权,并亲自圈定由 5 个人组成:张西挺、天宝、郑志士、郭一民、姚德茂。五人之中,天宝虽同为副主任,但出身边地农奴[24],人本厚道,憨憨然如一邻家老农,官阶座次尚列于张西挺之前[25];郑志士则已由入川时的代军长升任军长,身贵日隆;郭

---

22 成都市革委(1968 年 5 月成立)主任由 50 军副军长孙洪道担任,乐山地区革委会(1968 年 3 月成立)主任由 50 军 149 师师长林长修担任。
23 转引自袁光厚《悲剧是这样造成的(下)》,页 296。
24 天宝,原名木尔加·桑吉悦希,藏族,1917 年生于四川阿坝马尔康县,1935 年春红军长征路过此地,少年苦僧桑吉悦希随军去了延安,还在初创的中共党校少数民族班当了班长,蒙毛泽东赐汉名"天宝"。1950 年,天宝奉调 18 军先遣支队进军西藏,此后又先后任西康省藏族自治区主席、西南民族事务委员会副主任、四川省副省长、省民族事务委员会主任、甘孜州州委第一书记、阿坝藏族羌族自治州政府主席、康定军分区政委等。文革初支持当地造反派,"二月镇反"时被军人投入泸定监狱。1967 年春第一次解决四川问题时,周恩来亲自让人将天宝从狱中接出;次年四川省革委会成立,天宝任第五副主任。
25 1968 年 11 月江津地区铜梁县革委呈文侯批,成都军区党委研究同意了,递

一民和姚德茂则属身份明确的刘、张宗派羽翼,组长张西挺遂坐拥多数优势,大小事一体随意裁夺。郑志士对审批议案时有歧义,张组长便动辄开动表决机器予以否定,如:1968年11月某晚,张西挺在军区五号楼召开紧急会议审批永川县革委会案,该案本存争议、且手续尚不完备,可"紧急审批会"仍旧很快给予批准。姚德茂回忆:

> 郑志士同志认为这样的做法不妥当,就提出不要急于批,再征求一下江津地区驻军的意见。张西挺坚持立批……郑志士同志当时一再表示反对,张西挺根本置之不理。于是她就开动表决机器,郭一民表示同意张西挺的意见,我也马上紧跟……这个方案就这样通过了。郑志士同志……当时拿起东西,非常气愤地就走了。以后,召开审批组会议,他就常常请假,推脱有事不愿意参加了。[26]

省会成都是50军入川后"三支两军"的枢要之地。1968年5月4日,成都市革委会正式成立,主任孙洪道(50军副军长)作《关于半年来成都市无产阶级文化大革命的总结报告》,通篇将《三一五指示》和"四二七"指示并列,(即将支持刘、张和反对"倒谢反梁"并列),通篇都是坚决执行毛泽东关于"革命大联合和革命三结合的伟大原则,巩固和发展成都市两大派的革命大联合,积极促进革命的三结合",将"我市两大派中的一些群众,想的是'打内战',讲的是'打内战',做的也是'打内战'"转变为"想的是'三忠于',讲的是'三忠于',做的还是'三忠于'",通篇"坚决执行'支左不支派'的原则",不能"一边倒,支一派,压一派,或者亲一派,疏一派"。

川大八二六派学生领袖、成都市革委常委刘安聪这样回忆他一次参会的感想[27]:

> 军工宣队进校,校革委被架空,我们对复旧深有体会。3月份,

送省革委"革委会审批组"核办,天宝按规定核准盖章并将批示发出,张西挺闻之大发脾气,说"我是组长,为什么不报告我?"即刻派人追回批示,电告驻军支左领导小组对天宝批发的文书予以终止。

26 《中央办的毛泽东思想学习班四川班揭发批判省革委个别领导人严重错误的材料》(会议文件。1970年8月),页6。
27 2022年8月4日,刘安聪与周孜仁所通微信文字信息。

我去参加市革委全委会,我的腹稿主旨就是以川大为例批评复旧。进会场时有人递给我一份王效禹讲话,我大受鼓舞。发言几分钟后,为增加分量,我开始念王的主要话语,然后再作发挥。我并无指责市领导之意,而是以川大为例说明社会上存在复旧思潮,市领导应引起重视。市革委副主任、50军参谋长杨增彤担心引起连锁反应,打断我的话,说:刘安聪,不要念啰,成都的情况和山东不同。我的发言被中止。

川大宣传队和西南局的宣传队都由50军派出,他们对川大"八二六"及西南局"西指"进行清理,自然会触及派系的敏感神经,以至于刘、张派系核心人物说起50军竟鄙夷地采用隐语"你们对门子"如何如何——50军军部机关与西南局机关正好隔街(东玉沙街)相对——两者关系之疏离和敏感,由此可见。资料披露,某日,刘、张心腹幕僚郭一民对"西指"洪韵珊发牢骚说:"(派)工宣队就解决问题了吗?(工宣队)还不是你们对门子那个领导的。"郭接下来的牢骚再露其深层心理危机:"工宣队是谁派的你晓得不晓得嘛?大章同志如果不讲话,50军能够派工宣队到西南局去呀!""省革委在京首长三月十五日给西南局机关有几点指示,是哪个的口气?我一听就听出来了。"[28]

身处上层漩涡的权势人物,对"新生红色政权"的内部分野均已冷暖有知。

2. 李大章的复出和张国华的天平

中央批准的四川省革委会权力结构,与前一年的筹备组相比,排位第一仍是张国华、排位第二变成了原省长李大章。此排名是文革局势变化之下,北京对四川权力平衡和运作做出的重大调整。

李大章,1900年生于四川合江县。1920年赴法参加勤工俭学,

---

[28] 《中央办的毛泽东思想学习班四川班揭发批判省革委个别领导人严重错误的材料》,(会议文件,1970年8月),页89。

次年加入旅欧中国少年共产党，1924年正式转为中共党员，1925年赴苏联莫斯科东方大学学习，1926年底回国正式参与国内革命，先后任中共北方局宣传部部长、牡丹江省委书记等。中共建政后，被派还乡，先后任中共川南区委书记、川南军区政委、四川省省长、西南局书记处常务书记。仅凭这一长串传奇经历和闪光名头便足以让人仰面敬之。文革把这一切统统颠覆了。1966年11月，成都著名的"11·13大会"事件发生，李井泉当日即逃遁隐匿，二把手省委书记廖志高已先于此被造反派控制，作为四川权力排位第三的李大章遂成造反群众可以随时摆布的四川最大的"走资派"，被争来抢去、批斗交待，无休无止。

遍检同僚及身边工作人员的回忆文稿，可以看到定义李大章的关键词庶几多含褒义，如"忠厚长者的风度"，如"有文化知识和实践经验"，如"能听取不同意见，对干部不搞打击报复"，如"抓生产任劳任怨"，如"性格多川人的开朗幽默""丰富的语言、历史文化知识和幽默的性格，讲话往往风趣横溢，时有妙譬"等等。李大章的谦和友善，与"一把手"李井泉的冷苛横霸相比，成了色彩迥异的"反衬"。[29]

1967年3月中央第一次解决四川问题前夕，得毛泽东指示："李大章同志是可以用的。"周恩来派专机将李接到北京，到京后即派车将李大章接去做深夜长谈至凌晨四点。临时被派李大章身边做保卫、保健兼秘书的杜厚成回忆：

总理向他了解了一些四川当前的情况，如派性斗争、工农业生产，特别是"三线"建设情况后。总理说，四川是中国的农业大省，是国防工业的"大三线"，工农业生产的担子很重，现在四川的经济几乎瘫痪，若再继续下去后果会更严重，中央很着急。你是四川的老人了，熟悉四川情况，你要赶快站出来工作，把"三线"建设的工作抓起来，要抓革命、促生产嘛！你们四川是抓"革命"、搞派性、搞

---

[29] 《当代四川大事实录（第二辑）》（当代口述史丛书编委会编辑，四川人民出版社2008年版）收有多篇关于李大章的回忆文稿。

武斗有余，促生产就不足了。你把当前四川的情况写成文字材料交到秘书局来，作为中央解决四川问题的参考。你回去主要做三件事：一是赶快与李、廖划清界限，尽快取得群众的谅解，争取解放出来工作。二是你出来以后首先抓干部的解放工作，让靠边的干部尽快出来配合你搞工农业生产。三是抓好"三线"建设，抓好四川的工农业生产。

李大章作为西南局常务书记、四川省长，当年（文革前）处理刘、张全过程都是参与者，刘、张对李大章复出必然心怀耿耿，其次，作为四川官场老资格的巨大存在，对于夫妻二人弄权巴蜀显然是一大障碍。第一次解决四川问题，听闻李大章被周恩来暗中接来北京准备"解放"并安排任用，张西挺大感不快，放言"李大章在我们这个案子上欠有账"，要"把老头狠狠斗一下"，竟然在中央鼻子底下组织王茂聚等人到京西宾馆对"走资派"李大章实施围攻，意欲造成舆论，表示四川群众代表对李不予谅解，以向中央施压。其实，李大章在宦场从不属任何山头，不沾任何派系，故而毛泽东亦对其最为放心。1967年7月17日，毛泽东在武汉东湖召集周恩来、谢富治、王力、余立金、郑维山、杨成武开会，听取派往西南地区处理"文化大革命问题"的谢富治汇报情况。谢说四川省革筹小组补充了12个代表，其中有李大章，但有人怀疑他和造反派刘结挺勾结在一起。毛听后道："李大章哪里是什么刘结挺勾结的。那是我的事，我提过多次。不行，当个黎元洪也很好，总要有个在四川有名的人嘛！"[30]

事情到了次年春中央第二次解决四川问题，《三一五指示》中，周恩来要求四川的军政领导和各派群众组织支持李大章出来工作，并要求他们当场表态。江青还明确指认李大章是她的入党介绍人：

李大章的问题不知说了多少次了，到现在站不出来。李大章同志，我为了接济你，一天吃两个烧饼[31]。

---

30 参看李亚丹《远去的背影——深切怀念父亲李大章》，页222。
31 关于江青公开指认李大章为她入党介绍人一事，杜厚成在《我跟随大章同志经历的几件要事》一文曾有谈及："有一天首长忙完公务，和我一起闲聊。

此说非同小可,"李大章是江青的入党介绍人"一说顷刻间在巴蜀社会传得沸沸扬扬。省革筹给中央的组阁报告中,李大章排位于16位副主任第九。名单报到周恩来处,周亲将李的名字调到第二。李大章任省革委副主任不久,又兼任成都军区第二政委[32]。李大章位置的挪腾是及时和必要的,凭在四川政坛的号召力、影响力及主持全局经济工作的丰富经验,要医治千疮百孔的巴蜀病体,李大章的作用无人能比。

李大章复出,对张国华实为一大利好。二人理念相同,处事风格相同,李大章代表的地方干部势力注定将成为支持张国华的重要政治力量。《三一五指示》下达后,3月26日,张国华在四川学习班讲话,态度鲜明地宣布:

> 李大章同志的问题,中央说了好几次了,我们省革筹对李大章同志站出来的工作做得不够,这次中央首长再次表态,要李大章同志站出来,我们省革筹、成都军区党委、中国人民解放军坚决支持他站出来……这是毛主席的声音,主席的指示,我们坚决照办!

3. 刘、张频置路障

官史记载:

1968年秋,四川的三线建设基本上已停顿了三年之久,不少国家重点建设项目均因文革闹腾而拖延工期,损失了大量资金和时间窗口。西南铁路工程指挥部一套现代化的通讯设备(当时全国只有6套),在武斗中被破坏,损失400多万元。当时西南地区最大的火力

我问他:你真的是江青的入党介绍人吗?首长对我说:她并不是我直接介绍入党的。我当时是青岛地下党的市委书记,她是山东大学图书馆的管理员,我认识她,但她却并不知道我的真实身份。她入党是另有人介绍,经我审批的。我听她这么一讲,我琢磨,大既是想证明她很早就参加了革命,而且在做地下党的工作,无非是捞点政治资本吧。我很幼稚地说:"那你当时为啥不站起来说几句呢?"首长笑笑说:"你这个小老乡呀,当时那种政治气氛下,我能伸头出来说是或者不是吗?"

32 李亚丹《远去的背影——深切怀念父亲李大章》,页226。

发电厂豆坝电厂[33]的建设,由于"夺权"和宜宾武斗的影响,整个工期延误了三年。三线建设重点项目长城钢厂,群众长期对立,武斗不休,致使生产瘫痪,续建进度缓慢。该厂原设计年产钢26万吨,钢材21.5万吨,可是从1965年至1970年6月,四年半仅生产钢27万吨,钢材0.7万吨,不及设计能力的3%。还有的三线建设单位,在武斗中绝密图纸和重要设备被毁,造成严重损失。大规模武斗除造成民众大量伤亡,此外还造成国家和人民财产严重损失。在泸州武斗期间,只有50多万人口的合江县,从财政开支的武斗经费就达140多万元,浪费粮食50多万公斤。东风矿区(今芙蓉矿区)还将国家基本建设资金300多万元用于武斗。有些县除了从县财政开支外,还向下属单位分摊武斗费用,小单位几千元,大单位上万元。食品公司没有钱,就拿猪去抵款,烟草公司则以烟抵款,搞得乌烟瘴气。不少地方的武斗队打开国家粮仓,随意吃用,甚至抢劫银行、商店财物。1966年全省社会总产值、国民收入和工农业总产值比上年还有所增长;到1967年和1968年,全省社会总产值、工农业总产值和主要工农业产品产量均大幅度下降。其中粮食1967年比1966年减少约10亿斤,1968年比上年减少36亿斤;原煤1967年比1966年减少258万吨,1968年比上年减少289万吨。1966年,四川按人口平均的国民收入为157.1元,比全国人均国民收入少58.9元;1968年,人均国民收入104.8元,比全国人均少78.2元[34]。

经济形势的糜烂触目惊心,足见李大章复出柄政,重整巴蜀的工作量何等沉重!其次,他还面临一个麻烦,他在四川权力格局中的权重超越了刘结挺和张西挺,刘、张注定怏怏不快,甚至在圈内常发怨言,"污蔑大章同志是什么'老糊涂',什么'老观念','还是文化大革命前的老一套'"等等[35],这样,李大章的工作不但不能得到执政机

---

33 又名401电厂,中央三线建设重点项目,按"靠山、隐蔽、进洞"方针,于1966年2月定址于宜宾县朝阳乡豆坝场。
34 参看《当代四川简史》,页195-197。
35 《中央办的毛泽东思想学习班四川班揭发批判省革委个别领导人严重错误的材料》,(会议文件,1970年8月),页33。

关的支持，反而处处被掣肘、设碍。

1967年春周恩来安排李大章赴京长谈就有交待，要他赶快"出来"抓四川工农业生产和三线建设，要他尽快"解放"一批有经验的干部出来协助工作[36]；现在，李大章以省革委第二把手的名义走马上任，确确实实需要一大批有实际管理经验的"老把式"共襄恢复大业了。

李大章已年近七旬，急需一得力秘书相助，而秘书配置偏偏属办事组（即办公厅）负责，具体则需由办事组长张西挺拍板。事情既然落在张西挺手上，她要找借口制造点麻烦就正得其机了。

李大章无奈，提出让夫人孙明从学习班出来协助他搞一段秘书。孙明文革前是省级机关的厅局级干部，此要求本属合理正当，张西挺却以推荐自己的铁杆心腹田禾作李大章秘书相抵挡。派田作李大章秘书，跟踪卧底之意莘然，理当被李大章拒绝，此后，张西挺再嘱办事组核心领导小组副组长杨德洪[37]，要他替李大章选一路线觉悟高的年轻人去履职"李副主任"秘书，所谓"路线觉悟高"，按当时四川的政治语境，即铁心跟定刘、张路线者；此议再遭李大章拒绝，事情重回借调孙明的老方案，张西挺又出招设障，要将孙明调"农宣队"，到江津地区锻炼[38]——仅此一桩简单事便折腾一月有余，直到张国华出面干预，张西挺最后才不得不放手。

李大章虽以好脾气名世，原则问题上亦会拍案而起。四川省革委成立不久，在成都锦江宾馆八楼会议室召开全委会研究发展经济、恢复工农业生产等事宜，由革委会常委明朗等人做记录，准备会议简报总结，足见议题之重要和规格之高。会议正进行，达县地区一个群众组织头头突然将一死人头背来会场示威，全场一片哗然，李大章顿时盛怒而起，厉声斥责："你们成天地打闹，你们还吃不吃饭？你们不吃饭，人民要吃饭，要穿衣嘛！工人要上班要领工资吃饭嘛！你们知

---

36 李亚丹：《远去的背影——深切怀念父亲李大章》，页219。
37 杨德洪，政工组直政组组长，省革委办事机构核心领导小组副组长。
38 《中央办的毛泽东思想学习班四川班揭发批判省革委个别领导人严重错误的材料》，（会议文件，1970年8月），页33。

不知道,全省工业瘫痪,农村旱情严重!"说着,李大章将桌子猛然掀翻在地,满场为之惊诧,谁也不敢再吱声。接着将闹事者清场出局,会议继续进行。

亲历者说,当时"有人替首长捏把汗。因为当时首长刚站出来工作,得罪造反组织,安一个'复辟''以生产压革命'的罪名,弄不好又要被打倒挨批斗的。"[39] 参加革命几十年,李大章绝非软弱可欺之辈,如今重归山林,他自然要啸傲群峰。

第三节 固守政治制高点

1968年10月,中共八届十二中全会召开,以"叛徒、内奸、工贼"的罪名将刘少奇定下"铁案"并"永远开除出党",表征文革运动在权力斗争层面取得了阶段性重大胜利,紧接着手筹备"九大"。八届十二中全会为刘、张提供了巩固自己势力的最佳命题,这就是:北京在完成永远开除刘少奇这一主题同时,还对1967年初"三老四帅"[40]大闹怀仁堂所谓"二月逆流"和"今春那股为'二月逆流'翻案的邪风"发起了猛烈批判。

对于这两个政治命题,张国华的表态是明晰的。11月8日,省革委和军区召开党代会传达十二中全会公报,张国华称"'二月逆流'那些人还要为王明翻案,要把王明请回来。是一个严重的反革命事件。"接着联系本地实际定义:"四川是在'二月逆流'中受害最大的地区之一,'二月逆流'和为'二月逆流'翻案的邪风在四川刮得很猛,流毒很深。我们还需要继续肃清'二月逆流'的流毒和它的影响,这是十分必要的。'二月镇反'就是'二月逆流'在四川的集中表现,

---

39 见《在李大章身边的日子》,张官尧口述,白洋、张龄之记录整理,载《当代四川要事实录(第二辑)》,页314。
40 "三老"指国务院副总理李先念、李富春、谭震林,"四帅"指叶剑英、陈毅、徐向前、聂荣臻。

它同'二月逆流'是一致的。"[41] 按四川文革的特定语境,"二月逆流"全等于"二月镇反","今春那股为'二月逆流'翻案的邪风"全等于"打刘、张运动",前一事件成就了兵团、八二六派的否极泰来、替刘、张派系构建了强大民意基础,后一事件则让红成、八一五派遭到北京几近致命的政治廷杖。

如此大好机会和大好命题,加上一把手如此明确的表态,对正在巩固自己权力阵地的刘、张当然不会放过。刘、张实际控制的四川省革委很快于12月4日召开二次全委(扩大)会,以鼓掌通过的方式发布《四川省革命委员会第二次全委会决议》,将上述政治认知以书面形式予以确定:

> 省革命委员会第二次全体委员会议认为,"二月逆流"在四川的集中表现就是"二月镇反",为"二月逆流"翻案的邪风在四川的集中表现就是反《红十条》。"二月逆流"和为"二月逆流"翻案的邪风,在四川最突出、最严重,表演最充分,时间之长,流毒之深广,全国罕见。四川七千万军民,在以毛主席为首、林副主席为副的无产阶级司令部的亲切关怀和英明领导下,排除了右的和极"左"即形"左"实右的,主要是右的干扰,击溃了"二月逆流"和今春那股为"二月逆流"翻案的邪风,这是毛主席无产阶级革命路线的重大胜利。但"二月逆流"和为"二月逆流"翻案的邪风流毒还没有肃清,必须继续彻底批判。[42]

定下上述基调,接着又组织了两台大戏,一是"整党工作座谈会";一是"四川省革委第三次全委会"。时已1968年岁末,确定最后政治格局和权力分配的"九大"开幕在即,两台大戏都必须在此前抓紧演完。

---

41 参见陈万明回忆录《亲历继续革命的实践》(未刊稿)页257。陈作为省革委常委参加了会议。

42 同上

1. 整党建党座谈会

确保党权的核心地位始终是中共执政不可动摇、甚于一切的重中之重。

文革以来，特别是各地相继"全面夺权"后，中共党组织已普遍陷于瘫痪、党员（除了军队）停止了组织生活。如今各省、市、自治区革委会的相继建立，党权及其组织问题便凸显并需抓紧解决了。1967年10月19日，中共青海省核心小组向中共中央、中央文革请示："为了加强党的领导，已经成立了革命委员会的单位，可否恢复党的组织生活"？毛泽东对复电稿作了很大的修改，特别加写了一段话："中央认为各地都应当这样做。但党组织内不应当再容许查明有据的叛徒、特务和在文化大革命中表现极坏而又死不改悔的那些人，再过组织生活。党组织应是无产阶级先进分子所组成，应能领导无产阶级和革命群众对于阶级敌人进行战斗的朝气蓬勃的先锋队组织。"10月27日，中共中央发出《关于已经成立革命委员会的单位恢复党的组织生活的指示》，以及毛泽东的批示"党组织应是无产阶级先进分子所组成、应能领导无产阶级和革命群众对于阶级敌人进行战斗的朝气蓬勃的先锋队组织。"[43] 这段明确"以阶级斗争为纲"的批示后被奉为"五十字建党大纲"。11月5日，毛泽东在一次谈话中又谈了整党问题："一个人有动脉，静脉，通过心脏进行血液循环，还要通过肺部进行呼吸，呼出二氧化碳，吸进新鲜氧气，这就是吐故纳新。一个无产阶级的党也要吐故纳新，才能朝气蓬勃。不清除废料，不吸收新鲜血液，党就没有朝气。"[44] 毛泽东"吐故纳新"的语式酷似古圣的哲学寓言，以具象隐喻抽象，为施政者提供了极大的灵活解释空间。《红旗》杂志发表社论《吸收无产阶级的新鲜血液——整党工作中的一个重要问题》[45]对那段话加以诠释，称所谓"吐故"，就是

43　曲青山文："文化大革命"时期整党建党"五十字纲领"考析。《当代中国史研究》2012年第4期。
44　《毛泽东年谱》，第六卷，页138，中共文献研究室编。
45　《红旗》杂志1968年第4期。

"必须把证据确凿的叛徒、特务、一切反革命分子、顽固不化的走资派、阶级异己分子、蜕化变质分子坚决清除出党"。那么,"新鲜血液"指那些人呢?1967年12月2日,以中共中央和中央文革的名义下发了《关于整顿、恢复、重建党的组织的意见和问题》的文件,要求各地在整党中,"虚心听取无产阶级革命造反派的意见",并且"要吸收那些朝气蓬勃、富有无产阶级革命造反精神,勇于在阶级斗争中冲锋陷阵的无产阶级先进分子入党"。[46]

毛泽东这则隐喻式的"最高指示",预示着可以"纳新"之名,将造反派作为"新鲜血液"纳入党内,甚至进入权力核心;又能以"吐故"之名将异己当成"废料""二氧化碳"加以彻底清除。此外,毛泽东还提出具体的操作办法以确保将"隐喻"落到实处——他强调,要有群众参加整党,"每一个支部,都是要重新在群众里头进行整顿。要经过群众,不仅是几个党员,要有党外的群众参加会议,参加评论"[47],这一最高指示亦被浓缩为四个字:开门整党。

四川的"整党建党座谈会"就是在这个大背景下进行的。

刘、张受省革委委托负责筹备整党工作座谈会,具体负责人则为张西挺。她对会议目的和准备工作作如下定调:"我们四川依靠造反派的问题还没有解决,运动进入斗、批、改阶段,保守思潮又抬头,好像斗、批、改阶段就不能依靠造反派了,整党要抓路线斗争,要解决这个问题。"并提出做好三方面准备工作以达到"依靠造反派整党"的目的:一、派员到外省"取经"。二、到基层培养典型,总结经验。三、《会议纪要》起草。

外出"取经"的两个调查组由组织组派出,先后跑了七、八个省。山东省革委整党建党对造反派旗帜最鲜明,动作尺度最大,在党的组织生活尚未恢复之前,不是党员的"最优秀的造反派"亦可先行发展入党并参加领导整党,名之为"个别纳新";即使未入党者,也可参选为"九大"代表,然后再补行入党宣誓。四川省革委政工组组织组

---

46 金春明《回首"文革"—中国十年文革分析与反思》,页939。
47 《毛泽东年谱》第六卷,页249,中共文献研究室编。

于是将"个别纳新"组成领导小组的做法,推荐为领导小组组建三方案之首选,并在 1969 年 1 月举行的"整党工作座谈会"上,将"个别纳新"正式写进《纪要》,要求"全省都要照此办理。"[48]

挖掘本省样板并总结经验的任务则由省革委组织组派出的三个调查组负责。自贡市武装部属于地方军分区中最早支持群众造反者,并获全国表彰的"支左红旗"殊荣。1968 年 10 月 21 日,自贡市革委便派员撰写并刊发了《自贡市交通局大安运输站整党情况》等多种材料全市推广。大安区知名造反派头头、运输站工人王本一[49]被吸纳入党,当局专门为其组织隆重的入党宣誓仪式,让全市各大单位代表参加接收教育,党报配发消息宣传,王随即升任大安区革委副主任、运输站临时党支部副书记。"九大"前夕,党媒《自贡日报》还于 1969 年 3 月 9 日专发署名王本一的文章《必须注意历史经验》。(一年后,王本一在"一打三反"运动中被新当局揪出,以"反革命"和"强奸犯"罪名判处并执行枪决。[50])

省革委组织组抓出的试点经验共 5 份,自贡市的最成熟;乐山地区整党典型五通桥锅厂,典型经验不尽如官意,后经反复加工,增删多次,最后突出了"依靠造反派整党"方得过审;盐亭公社整党经验由省调查组多次加工,称该社党员在运动中 80%-90%都"站错了队","整党不吸收非党造反派参加领导,群众就发动不起来",继而强调吸纳非党造反派参加整党领导小组之必要性、重要性,文稿终遂。

张西挺定位:"这次会议的开法,是通过学习、座谈、交流经验、反复讨论,最后产生一个《纪要》,作为省革委的文件下发"。[51] 1969 年 1 月 23 日会议开幕,座谈会共 9 天,全程由张西挺安排主持。张

---

48 《中央办的毛泽东思想学习班四川班揭发批判省革委个别领导人严重错误的材料(1970 年 8 月)》页 39,姚德茂、杨德洪发言部分。
49 王本一文革前因"严重政治问题"曾被判管制一年,文革造反翻案成功,成为造反头头后有违法乱纪、吊打群众之类恶行。
50 见王锐编撰《自贡市文革大事记》,1969 年 3 月 9 日条目介绍。
51 见《中央办的毛泽东思想学习班四川班揭发批判省革委个别领导人严重错误的材料》,(会议文件,1970 年 8 月),页 20。

西挺的开幕讲话提出5个问题作为会议的研究重点:

1. "做好清理阶级队伍的工作,是整党的基础。"怎样使清理阶级队伍的工作和整党工作衔接起来?

2. 怎样实行开门整党?开门整党,这个"门"要开到什么程度?

3. 与开门整党紧密联系在一起的还有一个问题,就是在基层单位建立整党领导班子的时候,要不要吸收非党的(也即现在尚未入党的)无产阶级革命派的优秀代表参加?

4. 怎样把这次整党运动,变成一个活学活用毛主席建党学说的群众运动?

5. 什么样的人必须作为废料"吐"出去?什么样的人可以作为无产阶级的新鲜血液吸收进来?这个问题政策性很强,搞不好就会犯右的或"左"的错误,会犯保守、复旧或打击面过宽的错误。请同志们很好地研究这个问题。

需要翻过的"坎儿"是李大章。北京布局的四川权力班子,李大章虽排名第三,但二把手梁兴初主要管军队事务,一把手张国华对李大章多有倚重,刘、张不敢轻慢。座谈会前召开预备会,刘、张郑重邀请李大章参加,希望获取支持。没承想李大章对所谓"依靠造反派整党"的基调表示明确反对,他提出在农村一定要依贫下中农,认为非党群众参加整党领导小组不妥,预备会后旋即离开成都到专县基层调研"斗、批、改""抓革命、促生产"去了,直到1969年1月23日会议开幕。

2. 从讲话看分歧

开幕式李大章、梁兴初、刘结挺、天宝、张西挺均有出席并发表了讲话。虽然多属于套话、大话拼接堆砌,但认真细究,从其划重点与不划重点者、讲出和未讲者,亦可窥见其间认知和关注点的微妙差别。

达成共识的，是先"清队"后"整党"[52]。李（大章）、梁（兴初）、刘（接挺）、天（宝）、张（西挺）都是建国前参加革命的老干部，参加革命的目的就是推翻旧统治，建立共产党的天下。建国后，毛泽东大力提倡"阶级斗争"为纲，他们都是忠实的践行者。文革"清队"拿所谓阶级敌人开刀，谁都没歧义，若论分歧有之，只在于"阶级敌人"标准的认定，怎么认定？谁说了算？

刘结挺作为省革委政工组组长，主持全省"清队"工作，在1968年12月召开的省革委、成都军区党员代表大会上，他专门就"清队"问题讲话，强调"'斗、批、改'中'清理阶级队伍'是一个重要阶段，还大讲一些地方的'清队'经验，大肆渲染'敌情'，认为已经有一些敌人混入党内，窃取了领导的要职，还有一些敌人在'文化大革命'中混入到群众组织中，甚至混入到革委会中，因此，'清理阶级队伍'是万分必要的"[53]。刘结挺在本次会议的讲话更加明确强调要发展造反派入党，他说："要注意在整党中，吸收一批优秀的造反派，首先是产业工人中的先进分子入党，选拔优秀的共产党员参加各级党组织的领导工作，把使用、教育、培养当作我们极其重要的工作。"有人提出的造反派问题多多，甚至有坏人混入，刘答道："发生点问题影响不了党内外造反派的主流，改变不了本质，也否定不了他们在文化大革命中建立的功。有坏人混入，应当相信他会依靠伟大的毛泽东思想把坏人清理出去，把那一小撮阶级敌人揪出来。"刘强调发展造反派入党，依靠造反派整党，是这次"整党建党座谈会"的主题。

革委会成立后，造反派按规定纷纷倒旗解散，其后按照中央指示，各地革委会成立党的"核心组"，造反派在革委会中被边缘化。

---

52 按《十六条》提出的文革任务是"一斗、二批、三改"，即："斗垮走资本主义道路的当权派，批判资产阶级和反动学术'权威'，批判资产阶级和一切剥削阶级的意识形态，改革教育，改革文艺，改革一切不适应社会主义经济基础的上层建筑"。九大前后"斗、批、改"流程明确为："建立三结合的革命委员会，大批判，清理阶级队伍，整党，精简机构、改革不合理的规章制度，下放科室人员"。

53 中共四川党史研究室著《中国共产党四川历史》，（第二卷），页386。

刘、张的权力基础受到严重削弱，他们必须乘开门整党之机，抓紧发展造反派入党以进入权力枢纽。

李大章只是正面说事，小心翼翼绕开毛泽东主张的"开门整党"议题。李大章在"批资反路线"时被造反派抓去"朝夕相处""现场办公"，"二月镇反"又成首批罹难入狱者，还被宣布为"社会渣滓"成堆的"兵团街道工业分团"黑后台[54]被捆绑游街、投入黑牢、备受凌辱，对造反派有更实际和深刻的认知，但他的讲话对造反派如何入党避而不谈，只是继续强调"清队"是整党的基础，只有搞好了"清队"才能进行整党。1月31日，整党座谈会闭幕，李大章再次受请到大会讲话。这次发言虽短，却可窥出他对文革及整党工作的认知是真诚的："（进行整党）能更好地改变过去党群对立、干群对立那种状况，密切联系群众，改善党群关系，政群关系，就能更进步地发动广大党员和革命群众，夺取无产阶级文化大革命全面胜利。"[55]

梁兴初的开幕式讲话强调两点：一是"吸收新鲜血液"，二是"开门整党"。他说："吸收新鲜血液，就是要吸收无产阶级的新鲜血液入党，首先是吸收产业工人中的具共产主义觉悟的先进分子入党，在农村是吸收贫下中农中的具有共产主义觉悟的先进分子入党，选拔坚决执行毛主席无产阶级革命路线的优秀的共产党员参加各级党组织的领导工作。"

梁兴初在广州深受造反派之苦，被桂林步校的造反派打伤，不得不住院治疗，这些伤痛记忆犹在；二月他在广州军区主持"镇反"，也抓了不少造反派。作为性格刚愎的军人，要他宣布将造反派当成"新鲜血液"和"氧气"纳入党内并与之为伍实无可能。他的讲话只礼节性地说些"整党建党必须以毛主席的伟大建党学说为武器，必须大搞革命的大批判（特别要狠批大叛徒、大内奸、大工贼刘少奇黑

54　1966年11月底，李大章被"成都工人革命造反兵团街道分团"扣留在分团总部古中寺，以便随时替他们解决各种经济问题。李大章对此取随遇而安之态，把古中寺当成了临时办公点，随时召集有关官员在此开会议事。二月镇反，街道分团为成都军区第一个围捕目标，于是李大章与分团造反派同时被捕，游街示众并投入大牢。

55　李大章1969年1月31日在四川整党座谈会上的讲话。

《修养》)、必须贯彻执行毛主席的群众路线,抓活思想、抓整党试点一类套话。记录稿2900字,按照一般语速,20分钟就收工。

排位第五的省革委副主任天宝一贯对排位第六的张西挺谦和退让,除了藏胞好脾气,还因在阿坝州任书记时支持过造反派、也在"二月镇反"时坐过牢,从朴素感情进而政治态度选择,对中央钦点的左派刘、张格外依从,批判"二月逆流"和"今春那股为'二月逆流'翻案的邪风"情绪易显火色。他的讲话主要强调"批二月逆流"和"今春那股为'二月逆流'翻案的邪风"。"镇反"时期坐过牢的天宝,对"二月逆流"心怀愠怒实属自然,会议替他准备的讲话稿偏偏洋洋洒洒八千余言,天宝向张西挺提出:"你要叫我发言,先把稿子拿给我看看!"看过发言稿,天宝问张:"你两个(指刘、张)调子那么低,为啥喊我讲那么高?"张西挺说"你去讲嘛,没关系,你讲了保险有人拍巴掌,有人拥护你。"[56]

座谈会共9天,全程由张西挺主持,除开幕和闭幕式的领导演讲,余下7天按计划进行试点单位经验交流,再以事前准备好的《纪要》为蓝本,分若干专题进行分组讨论,介绍一个经验讨论一个专题。专题分别有:"整党必须依靠造反派""整党中如何开展大批判""为什么必须重点批'二月逆流'和为'二月逆流'翻案的邪风"等等。《纪要》为剧本,"先进典型"属折子戏,讨论则为背景锣鼓和帮腔。为了调动"演员"情绪,会议专门安排一天批判"二月逆流",宣布"二月逆流"流毒尚未肃清,甘渭汉的流毒没有肃清,有人路线斗争观念不强等等,制造"剧场氛围"。会议还专门安排介绍山东经验。

3. 山东经验

所谓山东经验,是指王效禹[57]掌权之后与济南军区在"支左"问

---

56 转引自袁光厚《悲剧是这样造成的(下)》,页296。
57 王效禹(1915-1995)山东青州人,1938年加入中共,1954年任山东省人民检察院副检察长。反右倾时被贬德州国棉一厂任副厂长,右倾问题甄别后,

题上发生冲突,北京高层奉旨对济南军区有关负责人做了多次批评[58]。以地方左派新贵挑战军方并取得成功,对于四川刘、张挑战梁、谢尤具鼓舞之效;其次,"山东经验"除整党建党提出"个别纳新"外,还着重推广了一个新概念:"反复旧"。"反复旧"概念的始作俑者[59]系八届十二中全会期间《红旗》杂志社论《吸收无产阶级的新鲜血液》,社论称:

反对复旧。凡是领导班子统统是原班人马,没有吸收无产阶级的新鲜血液,没有革命三结合,或者只是形式上三结合而不是革命的三结合的地方,不可能做好发展党员的工作。这样的领导班子,不能同革命群众保持密切的联系,因而很可能吸收一些"中间派""老好人"入党,甚至可能被言行不一的坏人、投机分子混入,而把敢于向阶级敌人冲锋陷阵的、敢于坚持阶级斗争的同志排斥在外。凡是有复旧的地方,由于缺乏在毛主席革命路线原则基础上的团结,常常形成两个中心。这种地方工作往往死气沉沉,华而不实,滞而不进,"独立王国"气味甚浓。在这些地方,应当通过斗、批、改的群众运动,充分走群众路线,吸收无产阶级的新生力量,克服"多中心论",实现领导班子革命化,在斗争中逐步形成一个坚决执行毛主席无产阶级革命路线的革命核心。

按照该期《红旗》杂志发排前的目录排序,第一篇是毛泽东题词,第二篇是林彪讲话,第三篇是"两报一刊"国庆社论,第四篇才是《吸收无产阶级的新鲜血液》,姚文元将样稿送毛泽东审阅,毛将《吸收

1965年任青岛市副市长。文革初公开支持红卫兵得毛泽东肯定。山东成立革委会,王效禹任省革委主任。王任济南军区第一政委时,与军方矛盾日深,"九大"后被中央陆续免去各项职务。

58 参看齐晋华著《齐鲁三年枭雄王——文革风云人物王效禹》《昨天》2013年5月30日第17期

59 八届十二中全会开幕次日,《红旗》杂志第四期发表社论《吸收无产阶级的新鲜血液》,论中有一大段关于"反对复旧"的论述。史料介绍,武汉著名工人领袖吴焱金和胡厚民曾就此专程到京西宾馆405号房间拜会在京开会的王效禹:"你们在山东搞反复旧,中央到底给您交过什么底?"王效禹痛快答了一句:"没得底,就是看到《红旗》杂志第四期上面有一句话。"

无产阶级的新鲜血液》调为第一篇[60]。上海左派报纸《文汇报》嗅觉最灵，立即紧跟，《红旗》社论出版后第四天：10月18日即跟发"本报社论"《反对复旧》，直截了当宣称："反复旧的根本目的就是由造反派掌权"。王效禹敏锐揣摩上意，很快将理论变为实践。山东群体性"反复旧"运动自八届十二中全会期间始，很快波及全国多省，一时沸沸扬扬。[61]

刘、张的历史际遇及现实境况与山东王效禹高度近似，采用相似的政治立场态度理所当然。会议主要负责人之一姚德茂回忆："他们（按：指刘、张）在会上反复交待的主要是三个理论：一个是依靠造反派；一个是批判"二月逆流"，再一个就是"反复旧"。刘结挺说："依靠谁的问题，是路线问题、方向问题。""造反派是群众中的先进力量。不去依靠先进力量，就一定要依靠后进力量。"张西挺说得更直白："为刘、邓翻案的那些人，总是要想阻止文化大革命，他们现在阻止文化大革命的手段，就是指责造反派"。

《整党工作座谈会纪要》在讨论过程中也遇到一些质疑。姚德茂回忆，"参会一些军队的同志和成都市革委的代表对'依靠造反派整党'，把党员队伍看得一团糟的'反动谬论'，提出了不同意见……"这些意见均被刘结挺斥为"'二月逆流'流毒没有肃清的表现。对待造反派的态度没有解决。"遭受批判，"造反派领导整党，依靠造反派整党"是贯彻中央精神的主流。[62]

在中共八届十二中全会精神指引下，左倾思潮泛滥，刘、张处于优势地位并具体操盘，会议的结论性意见终以《会议纪要》形式出炉，《会议纪要》凡五条：

第一，整党的纲领和指导思想是毛主席的指示。要实行领导和群众相结合，党内和党外相结合。反对关门整党，反对神秘主义。

第二，整党要达到如下目的和要求：肃清所谓"刘少奇修正主义

60　《建国以来毛泽东文稿》第12册，页580。
61　参看吴焱金口述、钟逸整理《四十三年望中犹记》页118—119。
62　转引自袁光厚：《悲剧是这样造成的（下）》，页212。

建党路线",使革命和生产出现崭新面貌;形成一个坚持毛主席革命路线的经过更新的革命的"三结合"的领导班子;清除叛徒、特务、一切反革命分子、死不改悔的走资派、阶级异己分子、蜕化变质分子,纯洁党的组织;吸收一批优秀的"革命造反战士"入党,选拔一批优秀的共产党员参加党组织的领导工作,增加党的新鲜血液。

第三,开展整党的条件:必须是要"革命大联合"和"革命三结合"比较巩固,革命委员会(革命领导小组)具有革命权威,深入开展了革命大批判,清理阶级队伍进入了深挖阶段,阶级阵线基本分明。

第四,整党建党的步骤:第一步,思想动员,组织准备,建立整党领导班子;第二步,举办各种类型的毛泽东思想学习班,大学毛泽东的建党路线,大批"修正主义的建党路线",狠批"二月逆流"和为"二月逆流"翻案的"邪风",党员"斗私批修";第三步,吸收新鲜血液,清除"废料",分批恢复党员组织生活,建立党组织的领导班子。[63]

文字表达与全国官媒完全接轨。没有人再说三道四,只是按标准工作流程,《会议纪要》这样的权威文件还得由当时四川最高权力机构省革委批准方才具有官方效力。整党座谈会张国华隐身不露,李大章态度貌似公允、实则暗藏玄机,还有成都市革委"个别军队代表"直接发出杂音……都是刘、张主导四川整党高歌挺进的路障。还有一个危险因素,一直和刘、张唱反调的54军虽已调离四川,但其代表人物谢家祥依然在成都军区稳坐副政委职位,还是四川省革委常委;谢家祥的后台梁兴初依旧是四川二号首长,稳控军权。张国华还在折中主义哲学迷宫徘徊——这些人物的实际权重都高于刘、张。"九大"开会在即,已经没有时间拖延,必须趁热打铁,彻底扫清所有负面因素。四川省革委第三次常委扩大会马不停蹄召开了。

---

63 川革发[69]112号文件:《四川省革命委员会召开的整党工作座谈会纪要》转引自《中国共产党四川历史(1950—1978),页400。

4. 省革委第三次常委扩大会

1969年2月1日整党座谈会结束，2月13日，省革委第三次全委扩大会紧接开锣。三次全委扩大会没有新内容需要准备，而且省革委常委里"红十条派"代表数量占压倒性优势，举手通过文件当无任何问题，开会无非例行公事，来一番"群体无意识"表演，让反对者掣肘无方罢了。从重庆赶来省会的"八一五派"常委陈万明在会上属于绝对少数派，后来他这样表述出席省革委第三次常委会的当日"感想"："（常委扩大会议）通过了一个决议。这个决议还是草稿的时候，我同去年召开的省革委会党代会决议和省革委会二次全委会决议进行了对照，从内容到文字都大同小异"，他甚至怀疑"（张国华）是否有些明里暗里有些受别人操纵。"陈所说"别人"，当然指控刘、张权力团队。

为了制造舆论氛围，会议开幕前夕，2月11日的《四川日报》用头版头条加二版整版篇幅，高调推出题为《击溃"二月逆流"的历史经验》的编辑部文章造势[64]，文章分"历史的回顾""革命造反派的伟大功勋""在路线问题上没有调和的余地""为建设红色政权而斗争"四大板块，洋洋洒洒8000余言，整个文章采用红卫兵文风语式。比如，为了重申造反派立下汗马功劳，在"革命造反派的伟大功勋"一节，官媒行文如下：

是他们，在毛主席《炮打司令部》大字报的伟大号令下，冲破重重障碍，砸烂层层枷锁，喊出了震撼全川的革命口号："打倒李井泉，解放大西南！"以千倍的锐气，万分的勇敢，向李井泉所盘踞的"独立王国"，发动了一次又一次的冲击。

是他们，高举"对反动派造反有理"的大旗，在资产阶级反动路

---

[64] 关于这篇重头文章有此一说：既然如此重要，当是通过省革委核心小组成员审阅的，其依据是913事件后印发的《成都市革委政工组编辑揭发梁兴初材料（1）》，市委书记许梦侠的发言"剥掉梁兴初的'正确路线代表'的画皮"中揭发说该文是"梁兴初修改同意发表的。但当这篇文章受到中央批评时，他又说：'事先我不知道，事后我也是反对的.'"

线的统治下冲杀出来，向那些叛徒、特务、死不改悔的走资派及其他公开的、暗藏的敌人猛烈进攻，把党内一小撮资产阶级代表人物的反革命防线冲得七零八落。

是他们，在上海"一月革命"风暴的胜利鼓舞下，奋起向党内一小撮走资派夺权。

是他们，在"黑云压城城欲摧"的"二月镇反"中，顶逆流，战恶风，压不垮，吓不倒，"坐牢杀头何所惧，誓死保卫毛主席！"

是他们，紧跟毛主席的伟大战略部署，坚决执行毛主席的一系列最新指示，排除来自敌人的"左"右干扰，主要是右的干扰，贯彻落实"红十条"，为实现革命大联合和革命三结合，在全川建立各级新生的革命委员会，做出了巨大的贡献。

当是时也，社会小报已荡然灭迹，重启这种红卫兵文字，显然是想唤醒民众已经沉睡的心理躁动。第四段《为建设红色政权而斗争》直接号召："继续冲锋陷阵，夺取无产阶文化大革命全面胜利，用新的更大胜利迎接党的第九次全国代表大会的胜利召开！"文章提醒："四川的无产阶级文化大革命已经进入伟大的斗、批、改阶段。""是一场更加尖锐、剧烈的阶级斗争，是两条路线斗争更加深入的继续"：

斗争的焦点，仍然是政权问题。斗争新的特点之一，就是资产阶级复辟与无产阶级反复辟的斗争，突出地表现为复旧与反复旧的斗争。

文章正式宣示"反复旧"概念：

目前，有少数地区，少数单位，已经出现了一些值得十分重视的现象：在那里，做工作，办事情，总是求"稳"怕"乱"，步子迈不开；在那里，新事物得不到支持，新问题得不到重视；在那里，听恭维的话津津乐道，听批评的话连连摇头，群众的正确建议常常被打入"冷宫"。结果，班子是新的，思想仍然是旧的，作风仍然是旧的。

这就是一种复旧的倾向。复旧，当前就其表现来说，是思想上的复旧，而且是大好的革命形势下的局部现象。但是，却不能不引起我们的十分警惕。在无产阶级文化大革命进入斗、批、改阶段，在无产阶级专政不断加强的情况下，一般说来，阶级敌人搞资本主义复辟，此较多的是利用我们革命队伍内部存在的旧思想、旧习惯势力的残余，用"和平演变"方法，使我们"变"过去。在新的形势下，击溃敌人掀起的种种"逆流"，防止复旧，防止资本主义复辟，最根本的，就是用毛泽东思想，加强政权建设，用毛泽东思想，掌好权，用好权。"世界观的转变是一个根本的转变"。

全委会开幕前夕，张西挺让核心圈人物空字 028 部队红总冯德华召集来蓉参会的八二六派观点的省革委常委及相关人员商议，就配合会议的做法、内容及实现目的等进行布置，向这些常委提供了与之相关的材料，如谢家祥与"二月逆流""翻案邪风"相关联一类。对发言指向专题及发言稿撰写人一一作分工落实。

1969 年 2 月 17 日是中国最重要的传统节日：春节。虽说"大革命"年代将所有民间习俗都作为"四旧"砸烂，如今开始"天下大治"，应该让庶民百姓感受点祥和之气了。会议组织者赶在离大过年仅 4 天的 2 月 13 日开幕，大年初一休会，初二即又复会，足见事情之急迫。复会次日安排李大章发表了讲话，这次讲话很长，据会议正式印发的书面文字记录，约 17000 字，显然是经过了认真准备、反复推敲的。李这一次发言态度鲜明，足显"老革命"成熟的政治智慧和胆识。他明确指出"有些（发言）过头一点的，会有副作用"：

只有针大的一个眼子，一个小缝，你非要楔个楔子进去，把它弄大、弄开，这没有必要，也不可能。所以，我们还是实事求是地、恰如其分地讲话。对解放军也是一样，不管对解放军领导也好，对下面的广大指战员也好，我们一定要支持解放军，拥护解放军，对解放军也要有正确的看法……对解放军的成绩要估计够。

关于大批判的问题，李大章的原则性绝无含糊，他提出：

"大批判"包括的内容很多，主要是对于刘、邓反动路线的批判，对于李井泉、廖志高、任白戈顽固坚持反动路线的批判，这方面的内容，我觉得没有很好地展开，或者展开得不够。中间又联系到"二月逆流"问题，在"二月逆流"问题中间又冒出一个所谓"倒谢乱军""反军乱军"的问题，把这个问题就更突出了。

"二月逆流"问题，我觉得对大批判是有干扰的。不管是来自"左"的方面，来自右的方面，抓"反军乱军"的小爬虫，这样的认识，这样的做法，怎能够有利于对"二月逆流"的批判呢？是不利于的，是有阻碍的，是有干扰的。

李大章讲话让会议主持者扫兴的还有："有的革委会成立了半年，有的成立了两、三个月，也没有抓清理阶级队伍，整党工作也抓得不够紧，抓得不够好。"在评价整党工作典型时，他说"乐山地区情况好一些，自贡市开展整党面也不大，内江的几个县以及我知道的一些地方，由于清理阶级队伍工作进展迟缓，或者根本还没有展开，没有为整党工作打下基础，这就使得整党工作进展更迟缓了，看不到什么影"，他直接点名，拿乐山五通桥锅厂说事，造反派"群众组织"七名勤务组员，"五个勤务组员是坏蛋清出来了，还剩了两个。"[65] 刘、张最为看重的先进典型正是自贡及川西一带所谓"红十条派"绝对占优的地区。李大章如此点名实让主事者难堪。

李大章讲话对来自"左"和"右"的干扰都予以敲打，对于四川各方力量的平衡和团结，维护全社会稳定是必要的。"九大"召开前夕，李大章（包括张国华）在政治认知和川省执政思路上，已和刘、张拉开了距离，只是有虑于当时的政治环境：十二中全会批"二月逆流"之锋锐未减，刘、张尚有很大的权力优势和社会优势，李大章不想观点太过直露而授人以柄；再者，毛泽东急于在"九大"前夕对"右派"势力"落实政策"以营造团结氛围，因此，李大章将自己的原则观点，精心掩盖在繁芜的语言草丛之下，如"把这个问题弄清楚有好处""重新来补补课，搞得更好一点，搞得更快一点，把这个问题提出来完全必要。"等等。张国华本来精于此道，对于八届十二中全会至"九大"前夕北京的政治风向，他和李大章同样敏感，他对李的认

65　李大章在四川省革委对三次全委会上的讲话。

知给予高度赞同是属情理中事了。

四川政坛三角鼎立之势已成：张（国华）李（大章）联盟与梁（兴初）谢（家祥）的军方联盟力势相若；刘、张一方死守省革委办事机构的操作权，貌显强势实则脆弱，最后遭北京抛弃，只是时间问题。

5. 谢家祥赴会

"九大"前夕，中苏边境的紧张局势骤然升级，还发生零星军事冲突。毛泽东号召备战，借外患以弭内衅，化解国内大面积民众间的矛盾，正当其时也。谢家祥在成都军区分管战备。谢或因工作确实紧张，分身乏术，或知道刘、张控制的会议气势喧嚣，赴会只会讨无趣，因此会前便"因公请假"，并由张国华在大会开幕便宣布了"告假"讯息。问题是，按照刘、张准备的剧本演出，"反派角色"不来，剧场效果便少了许多起伏热闹。

陈万明回忆："复会之后（按：指大年初一休息后），一反节前的慢节奏、冷清气氛，立即有人抢先发言，向成都军区副政委、省革委会常委谢家祥同志发难。我见发言者中除游寿兴、韩准登等不持文稿演讲，那些不善言语的常委都拿起用打字机打印的发言稿在会上做起了长篇发言，连续进行了几天。我很快意识到，这是一九六八年夏季'倒谢反梁'闹剧的继续。"

缺席批判有缺席批判的好处，"一边倒"造舆论，易起高潮，且无风险，只是会议气氛已造得太足，势成骑虎，不叫谢家祥到会反而不行了。后来，张国华果真偕同谢来常委扩大会露脸了。刘、张未设预案，场面于是陡现尴尬。陈万明回忆[66]：

出乎刘、张及其追随者的意料，"敌人"大摇大摆的来到了面前，却无言以对。谢副政委讲话："听张政委说，有部分常委对我有意见，要求我来参加常委会，我今天来了，听大家的意见。"谢副政委话音一落，会场就开始沉默，死寂一般，张政委还做了几次动员，就是没

66　陈万明《亲历继续革命的实践》，（自印本）。

有人提意见。张西挺费尽心机搜集、罗列的"倒谢反梁"的发言稿前几天就发完了,刘、张追随者的多数都不认识他,更没有接触,所谓的"意见"就是刘、张宗派骨干及追随者制造的发言稿,离开稿子还能提什么意见?十几分钟过去了,还没有一个人敢站出来提意见。

谢副政委说话了:"军区党委分工,我协助梁司令员管军队工作,战备工作,这项工作是国家当前的重点工作,全国都要准备打仗。我多次向张政委提出,我不能再担任省革委会常委。我这个常委没有条件当好,最多就是看一看文件,提个建议,不能做什么具体工作。我的建议对省革委会的决策,对日常工作有没有用,我也不知道。张政委给我转达的你们提出的几个问题,实际上我只提出了我应该提的意见,省革委会最后是怎么决定的,如何执行的,效果如何,我都不知道。张政委、刘副政委、西挺同志都比我清楚,我来谈什么?我只是谈一谈我的看法,让实践去检验。现在要准备打仗。这是当前全国工作的重点,这是我们军队当前压倒一切的中心任务。同志们知道,中苏关系很紧张,要随时警惕苏修对我国发动突然袭击,保卫祖国安全是我们军队第一位的任务。张政委说常委们要求我来参加会,说有些问题要我回答,请问吧。有问的请抓紧,今天上午我还有一个战备方面的会议要参加呢。"

谢副政委明白是怎么回事。情绪有些激动,说:"偌大一个中国,哪里不是干革命?黑了东方有西方,黑了南方有北方嘛。"话音一出,会议室顿时紧张起来。"既然当面没有什么说的,那就留在背后说吧。我又要请假了,我还有一个战备工作会呢。"说着,他径直走出了会议室。张国华带头鼓起了掌,刘结挺、张西挺也勉强鼓起了掌,全场都响起了热烈的掌声。

剧本演砸让会议组织者委实难堪。为挽回面子,事后只好又让"笔杆子"再写讲稿让代表发言补救。其中一个常委的发言稿就专批了"黑了东方有西方,黑了南方有北方"的"谬论"。中共主政的政治语境,"东方"历来代表"社会主义","西方"则从来代表"帝国主义",宣传口号从来都是"东方压倒西风",再说"北方",不正是穷凶极恶的苏联修正主义啊！谢家祥称"黑了东方有西方，黑了南方有北方"，批起来确实太顺手。"拥谢派"反驳，认为谢家祥说的是"谢副政委等老一辈革命者亲历的武装斗争史，上海黑了到中央苏区，中央苏区黑了再到陕北，刘、张的笔杆子们连家喻户晓的中国革命史都不知道？……"谢家祥匆匆来会又匆匆离会引发的争议，有点像小孩子"过家家"。

四川省革委第三次常委扩大会在"反复旧"和"反梁、谢"问题上耗时太多，到2月28日会议结束，最重要的程序《整党座谈会纪要（草稿）》完全没有安排时间讨论，直接印发给参会常委了事，以致很多常委连看都没有时间看。当事人姚德茂回忆，直到会议快要结束的时候，张西挺从座位中站起来，"手拿《纪要》草稿念了一遍，问李大章有没有什么意见？没意见就通过了。"当时即便有意见也没时间、没办法提，《整党座谈会纪要》就这样被四川省革委第三次常委扩大会议认可，紧接便以川革发（69）112号文件正式下发。

第十一章

新世界和刘、张星运陨落

（1969年4月—1970年1月）

第一节 红彤彤的新世界

1. 造神运动

1969年4月1日，中国共产党第九次全国代表大会终于召开。按照会议公报的提法，大会"是在毛主席亲自发动和领导的无产阶级文化大革命取得了伟大胜利的时刻召开的。这个伟大的革命，从政治上、思想上、组织上为这次代表大会准备了充分的条件。"作为全球执政党人数最多、影响最广的重要会议之一，为安全保密计，代表遴选、集中、运输，到投送至会场，全程如从事地下活动，堪称世界共运史一大奇观。

所谓组织上的胜利含义则非常清晰：大规模剪除了各地、各级的所有政敌；而政治、思想上的伟大的胜利，概念边界就宽泛而广大了：社会、历史、文化、风俗……一律纳入其内，这正是毛泽东想要的，万众对他的个人崇拜，已直抵宗教信仰的维度，从而创建全新的文化精神秩序，甚至超越中世纪1000年的意识形态统治。用当时红卫兵的习惯语言，就是：建立一个千秋万代永不变色的、"红彤彤的新世界"。

宗教必具三大要件，一是神学理论和相应的神学文本；二是无往不胜、无所不能的超自然神迹；三是需具备祈祷、忏悔、祭祀、礼拜一类规范化仪式，让教民与神进行沟通。文革几年的大疯狂，对毛泽东的个人崇拜已成功完成了这几大要件：首先，传输毛泽东思想的多种著作、选集、"红宝书"（毛主席语录）等，已将"伟大导师"的学说推高为具有终极意义的、指导一切、不容置疑的超验体系；其次，"伟大统帅"先知先觉、全知全能，带领全党全国全体人民百战百胜、所向披靡的故事，经过美化、完善和宣传，已丝毫不逊于《圣经》的"神迹"叙事（如摩西带领犹太奴隶逃出埃及、走向耶和华"应许之地"漫漫长途过程"手杖分海"等系列奇迹）；最后，文革以来，尤其"九大"前夕疯魔全国的"一日生活毛泽东思想化""万岁不离口，语录不离手""早请示、晚汇报""忠字舞"之类生活形态，对比中世纪基督徒的礼拜、弥撒、忏悔等宗教仪式已有过之而无不及。1968年8月来京参加"八一五会议"的重庆女工，滞留京城半年余，亲历全民颂圣表演，数十年难以忘怀：

> 北京同全国各地一样，把对毛泽东的个人崇拜推到了登峰造极的地步……人人都手拿红宝书《毛主席语录》；胸佩毛主席的大小像章，每天要"早请示"，"晚汇报"。"早请示"就是唱"东方红"，"祝毛主席万寿无疆！万寿无疆！万寿无疆！祝林副主席身体健康！永远健康！永远健康！""晚汇报"也要这样三呼万岁三祝健康，最后高唱"大海航行靠舵手"。这些形式完毕了，一天的学习才能够结束。
>
> 那段时间跳"忠字舞"也风靡全国，我们这个会议不例外。每天学习中间休息的时候，上午九点到九点半，下午四点到四点半，都要跳"忠字舞"，男女老少齐上阵，特别是个别的老工人，手臂伸不直，腰不灵活，该直不能直，该弯不会弯，洋相百出。本来很可笑，但是无人敢笑，因为，当时有句话叫"忠不忠，看行动"，人家能够勇敢地跳"忠字舞"，就是对毛主席的忠心、崇敬，是值得称赞的行动。军代表还说："跳得好不好是水平问题，跳不跳，是对毛主席的态度问题，立场问题，政治问题。"老实说，看跳"忠字舞"大家都想笑，但都不敢笑出声来，只能憋着。那时"帽子"满天飞，一不小心就会

被扣上一顶莫须有罪名的"帽子",惹火烧身。[1]

巴蜀群体性的颂圣活动与京城及全国各地大同小异。如果说,宗教许诺的天堂谁也没有见过,而毛泽东许诺的天堂却太过现实,除了人民公社年代通往"天堂"路上的遍地饿殍,文革时期的抄家、破四旧、群体武斗、仇杀……其残忍血腥,则让人们对通往"人间天堂"之路满怀恐惧。"九大"前疯狂的颂圣活动,与其说是表达庶民苍生对毛泽东许诺的天堂向往,不如说是表达对于逃避地狱的无可奈何。

伴随"忠字舞"而起的"敬建"活动更是劳民伤财。省会成都和全国各地保持一致,决定在人民南路原皇城抢建"毛泽东思想胜利万岁展览馆"(简称"万岁馆")以供众人膜拜,张国华、梁兴初、刘结挺、张西挺、孙洪道等省市级高官均多次亲临"敬建办公室",从选址开始,对"敬建设计方案"诸事宜无论巨细皆得认真计议、高度共识。"万岁馆"最初选址人民南路四段(现四川省博物馆处),已破土动工,忽有人发现有严重政治问题:毛塑像的方位竟然面向西方!"西方"乃帝国主义之专用代词也,如何使得?只好另选吉地。新址选定市中心"皇城坝"。"皇城"系五代后蜀王孟昶的旧宫故阙,几经毁建,至清代是为"贡院"。中共建政后,成都市府遂在该地界拓建广场,每逢节日庆典,官员均登楼巍立,检阅庶民举旗拈花游行而过。城楼呈南北向,坐拥王者之气,风水极佳,民间俗称"皇城"为四川"小天安门"。

1968年12月1日,"万岁馆"重新破土。是日"皇城"门洞两侧高悬大红标语:"奋起毛泽东思想千钧棒,彻底砸烂反革命修正主义分子李井泉及其同伙的独立王国""高举毛泽东思想伟大红旗,高标准、高水平、高速度完成敬建工程"。作为刘少奇和李井泉替身的两个草人被投进"皇城"门洞,单等报警器一声鸣响,实施爆破撤除的炸药訇然崩发,围观者数万,顿时欢呼跳跃,大呼"毛主席万岁万万岁!""皇城"门洞、城楼及城内著名古建筑群"明远楼""至公

---

[1] 黄荣华回忆、何蜀整理《我怎么成了"江青的干女儿"——原重庆市革命委员会委员、"八一五"派代表黄荣华自述》。

堂"等顷刻间灰飞烟灭。12日,已然荡平的皇城废墟上隆重举行"三忠于"施工誓师大会,参加"敬建"义务劳役者凡3万,10部打桩机身系"忠"字绸花,同时轰然启动。

按当局批准制定的"敬建设计方案"指示:"要突出光焰无际的毛泽东思想,要庄严、宏伟、气势磅礴,而且在建筑施工上,必须用毛泽东思想挂帅"。方案炫称:"这一光耀万代的宏伟建筑,将是全省最高最大的建筑。"

和史上所有宗教建筑一样,"万岁馆"建筑设计指标均具有很强的表征含义:

1、毛泽东塑像基座7.1米,象征中共建党日;

2、毛泽东像高12.26米,象征毛泽东华诞吉日;

3、基座雕刻葵花7朵,象征四川的7000万人民(当时人口数字)红心向党;

4、三层台基,象征马克思主义、列宁主义、毛泽东思想三个里程碑;

5、正门大厅外四根擎天大柱,象征庶民百姓对毛泽东无限热爱、无限敬仰、无限崇拜、无限忠诚,即所谓"四无限"也矣。

等等。

"万岁馆"建设工程既成"压倒一切"的政治任务,除由建工部一局所属101公司、机械化施工公司、六公司、一公司、木材厂等具体承建,更需全民参与。据统计,参加所谓"献忠义务劳动"的单位有710个。工人、农民、解放军战士、机关干部、白发苍苍的老翁、七、八岁的"红小兵",均高举毛泽东画像,带"忠"字牌,抬毛语录牌,到工地现场大秀激情,"红心奋勇摧毁千年城堡,赤胆全为敬爱领袖毛主席!"工程进度果然不俗。据称是四川省建筑史上工程进度最快的"万岁馆",不足一年,终于在九大召开半年后的1969年10月正式完工。[2]

中共经典理论家胡乔木说"文化大革命是毛泽东的宗教和陷

---

2 郑光路:《天府广场毛泽东塑像修建始末》。

阱"³。事实上，迎接"九大"过程中出现的"万岁馆"不管修得多么疾速、宏伟，"一日生活忠字化"之类的仪式不管多么疯魔，归根结底，都是庶民恐惧于坠入地狱而不得不对神表现忠诚的虚假表演。对于上层人士，则有最现实的动因：为争取实实在在的权力，不能不对最高领袖表现无条件的忠诚。

2. 重建红色巴蜀

"九大"的召开将"无产阶级专政条件下继续革命"从理论和实践正式加以合法化，也标志"史无前例"的文革造反乱世到此为止，接下来该进入"天下大治"的社会治理程序了⁴。"九大"传达出最响亮的"最高指示"是："团结起来，争取更大的胜利！"

就全国而言，"刘少奇资产阶级司令部"已被摧毁，四川文革的首要任务"打倒刘少奇的代理人李井泉"也业已完成。现在，所有人都面临全新的任务和环境。

首先，取代政治局三年多的"无产阶级司令部"中央文革小组不复存在⁵。这对于四川文革的后续进程，至关命门。从打开第一层魔

3　转引自王年一《大动荡的年代》页5。
4　据中央文献出版社2013年版《毛泽东年谱1949-1976》第237页记载，九大前夕，毛泽东曾两次召见有关人员，谈及九大要实现的任务和工作程序：一次是1969年3月3日晚，毛泽东在人民大会堂118厅召集中央文革碰头会成员开会，讨论九大的准备工作。毛提出"可在3月15日召开九大，会期十天左右。"谈及九大以后的机构设置，毛明确定义："中央文革不要加了，是管文化革命的，文化革命快结束了，用常委。"还有一次是3月22日下午，毛泽东在人民大会堂118厅再次召见中央文革碰头会成员谈"九大"准备工作，同时还把下放在工厂蹲点的陈毅、李富春、李先念、徐向前、聂荣臻几位元老召来好言安抚道，说你们老了，没有用了，我不赞成。老同志参加到九大各代表团中去。二月逆流，政治报告中不讲。我们还是按过去的老规定，凡是能团结的都要团结，允许人家犯错误，允许人家改正错误。大多数人当成人民内部矛盾处理，不当成敌我矛盾处理。毛明确拍板：（九大）就在四月一日开大会。议程就三个，通过政治报告，修改党章，选举中央委员会。
5　1969年夏天以后，中央文件中署"中央文革"者越来越少，直到1969年9月12日，中央文革最终停止运作。参见麦克法夸尔著《毛泽东的最后革命》中文版（星克出版社，香港2009年版）页300。

第十一章　新世界和刘、张星运陨落

盒,让造反派生出来大乱全川,打开第二层魔盒,让刘、张夫妇平反上位,到参与"新生红色政权"筹组,正是权倾一时的"中央文革"。"九大"后,这些大员的权力大受限碍,不能直接插手地方事务了[6],失去了后台的四川左倾派系,非秩序、非规范操作的空间随之亦大受限碍;

第二,文革策动伊始,毛泽东就说明白了,要由"天下大乱"达到"天下大治"。如今"大乱"已毕,政敌已倒,急需"团结",从此后,芸芸众生所谓"造反"与"保皇","红十条派"和"反红十条派"等彼此对立的派系认同、进而相互厮杀,将不再允许。

第三,新党章虽然加添了赞美文革功绩、"继续革命"理论、册立接班人之类的新概念,但入党程序等经典制度一体照旧:"申请入党的人,必须个别履行入党手续,有党员二人介绍,填写入党志愿书,经支部审查,广泛听取党内外群众的意见,由支部大会通过和上一级党的委员会批准。"等等,前一段各地根据利益需求、随意性发挥的"个别纳新""造反派领导整党"之类"自选动作",随之被彻底否定之。

最后,四川"三线建设"是毛泽东谋求充当世界革命领袖的一大心结。官史曾记载毛及北京高层对此的勃勃雄心和独门偏爱:"在工业和科技方面,要求一线地区有的东西,三线地区基本上都要有;有些一线地区没有的东西,三线地区也要有;全国有两套的,要摆一套在三线;全国只有一套的'独生子',应当摆在三线。"[7] 下注之大,由是可知。四川暴力冲突的超强破坏力把"三线"建设砸得七零八落。"九大"前夕,中苏边境珍宝岛发生武装冲突,战备成为现实的政治主题。恢复、重启以三线建设为代表的四川经济,成为必须迅速解决的压倒性任务。

6　九大之后,康生负责组织部门,张春桥、姚文元负责宣传部门,江青则无任何具体部门安排。
7　1970 年中央举办的毛泽东思想学习班四川班会议材料(之二)。

3. 权力消长

四川政治力量经过文革三年,分化、缠斗与组合,纷杂的派系各自归位,到"九大"前,三大派系分野渐渐清晰明朗。

第一派系,以张国华、李大章为代表的正统秩序派。自毛泽东视察大江南北之后,他们已基本摸清了毛泽东意欲收乱局的意图。一把手张国华看似"泥水匠"风格,始终在各派力量间左支右绌,委曲求全,原则问题却从不含糊,坚持紧跟北京,力保政治正确和川局稳定;老资格李大章文革虽多经磨难,因得毛泽东关注、周恩来精心置位,始终埋头苦干,稳扎稳打,虽偶遭刘、张挤兑却终立狂澜而不倒;张国华开始对其大力倚重,政治上结成核心盟友。

第二派系是军方。自"支左"以来,随着军人对地方文革全面干预,事实上已成为决定社会组织胜败的关键力量。成都军区以梁兴初司令员、谢家祥副政委得"四野山头"为背靠而有恃无恐[8],刘、张派系虽多次与之较劲甚至公开挑战,梁、谢从来有惊无险;其次,紧随"四川十条"下达急调入川的50军,始则小心翼翼,但随各级革委会成立、社会秩序治理程序启动,50军与刘、张渐生疏离;同样,换防来川的13军虽初驻重庆,为了维护川东局面,继承稳健路线,不与地方派系多纠缠。如今四野统帅林彪被九大党章正式册封为接班人,黄永胜、吴法宪、李作鹏、邱会作诸四野大将均正式进入了北京权力最高层。成都军区以梁、谢为代表的军方政治权重明显大增。

第三派系是以刘、张为代表的造反起家力量。该派系得"无产阶级司令部"宠幸,始终以路线正确之大纛招摇,一路顺风顺水,一把手张国华、以及专门调川支左的50军不时也让其几分。他们陶醉于牌局顺遂,借助激进的群众动员,大施正规与非正规的行政操作,得心应手,业已抢收大量地盘,呈尾大不掉之势,以至于大胆越线,对毛泽东"钢铁长城"的势力边界也予以突破。"九大"后毛泽东要整

---

8 中央军委办事组组长为黄永胜,副组长为吴法宪,其余成员李作鹏、邱会作等均为四野"山头"将领。

饬秩序，第三派系在火中取栗的成功经验势必如瓜蔓委地，渐无用处了。为了与第一、第二派系竞争，他们只能在旗帜上大书"保卫文革成果"口号，用一些临时衍生的手段，如"反复旧"，继续固守政治制高点。我们很快就会看到，时过境迁，这个手段对于保卫他们的权力，已渐渐显得苍白无力。

第二节 巴蜀新棋局

1. "反复旧"：流产的小高潮

"九大"前夕，三大派系的组合与分野已经明朗，感觉危机的刘、张派系趁"九大""盖头"尚未掀开，抓紧一搏，学习武汉造反派的同期口号，宣称"文革成果不容诋毁""以战斗成果向党的'九大'献礼。"[9]。"九大"召开，省级官员及代表均赴京隐身，时间长近一月[10]，巴蜀地方"空气稀薄"，正好"大闹天宫"。第三派系抓紧打出一个"反复旧"[11]小高潮。

"西指"是八二六派影响很大的五个群众组织[12]之一，50军派驻宣传队后深受压抑，激进分子于是写出系列大字报，矛头直指成都市革委和50军的领导，称成都市一大批基层革命委员会是"老保"掌了权，"复旧"了，"'二月逆流'的积极分子在那里当权"，所以"'二

9　参见中共武汉市委党史办公室编《中共武汉党史大事记(1919-1987)》第340页。
10　九大于1969年4月1日开幕，24日闭幕。
11　"反复旧"系1968年10月八届十二中全会召开时，由毛泽东亲自审阅《红旗》杂志社论《吸收无产阶级的新鲜血液》时所肯定的口号。事过半年，毛泽东在九大号召"团结""胜利"，该口号瞬变为负面概念。参看本书第十章第三节第三小节"山东经验"。
12　五大核心群众组织是：川大8·26，成都工人革命造反兵团、空字028"红总"、西南局机关"西指"和四川省级机关"省红联"。

月逆流'批不下去"。"'二月逆流'的受害者还在受压"。"当前两条路钱的斗争,是复旧与反复旧的斗争,是'革'与'保'的斗争。""造反派高于一切,造反派是当然'左'派,造反派要当然掌权。"一时间,西南局员工宿舍成了"反复旧"联络站,川内各地造反派纷纷前来联系,抄大字报,要求介绍"反复旧"经验。

以50军牵头的驻西南局工、军宣队不能容忍这类造反行为,遂于"九大"期间的4月8日组织批判会,揪斗标志性人物肖光,并将其关入"牛棚"。"西指"铁杆针锋相对,到社会上贴大字报,发惊人之语:"'二月逆流'在西南局重演了!""全面镇压造反派开始了!"等等。刘、张核心幕僚、时任省革委机关负责人郭一民及时前往安抚,就"肖光事件"表态,称:"按照'8341'在清华的经验[13],不要说抓起来,连大会批判都是错误的。"他询问"西指""大笔杆"洪韵珊:"你们在一起搞'反复旧'的究竟有好多人?"洪答,只有几十、百把人。郭一民于是乐观肯定:

几十、百把人就不简单嘛,你叫他们抓嘛,未必他还能把你们这几十、百把人都抓来关起呀?未必能把你这几十、百把人消灭得了吗?消灭了你们这几十、百把人,西南局的问题就解决了?消灭不了,就解决不了!……你们在机关虽然是少数,但是在社会上你们是多数。

经郭一民鼓动,"西指"机关干部更上火气,后来局机关两次开会批斗肖光,"西指"激进人士皆对会场发起冲击,受工、军宣队撑腰的机关干部人数占优,于是对造反者动武,强行轰出会场,再版1966年秋批判资反路线的常见剧情。"西指"也依老旧戏路向社会发出呼吁,控诉"工宣队打了造反派"一类,社会人士马上群起响应,"打倒高级老产"之类的大标语、大字报稀里哗啦又扑向西南局大院,矛头所向,无非工宣队、成都市革委、50军,还有李大章,等等……声势既起,接着计划借纪念毛泽东"五七指示"发表三周年召

---

13 指毛泽东亲自派出中央警卫团(番号8341部队)到北京新华印刷厂、北大、清华等六厂二校抓点,总结斗批改的经验。

开大会，组织游行，冲击西南局，抄"黑材料"……继续克隆老版旧剧。[14]

西昌地区是成都后院，1968年末，由地革委[15]主持，红成派的"地总分部"[16]和八二六派的"打李分站"暂时休战，达成脆弱平衡。"九大"前夕成都发动批判"二月逆流"高潮，西昌两派矛盾被迅速激活并升级为暴力冲突。西昌第一建筑公司被赶走的"地总"派60余人返回公司，与"打李分站"人员斗殴并占据了公司办公大楼，打李分站联络友邻工厂和学校的八二六派人员驰援，西昌林业系统、西昌二中"1018红卫兵"等300余人包围一建司办公大楼，搭长梯发起冲击，暴力对峙在屋顶、楼头和地面之间立体展开，砖头、瓦块、乱石飞掷如雨，攻入大楼的"分站"派抓住"地总"派人员拳打脚踢。地区支左军人及时赶到劝解。"地总派"从大楼里打着旗帜列队撤出，部队战士则排列两边维持。不料撤出人员刚出公司大门，"分站"人员便一拥而上，再发攻击，维持安全的军人寡不敌众。地总派撤出人员被打得四下奔逃，多人重伤。紧接，打李分站派又组织人员数千，将上一年两派上缴并已封存于军械库数千老式步枪、手枪、数百箱手榴弹、数万发子弹一抢而空。地总派亦不甘示弱，先后组织数千人到军分区四公里半军火库、铁道兵8815部队抢劫武器弹药。两派开始积极备战。

3月初，西昌地革委因应上峰精神，召开第一次常委扩大会议布置"反复旧"运动，本已激活的两派矛盾终于爆发。3月21日夜12时，"打李分站"武斗人员全城"开花"，向"地总"派各据点发起总

14　成都方面计划中的"五七游行"和"五七大会"被北京归来的张国华制止而流产。
15　西昌地区革委会成立于1968年11月。
16　"二月镇反"后，西昌"地总"（红成观点）与八二六派声心相通并得军队支持，势力独大。1967年7月，刘结挺给西昌军分区副司令员董正洪打电话，说冕宁县泸沽的老彝胞扬言要踏平冕宁造反派，要督促地总组织力量武装支援。地总一把手肖洪宾认为事关民族政策，武装干预万万不可，拒绝执行。西昌地总因违刘、张指令，遂被打入另册，继而刘、张策划从地总内部拉出一部分人加入"打李总站西昌分站"（八二六观点），从此，地总与分站成为势不两立的对立派。

攻，地总派毫无准备，纷纷逃出县城作鸟兽散。次日上午9点开始，"分站"实施全城武装清剿，抓捕"地总"派1000余人，送入"学习班"强制"转变立场，改正错误，回到毛主席革命路线上来"。4月，北京"九大"召开，西昌地革委正式发出《关于稳定西昌局势的五条措施》，名为稳定局势，实则鼓动各单位对地总派继续实施清算和打压。西昌地方权局的派别平衡本来脆弱，如今再度变成刘、张派系一家独大。

"九大"谜底已揭晓，毛泽东要的是"团结"，不允许继续胡闹，"九大"闭幕后第5天的4月29日，中央点名：湖北省和武汉市革委会中的群众组织代表朱鸿霞、李想玉、吴焱金、杨道远、张立国5人，到北京申告"反复旧"，遭一顿狠克。一个月后，毛泽东批示"照办"的中共中央28号文件[17]（即《五二七指示》正式下达，"反复旧"行动顷刻间土崩瓦解。1969年5月中旬至6月初，省革委和军区召开党代会，张国华发表演说，旗帜鲜明地对"反复旧"予以否定：

少数地区少数单位的少数人，在社会上错误思潮和无政府主义倾向的影响下，搞所谓"反复旧"活动……他们错误地分析形势，在错误思想的指导下，悲观地看待文化大革命的大好形势，怀疑一切，把矛头指向解放军，指向革命干部，指向群众，指向新生红色政权——革委会。在革委会刚刚建立，文化大革命已经取得伟大胜利的形势下，搞所谓"反复旧"活动，是非常错误的，背离了八届十二中全会精神，背离了"九大"精神，是自己反自己。在这种错误活动的影响下，瘫痪了一些基层革委会，揪了一些已经结合的革命干部和革命群众的代表，少数单位的大联合一度又出现一些分化，有些地区发生或加剧了武斗，直接影响了"九大"精神的贯彻和落实，影响了干部的解放，影响了清理阶级队伍，影响了政策的落实，影响了斗、批、改的进程。在经济战线上，干扰了一些公路、铁路的交通运输和煤、电

---

[17] 1969年5月27日，中发（69）28号毛泽东批示"照办"的中共中央28号文件（即《五二七指示》），严厉批评"反复旧"矛头指向新生的红色政权，指向人民解放军，指向革命干部，指向了革命群众。干扰了清理阶级队伍，干扰了斗、批、改，干扰了毛主席的战略部署。破坏革命，破坏生产。

生产，也影响了三线建设，使部分工矿停产、减产，有的工厂遭到破坏，生产受到相当大的损失。在政治上、组织上、经济上都造成了一定损失。[18]

四川"反复旧"思潮在前一年末借八届十二中全会再批"二月逆流"之势，随山东等地大流而起，一时呈短暂的繁花怒放之盛。遍查四川官媒、官史，"反复旧"影响全局的重大事件，均未之闻也。仅有民间资料《成都市文革大事记》简载：

1969年5月7日，由7个群众组织发起，在成都市人民体育场，召开了庆祝《红十条》下达两周年的誓师大会，又名为"反复旧"大会。会后，开着汽车在市内游行示威，并准备冲击成都市革委。

冲击成都市革委会的事最终未能发生，游行队伍便作鸟兽之散。

这场喧嚣一时的热闹除了唤起造反人群对文革初期狂欢的散碎记忆，对毛泽东掌控的政治大局不仅毫无影响——我们很快会看到——反而成了套在相关主事者脖子上的一条绞索。

2. 张、李联袂出手

1969年3月，中苏珍宝岛武装冲突发生[19]，热战已成现实威胁，同时亦为"九大"提供了渲染外辱以凝聚人心的绝好题目。毛泽东"要准备打仗"的口号正式列为"九大"主题之一。九大"政治报告"指出："我们决不可因为胜利，放松自己的革命警惕性，决不可以忽

---

18 张国华：《在1969年6月3日四川省革命委员会、成都军区共产党员代表会议全体会议上的讲话》（记录稿），会议秘书处编印。转引自中共四川省委党史研究室《中国共产党四川历史（1950-1978）》，成都：四川人民出版社，2000年版，页377。
19 1969年3月，中苏因对黑龙江省乌苏里江主航道中的珍宝岛主权归属问题的争议而发生武装冲突。据称，苏联军队几次实施武装入侵，并向中国岸上纵深地区炮击。中国边防部队进行反击。同年8月13日，在中苏边界西段、中国新疆裕民县的铁列克提争议地区，苏联出动直升飞机、坦克、装甲车对中方一支38人且只携带轻武器的边防巡逻队发动突然袭击，中方边防队全部阵亡。

视美帝、苏修发动大规模侵略战争的危险性。我们要做好充分地准备,准备他们大打,准备他们早打,准备他们打常规战争,也准备他们打核大战。总而言之,我们要有准备。""要准备打仗"成为全社会必须落实的毛泽东"最新最高指示"。

四川暴力冲突居全国之冠,经济建设大遭破坏,毛泽东最关注的"三线"规划重点"两基一线"(重庆常规兵器生产基地、攀枝花钢铁工业基地及成昆铁路)罹难为最,除了前面谈及的重庆建设、空压、嘉陵、江陵、长安、望江等兵工厂,长江上游泸州、宜宾若干厂矿如泸州二五五厂、长江起重机厂、长江挖掘机厂等……武斗期间要么成双方争夺的武备库,要么成一派绝对掌控的兵器供应仓,有的已打得稀巴烂,有的还继续争锋……"九大"既开,四川当局必须强按停止键,同时开启重建模式以尽快向北京交卷,刚刚流产的"反复旧"运动成了一堆首先需要清理的障路垃圾。官史称:

"反复旧"运动使四川形势又一次发生反复,很多革委会被冲击,有的单位革委会被反复;有的已实现两派联合的单位再次陷于分裂;干部和群众被揪斗,各地两派武斗不断,甚至已签订的停火协议也不再起作用。在西昌、达县、江津等地区,在成昆铁路北段、宜珙铁路及公路建设工地,在永荣、广旺、芙蓉等煤矿以及电力系统,出现了较为严重的工地停工、工厂停产问题。五一五水电站因为"反复旧",工地基本瘫痪,工期耽误了半年多。[20] "反复旧"期间,"四川第一棉纺织印染厂的棉纱日产量由原来的46吨下降到4吨,棉布日产量由21万米下降到8000米。成都无缝钢管厂216毫米轧管工程的建设,原定1969年5月1日以前建成投产,由于'反复旧',工程投产日期推迟了半年多"。"反复旧"使四川的工农业生产再次遭到严重破坏。[21]

经济困境既然由政治争斗而起,解决问题必得首先进行政治追责。李大章在主持召开的"四川省战备工作会议"上毫不客气地指

---

20 《当代中国的四川》(上),中国社会科学出版社1990年版,页159。
21 中共四川省委党史研究室《中国共产党四川历史(1950-1978)》页376。

第十一章　新世界和刘、张星运陨落

责:"有的单位，不仅存在有资产阶级派性，有的还很严重""无政府主义也在泛滥，有的厂还很严重。"李大章指责其因皆出于"对毛主席的指示，对以毛主席为首、林副主席为副的党中央的指示，各取所需，为我所用，合我口味的就执行，不合口味就违抗、就反对；对国家计划，完成多少算多少，生产上不去，无动于衷，毫不在乎；对无产阶级的组织纪律，拒不遵守，命令不服从，队伍调不动，想怎么办就怎么办；劳动纪律松弛，迟到早退，干起活来马马虎虎，出了废品不负责任，甚至长期离开工作岗位，到处串连，到处游山玩水等等的现象也是不少的。"他特别点名批评刘、张派系掌控宜宾五七〇厂[22]:

> 一个群众组织的头头，厂革委会的副主任，是个……出身，还有另一个同志，都在二十七日的上午不告而别。说的轻一点，就叫开小差。这种严重的无政府主义的行为，是不能允许的。这个厂自成立革委会以来，由于少数人存在着"唯我独尊""唯我独左"和一派掌权的思想，把对方革命群众排斥在三结合之外，长期内战不休，生产几乎处于瘫痪状态，直接影响到×个机种得不到配套，严重地影响了空军的战备，成了三机部的一个"老大难"单位。[23]

李大章讲话将火继续上引，说这种人"还想左右省革委、军区召开的战备工作会议，想叫备战的利益，服从他们的无政府主义派性的利益，真是岂有此理！"他责成宜宾地革委、军分区督促"这两个人"写出检讨，交省革委、军区碰头会处理。宜宾本是刘、张派系的发祥地和基本盘。李大章这一表态，无异敲山震虎，矛头所指荦荦显明。

张国华对最高领袖的意图揣摩已经明白，继而弃中庸而取明晰，与李大章配合默契，俨然同盟。5月，四川省革委、成都军区召开党代会贯彻"九大"精神，张国华亦特意到宜宾市小组发表讲话，指出宜宾地区存在的问题严重，对刘、张派系之惊吓可知。

刘结挺（得闻张国华在宜宾小组会上讲话后）"很着急，匆匆忙

22　对外叫"三江机器厂"，生产飞机配件。
23　为表示派别对等，李大章在讲话中同时还批评了属于另一派的泸州255厂群众围殴传达"九大"精神代表的恶性事件。

忙来到宜宾市小组找到郭林川说：'斗争是长期的，还会有反复，要准备斗争二十年。'""弄不好翻转来都要当反革命。"会议开完后，刘结挺又急忙到王茂聚和郭林川的住地，提出要"划出一条三八线"，说："李再含右了，不该解散工人组织，不该收缴他们的枪"，"你们宜宾可以划一条三八线，泸（州）、合（江）、纳（溪）3县1市和这边14县市分开，像朝鲜'三八线'一样，你们把这边14个县市的工作要做好，外流人员要回来，组织不能承认，如果带武装回来就不行。"王茂聚觉得"有道理"，认为有一条"三八线"很好，泸州的要过这边来，一方面我们可以用武力镇压，保住宜宾这块样板；一方面又可以把责任推到驻泸部队身上。[24]

刘结挺已荣膺九届中央委员，张西挺亦获候补中委尊位，夫妇二人虽收益良多。惜乎"九大"落幕，如今新局重开，刘、张必须峙权固守，保住已经赢得的基本盘。

3. 刘、张派系的顽强阻击

从中央第一次解决四川问题的《十条》下达始，刘、张团队经过一年多经营，已实际掌握了省级行政机关几乎全部操控权，包括统管日常行政总务的"办事组"（即"办公厅"）、统管全川政工事务的总枢纽：政工组（特别是下辖的组织组）[25]、主宰干部政治命运的"干部学习班"和"定案审批组"、控制各级革委会审批大权的"革委会审批组"等；政工组属下再设直属政工组（简称"直政组"）负责办事机构工作人员之遴选与控制，仅组织组工作人员即多达300余人。最遭诟病的是，省革筹开办伊始，便从军队"四大"单位空军13航校（代号"空字〇二八"）抽调人员大量安插组织组、直政组等要害

---

[24] 1970年中央毛泽东思想学习班四川班会议资料（之四），内容为1969年末第三次解决四川问题时，宜宾革委会副主任郭林川与刘结挺在中央学习班组织的批判会当面质证。

[25] 当时革委会的标准配置是所谓四大组：办事组（相当于办公厅）、政工组（相当于组织部+宣传部）、人保组（相当于公检法全组合）和生产组（相当于计委+经委）。

部位并充任要职，即如并无实权的信访组，亦安排〇二八人员作舆情监控。直到"九大"召开，省革委要害部门的主要头头〇二八的姚德茂、杨德洪等，与"打李总站"中〇二八的冯德华里外配合，得心应手，仅此一端，即可观一斑而窥全豹了。这都是刘、张荦荦可观的文革收益。

5月，省革委、军区召开党代会贯彻"九大"精神，已然九届中委和成都军区副政委的刘结挺将自己发言的基调定为"保卫新生红色政权"，确实发乎情而寄乎心也。发言将几乎完整控制的省革委机构与"文革成果"划上全等号，顽强宣称："四川的红色政权是在两条路线斗争中得来的，是来之不易的"，因此，"九大"之后，四川的问题，应当"是支持、爱护、保卫红色政权，还是反对、攻击，破坏新生红色政权的斗争。"[26]

四川权力的核心组分已发生变迁，刘结挺堂皇的号召已失去动员力，危机更在于，省革委机关这块政治田土过于板结早已不是秘密，"九大"召开之前，梁兴初、谢家祥就开始不动声色地对其暗施翻耕，掺沙子透气。刘、张的"权力领地"自我保全成了当务之急。

1968年底，省革委和军区党委碰头会做出决定，要求〇二八在办事机构的工作人员回校"搞斗、批、改"。其时由吴法宪控制的空军党委多次专发指示，要求〇二八参与地方行政机构的工作人员归建，对此，刘、张掌控的省革委机关久拖不办。"九大"以后，空军党委再次明令四川省革委办事机构的〇二八人员与地方脱钩回校，俨然步步为营，釜底抽薪了。刘、张夫妇本靠文革冒险得以火中取栗，而今既已贵为九届中委和候补中委，添得难有的博弈筹码，注定不会轻言放弃。张西挺宣称，她已向空军党委打了电话，同意留13人。[27] "九大"后，军区党委碰头会据中央军委指示，正式决定对在省革委工作的军区机关干部实行轮换，从〇〇一〇部队（13军）、七八四八部队（50军）、七二三七部队以及西藏军区调一批军队干部接

26　1970年中央毛泽东思想学习班四川班会议资料（之四）。
27　在1969年底中央第三次解决四川问题的西京宾馆会议上，吴法宪对张西挺此说予以否认。

替原在省革委工作的军区机关和军队"四大"单位的干部。对此,刘结挺借故拖延,理由是为了保持省革委办事机构的稳定性,军队干部不能一下子都换掉;军区党委碰头会步步紧逼,直接提出换人名单,甚至直接通知到被调动者本人,刘、张夫妇再施拖刀计,提出军区要人必须通过直政组,其余各组更不能自行放行。刘、张对直政组负责人杨德洪[28]单独交待,说"军区要什么人,你要告诉我们,我们点头才放。";专案组攸关老干部命脉,"解放"还是"打倒"皆掌于此,刘结挺自是攥得最紧,他明确决定:"不经过我的同意,不管谁说的都不行。"组织组负责人姚德茂回忆,军区司令、省革委三把手梁兴初曾点名要一在省革委办事机构工作的军区干部回部队,刘结挺顶住不放,还让郭一民派调查组整理该干部"相关材料"以抗命。刘、张抵抗之顽强且多费苦心可见矣。

13军派出的50个干部奉命来到省革委办事机构,且多团职、甚至师职干部,此事不可硬顶,于是将他们大部安排去军工组、重点建设办公室和生产指挥组一类无关政治要害的部门。也有个别上峰明确指令必须分派组织组者(如13军处长郭清福),为确保刘、张派系权力不遭稀释,有人曾计划将郭放地区组挂个副组长,让其专门对付让刘、张头疼的13军支左地区的麻烦事,即使这样的折中动议也遭郭一民否决,地区组掌管各地革委会审批大权,绝容不得他人染指,郭一民称"这样要搞乱地区组",意见报至张西挺,张西挺拍板将郭清福派信访组当组长。虽然小小弼马温,郭处长亦多遭挤兑,被具体分工负责信访存档,不过档案员之职罢了。信访组实权始终掌握在下属第一组长、〇二八某教员手上[29]。

除了郭清福这样的13军团职军官,奉派省革委机关工作并安排到组织组的,还有50军某团政治处主任,甫到机关旋即派去省革委举办的专县学习班,让其与基层胡搅蛮缠的造反派头头打"太极拳",一年多时间没到机关上过班;西藏军区奉命来省的某团副政委更受

---

28 直政组职责为省革委机关干部的遴选、调动和管理等。
29 其时信访组下属共3个小组。

冷落。张西挺听说此人观点可疑，遂安排其到机关文革组任副组长，继而去湾丘省级机关"五七"干校带领众干部种庄稼、学文件；还有一名施培明者官阶更高：拉萨分区副政委，其资格足任组织组组长，可是组织大权绝对不能旁落外人之手，张西挺细虑再三，最后宣布施为副组长，与原副组长姚德茂"共同负责"，同时补充强调："姚德茂了解情况多，多负一些责任。"还有一位西藏军官更可怜：川办（西藏军区驻川办事处）副政委、师级干部，张西挺得知该人曾执"支产（产业军）""支红（红成）"观点，直接将其安排大批判组当一般成员，不设具体业务，每天喝茶看报可也。

面对"九大"后日益严重的挑战，刘、张派系死守自己权力边界可谓心劳计拙，可惜，他们过于鲜明的派别属性，使之彻底失去了派性稀释剂和团结粘合剂的功能，从而让省革委机关落实"九大"精神的功能大大缩水；其次，"九大"上层政治格局既定，专宠刘、张的文革势力多受折损，而他们曾火力相向的军方敌手，尤其梁、谢所属的四野山头风头正盛。刘、张夫妇想要抚平巴蜀乱状，端一盘"团结""胜利"的川菜向北京交差已无可能。巴蜀治理的主导权理所当然转移到他们的挑战者手中。

第三节　张、李、梁齐登场

1. 旧恨激活的凶信

刘、张派系处境日蹙，前时段"反复旧"被打压的一派群众，仇恨很快被激活。

三线建设核心区西昌"地总"（红成派）"九大"前夕遭"打李分站"（八二六派）攻击败走荒郊，省革委和成都军区于5月召开党代会贯彻"九大"精神，西昌"地总"趁机组织数千人发起武力反攻，先后攻占黄联关、大营一线，7月再攻邛海泸山，"分站"被迫撤回县城固守。7月8日晚,"地总"10余勇士组成小分队摸进410厂,占据高约70米的高炉炉顶,扼108国道以阻击"分站"援军。9日晨,西宁镇"分站"所属"67野战军"4辆卡车满载武斗人员驰援西昌城,途径410厂,遭高炉炉顶守军袭击,车毁人亡,损失惨重。"分站"得讯,立派援军川林系统"分站"派、红卫兵二中1018战斗团等黉夜偷袭,欲爆破炸毁高炉未遂。其时,"地总"大势已成,7月11日发起总攻,"分站"全面溃败,上万败军翻山越岭溃逃外乡,到石棉县被军区部队缴械,就地举办"学习班"整顿清查。其余数万流亡人员,成都、邛崃、雅安等处由省革委设置的接待站暂行安置。[30]

与西昌战端重开相先后,川东、川北等地也再燃战火。此前,重庆问题由中央《红五条》单列解决,继而54军调离,由13军接防,重庆局势基本风雨不动。而周边的省管辖区县则不一样,离重庆最近的涪陵,1967年"八月内战"时期,军区发布《涪陵五条》明确"忠实派"[31]是"革命的群众组织"、对立派"红贸"则定为保守组织遭遇官方组织的武装围剿,主要头目全体遭遇专政制裁。"贸派"群众全体溃散。

"九大"团结之风吹来,贸派心底的仇恨很快勃勃发酵,最先的反叛从垫江县肇端。[32] 5月12日,"勤务站"(贸派观点)武斗队[33]强行占领位处县郊的垫江中学,拆掉校园围墙,将砖头运至玉鼎山顶构筑碉堡,架设机枪控制交通要道。学校师生被赶走,各办公室、师生寝室、实验室、教室门窗、桌凳、厨柜、床铺悉遭损毁,仪器设备荡然无存,仅生物实验室就损失显微镜20多部,损坏各种切片数百张、人体模型和各种标本等近300件;图书室近5万册图书被抢、偷、

---

30 以上相关内容引自"西昌老吴"的博客(http://blog.sina.com.cn/16953380060),"老吴"文革时系西昌中学生。
31 "涪陵工人二七战斗团"、"四川涪陵革命工人造反联合总部"、"毛主席最忠实的红卫兵涪陵革命造反司令部"、"政法公社革命造反兵团"等四大组织。
32 以下资料引自于何蜀整理《重庆大事记》。
33 垫江县属于涪陵地区忠实派的组织为"二二一"和"五一六",属于红贸派的为勤务站,成员多乡镇干部和农民。

烧、散；医务室的医药、器材也损失一光[34]；6月4日，彭水县贸派群众组织抢夺县武装部枪支，开始备战。

事关落实"九大"精神头等要务，执政当局迅速作出反应，先是由涪陵地革委、涪陵军分区、驻涪8342和0063部队联合上报《关于处理垫江问题意见的报告》。6月7日，四川省革委、成都军区旋以川革发〔69〕198号文件予以转发，文件承认两年前因《涪陵五条》而失去合法性的贸派组织政治诉求，其中第四条明确认定"革命委员会应适当吸收'勤务站'的革命群众参加"。蒙冤组织乘胜追击，6月25日，"勤务站"与对立派"二·二一"派在县城及城郊猫儿寨、黑狗凼展开激战，死7人。后又在复兴公社高山大队激战，死4人。

涪陵下游的万县地区开县，一直由主力军（"红十条派"）控制，"九大"后两派重开战端。7月7、8二日，两派分别开抢县武装部和县警备中队枪支弹药，21日、26日正式发起暴力攻击，死6人，伤60人，县城机关干部、学校师生、厂矿工人、街道居民人等纷纷逃难，全城停工停产、停课达3月余，此事坊间戏称"王子祥放假"：王子祥是"开县主力军分部"负责人。

战端既起，胜负一时难决。省革委、军区虽及时发布"川革发〔69〕198号"文件对贸派实施安抚，可惜两年来涪陵地革委和涪陵军分区执政当局的单边执政，已让贸派群众对当局完全失去信任。于是文革初的骚乱模式再演，7月13日，垫江县"勤务站"派由8300人组成告状团乘船到达重庆，涪陵地区及其余各县"红贸"群众4000余人随之乘船抵重庆汇合，号称"涪陵地区万人上京告状团"，要求中央承认其为革命群众组织。告状团强行占领重庆火车站，致使重庆开行北京的20次特快列车停运18天。据统计，告状行动造成经济损失共计60多万元。

三线建设重点城市泸州，因刘、张心腹幕僚、宜宾地革委主任王茂聚组织的三次"武装支泸"积淀的血海深仇，也在贯彻"九大"精

---

34 《垫江中学校志》页60—61。

神的背景下剧烈发酵[35]。泸州市参加"九大"的党员代表蔡元森、李祥禄不过籍籍无名小人物[36]，受当局指派到"红联站"大本营255厂（泸州化工厂）传达"九大"精神，无非宣传文革伟大胜利和全国的形势一片大好，按官方提词说些鼓动庶民百姓团结起来，抓好革命搞好生产之类套话罢了，不意因为该二代表原来观点倾向"红旗"，竟当场遭到一顿围殴暴打。

尚在"九大"会期，泸州地区的泸县便武斗不休，4月15日，泸县二中一幢两层楼八间教室的教学楼还在兵燹中烧毁。"九大"后便更热闹了。5月，纳溪两派武力隔江相峙达半月之久；随后两个月，泸州市周边小规模武斗不断，县区"红旗"支撑不住，重新聚集泸州中心城区，已回中心城区的红联站人则重返高坝、罗汉场等大本营，双方拉开大战架势……

四川武斗的"军火库"重庆周边紧邻区域的动荡此起彼伏。5月14日，合川两派爆发武斗两起，死2人；8月14日合川"红大"派聚众冲入县支左办公室军械库抢取枪弹，不慎引爆炮弹，当场炸死、炸伤30余人；重庆西部门户江津属八一五派重镇，兵败逃亡的红总扬言要联合"两省三地一市"[37]专业武斗队"血洗白沙镇，打回江津城[38]"。白沙"九七"派得闻情报，8月16日紧急动员群众离开白沙到江津避难。是日晚强征长航局泸州201号轮船，拖3只驳船满载人员沿长江下行，夜22时45分，船行至油溪五台山附近江面，岸上忽有人向船开枪，乘客骇乱，拖驳本超载严重，哪堪满船乘员剧摆乱摇，拖轮顿然失衡，江水前仓漫涌，水手为保主船续行，断然砍断拖绳，拖驳牵引力尽失，船体彻底失控，第三只驳船满载600多人，当即倾覆。后沿江打捞起尸体273具，失联者确切数据无法统计。

---

35 章明：《泸州文革笔记》页 **182-183**。
36 蔡元森：四川省航道处工人技术员；李祥禄，省级劳动模范，泸县赤峰公社农妇，观点倾于"红旗"。
37 指四川、贵州两省，江津、宜宾、内江三地区和自贡市。
38 白沙是江津地区一个场镇。位处成渝交通要冲之地。

2. 张、梁亮剑

"九大"后暴力冲突再起并非四川个案。京畿山西的太原市、晋中、晋南部分地区发生的严重武斗最先让北京震怒,即刻颁发《中国共产党中央委员会布告》(简称《七二三布告》)警示,并严令全国执行之,布告凡八条:

一,重申过去发布的《七三》《七二四》布告[39]和其他通令、命令、通知,任何组织和个人,不许违抗;二,双方立即无条件停止武斗,解散武斗队,撤出武斗据点,上交一切武器装备。拒不执行者,由解放军实行军事包围,强行缴械;三,抢夺解放军的一切装备,必须无条件地全部退回;四,立即无条件恢复交通运输。冲击车站、袭击列车、抢劫物资、车辆和旅客财物,都是土匪行为;五,要严办抢劫国家财产的主犯,追回国家的一切物资和资金;六,依法惩办杀人放火和其他罪大恶极的现行犯罪分子;七,依法惩办煽动、威胁职工离开岗位的坏人。已离开的群众,限一月之内返回,否则停发工资;八,凡分裂革命大联合、破坏革命三结合的行为,另立的山头,一律都是非法的,中央概不承认。

北京敕令严苛如此,四川新当局安敢丝毫懈怠?这一回必得由身具最高地方权位和军方权威的张国华、梁兴初亲自出马。《七二三布告》动辄恫吓以"军事包围,强行缴械""土匪行为""停发工资"诸语,张、梁联袂上阵必然雷霆万钧,巴蜀群众望风归顺,指日可待了。

被"武装支泸"战火反复焙烧的泸州,7月31日,驻泸部队奉命举行武装游行,宣传"九大"新中央发布的"布告",下令立即停止武斗,接着由驻泸军人陆续举办学习班32期,派出宣传队1886个(次),出动人员5000多人次,宣传《七二三布告》,集训、遣返武斗人员,拆除武斗工事,收缴各类枪支1407支,火炮17门,子弹

---

[39] 指中共中央、国务院、中央军委和中央文革于1968年7月3日和7月24日发出在全国制止武斗的布告。

12多万发以及炮弹和其他军用物资若干。8月19日，武斗热点纳溪发生了最后一次武斗，双方削平"山头"偃旗息鼓，血腥故事彻底落幕。虽然结尾情节有点滑稽：1969年10月19日，泸州红联站给北京恭发《给毛主席的致敬电》，称红联站"削平山头"，是"十三万红联站儿女无限忠于您老人家的具体表现"。[40]

"涪陵地区万人上京告状团"一直滞留重庆火车站。张国华指示其派代表500人到成都解决问题，其余人等均从车站撤出转重庆体育馆候命。告状团老老实实遵命，派500人到成都，被安排省煤矿干校继续等候接见，申诉冤情。

为彻底落实中央敕令，8月11日，张国华、梁兴初亲率军区和省革委军、地领导成员组成的工作组登程出发，实施就地平抚。川西、川南片由张国华领队，成员有省革委副主任、兵团派群众头领邓兴国等；川东、川北片由梁兴初领队，成员有成都军区副政委、省革委副主任刘结挺、省革委群众头领副主任冯玉德（八二六派）、杨至诚（红卫东派）等，阵容可谓强大。两大工作组同时出发，留李大章主持全局工作，张西挺则留省级机关看家守院。其时，剑拔弩张的中苏军事对峙再度升温[41]，8月28日，毛泽东签发一适用范围更广、措辞更严厉的《中国共产党中央委员会命令》（史称《八二八命令》），《命令》再颁九项敕令，以对边疆各地政府、驻军及百姓"高度树立敌情观念，充分做好反侵略战争的准备"为题下文，其中很大一部分内容则是针对"造反派"说事，将"打、砸、抢"明确定义为"现行反革命活动"，敕令解放军采取坚决措施予以制止，甚至给予坚决镇压。命令称：一切群众组织必须解散，立即无条件停止武斗，上缴一

40　章明著《泸州文革笔记》页185。
41　珍宝岛冲突后，中苏关系持续紧张，1969年8月13日，在中苏边界西段、中国新疆裕民县的铁列克提争议地区，苏联出动直升飞机、坦克、装甲车对中方一支38人且只携带轻武器的边防巡逻队发动突然袭击，造成中方边防队全部阵亡。苏联国防部长格列奇科为首的军方鹰派，主张对中国进行"外科手术式核打击"，并得到了苏联领袖勃列日涅夫的支持。8月28日，苏联驻美大使向美国官方告知苏联准备核打击中国的计划。次日，《华盛顿邮报》在醒目位置刊登一则消息，标题是《苏联欲对中国做外科手术式核打击》，美国通过媒体消息变相通知了中国。

切武器，等等。张、梁工作组再得"尚方宝剑"，发力自然威猛。

张国华工作组到西昌，照例由驻军将群众组织头目招来学习班宣布政策，晓以利害，命令强行收缴武器。张国华一改"泥水匠"作风，讲话态度鲜明且大彰火色。9月17日，张国华政委接见西昌地、县革委负责人，及驻军部分干部及正在参加西昌工交系统抓革命促生产会议的代表，讲话明确定义：

你们西昌地区的派性武斗，就是资产阶级派性的武斗。在四川出了名，今年三月份以后在全国也数得上出名，你们是出了名了。"地总"也好，"打李分站"也好，两派打来打去，就这个西昌城，你进来他出去，他进来你又出去，打来打去，确实搞得很不像话。

现在武斗停止了，两派的武器大部分上交了，外流人员回来了，两派不但可以坐在一起，还可以谈联合了……你们西昌还有些枪支没有交完，应该很快交完。再不交，你就有点被动了，就以私藏枪支论处。有的同志可能有些错觉，认为有他那派性掩护，可以继续隐藏。告诉你，那是靠不住的，群众一发动，以后你一定是空头头，你对抗毛主席，对抗《七二三布告》《八二八命令》，你到头来一定是空头头。你们西昌抢的物资是相当多的，谈起来有点使人生气，到处乱抢国家的东西，工厂破坏，搞得不像样子，确实有点不像话……西药也抢，国家百货公司的东西也抢，粮食也抢，什么东西都抢，这简直成了什么世界？这哪里是革命者，这是土匪行为！（现在）只要一发现进行破坏的现行反革命分子和刑事犯罪分子，破坏团结，破坏革命的，一律按《七二三布告》《八二八命令》办事，该抓的就要抓，该逮捕的就要逮捕，该法办的就要法办，不要手软。

川东川北一路的梁兴初更显猛将霸气，以至《统帅万岁军》一书记录的工作组达县之行，让读者似感几近夸张：

当梁兴初带作战部长到川东去收缴武器、制止武斗时，不少同志说："川东有几万条枪，你要小心。"梁兴初听了只淡淡地一笑道："小菜一碟。"梁兴初决定先去达县。他带作战部长张绍良、某师师长王秀玉、某师副师长杨安忠、秘书岳广运和师侦察连一干人前往。因武斗严重路途受阻,工作组到了大竹,却进不了达县城。梁兴初非常气愤:"娘卖屁,还想翻天不成?把那些家伙都给我喊来,限他们天亮前赶到这里开会!"四川的造反派久闻梁兴初的厉害,半夜两点多都乖乖来到了大竹。[42]

该书由梁兴初夫人主持编写,叙事难免偏颇。大竹县系13军〇〇二〇团部所在地,梁兴初到此接见达县地区所辖各县群众组织代表。梁兴初在讲话中明确宣布:"不要提那个什么八一五派、反到底派,我不管你哪个派,(就)要削平你那个山头。"

按一贯风格,会议一开始梁兴初就来个下马威。开江群众组织头头请示:"开江五七联司还有三名代表没有进来。"梁立即怒怼:"管他代表不代表,执行《七二三》布告就能代表,不执行《七二三》布告就不能代表。"对方解释:"我们组织没有搞打、砸、抢",梁厉声断喝:"你们组织都是好人?没有搞打、砸、抢?没有打、砸、抢,一个坏人也没有?你是在强辩!强辩!你就不正确。"

转入正题:"学习、检查《七二三》布告执行情况",梁将军威猛恫吓之言处处可见:

谁不按"布告"办事,就不是革命的,或是反革命的。谁再搞打、砸、抢、抄、抓,谁就是土匪,土匪就要消灭,不消灭留起来危害人民生命财产的安全。

你们达县搞了这么久的武斗,坏人没有打死,你们这些头头一个也没有打死,好人打死了……可能在座的就有坏人。

(工作组副角刘结挺话很少,此时也表态配合,宣布:"肯定在座的有坏人,肯定有。")

负责达县地区支左任务的,是从云南边疆换防来此的13军〇〇二〇团。云南文革虽同样不少暴力冲突,但烈度远逊四川。川北大巴山民素多野夫莽汉,对来自边疆、老老实实执行政策、"骂不还口""打不还手"的支左军人,遂多有施暴动粗之举。巴中县武装部长杜

42　任桂兰、李宗儒《统帅万岁军》页515。

泽海挨了打，还被打人者挟持前来参加接见，惹得梁兴初一顿训诫，直接斥之为"绑架"。记录稿文中有自云"巴中刘部长"者趁机告状，说"（造反派群众）昨年打了我的腰，今年又把我的头打伤了。"宣汉县军代表跟进诉苦："8月11日，革代会勾结达县××组织，用机枪袭击武装部，把我们谢得安副政委打伤，小便出血，在医院动都无法动。"与工作组同行的13军38师副师长杨××继续告状，说"平昌（县）解放军118人，就打了115人，只剩下3人出公差的未打。"记录稿注明"驻军代表"纷纷争相控告："他们在北沙等3个区抢走二十六团汽车，抢走军用物资，就连大衣都抢了。一天煮3顿饭，就抢3顿，就连我们养的一头猪和几个南瓜都抢走了，还打我们。"

这些冤情诉一桩，便惹来司令员对造反派头目痛骂一通，怒气渐入极境，干脆指谁骂谁。一位自报"邮电工人"杜姓者，被梁骂为"我看你不像个工人，连农民都不像。你支持叛徒、特务造共产党的反"；被梁"气愤地拍桌子点名站起来"的杨清明回答执业身份是"补皮鞋的工人"，梁直接宣布"你是流氓！"……

不需要政策解说和思想疏导，讲话尽皆训斥、怒骂和宣判。记录稿到处可见如下内容："梁、刘（指刘结挺）一齐站起来气愤地说：抓起来！（当场抓走。）""梁：你们再不回头，到时候，我们就要发动群众抽你的筋，剥你的皮，放你的血。跑到山上，派军队消灭土匪，跑到空中，我有的是飞机炮弹，跑到国外就按叛国投敌分子处理。""你们一天到处打，你们有吃，你们一天还要多少钱，你们这些人简直是败家子，到处杀人！到处放火！是不是土匪行为？""（梁：）坏头头为什么不揪？……这样的坏头头，坏人，不揪还行？你们保护了坏头头，你们哪个敢保护坏头头？（众不语。）搞打砸抢的人，搞武斗的人，今天不抓你，明天、后天都要抓你。不管你是哪一派的，只许有一个观点，就是毛泽东思想的观点，不准有哪个观点。"司令员宣布："今天是造你们的反。回去再搞就围剿你，包围你。相信你们不会再搞打、骂解放军了……如果回去再搞就不要怪我不客气，把你打成反革命。你是土匪，不是造反派嘛！"

刘结挺一个劲儿老老实实跟风，不论发言者派别，刘插话只管跟着梁说狠话:"现在的总部都是搞武斗的总部。""通江、巴中,武装颠覆革命委员会的,有种的给我站起来!你们必须把坏人交出来。"

记录稿载:巴中的代表此时站起来"向刘结挺请示,我们巴中那个情况,怎么和他们联合?要把巴中的情况向刘副政委汇报一下。"刘结挺面现难色,顾左右而言他"怎么没法联合?今天晚上不听你们那些。今天是贯彻《七二三》布告。"

面对狂喷痛骂,造反代表还有什么可讲?梁兴初宣布:"该收场了。你们达县11个县,反复多次还没有闹够吗?不能再有反复了嘛!"记录稿接着载明:"梁兴初:好吧,现在通过协议。(协议读完后)有意见吗?(众答:没有意见。)好,没有意见,就签字。"

群众代表除了规规矩矩签字画押别无选择,问题解决得就如此干净利落,难怪《统领万岁军》的作者,可以放开胆进行情绪描写。

现在,轮到老老实实待在省煤干校侯命的"涪陵地区万人上京告状团"了。赴蓉一个多月,告状代表已有点筋疲力尽,所幸川南、川北两拨工作组平抚工作顺利收工,9月9日,张国华、李大章代表省革委和军区终于有了时间接见"榨菜之乡"的告状代表。张、李的认知表态与两年前成都军区颁发的《涪陵五条》发生根本变化,认定:"根据涪陵和垫江的历史和现实,垫江的问题只有用承认的办法解决,涪陵和其它县只有用联合群众的办法来解决",讲话明确宣布不得再在群众中划分"革"与"保",不要再区分"红十条派"和"反红十条派"了。两年前被官方彻底否定的"红贸"庶民重新获得了"革命群众"的身份。刘结挺和张西挺首创的"红十条派"和"反红十条派"提法到此终结。

涪陵地区曾经的全胜者、忠实派主要负责人罗成胜对此感慨尤深:"由于这次行动(指"告状团"行动)前后持续2个月,影响很大,为当年年底的中央'一二二五'批示的下达打下了基础。"[43]

---

[43] 罗成胜《我的造反生涯——重庆涪陵忠实兵总负责人的回忆》页368。

3. 调虎离山的学习班

"九大"后这一轮其发也勃、其停也忽的暴力浪潮中,四川武斗两大辐射源成都和重庆却相对静默。究其原因,一是目标大,被上层盯得紧,二则是两地的群众领袖对上层政治秘笈窥探更多,噩梦醒来更易彻悟和超然。重庆反到底派领袖李木森作如是袒露:

革委会成立后,群众组织就已经没有多少作用了,群众组织的负责人基本上都进了革委会,都开始在革委会里进行"议会斗争"了,下边的成员,也大多各自回单位"抓革命促生产"去了。许多群众组织已经只剩了个空架子,名存实亡。所以到撤销群众组织的时候,就基本上没有什么困难障碍,一叫撤就都撤了。

重庆八一五工人领袖陈万明说得更痛快:(全国山河一片红之后)革命群众总结得更直接、坦率一些,就两句话:"担砖的还是担砖,当官的还是当官"。

如今倒了旗,平了山,头头被一顶乌纱帽把脑袋箍了起来,毕竟这帮豪雄号召力犹在,影响社会安定的潜在风险不可小觑。为按"九大"要求尽快稳定川内局面,军区、省革委决定将成都和重庆的造反派头头分别集中举办毛泽东思想学习班,实行全封闭管理,"斗私批修",批判资产阶级派性……名为学习,其实既无学习计划,也无结业指标,成都班学员、崇庆县革委委员、学生领袖彭伟回忆,驻班三个月,整个儿就是:"连学习带耍"。

成都片区学习班地点设于崇庆县王场 601 步兵学校,学员包括成都市、温江专区、西昌地区等,都是进入省、地(州、市)、县各级革委会的群众代表;学员一律由军队派人当组长(召集人);预计时间三个月;学习班的目的据称是培养新干部。彭伟如此回忆:"整个学习班很宽松,伙食也开得很好。不是整人学习班,是通过学习文件、斗私批修,围剿资产阶级派性(造反派的造反性),增强团结"。学习班气氛祥和,各地学员无非串串门、散散步、聊聊天,打打篮球,过得煞是快活。省革委、军区的大人物诸如张、梁、李、刘、张等,一个也没来前来关照,亦无谁来此发表讲话、作报告之类。从 6 月 9 日开班到 9 月 9 日结束,正好准时完成三个月计划。学员们记忆深刻的,倒是两件非常好玩的趣事。一件:

> 学习班只有一次集中活动,就是在大礼堂听刘文彩家奶妈(佣人)刘妈妈作忆苦思甜报告,这个刘妈妈一开头就讲,刘文彩他姓刘,刘少奇也姓刘,他们两个是一根球日出来的,引起下面上千人哄堂大笑。刘妈妈演讲引得哄堂大笑的话题,还有过好几次。

另一件是,温江地区大组来了个分区参谋长传达有关中苏冲突的文件:

> 他念文件时,把从"海参崴到阿富汗"念成了"从海参("参加"的"参")威胁到阿富汗",念到此处他忽感不妥,于是自言自语反问:"怎么掉了一个'胁'字啊?"台下顿时引来一片愉快的哄笑。

重庆班开班晚一些,正是涪陵"万人告状团"来渝滋事的八月中旬,长江上、下游风波明涌暗动。抓紧把两派群众领袖封闭起来尤显必要。重庆班学员一千多人全部拉到了远离川东的四川水利学校。水校位于青城山下、都江堰边的灌县(现都江堰市),重庆这帮"造反老油条"心里敞亮,明白将他们大老远拉到都江堰来"拜水""问道",无非是不让他们再给川东骚乱添油拱火罢了:

> 这是大家从两大派斗争中得出的经验。以往你争我斗的结果,只不过是各自增加了一些"罪犯"。多斗一次,就多几个兄弟伙进班房。所以在灌县学习班,大家就吸取教训,不再争斗,放开了玩。[44]

对付这类"学习文件,斗私批修,批判资产阶级派性"的学习班,重庆学员规规矩矩按要求依次作秀,反正能让主持学习的军代表高兴就行,剩下时间便逍遥自在,玩耍更疯狂。打篮球、逛堰区景点不尽兴,再游青城山,逮松鼠当宠物、拜老道问因缘,去古县旧街装顽童,吹塑料喇叭恶作剧。有的干脆远赴乐山看凌云大佛,登峨眉山拜

---

44 陈万明《亲历继续革命的实践》(自印本)。

千年古寺……阅读重庆多位群众领袖的回忆录,关于这一段人生记录,更像一段快乐的旅游散记。

无论成都班还是重庆班,让群众学员们放松心情玩耍,对当局加快落实"九大"精神确实大有好处。正是在此"圈禁"时段,成渝两地的行政当局顺利完成了一件大事:大量解放老干部,解放出来后马上安排到革委会副主任之类岗位上,没有圈禁在班的刺头儿作梗,省去了许多麻烦,如例行的老干部门做检讨、取得群众"谅解"等繁文缛节。此举活脱脱一调虎离山计之文革诠释版。参加601步校学习班的侯振东,是张国华亲自安排在"成都工人革命造反兵团"的负责人,学习班结束,他豁然醒悟:

这是一种反夺权的手段。我们离开132厂后革委会发生了如下变化:革委会主任黄明调走了(是真正的革命老干部),从外省调来了孙志端当厂革委会主任(此人是被批斗过、反文革的秋后算账派);各车间科室原来靠边儿站的干部全部进了各级领导班子,学习班结束后革委会成员回去,只是挂个名而已[45]。

水校学员陈万明属侯振东的对立派,感觉和侯振东完全一致。除了"走资派"趁机迅速解放,重新上岗,他还多一层难受:"我们离开重庆后,他们(指当局)迅速的把这些人(指参与过武斗的"不干净"的造反派大小头目)都抓进看守所去了":

这些消息从原单位传来,水利学校的校园里迅速传播,几乎炸开了锅。甚至有人大呼受骗上当。[46]

不管成都、重庆这帮曾经叱咤风云的草民英雄如何感慨哀叹,接下来的文革戏剧里,他们已经无奈地由曾经的舞台主角,变成只能跟着喝彩的看客。

---

45 侯振东网文:《沧海桑田五十载——我在文化大革命中的种种经历》(《乌有之乡》2016-06-27)。
46 陈万明《亲历继续革命的实践》(自印本)。

4. 李大章"动手术"

8月中旬始，张国华、梁兴初带工作组巡视专州县，对四川社会秩序大刀阔斧实施现场整肃，"九大"规定的另一项重要任务：恢复经济、特别是三线建设，理所当然轮到李大章作一号主刀医生来"动手术"了。官史记录"九大"召开前后四川的经济形势，特别指责了四川"反复旧"活动给革委会成立后日趋好转的经济局面带来的负面冲击：

> （刘、张派系）把反对他们的一些地区和单位说成是"独立王国"；把刚被结合进革委会而又反对他们的老干部说成是"穿新鞋，走老路"，搞"复旧"。"反复旧"运动使四川形势又发生了一次反复。有的单位革委会被搞垮，两派联合了的单位，再度陷于分裂。从4月上旬开始到8月，四川的工农业生产再次遭到破坏。西昌、达县、江津地区和成昆（北段）、宜珙等铁路、公路建设工地以及永荣、广旺、芙蓉等煤矿和电力部门出现了较大的反复，严重影响了三线建设。[47]

按1957年不变价格计算，1967年全省工农业总产值比上年下降11%，其中工业总产值下降17.8%，农业总产值下降2%；1968年，工农业总产值又比上年下降23.98%，其中工业总产值下降37,1%，农业总产值下降8.9%；1969年工农业生产比上年略有回升，但仍未达到1966年的水平。[48]

解决巴蜀经济问题，对李大章这类经验老道的技术官僚应当不算陌生，问题在于这一次经济重创不是因经济运行失衡的恶果，而是政治因素的产儿，这不能不说是全新挑战。

张、梁大刀阔斧贯彻《七二三布告》和《八二八命令》，李大章则不失时机在经济领域配合行动。《四川省革命委员会和成都军区国防工业战备工作会议》于八月中旬开锣，正式启动以三线建设为中心的大规模经济整顿。会议印发的主旨文件、李大章讲话稿共35页，

47　杨超等主编《当代四川简史》196-198页。
48　杨超等主编《当代四川简史》205页。

长20000余字,主题直接应和毛泽东的九大号召:"团结起来,争取更大的胜利。""抓革命,促生产,促工作,促战备。要准备打仗。"

仔细解析李大章长篇演讲,基本上可以窥见四川当时的政治经济场景,以及四川高层开启全面整顿模式的决心和规划。讲话劈头盖脸便发出威胁,称:

> 苏修社会帝国主义早就在拼命作战争准备,加快侵略中国的军事部署,在国外加紧和印度等国家的反动派和台湾蒋介石匪帮,阴谋同盟,大搞所谓反华军事包围圈。新沙皇继武装入侵我东北珍宝岛,一手制造珍宝岛事件、入侵我新疆裕民县地区,制造了又一次极其严重的事件,最近,苏修社会帝国主义的军队,结集到十几个师,大概一百多万军队。飞机天天在那演习,袭击的目标,不仅包括了东北的各大城市、乌鲁木齐,还搞什么空袭我国首都北京的演习,实弹射击演习,还把他远东的总司令换成了一个就是企图用火箭用导弹来威胁我们的人……[49]

着意渲染北邻入侵危机,最容易煽动起"兄弟阋于墙,外御其侮"的民粹激情,同时又可淡化文革凶乱酿成的内部矛盾。讲话以此起式,快速转入四川三线建设之急迫和重要:"现在战争的规模,不仅有平面的,而且也有立体的。""大后方同争取战争的胜利关系非常重大。四川不仅是我们伟大祖国应对苏修和各国反动派侵略的战略要地,同时也是支持世界人民的主要革命根据地。""四川搞不好,毛主席和林副主席不放心,原因也就在这里。"

接下来进入正题。开始从政治角度指责"有的厂矿和施工部队的领导同志":

> 对于美帝、苏修对我国发动侵略战争的严重威胁,视而不见,听而不闻,嗅不到火药的味道。对于自己内部的意见分歧,则斤斤计较,为了鸡毛蒜皮的小事,使备战急需的工程迟迟不能上去,或迟迟

---

[49] 本段有关引文均摘自会议文件:1969年8月30日李大章在《四川省革命委员会和成都军区国防工业战备工作会议》上的讲话。

不能完工，一拖再拖，不能投产，投产以后也不能好好生产。

再接下来的追责愈益严厉："资产阶级的派性和它的同胞弟兄、难兄难弟：无政府主义，都是战备的大敌，都是巩固无产阶级专政的大敌。""阶级敌人利用派性来对革命进行破坏，同时派性也掩护了敌人来向革命进攻。在无政府主义严重泛滥的地方和单位，也同样被敌人利用和掩护了敌人来进行破坏。反动的资产阶级派性和反动的无政府主义思潮，它们原是资产阶级的个人主义。那些闹派性、闹山头主义、宗派主义、分散主义很凶的人，发展下去是很危险的，如不及早回头，就会变为阶级敌人的帮凶"。

从政治切入题目继而实施经济追责，李大章花了大量篇幅大讲"反复旧"之弊，称军区党委关于"当前三支、两军和部队工作座谈纪要"对此已有结论。"国华、兴初、结挺同志，我们几个商议了一下，已经用省革委名义，把'纪要'转发到地方上去了。"对于喧闹一时的"反复旧"，李大章明确定性，称"一是干扰清理阶级队伍；二是把矛头指向了解放军，指向了革委会，指向了革命干部，指向了广大群众；三是破坏了革命的大联合和革命的三结合。背离了八届十二中全会的精神，干扰了毛主席的伟大战略部署。"李接着举出"一个非常重要的建设工地"的"反复旧"活动，对"资产阶级派性""无政府主义"之类的痛点猛加鞭挞："（'反复旧'时段）非法撤换了班、组基层领导干部的一半，最多的撤换了80%。一些革委会的工作人员和清队积极分子被揪斗，有的甚至被捆绑吊打，开大会斗群众成风，上行下效，层层进行。"等等，最后，李严厉警告："一小撮阶级敌人就是在'反复旧'活动中兴风作浪。有一个地主分子在背后煽动群众加油干，搞'反复旧'；一个劳改释放犯钻进工代会出黑点子；有个特务搞反攻倒算，还有的控诉'清队是对他的迫害'。我们的矛头，是要对准这些人。对好人只能拉他，团结他，教育他。对这一些坏人要坚决打击，要发动群众把他们揪出来，批倒、批臭。"

首先在政治阵地进行一番扫荡，继而突入经济领域，李大章的发挥更挥洒自如。比如规划要"处理好国防工业同民用工业的关系"、比如"非军工工业实行'平战'结合"及"国防工业与农业的关系",等等,处处游刃有余。特别看点还在于,虽说大谈战备国防规划,李大章又恰如其分地给驻川的国防工业部门提出了支援农业、确保四川这个农业大省的经济稳定和发展的"私家活计"——他要求与会人员讨论如何支援地方、特别是农业,比如加速四川农业机械化的问题,李处处精打细算,例如:"滚珠轴承,飞机上的次货给农业也好嘛,但要折价,不能那么贵。"又如搞小化肥厂,李大章提出:"某些配件的加工,精密的机械加工,也希望军工厂在可能条件下给以帮助(在不影响军工生产条件下)"。还有清仓、查库,绝不可抛洒,要"把某些用不着的废旧积压物资拿出来,支持农业机械化,也是大有用处的。"还有:"水利改土工作,建设稳产高产农田,是农业增产的一项重要措施。改田、改土,就需要一些炸药,要炸药就需要一些引信等",这些,李大章都希望军工企业"在技术上给以支持。"等等。算计如此精细,酷似极善理财、锱铢必较的老掌柜。

贯彻"九大"毛泽东大治天下的意图,恢复四川社会的稳定和发展,这一共同目标让张国华、李大章等人的政治力量顺利地站上了制高点。相反,刘、张派系想要继续保持长达两年多的垄断位置日益艰难,随着社会秩序的整饬和生产秩序的恢复,他们注定会继续被逼向墙角。恢复生产亟需大量有经验的地方技术官员,这些地方干部的"解放"和"重新使用",还须过刘、张权力团队一关。如今"九大"已毕,北京意图已明,刘、张团队偏偏在4月26日将首批省级机关干部赶去西昌湾丘干校劳动,刚从"九大"归来的刘结挺更在"欢送大会"上讲话与"九大"精神拧着来:"有些地方就是全面复旧了",在"文化大革命"进入新阶段后,"复辟与反复辟的斗争,在当前突出地表现在'复旧'与'反复旧'的斗争"。[50] 湾丘干校成了刘、张团队的"自留地",李大章需要干部,只能先从50军控制的西南局机关干部中想办法。

西南局机关汇集了大量中、高级干部,李大章决定以"战备动员"

---

50 中共四川省委党史研究室编:《中国共产党四川历史(1950—1978)》页375。

为由将西南局干部全部转移到汶川干校以摆脱刘、张派系控制,此事顿时引起了刘、张派系恐慌。[51] 西南局机关八二六派群众组织核心人物洪韵珊回忆说,得知将远赴汶川,心急不已,于是以"到汶川后西南局的领导隶属关系"问题紧急面见李大章,质疑说西南局既已离开了成都市,领导关系就不应在隶属于50军而应交回省革委办事机构。这正好触碰到事情要害,一贯以好脾气著称的李大章"当场大发脾气",指责洪道:

你陷得太深了,我给你说穿了,你不要以为省革委有人在背后支持你,给你出点鬼点子呀,搞点小动作呀。西南局的问题,长期拖着解决不了,就是省革委领导核心看法不一致,还不光是西南局的问题,还有全川的问题。

李大章脱口而出,继而对洪还撂下一句:"我们给中央写了报告"。仅此一句,事情之严重铮铮可闻。四川这一节文革游戏将很快摊牌了。

5. 落幕节奏

李大章所说"给中央写了报告"的"我们",显然包括张国华一干主流核心大员。八月巡视期间,张已有时没时地公开表露对刘、张派系的不满。自贡市因武装部长李宗白从文革初期就支持造反派而被誉为全国"支左红旗",是故该地成为"红十条派"的资深盘面,自贡市也成为四川首例成立地市级革委会的先进地区,可是"九大"之后张国华赴川南川西巡视期间,偏偏"批评李宗白很厉害,还点了宜宾的名。"[52] 这些信息迅速通过各种渠道向社会四处漫灌。替刘、

---

51 时间为1969年10月下旬。10月18日,黄永胜等以"林副主席第一个号令"正式下达了林彪在17日作出的关于加强战备的"紧急指示",四川省革委立即传达贯彻,并动员大城市搞疏散,仅成都市在10天内就疏散城市人口10万人。

52 转引自袁光厚《悲剧是怎样造成的———一个新华社记者亲历的"文革刘、张乱川史"(下)》页274。

张派系坐镇"突破口"的宜宾地区革委会主任王茂聚得闻此信,不禁深感忧虑,与同僚李良相向感叹:"张政委对刘、张看法有改变,这是个大问题"。[53]

刘、张羽翼有"刘、张、王、郭"并称的四大左派之王茂聚、郭林川,因"武装支泸"被中央首长在前一年的"九一六讲话"猛批,至今未予结论,以至连"九大"代表都没有当上,心里本感憋屈,如今见张国华倾向转弯、李大章风头大盛,对现实的无奈和对前途的忧思可想而知。更糟糕的是,由红旗派分裂出来的"炮轰派"公开批判"武装支泸",质疑王茂聚"九大"之后的几次讲话、反对将泸(州)、纳(溪)、合(江)红联站百万群众打成"反革命",甚至力主为邓自力等干部平反[54]。炮轰派横空出世再度激活宜宾地区的暴力冲突,8月11日,红旗数千名武士对炮轰派观点占优的川铁兵团实施武力弹压,死伤90余人,流血事件成为直接对抗《七二三》布告的严重失态之举……所有这些,很快通过官方正式渠道和民间渠道馈达北京,并将宜宾"突破口"的四川故事再次拉开帷幕,成为刘、张戏剧的末日桥段。

8月,新华总社记者领命来川调查。刘、张团队自知危机已至,不能不利用在握的权力实施阵地保卫。省革委政工组主管宣传并负责联络新华社四川分社的胡晓明首先出面接火,热情配合总社记者工作,多方施加感情影响和心理影响,暗中探摸北京对四川问题的态度。某日,总社记者专赴西昌拜会正在当地巡视的张国华,张向记者具体谈到了对省革委、军区几个领导同志的看法——胡晓明得闻此事,不禁大为惶恐:

> 张政委讲领导中的主要问题是刘、张,指出一些地区的武斗与

---

53 转引自袁光厚《悲剧是怎样造成的——一个新华社记者亲历的"文革刘、张乱川史"(下)》页271。
54 《宜宾红旗炮轰派对宜宾地区当前形势的声明(1969年9月2日)》。声明中所指邓自力,是原泸州地委书记。邓在大跃进破产、农村生活全面凋敝之时,断然决定解散集体食堂,实施系列宽松政策,使当地农民度过了生活难关,被民众誉为"邓青天",1963年,被李井泉打为"反党集团"头子与

刘、张有关，点出了刘、张的严重错误。分社记者××[55]一听，吓了一大跳，回来就告诉了我。我知道这个情况以后，也很吃惊……（我）把这个重要的情报告诉了张西挺，还告诉了郭一民、姚德茂。张西挺听了很紧张，她半天才说："我们是跟张政委的，张政委怎么说我们就怎么办。有时候他突然改变了态度，又不给我们打招呼，我们还是按他的办，结果就跟梁、谢顶上了"。[56]

9月，张国华准备直接到宜宾巡视调研，刘、张旋将消息通知王茂聚，要他"做好一切准备"。其所称准备，首先是收集和准备有关泸州驻军的材料："支左"军人是文革运动的实际主导力量，无论事情办好办坏，将责任全推给他们其依有据；其次，要王茂聚对宜宾所辖红旗派一派掌权的14个县、抓紧安排红联站人员进行"补台"；还有，为实时掌握上司动向，王茂聚安排专人改制成功窃听设备四套[57]，分别安装在接待宾馆房间等处，以对张国华的言论实施"窃听录音"。接下来，张西挺还让冯德华向王茂聚交底：一、有人想把四川问题的重点放在宜宾来解决，宜宾出了漏子，全川都要大反复，要把重点引到永川、重庆去；二、要高姿态"承认"宜宾的炮轰派，"承认"宜红总派现有的组织；另外，还策划了多条应对措施，包括毁掉武装支泸的"烈士陵园"、让宜宾红旗派组织"方面军"抓紧"倒旗"、一律以"三代会"名义开展活动，等等。

时间已经来不及了，解决四川问题的会议，已经摆上了北京的议事桌面。1969年10月29日的中央政治局会议，周恩来听取有关四川问题汇报，次日即书面报告毛泽东、林彪，提出："目前，四川问题，中央非过问不可了""从'九大'后，四川掀起'反复旧'运动，其性质与山东、贵州、湖北类似。""'反复旧'矛头虽也是对着军队，工代会也要超越于革委会之上，但四川究竟有四川特点，一切表现在派性和武斗上面"。并提出：现已有必要先约四川党政军有关负责人

---

55 指陪同总社记者的四川分社记者。当时，分社完全被刘、张体系控制。
56 胡晓明揭发。转引自袁光厚《悲剧是怎样造成的——一个新华社记者亲历的"文革刘、张乱川史"（下）》，页275。
57 具体人员仅安排宜宾地革委机关负责广播工作的李克勤一人。

来京商谈,"达到在毛泽东思想原则基础上的团结","然后再扩大商谈范围"。10月31日,毛泽东批示"同意"。[58]

1969年11月18日下午,偷跑去乐山峨眉庙群、看凌云大佛回来不到两天的省革委常委陈万明便接到通知,要他们立即上成都候命:

> 同时得到通知的,有两大派的其他几个主要负责人。我们到了成都军区大院,没等多久,就由一辆大客车送到机场。我们从成都直飞北京,下飞机后乘专用客车直达京西宾馆,参加中央召开的解决四川问题会议。得到通知参加这个会议的重庆两大派群众代表共十个代表,八一五派和反到底派各五人。我们编为重庆组。[59]

第四节　第三次解决四川问题

1. 同一个"突破口"

把当局领导及群众组织头头集中到北京办"学习班",是文革期间中央解决地方乱局一大成功经验。"九大"前如此,"九大"后,山东、贵州、内蒙、山西等地问题的解决,同样如此。此法一可让与会者与原籍地相关涉事人员隔离,屏蔽外部干扰,事情处理起来便简捷了许多;二则此类学习班氛围更似古代御前会议,最能显示朝廷威仪,朝臣只能兢兢踧踖。

这样的学习班四川一共举办过三次。第一次是1967年春,主题是为刘、张平反及成立省革筹;第二次是1968年春,反击右倾翻案风并确定省革委成立。这是第三次:按"九大"精神转入大治巴蜀轨道。这一次时间最长,从1969年11月5日开始到12月低,整个会

58　《周恩来年谱（1949-1976）》下,页331。
59　陈万明《亲历继续革命的实践》（自印本）。

议开了53天。学习班在京西宾馆召开，又叫"京西宾馆会议"。

会议分两阶段进行。第一阶段从11月5日开始至17日，参加者仅为省革委领导人加上两军（13军、50军）首长，仅9人，属闭门会议，由中央领导指导对大会确立基调。接着第二阶段是正式会议，时间从11月18日到12月27日，参会者有省革委主要负责人、军队以及群众组织的代表共250余人。会议分为6个大组进行。第一大组和第六大组是为重点。第一大组由康生、邱会作具体主持，参会者为省革委办事机构人员；第六大组由周恩来、吴法宪具体主持，人员均来自宜宾地区（包括乐山、内江、自贡）。仅看组织格局便知道了会议整肃重点所在，显然要向刘、张开刀了。

文革伊始，北京权力当局为打倒李井泉，选定宜宾问题作为了"突破口"，高调平反刘、张并将二人捧上高位。四川矛盾由此加速激化，其后所有喧嚣、厮杀、喋血市街、伏尸荒野……都围绕刘、张线索烧延，直到所谓"刘、张坐牢我坐牢，刘、张杀头我杀头"的决绝誓言，再到1968年春北京宣布"反刘、张就是给李廖翻案"（康生语）"就是刘邓复辟"（周恩来语），强行灭火，再到这一次，北京又以宜宾问题作"突破口"对刘、张实施清算……毛泽东用刘、张为道具，让四川打得稀巴烂，再完成巴蜀新的"大治"。此事对刘、张个人而言，从深渊被推上云端，享受了一番奇迹般的权力快感，再被打下来，重新坠入人生黑洞；作为巴蜀苍生，却是用血火代价，经历了一场无厘头的政治轮回。

2. 会场惊魂

11月18日，代表到达当晚，旋接通知全体人员到宾馆大会议室开会。会议按中央主持下有省革委主要领导、加上两军（13、50军）首长参加的闭门会议定下的脚本开场，一旦启幕，剧情便直推高潮。

重庆反到底代表李木森当时的心态很有表征性："走向大会议室途中，我的脑子里一片空白，心情有点紧张，不知道这次会议到底要解决哪些问题？要怎样解决？"接着主席台灯光大亮，周恩来、康生、陈伯达、李先念、黄永胜、吴法宪、李作鹏、邱会作、李德生、叶群等在掌声中走出来一一就座，会议由周恩来主持，康生主讲。李木森感觉：

> 周恩来讲话十分中听，使人感到是关怀，是爱护，虽有批评，但能接受，内心基本没有压力或压力不大。康生的讲话就不同了，使人感到又凶又恶……他点了万县军分区的李明司令员、涪陵军分区的李畔政委、成都的邓兴国[60]、宜宾被点的就多了……

重庆八一五代表陈万明对会议情节记忆更详尽：

> 康生突然抬高嗓门喊道："谁是王茂聚，站起来！"听他的嗓音都有些使人恐惧。王茂聚从座位上站了起来，康生杀气腾腾地质问道："你是军分区的政委，你调部队去打泸州，谁给你这个权力？你报告了谁？"
>
> 王茂聚怯生生地小声答道："我向周总理请示过。"
>
> 康生顶回去："你血口喷人！你向成都军区发电报，说'武装支泸'大方向是正确的，方式是对头的，没有错。有没有这事，回答我！你还说，如认为我们不行，就请重新派人来主持宜宾的工作。你竟敢威胁成都军区、省革委会。张国华为什么不把他立即撤了？你心目中还有没有上级党组织，还有没有党中央，还有没有伟大领袖毛主席？""你还拍什么电影，《突破口上红旗飘》，我看是白旗飘！党中央给你们平了反，不好好为党工作，不惜手段去宣传自己。什么'突破口'？你们不拍文化大革命的大好形势，专拍你那个'武装支泸'，专拍武斗，拍（泸州）那个钟楼是怎么烧的。你这是出文化大革命的丑，出中华人民共和国的丑，出中国共产党的丑！什么'突破口上红旗飘'，我看是'突破口上白旗飘'！你那个电影拿到美国去，可以得

---

60 邓兴国，时为成都公共汽车公司驾驶员。文革中1966年秋（33岁）参加造反，任成都工人革命造反兵团一号勤务员。1968年5月四川省革命委员会成立任副主任。1973年8月任四川省总工会副主任。文革结束后1976年底被关押，1978年2月11日经中共四川省委决定并报中共中央批准以"'四人帮'在四川的代理人、帮派头子、现行反革命分子"等罪名逮捕。1982年初被判处有期徒刑20年，同年在狱中因胃癌病故。

十万美金，拿到苏修去可以得几十万卢布。"

大会结束，吴法宪、邱会作向与会代表交待会议安排和注意事项，接着放电影，放的正是《突破口上红旗飘》。纪录片由峨眉电影制片厂青年导演李家模奉命现场拍摄，内容是第二次"武装支泸"。电影画面有王茂聚在持枪武装人员和军人簇拥下，走上主席台做战前动员、有王茂聚亲临厮杀现场视察，还有"武装支泸""成果"展示，包括成堆血肉模糊的尸体。康生狠批王茂聚时说到那座燃烧的钟楼在纪录片中多次出现，是泸州城最古老的钟楼，拍摄者解释，说拍摄这一段因为这是难得的"战争"实录资料，至于编进《突破口上红旗飘》有何指意？导演非会议要角，语焉不详便过了。

"成都工人革命造反兵团"政委侯振东在社会上籍籍寡名，"兵团"和"八二六"的其余领袖邓兴国、江海云，康志忠等都被点了名，而他侥幸"漏网"，会后暗自窃喜，悄悄向康志忠发了一句牢骚："人怕出名猪怕壮"，不料此话被他人听到并马上向上司告密，还将牢骚误传为"卸磨杀驴"——原话不过表达个人侥幸而已，而误传的话意则成了对北京权谋的诅咒。康生严令追查，康志忠主动解释说，"侯振东不是说的卸磨杀驴，他说的是人怕出名猪怕壮。"康生斥责："啊，你们长肥了，到中央来就要杀你们了！"后来的一次全体会议，吴法宪心有不悦，再次点名侯振东问"你在会下说什么了？""你说猪喂肥了好杀是什么意思？"侯振东解释："猪壮就是肥嘛，肥了就要被杀，所以猪怕壮。"吴法宪再追："你还说什么了？"侯承认："我还说了，这次会议把矛头对准刘结挺、张西挺，是不公正的。"

大员在殿庭遭庶民顶撞，威严受损，其怒可知，康生立即宣判侯"是一个典型的两面派"；吴法宪身材畸肥，上层同侪均戏称"胖子"，听闻"猪肥了要被杀"，自然不悦而且失态，怒斥间竟发市井詈骂之语："（刘、张问题）中央会处理，要你管？"

侯振东续怼不停："既然不用我们管，还要我们来干什么？中央处理就行了嘛。"

康生怒不可遏："你侯振东反动气焰嚣张！"

第十一章 新世界和刘、张星运陨落

以布衣之身与大员殿前顶撞,在侯振东人生记忆中定然很刺激且深刻。当日的遭遇十分惊险:

(康生震怒作色)黄永胜马上示意两名卫兵就站到了我的背后,我正好坐在最后一排。总理见事情严重,马上说:"侯振东同志,坐下,有意见到大组会上讲。"

我刚要坐下,康生揪住不放。他说,"你今年多大岁数?"

我答:"35岁"

康生:"你解放前是干什么的?"

这时周总理站起来了,打手势示意"侯振东同志,坐下,坐下,坐下"。打着手势连说三次坐下。卫兵一看周总理站起来叫我坐下,不敢动我,退下了。

我答:"地主的放牛娃。"

康生:"我不信!"

我:"不信你去调查,辽宁省宽甸县"。

我说完最后一句话才坐下了。

康生气还没有出够。他继续点名说:"你们还有个冯德华("空字028"造反派负责人,)野心不小嘛!你要得中华!"

侯振东是张国华家座上宾。侯到"兵团"当"政委"正是张为了掌控群众组织所作的精心安排。是日会终人散,张国华方才私下劝慰侯振东:

张政委说:"你侯振东吃了豹子胆了,我真为你捏了一把汗!新中国成立以来你是第一个敢在中央会议上和中央领导顶嘴的人。梁司令员那么厉害,你看他被叫起来立正站着,问一句答一句,多半句都不敢说。你今天是周总理要坚决保护你,总理都耽心了。我都很紧张了,你不知道如果被黄永胜抓去,没人能活着出来!"

张政委这样一说我才明白总理为什么连说三次坐下!这时我感到后怕了![61]

---

61 以上回忆内容均摘自侯振东网文:《沧海桑田五十载——我在文化大革命中

"愤怒声讨侯振东"成了当天晚上各大组讨论会的主题。

侯振东充其量不过一小小卒勇罢了，无非在殿堂之上不知天高地犯颜直言罢了，伤了大员脸面，只需挫挫锐气也就作了了结。王茂聚才是需要打理的一大权力主角，虽然他只怯生生地小声顶了康生一句："（武装支泸）我向周总理请示过。"但放过电影之后，作为地方基层老政客，心里什么都明白了。11月21日晚，王茂聚在宾馆房间自缢身亡。

从告状、造反到掌控"新政权"，王茂聚紧跟刘、张，入伙"刘、张、王、郭"团队，结盟的声名荦荦无疑。京西宾馆会议矛头本来就直指刘、张，王茂聚自杀身亡，无疑迅速加快会议节奏。22日凌晨零时，所有代表到大会议室立即举行全体会议，"愤怒声讨王茂聚叛党自杀，对抗中央解决四川问题的罪行。"

吴法宪、邱会作现场组织，首先由政治局候补委员纪登奎正式宣布王茂聚叛党自杀，自绝于党，自绝于人民，然后众人愤怒声讨。会议发展至此，北京的底牌已全部亮明。按官史表述，凶冠全国的文革蜀乱，原因就是"省革委个别领导人，头脑膨胀，居功骄傲，争权夺位，大搞'以我为核心'，操纵办事机构，安插亲信，突出个人，独断专行""错误地以拥护或反对自己为标准，划分'革'与'保'，划分'红十条派'与'反红十条派'，致使武斗不息"。[62] 难以解释之点在于，这个搅乱川局的"省革委个别领导人"，正是同一个"无产阶级司令部"为打李井泉揭开潘多拉魔盒放出来的。现在李井泉倒了，又得由他们自己把这几个鬼蜮收回去。朝廷最忌讳自我打脸，因此，捉鬼戏必须把铺垫做足，让一切都显得正义凛然，冠冕堂皇。王茂聚的自杀确实来得十分及时。

3. 认错表演

王茂聚意外自戕给学习班超强刺激。接下来的会议安排，北京当

的种种经历》(《乌有之乡》2016-06-27)。
62　中共四川省委党史研究室《中国共产党四川历史（1950-1978）》，页379。

局正式宣布要惊吓未已的四川代表作自我问责表演。从 11 月 24 日开始，学习班连续安排 3 个下午，让张国华、梁兴初、李大章、刘结挺、谢家祥、张西挺、徐驰、何云峰、郑志士 9 人上台作自我检讨，按职务高低排序，第一组：张国华、梁兴初和李大章，检讨会由康生、吴法宪、邱会作、李德生主持；第二组和第三组的检讨者级别递减，主持人分量亦递减，仅吴法宪、邱会作两人主持。事实是，首轮检讨不过虚晃一枪罢了，比如张国华"检讨"后即到重庆组参加分组讨论听意见，"请大家批评帮助"。驻渝空军某部副政委、重庆市公检法军事管制委员会主任徐国栋发言：

> （徐）越说越激动，忍不住把衣领的风纪扣解开了，把帽子取下来，重重地掷到面前的桌子上。这时，只听张国华大声说："你看看你还像个军人吗？有意见就提嘛！怎么能搞人身攻击呢？帽子也扔了，风纪扣也不扣了……"
>
> 向来以"和事佬"样貌出现的张国华这一发火，使大家都深感意外，会场上一片沉默。徐国栋一时也哑了。
>
> 第二天下午，梁兴初司令员来到我们小组听取意见。梁兴初来后，也没有什么人提意见，梁兴初和陈占楼、张英才、徐国栋等有说有笑，天南地北地闲聊了一个下午。[63]

李大章的检讨会更良多趣味。会议由康生主持，军队代表发言说李大章到四川最早，待的时间最长，对四川情况最了解，现在四川搞得这样糟，李有不可推卸的责任，群众无话可说，只好第二天继续"揭发"。第二天下午由周恩来主持会议，周首先告诉大家："江青同志听说四川的同志在这里开会，今天她在百忙中抽出时间来看望大家，大家欢迎！"接着带头鼓起掌来。

江青、张春桥、姚文元从旁边的休息室走出来，我们大家都站起来使劲鼓掌。江青一边走，一边喊着"同志们好"，当她走到李大章

---

63 《一个造反派农民的文革十年》，第四章"参加解决四川问题的京西宾馆会议"，张国华在重庆小组会上发火。蒋良知回忆，何蜀整理。

身边时，停下了脚步，隔着会议桌，伸出手去和李大章紧紧握手，还问："大章同志，今年多大年纪了？"

李大章说："七十三了"

江青说："老同志了，要好好保重身体！"说完又和李大章握手，然后向我们鼓掌，喊着"同志们好"，与张春桥、姚文元一道离开了会场。

江青他们走后，周恩来说："江青同志很忙，要接待外宾，接待东南亚一些国家的共产党总书记，要和他们交谈，还要搞样板戏，不能和大家一起开会……下面，大会继续开始。"

奇怪得很，这一天按程序应该还是揭发李大章的问题，可是，因为刚才江青跟李大章一握手、一问候，就再也没有人发言了。会场一片沉默。[64]

接下来的第二轮自我问责就触及实质了，检讨不再按职务排序，而按错误性质及错误严重程度排序。12月8日、9日，首先提调刘结挺和张西挺出场，到15日才轮到张国华和梁兴初，最后轮到李大章和谢家祥、13军的何云峰和50军的郑志士。

第二轮检讨首提上台的刘结挺，心里明白北京已把他定义成了反派角色，演出于是颤颤兢兢。主持人纪登奎宣布刘结挺检讨，此时，风云三年多的"巴蜀大左"语调了无中气，只顾慢吞吞念读现成文稿，声细如蝇，惹得康生不耐烦，大声训斥："你做的什么检讨？你讲了十几分钟，我拼命地听，一句也没有听清楚！中央找你们来开会，给你改正错误的机会，你一定要与中央作对，我们也没有办法。"

刘结挺停住"检讨"，惶恐地望望康生，又向周恩来眼色求助。康生继续咆哮："你支持王茂聚搞了三次'武装支泸'，为什么不检讨？你公开向红旗派宣布坚决支持红旗派，撤销支持红联站，《四川十条》的精神就是两派都是革命群众组织，要联合，要团结，你为什么要撤销对红联站的支持？为什么不检讨？听说你搞了个叫'七·一

64　同上。

五'的写作班子[65]，为你树碑立传，你还接见了他们，《翠屏山上五棵松》，你这是要干什么？"

素来儒雅圆通的周恩来，这回也不给面子，以穷追败寇之态责问刘结挺，说"在王力去后，你们把成都军区支左办公室撤销了，张国华、梁兴初有责任。你刘结挺在省革筹组的政工组、办事组下设立了个支左办公室，把军区的'千钧棒'，'红总'（空字028部队）拿出去支'左'，使军队也陷入派性了。你为什么不检讨？"刘结挺顿时被逼到墙角。

有了夫君挨克的教训，次日轮到张西挺，她的检讨过得很痛快。无法判别她的检讨内容确实比较实在一些？还是北京大员对"一号反派"的女人不想那么较真？总之，她竟然相对顺利就过了关。以至会议现场参加者不无调侃地如此评价："（张西挺）一口气做完了检讨，真可谓巾帼胜过须眉啊。"

4. "一二二五"批示

所有与会者：地方官员、军方官员和造反庶民，都在京城"廷议"中领受过大员不容争辩的训诫甚至横蛮的恫吓，不管思想通与不通，情绪麻木还是痛楚，现在只有规规矩矩驯服一途。会议目的已经达到，可以收官了。官史介绍：在会议取得一定成果的基础上，于12月24日，省革委和军区党委正式向中央提出《关于解决四川当前若干问题的报告》和《关于加速四川三线建设的请示报告》。前一个报告的内容，主要从四川问题的原因和解决四川问题的建议两个角度做了表述。

---

65 根据学习班学员李天鑫的批判材料介绍，"'七·一五'的写作班子"实为"七·一五联合创作组"，系省革筹支持成立、由张西挺于1967年7月15日命名的多文艺体裁创作团体；《翠屏山上五棵松》系歌颂刘、张团队五人（刘、张、王、郭、李（良））的"巨幅画像"，转引自袁光厚《悲剧是怎样造成的——一个新华社记者所亲历的刘、张乱川史》页298。李天鑫系重庆歌舞团歌唱演员，反到底观点，被省革筹调成都任"川剧革命小组"负责人。

第一，四川革命和生产落后的原因在省革委领导。《报告》认为，1. 省革委建立后犯了以下严重错误，没有按毛泽东的思想和指示办事；2. 没有正确对待群众，长期陷入派性，个别领导人错误地以拥护或反对自己为标准划分"革"与"保"，划分"红十条派""反红十条派"，致使武斗不息，干扰了大联合和"三结合"；3. 错误地发动了全省性的"反复旧运动"；4. 省革委个别领导人，头脑膨胀，居功骄傲，争权夺位，大搞"以我为核心"，操纵办事机构，安插亲信，突出个人，独断专行，散布许多反毛泽东思想的言论，干了不少违反毛泽东思想的事；5. 领导核心不团结，对个别领导人的严重错误没有严肃斗争。

第二、关于解决四川问题的建议措施。《报告》提出，1. 要加强党的领导，建议中央批准建立四川省革命委员会核心领导小组；2. 巩固发展大联合，不准另立山头，重拉队伍。今后一律不准用群众组织名称进行一切活动；3. 巩固、完善各级革命委员会；4. 进一步巩固无产阶级专政，打击一小撮现行反革命分子的破坏活动；5. 立即停止一切形式的武斗，无条件收缴一切武器，解散一切形式的武斗队；对再煽动武斗的人必须依法严惩；6. 落实干部政策，认真做好解放干部的工作；7. 加强军政军民团结；8. 加快斗、批、改的步伐，抓紧整党建党工作；9. 加强宣传工作的领导，用毛泽东思想占领一切舆论阵地；10. 搞好三线建设和工农业生产，特别是要改变农业落后的状态。此外，《报告》的第十一条建议措施，是请求中央为四川举办一期5000人左右的毛泽东思想学习班，以迅速纠正错误，认真搞好革命和建设，使四川形势赶上全国形势的发展。[66]

12月25日，中共中央对省革委和成都军区党委的《报告》作出批示如下：

中央同意四川省革命委员会、成都军区党委《关于解决四川当前若干问题的报告》和《关于加速四川地区三线建设的请示报告》，望你们坚决贯彻执行。

---

66 中共四川省委党史研究室：《中国共产党四川历史（1950-1978）》，页378-352。

为了迅速解决四川问题,加强三线建设和落实战备,中央决定:

一、由张国华、梁兴初、李大章、徐驰、谢家祥、刘结挺、张西挺、胡继成、谢正荣、段思英、何云峰、顾永武、郑志士、孙洪道、鲁大东十五名同志组成四川省革命委员会核心领导小组。张国华同志为组长,梁兴初、李大章同志为副组长。[67]

二、增补谢家祥、谢正荣同志为四川省革命委员会副主任。增补胡炳云、胡继成、余潜、何云峰同志为四川省革命委员会常委。增补邓经纬、顾永武同志为四川省革命委员会委员。免去王英军省革委常委、梁善计省革委委员。省革委常委蓝亦农、委员韦统泰已调外省工作。[68]

三、由梁兴初、张国华、谢家祥、王诚汉、胡继成、王东保、谢正荣、段思英、茹夫一九名同志组成成都军区支左领导小组。梁兴初同志为组长,王诚汉、谢家祥同志为副组长。[69]

四、由张国华、梁兴初、李大章、徐驰、胡炳云、胡继成、茹夫一、唐兴盛、何辉燕、李华安、蒋崇璟、鲁大东、顾秀、钱敏、丁钊、丁先国、冀绍凯十七名同志组成四川三线建设领导小组。张国华同志为组长,梁兴初、李大章、徐驰、胡炳云同志为副组长。[70]

四川的《报告》及中央政治局修改、审定并草拟"批示",庚即于11月24日一并上呈毛泽东、林彪。第二天,1969年12月25日

---

67 谢正荣,1969年9月由四十六军军长调任成都军区副司令员兼新组建的四川省军区司令员,1955年授衔少将。鲁大东,原中共四川省委书记处书记兼重庆市委书记处书记。

68 余潜,1969年12月由政治学院政治部主任调任四川省军区政委,1961年晋升少将。邓经纬,1969年12月由北京军区炮兵副政委调任四川省军区政委,1964年晋升少将。王英军,原名王阴均,女,成都军区总医院司药,"八二六"派军区总医院红色造反者总团负责人。

69 王诚汉、王东保,时任成都军区副司令员,1955年授衔少将。

70 唐兴盛,时任省军区副司令员。何辉燕,时任铁道兵西南指挥部司令员,1955年授衔少将。李华安,时任成都军区后勤部副部长,1965年大校军衔。蒋崇璟,原西南局国防工办主任兼四川省委第二工业部部长,时为四川省革委会常委、生产指挥组副组长。钱敏,原西南三线建委副主任。丁钊,时任成都军区空军指挥所政委,1964年晋升少将。丁先国,时任总后重庆办事处主任,1955年授衔少将。冀绍凯,原五机部政治部主任。

晚 23 时，毛泽东对政治局上报呈件认可，批示"照办"。

热闹了 57 天的京西宾馆会议至此落槌。这个由最高领袖批准的中共中央批示和《关于解决四川当前若干问题的报告》，及《关于加速四川地区三线建设的请示报告》，分别以中发（69）87 号及中发（69）89 号文件正式颁发。两天之后，12 月 27 日，周恩来、陈伯达、康生、江青、黄永胜、姚文元、李先念、谢富治、吴法宪、李作鹏、邱会作、纪登奎、李德生等在京西宾馆接见省革委、成都军区赴京全体人员，由周恩来对文件相关内容逐条宣读并加以解说。中发（69）87 号文件及周恩来的解释性讲话，由官方权力渠道向整个四川迅速传达而下。这就是四川文革史上著名的《一二二五批示》[71]。

官史对《一二二五批示》予以高度评价，认为该批示"对四川结束长期的动乱局面具有十分重要的意义，对解决四川问题、稳定四川局势起到了关键作用。"尤其重要的是，建立了具有中共四川省委常委会职能的省革委核心领导小组，实际上是从组织上建立起了党在四川的领导核心，不仅形成了省委的雏形，而且开始恢复省级党组织的领导作用。这对四川形势的发展至关重要。此后，在省革委核心领导小组领导下，全省开始落实《一二二五批示》。刘结挺、张西挺所控制的设在省革委办事组内的"支左办"收归了成都军区，刘、张不能如以前一样为所欲为。四川的工农业生产和人民生活逐渐进入到一个相对稳定的时期。官史还特别强调："这个《报告》的核心之处在于指出了四川长期动乱的根源是刘结挺、张西挺，这就为中央彻底解决四川问题找到了突破口。"[72]《一二二五批示》成为四川文革史又一个里程碑式的重要文本。

5. 余绪

从 1970 年 1 月起，省革委和成都军区根据中央"先军队、后地

71　其中 89 号文系关于加强三线建设的报告，多涉内部秘密，只传达到地、师一级。

72　中共四川省委党史研究室：《中国共产党四川历史（1950-1978）》，页 379。

方"和"先党内、后党外"的指示精神,开展声势浩大的传达贯彻《一二二五批示》运动。传达贯彻活动特别强调依靠军队,加强团结,同时结合调整领导班子,在各级革委会内逐步建立起由党员组成的核心小组;3月下旬,还派出8万地方干部和10万军人组成毛泽东思想宣传队,分赴各地进行"批示"的宣传和贯彻。

由中央文件重新定义的四川最高权力机构:省革委党的核心领导小组名单已全无"三结合"底色。群众组织代表了无踪影,清一色军队及地方老干部,权力重新集中在当权派手上。曾被毛泽东煽动得热血沸腾、舍生忘死的庶民斗士,一律重归原来的车间工位、商场柜台、建筑工地的脚手架和农村的野田旧林,重新开始属于他们自己的寻常日子;被暴力冲突尸骨鲜血浸染的废墟,重新落得白茫茫大地真干净;曾作为四川一大派造反者旗帜的刘结挺、张西挺虽然仍名列省革委会核心小组成员之中,排名座次却已大为跌落——不过是将他们彻底边缘化的临时过渡罢了。事实上,从贯彻《一二二五批示》始,四川全社会就根据中央"一批、二保、三帮、四看"精神,对刘结挺、张西挺进行了公开的揭发批判。各地区普遍召开批判大会,规模多达几万人、十几万人甚至几十万人。据统计,仅成都市印发揭发、批判刘结挺、张西挺的材料就达16种、50余万册。[73]刘、张的问题被归纳为"黑八论":"以我为标准论""一派掌权论""造反派领导一切论""受压就是左派论""全面复辟论""党员落后论""军队支保支错论"和"造反派无私可斗"论,云云。

除了在四川开展对刘、张进行全社会的揭发批判,根据四川当局请求,中央同意在京城为四川续办一期学习班,俗称"小班"。"小班"于1970年2月22日正式开幕,人数比"大班"多得多,规模也庞大得多。按周恩来的解说,"有些同志(指前一年参见京西宾馆会议者)现在表现得还不那么好,需要留下来继续学习一下,学好了再回去。"与此同时,数量远超这些滞留代表的四川各地、市、县、区的不安分人员都被弄来京城实施强制性封闭检讨揭发,人数多达

---

73 中共成都市委党史研究室:《中共成都地方史大事记》页139。

6000 余。这次"学习班"又称京西宾馆会议的"第三阶段",时长 7 个月,直至是年 9 月 23 日结束。

这一阶段的任务非常简单明确,就是对"省革委个别领导人"即刘、张"头脑膨胀,居功骄傲,争权夺位,大搞'以我为核心',操纵办事机构,安插亲信,突出个人,独断专行,散布许多反毛泽东思想的言论,干了不少违反毛泽东思想的事"进行彻底清算。刘、张这一对文革前的落难夫妻,得中央文革派力挺而乱世崛起、权倾巴蜀,而今朱楼坍塌,凡依附过他们、被其以"红十条派"荣誉定义过并为之舍生忘死者,都必须与这对落败夫妻实施切割。

刘、张权力的受益者、核心幕僚、骨干分子郭林川、郭一民、丁祖函、田禾、李良、冯德华、李畔、李宗白、姚德茂、洪韵珊等 170 余作为重要知情人,成为必须进行重点监审和自我交待的对象。学习班正式印发他们的揭发、批判资料多达 21 份,每一份字数均多达万余甚至近十万。政治语言的语法规则从来都是胜利者制定的。这些冗长的文本资料,随处都可看出揭发者为自我洗地、与刘、张夫妇"划清界限"的焦虑之情,还有配套的、明显夸张的语言表达。学习班结束前,经省革委、成都军区党委向中央报告,请求将刘结挺、张西挺送至北京参加四川班学习,接受革命群众面对面的揭发批判。这样,学习班专开了八次大会,让发言者如当初批斗"走资派"那样,与刘结挺、张西挺进行当面质证、批判和控诉,这些场景对话学习班印发的材料中都做了记录,被批者似乎没有任何辩白——至少记录稿没有反映。

1970 年 8 月 11 日,经中共中央批准,省革委正式宣布将刘结挺、张西挺"挂起来、靠边站"。8 月 22 日,四川"小班"召开有 6000 多人参加的全体学员大会,揭发批判刘结挺、张西挺严重错误和罪行。再一年,1971 年 8 月 5 日,经中央批准,刘结挺、张西挺党内外的一切职务被撤销。再一年,1972 年 5 月,根据中央决定,刘、张被安排到北京二七机车车辆厂劳动,接受审查。

第十二章

"一批双清"：从轰轰烈烈到不了了之

（1970年1月—1971年8月）

第一节 党权强势回归

党权是中共政权的核心之权。姚文元文章《工人阶级必须领导一切》[1]传达毛泽东关于文革任务"斗、批、改"流程，"整党"仅属于"建立革命委员会、大批判、清理阶级队伍、精简机构、改革不合理的规章制度、下放科室人员"几个"大体阶段"之一。到了"九大"《政治报告》，则已经非常明确地将"关于党的整顿和建设"单列，与"关于认真搞好斗、批、改"等其他七大论题并列论述，且字数远超后者。[2] 文革初期，"批资反路线"将共产党各级组织斗得瘫痪散架，现在重建秩序，首先得重建中共各级组织。

1969年末，"一二二五"批示下达后旋即正式启动"四川省革委核心领导小组"，省革委被边缘化为橡皮图章。1970年1月27日，"核心领导小组"以省革委名义发出《关于整党复查补课的意见》，对原来由刘、张主持的"整党"予以否定。同年5月3日至6月5日，全省整党建党工作座谈会重开，否决刘、张主持的1969年版《整党座谈会纪要》，重新部署全省整党工作，先后在80个县、673个支

---

1 发表于《红旗》杂志1968年2期。
2 九大政治报告共八个专题，其中"关于党的整顿和建设"字数超过"关于认真搞好斗批改"几乎三分之一。

部重新进行试点。7月,"四川省革委核心领导小组"正式更名为"中共四川省革命委员会核心领导小组",与文革前沿用多年的名称"中共四川省委员会"接轨。[3]

是12月15日至25日,整党建党试点经验交流会召开。同时,中共四川省革委核心小组按"党管干部"原则,颁布《关于干部任免权限的暂行规定》,批量调派干部充实地、县两级领导班子。"换血"完成,各地便陆续召开党代会。官方资料统计,到1970年5月下旬,全省已有 47172 个基层党支部进行了组织整顿,占支部总数的43.5%;重庆、成都成立了新市委;68个县成立了新县委;全省原省管干部9744人,已解放8614人,占88.4%;其中参加"三结合"的和安排工作的7741人。原区、社领导干部,绝大多数已"解放""结合"。原省委常委、副省长以上干部21人,已"结合"11人。原地、州、市、县第一把手 210 人(已死的未计),已"解放"184,占比87.6%,其中已安排工作176人。[4]到1971年8月,"全省已有78%的支部展开整党,已建立了新的支部67000多个,占支部总数的61%。成都、重庆、渡口三个市,雅安、南充两个地区和113个县已召开了党代表大会,建立了新党委"。[5]

至此,恢复秩序的条件全部准备就绪,根据中共中央通知[6],四川省第二次党代会筹备办公室于1971年4月成立,在省革委"党的核心小组"直接领导下开始运作。4月13日,发出《关于选举省第二次党代表大会代表的通知》,规定四川省第二次党代会的指导思想和任务,是"以党的九大为光辉榜样,高举毛泽东思想伟大红旗,突出无产阶级政治,突出思想政治路线教育",学习"毛主席在九大的

3　重庆市已于此前的 1969 年 10 月 22 日成立了重庆市革命委员会党的核心小组。

4　川核发[1971]38 号文件:中共四川省革委核心小组《关于召开中国共产党四川省第二次代表大会的请示报告》,1971 年 5 月 27 日。

5　《张国华同志代表中国共产党四川省革命委员会核心小组在中国共产党四川省第二次代表大会上的工作报告》,1971 年 8 月 12 日。

6　1970 年 10 月 28 日,中共中央发出召开地方各级党代表大会的通知,要求各地认真完成整党建党任务,加强党的思想建设和组织建设,按照新党章的规定,及时召开地方各级党代表大会,建立各级党委。

第十二章 "一批双清"：从轰轰烈烈到不了了之

讲话和九大政治报告"和"毛主席关于'批修整风'的一系列重要指示和'无产阶级专政下继续革命的理论'"[7]等等。

关于川省政事，《通知》着重强调"两个狠批"：一、狠批刘少奇及其在四川的代理人李井泉推行的反革命修正主义路线；二、狠批资产阶级个人野心家、阴谋家刘结挺、张西挺反对毛泽东革命路线的罪行。

把刘少奇"在四川的代理人李井泉"和为打倒李井泉而捧出来的"资产阶级个人野心家、阴谋家刘结挺、张西挺"并列，一齐作为四川文革的胜利成果虽然显得很滑稽，《通知》还是煞有介事宣布，要通过大会的工作报告，"认真总结文化大革命以来，特别是省革委成立以来的工作，总结全省'两个阶级、两条道路、两条路线斗争的历史经验'。"进一步讨论落实党的九大和九届二中全会提出的各项任务。最后，还得按照新党章规定，选举产生中共四川省第二届委员会。《通知》规定了代表条件、名额和产生办法等，按民主集中制原则协商产生代表，报省革委党的核心小组审批。代表必须是中共正式党员、如：全省代表总数共 1450 名，[8] 其中工人代表 416 名，贫下中农代表 290 名，军队代表 336 名，干部代表 288 名，知识分子代表 50 名，其他劳动者代表 50 名，机动代表名额 20 名；其中妇女代表需确保 229 名，少数民族代表需确保 55 名，等等。中共体制规定的此类会议代表推选，职业配比、性别配比、年龄配比、民族属性配比、资历、文化程度配比……等等，要求极严格，数据稍有差错，往往得全盘重算——惜乎当时尚无电脑设备及数据库软件技术引入，如有，事情操作起来就简单不知若许倍——其时具体主持这类工作，必得有统筹全局的经验，又得有认真精细的执行力，尤其是要充分贯彻"两个狠批"的总体精神，一直被刘、张派系穷追猛打的军方强势人物谢家祥，成为不二人选。《通知》认定：四川省第二次党代会的

---

7 "批修整风"是 1970 年 9 月中共九届二中全会后，毛泽东开展"批陈（伯达）整风"运动公开的预习提法。关于四川此节目，本书下面有专章记述。
8 实际出席大会代表经最后调整平衡，为正式 1477 人，列席代表 437 人。

筹备办公室由谢家祥担任主任负责具体操办。[9]

8月12日,中共四川省第二次代表大会在成都举行。梁兴初致开幕词,李大章致闭幕词。张国华做题为《在毛主席革命路线指引下,为把四川建成伟大祖国的一个可靠战略基地而奋斗》的报告。会期5天。8月16日,中共四川省第二届委员会正式宣布成立。常委18人,张国华为第一书记,梁兴初为第二书记,李大章、谢家祥、段君毅、谢正荣、徐驰、何云峰为书记。各地、市、州革委会党的核心小组照葫芦画瓢,陆续成立了"新党委"。刘、张派系人员全部出局,群众代表随之黯然消隐。

以下为四川各市、地、州恢复和重建中共组织情况简表:

序号	成立时间	单位	届次	第一书记
1	1971年5月	中共成都市委	第四届	孙洪道
2	1971年5月	中共重庆市委	第三届	何云峰
3	1971年6月	中共渡口市委	第一届	顾 秀
4	1971年7月	中共雅安地委	第一届	菹崇仁
5	1971年7月	中共南充地委	第一届	龚殿友
6	1971年8月	中共凉山彝族自治州委	第一届	王民英
7	1971年9月	中共温江地委	第一届	周成法
8	1971年9月	中共宜宾地委	第一届	马玉芳
9	1971年11月	中共自贡市委	第三届	丛笑难
10	1971年9月	中共内江地委	第一届	李龙保
11	1971年12月	中共达县地委	第一届	杨旭初
12	1971年12月	中共乐山地委	第一届	乔学亭
13	1971年12月	中共甘孜州委	第二届	枘忠庆
14	1972年6月	中共阿坝州委	第二届	郜志远
15	1972年7月	中共万县地委	第一届	宋世永
16	1972年7月	中共江津地委	第一届	白兰芳
17	1972年7月	中共西昌地委	第一届	辛易之
18	1973年7月	中共绵阳地委	第一届	李中一
19	1973年7月	中共涪陵地委	第一届	刘海泉

---

9 中共四川省委党史研究室编:《中共四川地方史专题纪事》(社会主义时期),四川人民出版社1991年版,页255。

第十二章 "一批双清":从轰轰烈烈到不了了之

中共四川省第二届委员会的成立,标志巴蜀大地依然是共产党执掌的"江山"。对于所有职业官僚:已经重返政坛的、暂时还在等待"解放"复职的,都是值得弹冠相庆的一大喜事。官史这样赞美第二届四川省委的成立:

> 加强党的一元化领导,把各个单位严格置于党的绝对领导之下,做到统一认识、统一政策、统一计划、统一指挥、统一行动。这对消除"文化大革命"以来出现的无政府思潮和生产生活中出现的无政府状态起到了十分重要的作用。各级党委建立之后,四川的局势趋于平稳,工农业生产呈现出恢复和发展的良好状态。[10]

曾经被反复歌颂的"造反有理"酿就的"轰轰烈烈""大好形势"瞬变为"无政府状态",概念翻转之迅疾实在有点怪异。但社会能重归太平,让离乱无助的芸芸众生松一口气,不能不算一大幸事。

第二节 "清队"延伸"一打三反"[11]

1. 依旧凄风苦雨时

庶民百姓并没有等来他们渴望的社会公正与正义。

历史上政治集团夺权成功及固权手段无非两种:怀柔安抚和暴力高压。《共产党宣言》开宗明义就讲阶级斗争,采用大规模暴力恐怖为新政权立威自成题中之义。建国后,整肃运动接连不断,名目繁多,令人恐惧。文革催生的"新生红色政权"需要确立权威,同样必

---

10 中共四川省委党史研究室《中国共产党四川历史(1950-1978)》,成都:四川人民出版社,2000年,页406。
11 1970年1月31日,中共中央发出《关于打击反革命破坏活动的指示》,2月5日,又发出《关于反对铺张浪费的通知》和《关于反对贪污盗窃、投机倒把的指示》。此后,全国开始了"打击反革命破坏活动、反对贪污盗窃、投机倒把、铺张浪费运动"。简称"一打三反"。

施对全社会的再一次大规模清算整肃。

"全国山河一片红"前夕,毛泽东就专门提出:"无产阶级文化大革命,实质上是在社会主义条件下,无产阶级反对资产阶级和一切剥削阶级的政治大革命,是中国共产党及其领导下的广大革命人民群众和国民党反动派长期斗争的继续,是无产阶级和资产阶级阶级斗争的继续。"[12] 如是,本次清理的起始点就大大提前,时段亦大大拉长、范围也大大扩宽了:从国共争天下始计,早已清理过的政治贱民:"没有改造好的"地、富、反、坏、右,加上叛徒、特务、死不改悔的走资派、现行反革命分子,旧怨新仇,一律网罗整肃之;其次,这次清理运动正值文革极端路线疯魔之时,整肃执行者得左倾偏见加持,挨整者任何些屑小事都会被无限放大——这些,都注定这次清查运动的人数、偏差、烈度和残酷,相较过往的几十场运动都大有过之。

还需一提的是,"九大"召开前的 1968 年 12 月 21 日,毛泽东批示称"在犯过走资派错误的人们中,死不改悔的是少数,可以接受教育改正错误的是多数,不要一提起'走资派',就认为都是坏人。"毛泽东审阅修改的《中共中央、中央文革关于对敌斗争中应注意掌握政策的通知》再次特别强调:"不要一提起'走资派',就认为都是坏人。"[13] 被文革运动规定为首要打击目标的"走资本主义道路当权派",今得圣恩雨露,瞬变为仅属犯了"错误"而且是可以"改悔"并该得以宽恕者。如是,所谓"清理阶级队伍"及其延伸"一打三反"[14],继而四川紧接的"一批双清"[15],三茬运动锋芒所指,不再向上"民整官",而变为向下"官整民"矣。

于是乎,运动整饬的对象都相同了,相应手段亦相同了,都以办

---

12 引自《人民日报》《解放军报》1968 年 4 月 10 日社论《芙蓉国里尽朝晖——热烈欢呼湖南省革命委员会成立》。
13 《毛泽东年谱》,第 6 卷,页 225。
14 运动全称"打击反革命破坏活动、反对贪污盗窃、反对投机倒把、反对铺张浪费"。
15 全称"批判极左思潮,清理'五一六分子''三老会'成员",又简称"批清"。

"学习班"的名义实施非法拘押、刑讯逼供;执行机构也相同了,同一套人马,只在不同阶段挂不同牌子而已;三茬运动名称各异而过程连续、重叠,一些所谓"大案""要案"甚至普通案件也是茬茬相连、从一而终,即便铁石金身,也难忍得过如此漫长而残酷的精神折磨和肉体摧残。

2. 暴力恐怖的谋略大全

官史记载,四川的"清队"工作是按照省革委和军区的部署,从1968年下半年相继展开的[16];"一打三反"则于1970年3月16日至19日,省革委召开"一打三反"座谈会后推向高潮[17];"一批双清"运动则于省委1971年2月召开"批清"工作会议后在全省集中开展,[18]可谓凶潮迭起,灾难不断,冤、假、错案的炮制全面提速开挂。四川地、州、县全社会整人情况之广深,性状之恐怖,宜宾地革委一《情况简报》杀气腾腾的题目足以表征:"八查八挖,敌人难逃",《简报》称,合江县榕山公社红武大队在"三反""清队"运动中,"高举毛泽东思想伟大红旗,大搞群众运动,深挖阶级敌人,创造'八查八挖'的先进经验"如下:

一查伪军、政人员,挖历史反革命分子。对伪军、政人员,不管现有的,死了的,在家的,在外工作的,外逃的逐个地查。

二查解放前后迁来户的政治面貌,挖混进贫下中农队伍中的阶级敌人。对解放前后迁来户和结婚来的人,进行逐户逐人查。

三查敌伪资料,挖残余的反革命分子。把散存在社会上的敌伪资料搜集起来,组织专案人员查阅。

四查五类分子认罪守法情况,挖没有改造好的地、富、反、坏、右分子。召开五类分子评查会,组织学习,让他们交待认罪守法情况,号召互相检举揭发,立功赎罪。发动群众,再次把他斗倒。

---

16 中共四川省委党史研究室《中国共产党四川历史(1950-1978)》页387。
17 中共四川省委党史研究室《中国共产党四川历史(1950-1978)》页389。
18 中共四川省委党史研究室《中国共产党四川历史(1950-1978)》页391。

五查现行反革命言行，挖现行反革命分子。

六查过去的老案，挖漏网的反革命分子。

七查经济变化，挖投机倒把、贪污盗窃分子。三队郑××（惯盗），六八年新修了价值五千多元的五间楼房；六九年三十岁办了一百多桌筵席，请了龙灯，狮子祝寿，经济变化反常。经查明，是盗窃国家粮食三千多斤，盗砍国有林木材十多立方米，盗卖八〇一部队建筑用条石几十立方米的盗窃犯。

八查存在问题，挖幕后的阶级敌人……

《简报》载明："通过八挖八查，仅一个农村大队，就挖出隐藏很深的伪国民党区分部委员2人，三青团分队长以上职务6人，伪保长、保队副2人，伪军中校检阅官1人，伪连长1人，漏划地主1户，现行反革命分子6人，贪污盗窃、投机倒把7人。"

小小乡村尚且如此，城市、工厂更是恐怖乱象丛生、草民遭随意揉搓，可谓凶例处处，诚如《浮士德》所描写："地狱的喧嚣是千百种惨叫的混合：愤怒的咆哮、狡诈的低语、绝望的哀鸣"，让人闻之悚然。

成都市委也有《简报》介绍整人秘笈：《两条路线两种结果——从办理两个案件的正反对比看路线问题的重要》[19]，摘要如下：

（成都）小天竺粮店会计周玉贤（女），主动交待贪污粮食票证一百五十九斤。城南粮油管理处（以下简称南粮处）据周的交待，组织力量清理周经办的账目，发现账面差粮一万五千余斤……于是宣布对周实行"群众专政"[20]……一九六九年开展粉碎资产阶级在经济领域里猖狂进攻的斗争，南粮处将周作为重点，在"个别启发"和"集体帮助"之下，周交待贪污粮证一万五千斤，人保组认为是只"大老虎"，决定将周集训审查。周时而交待一万多，时而又说二万多，三

---

19 中共成都市委"一打三反"办公室的《简报》（1971年5月）、转发成都市公安机关军管会和成都市革委人民保卫组印发的典型资料。

20 所谓"群众专政"，就是将所谓嫌疑人交由基层群众非法拘押，审讯。这种"专政"无需法律，无需规则，胡作非为。"群众专政"本身就是一种犯罪行为。

万多；令其写坦白交待，她当面撕毁材料纸，办案同志便组织集训人员批判，在"证据"面前，周承认她在两个月内三次即贪污粮一万七千斤。进一步问粮证去路，周供出：某粮店营业员陈××帮她卖过粮证七、八千斤。南粮处将陈审问三个通宵……周又供，她在大邑的侄儿周水生为其出卖粮证六千五百斤，办案同志前去追查，结果是假的。再次提询，她又交待，通过范西盛销赃一万四千斤，经查证，范仅帮她卖过七十斤。几反几复之后，再次组织批斗，案件仍无进展，周的态度也无转变，经常装病、倒饭，用馒头擦桌子，吐管理人员的口水，公开"顶撞"办案人员说："要我死就死，要枪毙就枪毙"。虽经批斗、加铐，仍然"气焰嚣张"，办案人员感到"烫手""不好办"，与单位取得联系，于一九七〇年四月将周放回原单位。周回去后，长期不上班，神志不清，群众叫她"周疯子"，今年一月上吊自杀。最后经核实有据可查的，仅仅贪污盗窃的粮证300余斤。

三线建设重点企业长城钢厂"重点人清查学习班"赵××（分厂职工医院职工）因"思想罪"被收审，所诉罪行是"从1966年以来，散布了一些恶毒攻击伟大领袖、攻击党和社会主义制度的反动言论。"该院组织专门"小分队"为其专办学习班26天。"反动言论"具体为何？《简报》照例不能记载，以免有扩散放毒之嫌，只说"很严重"[21]：

（赵××）态度相当恶劣，又哭又闹，骂揭发她的人"没有良心"，扬言"不要说'一打三反'，两打六反也搞不到我头上"，要在学习班坐"一辈子"，"有问题可以拉出去枪毙"，她要"带着花岗岩头脑去见上帝"。小分队于是组织学习毛主席的光辉哲学著作、有关阶级斗争的论述、《将革命进行到底》和党的政策……大家提高了认识，增强了信心，鼓足了干劲，发扬"一不怕苦，二不怕死"的革命精神，带病坚持战斗……用灵活机动的战略战术，促进她交待罪行。

所谓"灵活机动的战略战术"，计有：

21　长城钢厂四分厂"一打三反"领导小组办公室编印《情况简报》第14期。

一、大会小会相结合。上纲上线批，在学习班内批，在大组批，两个大组联合批，全院职工大会批，发动群众写大字报批，批判后又回学习班交待，态度不好再继续批。通过大批判，七斗八斗。二、学、批、帮相结合：学政策，抓活思想。一种方法是"学习班同志和她一起学"，反复学习、反复讨论、反复领会党的政策精神……以"坦白从宽"典型例子进行启发教育。另一种方法是：针对活思想，抓住其弱点，有的放矢地指定文章（如《南京政府向何去？》等）让她学习……贯彻"坦白从宽、抗拒从严"和"给出路"的政策，充分体现毛泽东思想的强大威力。她什么时候态度不好，就什么时候批，出现什么错误论点就及时抓住批，批判时集中火力，攻其一点，一直批到她认错为止。

《简报》总结所谓"注意策略"的"经验"，全系诈术整人的自我炫耀："不抛材料，不让对方摸底，让她自己交待，再'顺藤摸瓜''步步紧追'，当她把本质东西冒了出来，又想要往回收时，学习班就抓住不放，不让她赖掉"；还有"引而不发"：受审者常用"确实忘记了，你们提醒我"进行试探。学习班的办法则"既不抛材料，又要（诈）使她知道问题组织已掌握，不交待不行"；还有一招叫"鼓励进步"，每当她坦白交待一个问题就加以鼓励，让她感到有奔头，"但要注意方法，组织掌握的问题不能透露，完全由本人交待。这样，不仅组织掌握的坦白了，就是没有掌握的也交待了"。此外，还特别利用女人的感情弱点，组织人员与之回忆"女儿患麻痹症送上海治疗痊愈"之类温情旧事以"启发觉悟，交待罪行，重新做人。"[22] 这些诡计陷阱，足可载入整人"谋略大全"。

3. 冤魂：从升斗小民到知识精英

冤罪大网弥天之下，从升斗小民到知识精英均难逃劫运。尤其以思想、政治罪愆下网，其荒谬恐怖，古往今来实难再有可匹之例。所

22　长城钢厂二分厂《"一打三反"运动情况闻报》第24期。

第十二章 "一批双清":从轰轰烈烈到不了了之

有百姓陷入巨大的不安全感之中,即使最普通的日常行为,如言论、社交,甚至家庭成员之间的聊天,都会担心"越界"而变得谨小慎微,从而习惯性地对个人的言行做强迫性的自我审查。重庆华蓥山某国防厂一大学生,某次开会时闲得无聊,遂找一张废报纸练字,反复写"毛主席万岁""毛主席万万岁",写得随意潦草,"万"字的一撇写短了一点,于是被人揭发说他写"毛主席3岁",这岂不是诅咒伟大领袖命数的"反标"吗?于是立即将其隔离,要他交待犯罪动机,他交待不出动机,当晚便跳楼自杀了。和死者同时与会的黄荣华的感受可见一斑:

> 听说这个惨剧,我牢牢记住了这个教训,决定今后不再随便写什么字了,即使不得不写什么说什么,也一定要在这方面格外小心。那个时候,人心都变得谨小慎微,说错话、做错事,遭遇横祸。[23]

南充地区工人刘立度之当"反革命",完全就稀里糊涂了。刘获罪皆因某日晚饭后和工友外出散步,见落日在山,甚是美丽,不由赞叹"好美呀,像鸡蛋黄!"第二天群众大会便立即宣布"把反革命分子刘立度抓上来!"批斗主持者厉问:"你昨天晚上在什么地方说了什么?"刘回忆许久方答:"我看到太阳落山,很美,就说像鸡蛋黄一样。"主持人当即大斥结案:"鸡蛋黄是做什么用的?把伟大领袖毛主席比着鸡蛋黄,你想把我们心中的红太阳一口吞了!反革命用心何其毒也!"刘立度这样就成了"现行反革命",为"一打三反"成果单再添一枚个位数[24]。

恐怖之下,即便共产党自己培养的知识精英亦难逃死劫——南充石油学院[25]青年教师李忠文即为其中之一。1956年,李忠文由教育当局保送莫斯科石油学院学习石油化学。1957年11月17日,毛泽东访苏,李和其他中国留苏学生一道聆听了领袖著名演讲:"世界是

---

23 黄荣华:《百味人生——一个苦命女孩的文革起落》(未刊稿)黄为重庆长江电工厂工人,曾人重庆市革委委员。
24 吴志伟著、何蜀校阅《流年叙实》(自印书)。
25 即今西南石油大学,校址迁成都。

你们的,也是我们的,但是归根结底是你们的。""你们青年人朝气蓬勃,正在兴旺时期,好像早晨八九点钟的太阳。希望寄托在你们身上。"李忠文大受激励,1961年以优异成绩学成返国从教,勤奋努力,出色完成教学、科研任务而大受院方赏识。皆因对"反修斗争"不理解进而心有耿耿,被人告密而受处分。文革伊始,他被直接投入监狱,南充市革委成立后举办"反革命分子罪行展览",李忠文赫然在榜。

1970年3月初,"一打三反"全面打响,南充市体育场不断有公判大会召开,且每会必杀人。其时,本书撰稿主要协助者陈永迪从北京地院分配位于南充的四川石油局地调处,亲眼目睹了李忠文的临刑惨状:

> 我们接通知去市体育场开公判大会。那天,厚厚的云层低垂,天气冷飕飕的,偌大的体育场人山人海,挤得透不过气。大会开始,主席台上的军代表发表讲话,听不清他说了些啥,只记住他操着浓厚的山西口音。接着,人犯被五花大绑一个一个押向主席台,背上插着名字上打了红叉的死刑犯标签,在主席台下站成一排。
>
> 突然,会场始起骚动,人们争先恐后往前挤,我也被推到离主席台更近的位置。这时,一个人犯被押上来,他面目清秀,头发乌黑,比押他的士兵高出一个头;他穿着白衬衣,身体尽力后仰,明显在抵抗士兵向前的推力;一根粗铁丝紧紧地勒在他的嘴里,嘴角被铁丝撕裂,可以清晰地看到鲜血从裂开的嘴里涌出,顺着嘴角流向衣领,再把前胸染成了红红的一片,他胸部急剧起伏,显然呼吸很困难。正是这"特殊待遇"和"嚣张气焰"引来台下骚动,这时,大喇叭响起:"反革命分子李忠文……判处死刑,立即执行。"看着这情景,我的心里充满悲哀,这难道就是"早晨八九点钟太阳"的下场吗?[26]

"一打三反"大冤狱之中,不徇世流的"明白人"则更难逃囹圄斧钺之灾了。四川石油局地调处工人吴志伟,认为《毛主席语录》第

---

26 陈永迪:"文革中我在四川石油地调处",载网刊《昨天》第137期(2019年9月30日)。1980年李忠文平反,离他被冤杀正好10周年。

第十二章 "一批双清": 从轰轰烈烈到不了了之

一页"林副统帅"说: 毛泽东思想把马列主义发展到顶峰, 这是不符合马列主义的, 按哲学的观点, 马列主义只能从一个阶段发展到另一个阶段, 不可能发展到顶峰。既然有自觉的"忤世微言", 吴志伟以"反革命"罪被判刑15年。建设银行重庆市分行收发员方运孚, 安徽寿县人, 有阅读爱好, 文革期间大量收集传单、小报和各种"中央首长讲话""大批判资料", 每天看至深夜, 还用色笔勾圈画点, 但有疑惑与感悟, 便与亲戚、朋友、邻居、来收发室领取报刊信件的同事畅言沟通并叙及思考, 如: "刘少奇是对的。他主张发展生产, 发展经济, 有什么错?""刘少奇打倒了, 但他的这些主张打不倒。""刘少奇现在还是全国人民的主席, 罢免他的国家主席职务应该经过全国人民代表大会, 所以我现在还是叫他刘主席。"阅读了造反派翻印"供批判用"的彭德怀"万言书", 他慨然赞叹: "彭老总的万言书字字句句闪金光, 说的是真话, 老实话。真是人民的父母官。他的行为将与日月同光辉, 与天地共久长, 千秋万代受人崇拜。"忧愤难已, 他用对联形式对文革做出了这样的灾难性评价:

打击一大片, 尧舜禹汤皆右倾。
保护一小撮, 桀纣幽厉最革命。

这两句话为公检法军管会提供了主要"罪证", 方运孚被定罪为"以书写反动对联等方式恶毒攻击文化大革命运动"。"一打三反"抓"典型"推运动, 方运孚遂成政治罗刹们现成的目标。重庆市公安局将方逮捕。市革委人保组承办人员提出判刑15年, 市公检法军管会加码为20年, 重庆市革委审批时以"该犯思想反动, 气焰嚣张"再升级, 判处无期徒刑, 四川省革命委员会于2月24日终审改判死刑。如此逐级审批, 逐步升级, 从逮捕到判死刑, 只用了22天。[27]

冤狱遍地的巴蜀社会, 骇然成了地府阴司的人间镜像。即便如

---

27 1980年1月, 中共四川省委第一书记、省革命委员会主任赵紫阳到重庆视察, 听取有关部门汇报方运孚一案时, 明确指出: "这个案件处理得不彻底, 不是单纯宣告无罪的问题, 应是冤案平反昭雪的问题。"1983年, 经中华人民共和国民政部批准, 追认方运孚为烈士。(见网刊《昨天》82期, 渔歌子: "由赵紫阳指示平反昭雪的方运孚烈士")。

此，权力当局仍心有不足，既然阴鸷作恶已成进阶之梯，折磨无辜已成表忠之场，个案虽多还不足以得上司青睐，"集团案"就成了皂隶们邀功的最好选择。

4. 重庆"一号大案"

重庆系民国抗战"陪都"，又是中共最晚攻略地之一。"国民党残渣余孽"定然最多，可列入清算者数量亦为巴蜀之最，即便当年国民党左派，曾与中共风雨同舟的"民革"人士、国民政府机关小公务员，甚至抗日战场为民族独立流血奋斗的国军士兵……统统纳入"残渣余孽"的清单。1968年9月14日，重庆市革委人保组进行全市大逮捕，押赴"毛泽东思想学习班"（又称"管训队"）实施"学习"。

邓翰，原国军第七十二军少将师参谋长、著名川军将领邓锡侯堂弟，邓翰和胞兄一起，均属"起义将领"。邓平素口少遮拦，文革中又同情反到底派，遂成"管训队"重点突破对象。10月13日晚，邓翰被提调过堂，令其交待"插手两派指挥武斗的罪行"——所谓"插手两派"实则替代"插手反到底派"以示公允——邓翰无事可陈，随即暴力侍侯，判吏抓其衣领将头反复撞墙，然后再押另一小屋通宵毒打。这些"政府参事"均垂垂老者，大陆权力鼎革多年，曾经的"座上宾"经一次次政治运动反复冲击，"有功之臣"的脆弱荣光早已褪尽，仅存"原罪"待赎，精神本已十分脆弱，更那堪"革命"名义的刑讯逼供！两天后，邓翰终于被迫"交待"了"判官"们想要的材料，承认"插手反到底派，出谋献策，指挥修筑武斗工事，挑动武斗"等几十条"罪行"。[28]

邓翰的"坦白交待"并未得到解脱或些微处境改善，反而被冤案炮制者"趁热打铁"，加大逼供力度，先将既成"交待""上纲上线"，

---

28 邓翰的"交待"，管训队当局又将所谓"独立一师师长"骆湘浦隔离起来，经过连续七天六夜弯腰90度罚站、不准睡觉等折磨，骆湘浦多次晕倒后又被拳打脚踢拉起来。在心力交瘁、神志恍惚的状态下，他按照审讯者所提示的邓翰"交待"的蓝本，作了类似的"交待"。

第十二章 "一批双清":从轰轰烈烈到不了了之

认定其所作为绝非个人行为,只能是"有组织有计划的反革命阴谋活动",然后在此高度逼其续做交待。六旬老翁哪经得住年轻力壮的炼狱讯者的灵肉交相"触及",不得不在假供词的黑洞旋陷而下,承认他于1967年3月参加了裴昌会、鲁崇义、夏仲实为首组织的"国民革命军第一集团军"反革命集团。

好了,一个荒诞惊悚的故事脚本编写完工,故事主角均系国、共大佬:裴昌会(原国军川陕甘边绥靖公署副主任兼第七兵团司令、后全国人大代表、国防委员会委员、重庆市副市长、重庆市政协副主席、民革中央委员)、鲁崇义(原国军第十八兵团中将副司令兼30军军长、后全国政协委员、重庆市人委参事室主任、民革中央候补委员)、夏仲实(原国军第78军中将军长、立法委员,后全国政协委员、重庆市政协副主席、民革中央委员、民革重庆市委主任委员)。故事称:三人趁文革大乱,从1967年2月开始密谋策划,分头拉拢过去国军旧部下、旧关系,经请示"走资派"李止舟、廖伯康、任白戈,得同意后于1967年3月6日在重庆市市中区春森路11号"民革"重庆市委礼堂召开"国民革命军第一集团军"成立大会。裴、鲁、夏三人分别作形势和任务报告,赵援(原国军124军少将军长、后重庆市人委参事,)做会议记录,参加者还有卿云灿(原国军72军副军长、后重庆市人委参事)等16人。11月14日,管训队上报的"国民革命军第一集团军反革命嫌疑集团案"被正式批准立案,此是为重庆"一号专案"。[29]

重庆市革委会于是抽调了以军代表为主的数十人组成专案组展开"侦办"。他们将原关押于集训队的"涉案"人员裴昌会、鲁崇义、庞佑屿、陈希武、陈定、陈华等提解到管训队,连同管训队中的其他一些"涉案"人员,分别隔离逼供,进行"车轮战""疲劳战",使用毒打、罚站、罚淋雨、罚暴晒、罚反复上下楼梯、不准睡觉等手段,逼之指供、引供、诱供,并对拒不按要求招认的鲁崇义、庞佑屿、江

---

[29] 以下材料均见孙曙《"一号专案"始末》,《重庆文史资料第二辑(总第46辑)》,并参照其所引原始材料作了校订。

诚等执行拘捕。

72 岁高龄的裴昌会在刑逼中惨遭毒打，连续几夜不准睡觉并罚站弯腰，致使腰不能直，双腿肿胀不能弯，皮肤水肿溃烂化脓，右腿股骨颈骨折而致终身残疾；79 岁的夏仲实被刑逼致神志恍惚，全身浮肿，大小便失禁，最后被折磨致死；被诬为"独立师副师长"的江诚被毒打得遍体鳞伤，放回家后即含冤而死；被诬为"副军长"的杨学端被毒打致颈椎伤残，头不能抬，含冤惨死于管训队……

据裴昌会亲属回忆，裴生前曾告诉他们，他曾"有幸"受到重庆市革委负责人蓝亦农、白斌的亲自审讯。尽管他向蓝、白作了许多足以推翻冤案的陈述，蓝、白的表态是："你不是想和我们较量吗？那我们就较量较量看！"裴昌会只能认输："过去我手中有部队，有枪有炮，尚且率部起义。现在我手中什么都没有，不知你们要我如何与你们较量？"重庆市最高长官持如此姿态，办案人员的态度可想而知，以政治导向的审判定谳全无悬念。

事后查明，由重庆市革委人保组炮制的"一号大案"，管训队管训的 234 人中，迫害致死有夏仲实等 20 人，致残有裴昌会等 3 人，以"反革命罪"逮捕 7 人，管制 6 人，戴"反革命"帽子 20 人，交原工作单位或居住地街道审查批斗 130 人，共占被管训人员总数的 80%！

文革结束后，裴昌会到北京出席全国人民代表大会，其间会见了时任中央组织部部长的老朋友胡耀邦（两人 50 年代初期曾在川北行署共事）。胡耀邦发现裴昌会行走腿跛，关心地问他怎么回事，裴昌会回答："被狗咬了。"

5. 又一场血祭

遵照毛泽东提倡的"解剖麻雀""以点带面"工作方法，"新生红色政权"取得上述成功案例之后，于 1971 年 9 月 8 日至 22 日，在成都召开了全省"一打三反"和清理阶级队伍工作座谈会议。根据会议通报的、仅仅 7 月份以来的全省"成绩"便十分亮眼：挖出现行反

第十二章 "一批双清":从轰轰烈烈到不了了之

革命分子 41000 多人,历史反革命分子 25000 多人,贪污、盗窃、投机倒把分子上千(钱千元、粮千斤、布千尺)的 16800 多人,5000 以上的 1300 多人,上万的 800 多人。还破获了一批老案、大案。会议要求今后一段时期,全省要把"一打三反"和"清队"作为"斗、批、改"的中心任务,一个一个单位地进行到底[30]。

接下来继续"以点带面",省革委将射洪县树立为典型,宣称:当地运动已出现了"人人讲、户户议,分析敌情,查找线索,深挖一小撮阶级敌人的生动的政治局面。一些乔装打扮,隐藏很深的阶级敌人,如当了'五保户'的伪军团长、营长,混入党内当了'模范'的伪警长,混入我基层政权当了干部的国民党区分部委员、伪军少校军官以及装疯多年的反革命分子,等等,都一个一个地挖了出来"[31]。1971 年 12 月 23 日至 28 日,省当局在射洪县召开全省农村"一打三反"现场会,全省各市、地、州、县主管"一打三反"的负责人和部分基层党委成员共 331 人参加。要求各地学习射洪经验,加强党的一元化领导,发动群众深挖细查阶级敌人。

官方统计,1971 年 5 月中共四川省第二次党代会召开前,全省在清理阶级队伍和"一打三反"中"已挖出反革命分子 17.5 万余人,贪污盗窃、投机倒把在千字号以上的 3.7 万余人,处决了一批罪大恶极、不杀不足以平民愤的现行反革命分子"[32]。

巴蜀大地这些数不胜数的冤魂、血泪、苦难成了文化大革命的又一场血祭。

建国以来的每次运动,都为自己催生并积淀一批新的负面力量。文革催生的负面力量,均具有全领域、成批量、强对抗性和破坏性等特点,官史无奈地承认:所谓"清理阶级队伍""一打三反","由于

---

30 川核发[1970]23 号文件:省革委核心小组批转省革委"一打三反"办公室、"清队"办公室《关于坚决响应九届二中全会伟大号召,把"一打三反"运动和"清队"工作进行到底的报告(1970 年 10 月 8 日)》。
31 川委发[1972]9 号文件:省委《批转关于农村"一打三反"射洪现场会议的报告》,1972 年 2 月 7 日。
32 川核发[1971]38 号文件:省革委核心小组《关于召开中国共产党四川省第二次代表大会的请示报告(1971 年 5 月 27 日)》。

对打击对象没有明确的政策界限,加上当时派性尚未消除,因而造成了大量的冤、假、错案。"[33]

第三节 "一批双清"运动

四川"一批双清"(简称"批清")运动是根据1970年3月27日中共中央发布《关于清查"五一六"反革命阴谋集团的通知》精神进行的,《通知》要求在全国范围内对"五一六分子"进行清查;在四川,一个被称为"三老会"(老红军、老干部、老党员)的"反动"组织同时被捏造出来予以清理,于是便有了"批极左思潮,清理'五一六'和'三老会'骨干"的运动。1971年2月,省革委核心小组成立"批清"领导小组,确定由谢家祥任组长。2月15日,以省革委名义在成都金牛坝宾馆正式召开"批清"工作座谈会,会上将成都某科研所清查"五一六"和重庆清查"干串会"两个材料发给到会人员讨论,正式动员全省开展"批清"运动。

文革本是一场左倾极端思潮的歇斯底里,以"批极左思潮"导向开展运动,看似要对文革进行自省,实则不过以此为名,用更加左倾极端的方式,对文革泛溢出的各种非正统思潮和异端民众再来一次大扫荡。四川特定意义的"一批双清"作为"清队""一打三反"运动的重叠延伸,正好肇始于贯彻"一二二五批示"之际,原兵团、八二六、反到底派群众受害最深。

1. "五一六"这只大口袋

文革后披露的史实已经证实所谓"五一六兵团"[34]是一桩子虚乌

---

33 杨超等主编《当代四川简史》页201。
34 文革初期"五一六兵团"是以北京钢铁学院学生为首的一个几十个大、中学生的群众组织,因以传单和大字报的形式"炮打"周恩来,被定性为"反

第十二章 "一批双清"：从轰轰烈烈到不了了之

有大冤案[35]。因本案受毛泽东、周恩来及北京高层官员关注并指令督办，于是，京城一个小微学生群体的胡闹之举，膨胀成了一只硕大无朋的整人口袋。凡罪名含糊、定谳难决、甚至仅有疑惑者，均被拎起来往里扔。北京御制了"五一六"，四川也造出一只同样无中生有的专属口袋：所谓"老红军、老干部、老党员"组成的"反动"组织[36]"三老会"，以此整饬已失势的刘结挺、张西挺派系。

1971年2月，四川省革委正式成立"批清"领导小组，组长由成都军区副政委谢家祥担任。这一回，省革委和军区对"批清"的认知和指令高度一致，于是火力全开，运动骇然升级，很快轰轰烈烈开展起来。四川大学作为八二六派的大本营，成为四川"批清"的示范"取样点"。

1970年11月，由军区政治部秘书长王万荣、后勤部装备部副部长薛某和50军某团副政委毕某领衔，组成由军人和工人200余的批清工作组浩浩荡荡开进川大。其时，老五届的大学生都已毕业离校，除少数留校者外，早已全国星散。批清工作组根据"案情"线索，通过政府网络将有关"嫌疑人"从工作单位弄回学校实施隔离，以系为

革命组织"。

35 1970年3月27日，经毛泽东批示，中共中央发出《关于清查"五一六"反革命阴谋集团的通知》。1971年2月8日，毛泽东批准发布中共中央《关于建立五一六专案联合小组的决定》。清查"五一六"成为祸及全国的特大冤案、假案。在各地实际上以文革前期的造反派和红卫兵及文艺界人士、机关干部为主要清查对象，大量出现严刑逼供，致伤、致残、致死者难以统计。据记载，在清查"五一六"中有"数以百万计的人蒙冤"。

36 1968年春第二次解决四川问题，时任54军政委蓝亦农向中央汇报四川"敌情"时，虚构了一个以进行"右倾翻案"为宗旨的反动组织"三老会"，主要成员是建国后历次政治运动中受过批判处理的老红军、老干部、老地下党员，说他们要翻"反右派""反右倾""四清"等运动的案。周恩来、江青在"三一五指示"中明确表态称"三老会""反动得很，要坚决镇压。当然要区别对待。组织要解散，核心成员一定要专政。"（《总理、伯达、康生、江青、姚文元、谢富治、吴法宪、叶群、汪东兴等中央首长接见四川省革筹、成都军区和五十军、五十四军领导时的讲话》，四川省革筹军政工组、中国人民解放军成都部队政治部翻印，1968年3月20日）此后四川全省即开展了清查所谓"三老会"的运动。在中央要求全国开展"批判极左思潮，清查五一六"运动时，四川特地加上了清查"三老会"的内容，成为四川的"一批双清"即"批清"运动。

单元编成若干"连"级小组实施审理。

江海云、游寿兴等八二六派头目,名气超大且在省、市革委会都封有职务,再加上另三个嫌疑人共6人编为"五一六连",是为全校重点清查对象,被监管于一独立小院。"五一六连"[37]作为重点,"连"里的人都是硬骨头,见过大世面,普通工人师傅和士兵绝非对手,江海云性格倔强,面对女工师傅的"促帮":

(她)动不动就耍横,一言不合就骂人。只要听见隔壁院子有吵闹声,那就是江正在与她们对话。数学系召开江的批判会,群众要她站起来,她坐在小凳子上不动,上来两个人拉她,她一脚把凳子踢翻,坐在地上喊"你们打人啦,你们打人啦",会议根本开不下去。工作组没有开全校大会批江,怕她胡搅蛮缠下不了台。[38]

团长游寿兴相对年长,做事稳重沉重,被同学戏称为"老油子"。清理批判中,游寿兴之"油"让工作组难以奈何:

(工作组)叫他揭发交待,他在桌上放一张纸、一支笔、一本《新华字典》,两眼望着天花板,一坐就是半天一天,不知道他脑子里想什么,反正纸上一个字也没有。骨干骂他"死猪不怕开水烫",他也不搭腔。全校大会批过游一次,游在主席台一角稍息站立,两手反背身后,两眼直望大礼堂顶部,任你口号震天,一副"其奈我何"的模样,真显骨气。

刘安聪善思,反应敏捷,一上批判会,就旁征博引,雄辩滔滔。强令刘安聪交待与刘、张一起干了些什么坏事,刘则更兴奋:从《红十条》发布说到红成打刘、张全过程,称"刘、张没有教唆过我们做坏事,大事没有,小事也没有。"用刘自己的话说,就是"我给他们足足上了两个多小时课",而且动辄还来点儿某事是"张政委(指张国华)亲口对我们怎么讲,你们可能不知道"之类"私密钢鞭",来自车间、军营的工匠、大兵只能傻听。"五一六连"没能取得战果,

---

37 重点取样的还有一个"三老会连"。
38 摘自刘安聪回忆文稿。以下相关引语同。

第十二章 "一批双清":从轰轰烈烈到不了了之

四川大学这个"批清"样板,还必须向全省有所交待:数十人在校内隔离受审一年多、召开批判大会多次、大字报不计其数,还搞了一个"罪行展览"、参观"取经"者人次十万余、自杀者数人、其他各连队"追罪"火力始终不减。

巴蜀文革另一重镇重庆大学一直受刘、张派系挤兑,且学生已分配离校,无多清理价值。受刘、张宠信的在册名人有一个:徐光明,与八一五对着干的小微组织"井冈山红卫兵"头儿。正因其小微而顽强,重庆市革委组阁时徐得以入阁,荣任常委。"批清"发动时徐已毕业分配去了成都飞机制造厂(代号132厂),重庆市革委遂专写报告追杀,经谢家祥批准,先由成都就地收审。

1970年5月某日,132厂军管会将厂里的群众组织头头及相关干部100余人解上汽车赴"学习班",顺道把徐光明这个孤独的外乡人也拉走,安置在"学习班"所在的四川医学院女生宿舍区,三步一岗,五步一哨地实施严管。"学员"按班、排、连编制,所有班长、排长、连长都由军人充任,领导系空军师职干部周某,安顿驻地后旋即进入"大批判"。132厂总工艺师、著名科学家严济慈之子严双光不堪折磨,不出一月即上吊自戕,足见批判杀伐之戾气何其恐怖。徐光明文革三年长处重庆,与132厂无染,只能被闲置一边。不料8月20日深夜,军人班长急令徐捆卷铺盖,用车带至双流机场,从侧门直接开至停机坪登上一架"安-2型"小飞机,然后升空——事后,同囚学习班的车间同事关某悄悄告诉徐——抓徐前班里曾开了一个会,说徐乃"大头头,太厉害",拉回重庆不能坐火车,以避跳车逃逸之虞。

徐光明自述:

飞机降落重庆白市驿机场,重庆大学来了一辆美国吉普车,把我安排在重大四舍四楼的一个房间里,我的专案组有八九个人,把我打成"重大五一六反革命集团"的头子。突破口是《井冈山》报曾提出口号:"砸烂重大革委会",而砸重大革委会也就是"倒谢反梁。"拉我在全校批斗,说我手下有9大金刚,这些人有的是系级总支书记,有的是教授。从全国各地又拉回 10 来个原来井冈山的人陪斗，检举揭发我。当时那种氛围，一切解释都是徒劳。我已作好了被杀的准备。[39]

徐光明算得幸运儿，押回母校不出一月，"九一三"事件便发生了。全中国堕入政治"五里雾"，审查依据模糊了，看守者亦感惶惑，于是撒手不再管，徐光明干脆私逃成都上班去也——这是后来的事。

2．爆炒造反"回锅肉"

成都军区清查"五一六"专案领导小组办公室为指导运动印发《关于清查"五一六反革命阴谋集团"的宣传教育提纲》，罗列了"'五一六'反革命阴谋集团" 263 条罪状，其中与四川关系密切的有如下 9 条[40]：

（一）恶毒攻击以毛主席为首、林副主席为副的无产阶级司令部；（二）几次冲击军区，阴谋夺军权；（三）大揪军内一小撮；（四）煽动机关、部队非法搞"四大"；（五）枪杀部队中、高级干部，迫害家属；（六）抢夺发放枪支，策划指挥武斗，镇压群众；（七）抢劫机密，盗窃情报；（八）参与外地"五一六"制造的反革命阴谋事件；（九）参加"三老会"等反动组织的阴谋活动等。[41]

第一条高调重申"恶攻"领袖罪，虽属"公安六条"[42]旧例，坚守此条系表明"思想犯罪"仍属当局最为忌惮之大罪；第八条的表述虽稀里糊涂却无所不包；其余二、三、四、五条，联系四川实际，指向则比较明确具体了：一是军民关系，刘、张鼓动"倒谢反梁""反

39　陈永迪 2024 年采访徐光明记录。
40　中共四川省委党史研究室《中国共产党四川历史（1950-1978）页 391。
41　中共四川省委党史研究室《中国共产党四川历史（1950-1978）》，页 392。
42　《公安六条》是 1967 年 1 月 13 日中共中央、国务院下发的《关于在无产阶级文化大革命中加强公安工作的若干规定》的简称，核心内容是将对毛泽东、林彪及中央文革小组成员发表不敬言论者入刑，一律以"恶攻罪"定为反革命。

第十二章 "一批双清":从轰轰烈烈到不了了之

军乱军"自成题中要义;二是与武斗及枪支流向相关。首先,刘、张鼓动"倒谢反梁""反军乱军"其罪必须清理;其次,武斗期间枪支大量流失,亦需戮力追缴——四川武斗规模名列全国之冠——如是,"武装支泸""武装支中(江)""九县一市打云阳",还有重庆大武斗等,难脱干系者其数不知几希……各地、各部门、各单位纷纷举办学习班,照葫芦画瓢,排出"大事件"作为罪案线索实施追查,异见者一律送"学习班"关押审理。两派群众组织头面人物,尤其"红十条派"的大小名人,再度被限制人身自由,将交待过多次的大小问题翻出来再"炒回锅肉"。

重庆反到底名士黄廉虽然公称"工人领袖",其实从未当过工人,1956年从部队退伍后一直在木材公司当一小小宣传干事。志存高远而诸事不顺,故而趁文革风飚之起,独侠颖脱,最早造反;又因喜欢在年轻人面前作神秘莫测状,广拓社会网络而名声在外。据黄本人介绍,1966年北京体育馆批判余秋里、林枫大会,蒯大富就请他上了主席台;湖南"湘江风雷"叶卫东、西安交大李世英这些名满天下的造反元老均与他早有交往;甚至组建临时工、合同工全国性组织而被中央下令抓捕的贵州红卫军团李铁乃,也来重庆约他赴京"在西四请吃火锅",意欲通过他"找周总理和中央文革"云云。黄独行天下而成社会公认的反到底派首席代表,清理"五一六"这个"莫须有"的"反动组织"时,黄廉被揪出来在意料之中。1971年4月30日,已是重庆市革委副主任的黄廉接通知回厂,由厂党委书记和保卫科长将其"安排在礼堂的地下室",还派"小何""小梁""小刘"全程陪同"学习",实施"三盯一"隔离模式,"要他交待在北京怎样与'五一六'联系的。"市革委负责人特别强调"五一六"有国际背景,因此需重点追查黄廉与闻名全球所谓"革命罗宾汉"切·格瓦拉有何联系?[43]黄廉就这样在地下室莫名其妙关了大半年。

如果说黄廉从职企业太小,本人又无基本队伍,在真刀真枪的群体事件中籍籍无名,因此只能要他交待与北京、甚至格瓦拉之类虚无

43　见黄廉口述、老田整理:《重庆工人运动史》。

缥缈、注定没有结果的谜题,那么另一反到底领袖、市革委副主任李木森就不一样了。他本是军工大厂江陵机器厂技术员,军工井冈山一号头目,凡涉及厂里和市里的大案要案,都立专案要他交待[44]:

> 我感到精神压力最大。办案人员想尽早、尽快结案,把被清查者尽早、尽多地送入大牢,被清查者也希望尽早说清案件,并拼死力争不进大牢。这一阶段(指讲清问题阶段)就是在过生死关。我在这一阶段里,涉及的大案要案最多,包括军工井冈山总部决定发枪案、攻打嘉陵江大桥及冲击新生红色政权市革筹案、"八二二"山城宽银幕电影院枪击军车案、"一〇·二七"林园枪杀群众案、"一二·四"江陵厂大火案等五个市级大案要案。重庆市公安局二处王志一处长等专案人员常驻江陵厂,这五个大案,听起来是吓得死人的。如果按照他们预定的调子公布出来,李木森坐牢枪毙都算轻的了。……我知道,若要抓我进大牢,这五个案子,公布任何一个都可以随时抓我。但是现在公安局把这五个案子拿到厂里来办……说穿了,就是诱供与逼供。

成都硅酸盐厂在省城纯属蕞尔小厂,已经就任厂革委副主任的造反头领丘先甫全不似黄廉那样满世界"天马行空"。"批清"运动把他关进"学习班"重点审查,案情具体得简直有点滑稽:

> ……令我头痛的就是北京学习班[45]时的事。那时我经常私自外出,他们要我交待每次带进带出大量信件的情况,究竟给什么人带信?信中写的什么内容?我极力解释:"当时张妮娜[46]无家可归,怕她发生意外,才违反学习班纪律外出寄信。但我除给张妮娜一人写过信之外,没有给任何人写过信,我给张妮娜的信除个人感情上的牵挂外,不涉及其它任何内容,更何况这些来往信件全部被保留起来了,

---

44 重庆江陵机器厂是武斗时的重点区位,该厂举办的"学习班"是重庆市的重点学习班。

45 指1968年在北京举办的解决四川问题的学习班。地点在北京玉泉路解放军政治学院。该学习班两派均奉命派出数千代表参加,为时三个月。因闭门学习时间太长,两派代表均有人随时逾墙穿栏外出游玩散心之举。

46 指丘热恋中的女友。

若不相信,可将信件交组织审查。"但学习班的人要我重点交待帮哪些人带过信,信中内容是什么……与"五一六"的关系是什么?这个问题真让我傻眼。我帮人带出的信,起码有100封以上,除组内几个熟悉的人之外还帮谁带过信根本无法记清了。(审查人员)提问,就算主观上没有不良动机,但你敢保证客观上没有充当了"五一六"的联络员吗?这时,我才深切感到这件事是"黄泥巴落裤裆——不是死(屎)也是死(屎)了"。我心中一横,就听天由命吧![47]

相比省会成都和中心城市重庆,地、州、县、区"批清"酷严残忍之状则汹汹皆然,长无宁日。涪陵贯彻"一二二五批示","贸派"[48]翻身而"忠实派"成挨整对象。县城雪鸿照相馆员工周登高乃社会公益热心人士,文革前扑火救灾重度烧伤截肢,一直挂拐杖度日,文革奋起,因当了"忠实派"小头目,"批清"不堪批斗缧绁之苦,在学习班婉转求死,两度自杀终遂。涪陵全县中小学教师于"寒假"期间(1971年初)集中学习两月,进行"一打三反",8月,再集中进行"一批双清",发动群众揭发、检举,"采用办学习班、大会小会、大字报大幅标语点名、层层'排大事件',上挂下联,顺藤摸瓜,突出重点,弄清事件,追根溯源,扩大线索等办法,错误怀疑、审查、批判、斗争,处理了一批教师。"[49] 机关干部落网者亦众,专署学习班抓人8名,为体现政策公正,每派各抓4人,同押大会公审而后宣布逮捕,投入大牢。下辖县运动之酷严则更有甚之。垫江县官方统计:1971年9月30日,由县"一打三反"办公室"排出全县自'文革'以来发生的重大事件共36件,进行清理落实",据此深挖、严查、细查,终得揪出一批"新生的反革命分子"[50]。

涪陵下游万县属内战重灾区、亦属"批清"重点区。无业青年谢

---

47 丘先甫《我这七十年》,见《当代史资料》2014年第2期。
48 文革时与重庆"八一五"派挂钩,属于所谓"反红十条派";"忠实派"则与重庆"反到底"派挂钩,属于所谓"红十条派"。
49 见《涪陵市教育工作史》涪陵市教育局编,内部资料图书准印证94字第055号。
50 见《中共垫江县党史》。

声显长年靠打零工谋生,因好读书精于文墨,文革乱世便去群众小报当"战地记者""混食",虽目睹多场武斗,写过不少文稿却从未摸过刀枪。"批清"中被人告发,捉进"牛棚",罪名虽与打仗无涉却更为可怕,举报人指认谢"私下说过那位'永远健康'的接班人林副统帅尊容生得像奸臣。"此话若经坐实,后果不堪设想。谢幸闻此语除检举人,专案组始终未找到任何旁证,正暗觉侥幸,不料上峰又出台一司法原则曰:"问题不在大小,关键在于态度",即不管你犯事大小,只要执法人认为你认罪态度好便可免于处罚。"谢大个儿"偏偏"认罪态度不好",最后果然倒大霉:

> 1970年6月26日,在东方红广场举行的号称全市十万人参加的"宽严大会"上,我作为因为态度不好而"从严"典型,在一片森林般举起的手臂和震耳欲聋的口号声中,突然被推上台去反铐了双手,胸前还挂了一块现行反革命分子的牌子。
> "宽严大会"结束,我和当天同台"从严"的18个人一起,被推上了驾驶室顶上支着机关枪的几辆大卡车,在刺刀雪亮、子弹上膛、威武雄壮的人民解放军战士陪伴下,巡游了全城的主要街道。就直接被送进了北山公园的看守所,关进了第16仓。[51]

历史上戕害无辜的恐怖故事,四川"批清"运动中俯首可拾。

第四节 必须一说"三老会"

清查"三老会"是"一批双清"运动中的又一"清"。所谓"三老"的老红军、老干部和老地下党员,他们本身就是共产党夺取天下和执掌天下的权力集团组分,对其实行清理是"大水冲了龙王庙"。

中共全国夺权成功,这些参加打江山的"老资格"功成名就,本

---

[51] 谢声显著:《所谓草民》。当时受难者都把囚室称为"仓"。

第十二章 "一批双清":从轰轰烈烈到不了了之

当受人尊奉、尽享殊荣,事实并非如此。1968年中央领导接见四川代表发表著名的"三一五讲话",当54军政委蓝亦农汇报到四川社情复杂,有"七星党、三老会、自由民主党"时,"中央领导"当即下令:"反动得很,要坚决镇压。""组织要解散,核心成员一定要专政","三老会"这一社声寂寥、影子一般稀松的文革群体,顷被"无产阶级司令部"将之与"七星党""自由民主党"相提并论,投入了网罗。因"三老会"成员身份独特,清"三老会"和当年江西时代"打AB团"、延安时代搞"抢救运动"一样,成为残酷内斗酿成的不可小觑的案例。

1. "老地下党"魔咒

毛泽东领导的革命最后全国夺权成功,本是由两条战线协同配合完成的。武装割据区(红区)军事力量是为主,国统区(白区)地下党情报刺探、高层策反和民意煽动是为辅,前者首功,后者不可或缺。为确保后一部分实力,毛泽东曾专对地下党工作提出"十六字方针":"隐蔽精干,长期埋伏,积蓄力量,以待时机"。可惜一俟全国政权到手,情况马上发生变化。毛泽东对势力不菲的地下党不信任,于是提出"新十六字方针""降级安排,控制使用,就地消化,逐步淘汰。"本土"白区党"受正宗"红区党"排挤、迫害,遂成全国性、而非个别和局部的现象。

四川乃中国近代革命重要发祥地之一。辛亥革命以降,巴蜀志士仁人先知先觉、笋生颖出,他们初为新思想觉悟者,后受"五四"新文化左翼激进思潮影响走上了苏俄共产革命之路,为中共贡献了朱德、吴玉章,刘伯承、陈毅、聂荣臻等大批元老,并带动更多追求进步的青年俊秀走上共产革命之路。抗战时期国共第二次合作,周恩来领导中共南方局开展了八年公开活动,继而由吴玉章、王维舟领衔在重庆成立中共四川省委,领导四川、西康、云南、贵州四省及《新华日报》的公开活动。中共大陆建政前夕,川、康两省党员已多达19000多。

地下党与割据区武装集群不同。前者多出自名门世家，因受良好教育而自觉皈依共产理论并为理想献身；后者多为生计所迫，抱"打土豪分田地""当兵吃粮"之类现实目的裹挟而入，在武装割据环境得以学文化从而提升认知。前者身处白色恐怖环境，为工作和生存必须独断应变，后者素处战争环境，习惯对上司指令"理解的执行，不理解也要执行"。建国后，天下一统，因知识结构、精神气质、造反经历和处事作风各异，四川本土这帮红色"独行侠"与南下的新上司难免发生别扭和分歧，实力新主遂按"新十六字方针"对地下党予以处置。四川的规模化整肃第一次是在建国初"清匪反霸"和"镇反"，将一大批地下党员当作"反革命"剪除；第二次是"反右"，再将一大批惯提意见的老党员戴上"右派"帽子压在政治的"五行山"下。

长期执掌四川最高权力的李井泉素以作风霸道著称，置此政治生态之下，喜欢独立思考、敢于坚持实事求是、提意见的地下党员往往动辄得咎。1957年，李亲率工作组到重庆市委八次扩大会[52]打出一个张（文澄）、陈（孟汀）[53]右派反党集团，堪称整饬地下党成员的典范案例[54]。1963年重庆市委二十次扩大会，李井泉又对重庆为民请命的"萧（泽宽）李（止舟）廖（伯康）"实施"秋后算账"，将此三位老党员、老干部打为"反党集团"[55]……言及剪除四川地下党员的专断悖行，长期与其搭档的老资格省长李大章不讳言，他曾告川大学生如下凶例：担任省政法委副书记的李俊臣曾反对李井泉错判死刑案

---

[52] 重庆市委于1957年召开的八次扩大会上，代表纷纷提出意见，说重庆合归川省后执行的不是中央精神，而是李井泉批示，李闻之大怒，遂有亲率工作组赴渝弹压之举。

[53] 张文澄(1915-1998)。四川仁寿人。1937年2月加入中华民族解放先锋队，随即加入中共。抗日战争时期在四川从事地下工作，1946年任中共四川省委副秘书长；1957年张任重庆市委宣传部长，重庆市鸣放运动的负责人。陈孟汀，川东地下党负责人，其时任市委文教部长。二人对代表向李井泉提意见均未加制止。

[54] 为了集中力量打击所谓"张、陈"集团，李井泉还将毛泽东主席的反右布置事先通报给重庆民主党派人士。

[55] 参看本书第一章《通向文革之路》第四章"年年讲、月月讲、天天讲"的巴蜀故事。

"441案"[56]，结果被李井泉打为右派，并恶狠狠训斥："错也要杀，无罪释放就是损害党的威信。"

文革爆发之初，李井泉于1966年6月还专门召开秘密会议，污指"川康地下党问题很多，叛徒不少，解放后未彻底清理清楚，这次要结合运动把川康地下党的问题弄清楚。"还成立专案小组多次研究"清党""揪叛""肃反"诸事宜。省公安厅还从泸州公安学校抽调近200人组成"指挥部"，下设侦察、预审等机构，规划将省、地机关地下党员内定为三四类者送农场劳动。[57]

清人蒲松龄论及冤狱，曾将"讼狱"定义为"居官之首务，倍阴鸷，灭天理，皆在于此""一人兴讼，则数农违时，一案既成，则十家荡产。"李井泉执政十余年，对"三老"遍兴冤狱，株连亲属、友朋、同事难以胜数，事情宁不反弹？

2. 暗流是怎样汇聚的？

文革锋起，巴蜀怨怒直扑李井泉，社会整体氛围翻腾难抑，连刘结挺、张西挺这样的地方小吏（虽然刘、张夫妇官风人品酷似李井泉，为殊多干部所不齿[58]）亦聚众翻案，并得毛泽东关注成功，还成了"打李"左派，如此示范效应，焉能不让抱屈既久的四川"三老"心念摇动？无辜罹难的"三老"们即便仅仅为了个人伸冤，也决定抓住这难逢机遇，起而一搏了。

中共元老张曙时[59]可谓饱经忧患，对党内斗争认知最为通透者。

---

56 此段公案见李亚宁撰《从迫害四川地下党到镇压四川"三老会"》走访李大章一节，441案具体情况不详。
57 参阅四川省革筹举办"揭发李（井泉）、廖（志高）死党罪行干部学习班"揭发材料。
58 据川大八二六负责联系"三老"问题的李亚宁著文介绍：由于许多地下党员对刘、张迫害地下党甚为了解，刘结挺为了要将地下党一个负责干部打成"右派"，硬是从医院病床上抬到会上强迫他发言，被迫害致残；张西挺解放初期任县委宣传部长，时任该县副县长的一个地下党员对张的政治品质和生活作风多表不耻。
59 张曙时（1884年-1971年）江苏睢宁人。辛亥元老，1924年1月出席国民党一大，国民党内坚定的左派人士。1927年任江苏省政府执行委员兼秘书文革前，北京元老吴玉章、董必武、谢觉哉、王维舟凡来四川都要登门看望。张曾对王维舟说："您在中央监委工作，李井泉一手遮天，祸国殃民，您应该向主席报告。"王维舟回答非常直白："李井泉是主席提名的政治局委员，我能告他的状吗？"文革时张已年逾八旬，卧病难起，川大哲学系学生李亚宁陪同一群"造反三老"前去拜望，张曙老难掩由衷欣慰之情，对李亚宁说他"早就盼望这一天了"。接着将小李拉床边坐下，吃力却异常清晰地讲述亲历的党内斗争史，足足讲了近两个小时，[60] 只是前去的"三老们"请他领衔在一封公开告状信签名，张明确婉拒。

被打成右派的万县首任县长赵唯[61]，文革时也年逾花甲。赵本系云阳县黄龙乡大地主之子，1931年赴上海求学时加入青年团，次年由林伯渠介绍转为中共继而奉命还乡，创建了云阳首个中共党支部。赵唯在自家打谷场召开群众大会，将继承的全部家产分给农民，然后

长，被国民党右派拘押。"四一二"政变后转移武汉主持国民党十六省党部驻汉代表联合办事处，后参加南昌起义，起义失败后转经香港去上海。1932年上海"一·二八"淞沪抗战时投身抗日救亡并加入中共。1935年被派到四川，发展中共组织，争取刘湘转向抗日。1937年赴延安后以特派员身份返回四川继续从事秘密活动。抗战爆发后，任中共川康特委委员兼统战部副部长，1940年奉命撤回延安，任中共西北局统战部副部长。1941年底任陕甘宁边区政府法制室主任。解放战争时期任中共法律委员会委员，华北人民政府人民监察院副院长。中共建政后，历任中央人民政府法制委员会副主任委员，最高人民法院西南分院院长，西南政法委员会副主任，四川省政治协商会议副主席等职。全国政协委员。1971年3月18日因病在四川南充逝世。

60 李亚宁回忆，第一次讲话内容非常坦率而丰富，包括延安整风就有白区党和老区党、地下党和军队党的问题。"抢救"运动中四川地下党被打成"红旗党""伪党"，工委书记邹风平、工委妇运书记甘棠（邹妻）、妇女部长曾淡如、成都市委书记张宣、南方局组织部负责人钱瑛和孔原、青委负责人杨述等从四川到的延安，邹风平、曾淡如被逼自杀，其余都被定为"特嫌""叛徒"，遭受轮番批斗……延安整风运动批周总理的"经验主义"，说他是王明"教条主义"的"帮凶"，要开除周总理的党籍，只是在共产国际干预下，这一历史性错误才未成为现实。张老对"文革"局势表示极大忧虑。《"文化大革命"中的"三老会"冤案》。《当代四川要事实录》第二辑，页246。

61 赵唯，本名学曾，又名野时，1907年生，中共川东游击纵队的创建人，司令员。1992年8月30日在万县寓所病逝，享年85岁。

第十二章 "一批双清":从轰轰烈烈到不了了之

拉起工农武装攻占云阳县城并建立"苏维埃政权",割据失败后带游击队一直活跃于大巴山和七曜山区,护送大批学生奔赴延安。国民党当局多次巨额悬赏"匪首赵唯",赵两度被抓又两度被营救出狱。解放战争期间,由赵维任司令员、彭咏梧[62]任政委再组川东游击队(赵善使双枪,故红色小说《红岩》将其作为"双枪老太婆"原型之一。诸多《红岩》英烈均为赵司令的战友和属下)。共军擂鼓南下,赵唯策动国民政府县长湛廷举"起义",不费一枪一弹使家乡得以和平"解放"。赵唯因个性刚烈倔强,与"南下派"常有不睦,1957年遂被李井泉点名打为右派,开除党籍,而固执的赵对此拒不承认,他自我宣布:"把我骨头烧成灰,也找不出反党的丝毫企图,我绝不是右派"不管本人承不承认,上司还是将其贬到农业试验站当了个小小副站长。文革峰起,有司警告赵"不得乱说乱动",造反群众对其亦敬而远之。赵唯脾气倔强不改,独与老伴(老地下党,"五七劫难"与赵同时划"右")以"夫妻战斗组"名义整天转抄大字报张贴,以喷泄革命激情。"二月镇反"时赵唯罹"现行反革命"罪投入大牢,和底层群众混囚一仓,让社会草民得以与"老革命"零距离接触,对"赵老革命"服膺崇高理想的真诚所感动。"同犯"谢声显回忆:

> 我们仓里有一个诈骗犯嘲弄赵唯:你家是云阳县的大地主,你又是那么早的大学生,假若你规规矩矩地读书留学,做个专家教授,一辈子自由自在该过得多舒坦?你不会享福自找苦吃,先共了自己家的产,然后提着脑袋干了几十年革命,结果却把自己革到共产党的监狱里来了。

> 赵唯正色回答:我参加革命不是为了个人过好日子,是为了大多数劳苦群众翻身得解放;虽然我现在被关进来了,这只不过是错误路线的影响,我们党历来就是在不断地和错误路线的斗争中前进的……看守所考虑到他的年龄和影响,曾主动给他优待:住单间、吃大米外加油酥豆瓣,还有单独放风和发一份《人民日报》。但赵唯在看守所内自律很严,对当局的优待只接受了单独放风和《人民日报》,

---

62 彭咏梧即小说《红岩》中江姐的丈夫。

他同其他人犯一样，挤在又脏又臭的大仓里。赵唯的肠胃一直不好，每天早上那 2 两大米他是全吃了，但中午和晚上那两罐苞谷，他就只能将上面的稀羹喝掉，而将下面的大半个硬苞谷米给予那位照顾他日常生活的人犯吃。大家都劝他接受当局的优待，吃三顿大米就别吃苞谷了，可赵唯却固执地不答应，他说：既然现在成了囚犯，便不能在吃的问题上搞特殊化，更不能去住单间脱离群众。当时他已经64岁。[63]

信念的力量可教人弃财富，了功名，九死而不悔，刚烈如赵唯者。更多的则是领教了党内斗争的残酷严苛，于是圆熟周全如张曙时者流，他们谙悉中共行为规则，懂得毛泽东发动文革是要剪灭异己大员，而绝非要否定中共历次清洗成果，有组织的群体翻案绝不允许，故力避伸冤告状之类"非组织活动"。

推动"三老"抱团造反的，是初通政治秘笈的造反派、特别大学生群体。他们得知毛泽东关于"新政权"的"三结合"架构，"老干部"已成标准配置，故而热心介入"三老"的搜索、调研及翻案为己所用。其次，他们多年接受"红色灌输"，特别是描写川东地下党的畅销小说《红岩》给他们植入的英烈崇拜，能由书面阅读变为现实体验，这是何等巨大的诱惑！川大学生李亚宁[64]寻找蒙冤地下党员卢光特[65]的惊险历程，几十年后记忆犹新：时值八月内战，李持川大"八二六"介绍信潜赴烽火重庆，黉夜偷渡，乘机动小船到达了长寿湖心小岛拘押所："为避免被发现，只有靠人力划桨，早晨两点左右才潜入岛上，摸进卢所住宿舍，悄悄将他（卢光特）接出长寿湖（然后急

---

[63] 赵唯文革两次入狱，在万县市看守所内被拘押了 6 年多后，于 1976 年 4 月 6 日被判刑 20 年。后平反。

[64] 1967 年夏，经成立伊始的四川省革筹批准，川大八二六成立了调查受迫害干部的专案机构，因北京反对干部成立组织，同年 11 月，李大章建议省革筹成立组织机构解决反映出来的四川地下党问题。又是成立"兵团八二六联合调查组"调查受迫害干部问题。李亚宁被指派为与地下党员联系的负责人。

[65] 中共川东特委负责人之一，解放初任重庆市委组织部组织科长，1957 年被打成极右分子，拘押于长寿湖渔场劳改。

第十二章 "一批双清": 从轰轰烈烈到不了了之

送成都川大校区住下)。"

造反学生走近"三老",他们所表现的良知和正义并非因政治利益刺激而获有益的结果,恰恰是这一过程让他们明白了真相,诚如万县草民谢声显感慨于"老革命"赵唯,亦如北京地院学生听了被他们绑架的彭德怀自述,纷纷为之动容。廖伯康谈及北地学生替"萧、李、廖案"讨还公道时曾如此感慨:"我们和这些青年学生相处一年多,在那动乱的年月,没有发现他们有什么过火越轨的行为。他们不辞艰辛,不畏风险,踏踏实实,认认真真地做了不少调查工作,无非是为了弄清我们问题的真相,辨明是非曲直,伸张正义。他们没有个人功利目的,动机是纯正的,为人是正直的。他们在我们心中留下了深刻的印象。"

另外一个助推"三老"造反的力量则是完全出于自身的政治目的:侥幸平反、已上高位的刘结挺、张西挺自知在四川政坛根基太浅,急于收罗一批命运相近的老干部筹组自家班底,巩固权力[66]。1967年夏初,刘、张主持的省革筹组建工作伊始,即用行政力量背后推动群众组织操办老干部翻案的具体事宜,批准川大"八二六"正式成立专门调查"受迫害干部"的专案机构。是年秋,为加快争夺干部步伐,专案机构再扩容,由川大"八二六"与成都"工人革命造反兵团"共同成立"兵团、八二六联合调查组",持省革筹合法权力行事,以避"非组织活动"之嫌。这样,四川大学成了"三老们"的避风港和求助站。

以地下党为代表蒙冤的"三老"企图实现人生"突围",刘、张集团急于扩充权力地盘,造反群众则杂以政治需求和激情感染……三股力量由是合流。川大学生得以放胆行动,将若干"三老"接纳来校会盟,如川东特委副书记和秘书长、如川北工委书记、如川南工委书记、如长寿中心县委副书记、隆昌中心县委书记、川西边游击队政委、宁县委书记、仁寿中心县委书记……等等。已到京师告状翻案的

---

[66] 据自诩"三老会"负责人的老红军程占彪自称,"会务"工作由他牵头,负责和刘结挺、张西庭直接联系。刘、张是外来干部,要依靠占彪同志来管四川的干部工作,云云。此事下面有详述。

重庆"萧、李、廖反党集团案"的李止舟、廖伯康亦由北京地院学生及西南师院学生陪同,持省革筹介绍信来入住川大……气势日盛一日。俨然一出文革大戏背景下,巴蜀党内斗争的微缩版。

3. "赶海人"及其领袖

这些"三老"都是四川非正常党内生活的失意者和蒙冤者,作为政治弱势群体,文革让他们看到一丝曙光,于是心怀侥幸,渴望有胆大者登高一呼,领他们走出困境。文革本是需要冒险家而出现冒险家的时代,有一个非常合适的领袖应运而出。

此人名程占彪[67],老家南江地处大巴山区,穷乡野地,民风彪悍,此地正是红四方面军军事割据的根据地。16岁的程占彪于是从军造反,先后当过作战科长、参谋处长、副参谋长,1949年随军入川为官,属响当当的南下派。其次,程文化浅薄,仕途实难脱颖冒尖[68],先后不过当了重庆市建委副主任、四川省政府副秘书长、省机电设备公司经理等职。第三,程有幸讨了中共元老级人物耿飚亲妹耿石光为妻,贵为朝廷勋戚。这一特殊身份让他得以"通天"——所有这些,都让不甘寂寞的他弄潮赶海独具优势。

1967年秋,正值七二〇事件大乱未息,程占彪偕搭档苏云、高尚礼[69]不失时机赶去北京,同中央文革接待站西南组组长王正和接上

---

67 程占彪(1916—2003),四川南江人1932年加入中国共产主义青年团,1933年参加工农红军,同年加入中国共产党。曾任作战科长、参谋处长、副参谋长兼延安城防副司令、重庆市政府秘书长、四川省政府副秘书长、省计委秘书长、省机电设备公司经理等职。1979年任云南省人民政府参事室副主任。

68 据二重厂办公室党支部书记陈愉舒回忆录《人生几度春秋》介绍,中共建政之初,程即在重庆建设局当局长,合省后调成都任省委副秘书长,大三线建设时下派德阳工业区任第一副书记,与党委书记(由绵阳地委书记彭华兼)不睦,1959年反"右倾"二人公开翻脸,彭直报告状李井泉,程落败,工业区程派干部从上到下被批斗了三个多月,纷纷写检查"向党交心"以求"过关"。

69 苏云,新四军派南方局《新华日报》工作,负责纸张原料的采购。1957年被打成"右派"。高尚礼为被冤老红军。

第十二章 "一批双清": 从轰轰烈烈到不了了之

关系并进行了 5 次接谈，据程占彪整理的《谈话纪要》载有要点如下：（一）四川迫害革命干部，刘结挺、张西挺是活的见证，刘、张这样的情况还很多，革命群众组织应进行一些调查工作，将一些真正受迫害的干部彻底解放出来；（二）"解放刘、张是毛主席批准的"，受迫害的革命干部要自己敢于站出来"亮相"；（三）我们已将你们受迫害的调查材料向总理写了信，把你们的材料也交上去了[70]。云云。

程占彪如得尚方宝剑，回川与"八二六"学生初次见面即将《谈话纪要》亮出来，还加上一句毛泽东最新指示"现在是革命小将犯错误的时候了"，以此开篇，他对川大学生训诫道"我们这些老干部很想帮助你们。目前四川三结合很困难，关键是受迫害的干部还未真正解放出来，我们目前串联了一批干部，你们'八二六'有两个同学和我们联系，能参加我们的工作更好。"程表示由他约请"省红联""打李总站""（重庆）军工井冈山"和一些老干部，要川大负责约请"成都工人革命造反兵团"，势成居高临下，程占彪俨然已为领袖。11 月中旬，各方代表在川大铮园成功举行了首次座谈会，制定了工作规划，如：组织一个办公室，每个群众组织各派出 5 人，老干部派出 5 人作第二线，川大学生作第一线，成立全省性的受迫害革命干部联络站等等。一切均由程指挥。

文革本身就是中共党内斗争史上一场以宏伟口号引领，将权谋手段演绎到极致的党内生活大破坏。程只不过从党内斗争历史中零敲碎打捡些边角料为己所用，只会给北京主事者添乱而不可能是衔接助力。参加铮园会议的川大学生很快便敏感发觉，程的做法背离了中央"不要成立干部组织"的指令，当即离场报告八二六战团负责人，并到会制止。座谈会不欢而散。

"八二六"的分道扬镳毫不影响精力充沛的程占彪继续发号施令。他签发《"七一联络站各分站"各分站、小组长以上会议决议的通知》给杜梓生、陈伯纯、卢光特传阅，提出：一、对省、地、市、

---

70 当代口述史编委会编：《当代四川要事实录》第 2 辑，四川人民出版社，2008 年版，页 250。

县和相应级别的企业、事业干部一把手名单全面排队,为中央和省革委提供结合干部;二、加强和军内造反派联系;三、组织不公开,个别串联,立足本单位,为两派组织当好参谋;四、不要脱离群众、不管工人、农民、一般干部,凡受迫害的,都要为他们调查平反,反映情况;五、设立6个办公室,各专区、成渝两地设分站等。程胃口太大,企图统筹全川干部问题,从而与川大"联合调查组"愈行愈远。"八二六"于是怀疑程行为不轨,以至于派员对其活动实施暗查。

程不在乎八二六学生掣肘,他已与刘、张取得联系,刘、张不仅批准其创办机关刊物《组织斗私批修报》和《动态报》,还请来河南"二七公社"某宣传部长负责编辑。程占彪既成领袖,小圈子内个人独裁、神秘化、党同伐异、排挤异己之类的馊事破事就接连出现。某次联络会,程占彪见老干部李维[71]兴致勃勃赶来,他与几个幕僚耳语一番,当即宣布李维有叛徒嫌疑,不能参会。李维老泪纵横,被迫离场。程占彪核心圈除自立的"七一联络站",仅"五七革干造反团""红囚徒高干团""红五月"等几个铁杆。声势虽大,内部作业却难以为继,上层不过海市蜃楼,下面不过一堆散沙。到了1968年中央"三一五讲话"一点名,程占彪的"组织"顷刻间便土崩瓦解。

为了撇清自己罪责,程占彪痛心疾首"坦白交待"了一份《关于三老会成员名单》,言之凿凿地标出了包括前省委书记杜心源、前成都市市长米建书、前成都市总工会主席郭付人、前四川省经委副主任王际康在内的43人"核心成员",还有34个"重要成员"和30个"一般成员",名单最后还特地注明"暂写这些,待后再补充"。这100余名干部,级别都属县处、厅局级或以上,涵盖了四川各地、州,各领域、行业。程的书面"坦白交待"被当局大量印发,录音则通过各地有线广播中反复播放,几乎家喻户晓。程占彪自我诅咒:

我是臭名昭著的反动组织"三老会"的头目。我是一个屡犯严重

---

[71] 李维曾因于国民党苏州陆军军人监狱,因受刑身体残疾,国共第二次合作时由中共点名要出,回延安经审查后由朱德、董必武、叶剑英谈话后派回四川工作。

第十二章 "一批双清"：从轰轰烈烈到不了了之

错误的蜕化变质分子。由于我长期对党不满，在无产阶级文化大革命中，披着所谓"受迫害"的外衣，打着"造反"的旗号，趁机翻自己的案，勾结了一批牛鬼蛇神，大造无产阶级的反，大搞右倾翻案，大搞篡权复辟活动。为了达到这个反革命目的，"三老会"同资产阶级个人野心家刘、张互相勾结，互相利用，我们利用刘、张进行翻案复辟活动，刘、张利用"三老会"为他营造"独立王国"，复辟资本主义。

程占彪的政治表演，给各级主持"批清"的官员和打手提供了"钢鞭"依据。从普通干部到省委书记，一经扣上"三老会"罪名，不论一般成员、骨干成员、核心成员、黑后台或总后台，均难逃戕害：关押、批斗、判刑、甚至被逼致死。地下党员所折磨更为深重。据统计，"全川包括在中央工作的几位老地下党员在内的100多人被打为'三老会'骨干、核心成员"，"地下党员所遭受迫害更为深重，被当场打死、逼死、判刑者数十人"，"数以万计的人被打成'三老会'，受株连者则近十万人"[72]。

最先提出"三老会"概念的重庆市，直到1972年3月，还有30%的省管干部和20%的市管干部，以及总数约一两千人的科级以上干部，被作为"反革命组织'三老会'"分子对待"全市受到错误审查的干部和群众达1.6万余人"[73]，全市受到错误审查的干部和群众达1.6万余人[74]。武斗重灾区中江县群众组织"东方红"，"一批双清"中被宣布为"五一六"和"三老会"外围组织，参加该组织者，有的被定为"五一六"分子，有的被疑为"三老会"骨干，均遭批斗、打伤、致残，甚至被判刑、死于非命。

这个所谓的"三老会成员名单"和相应的"坦白交待"[75]是程占

---

[72] 当代口述史编委会编：《当代四川要事实录》第2辑，四川人民出版社，2008年版，页257。

[73] 中央办公厅信访处《文化大革命简报》第7期：《四川省有些地区资产阶级派性严重》，1972年3月16日。

[74] 中共重庆市委党史研究室《中国共产党重庆地方简史》2006年版，页162。

[75] 所引程占彪"坦白交待"见网刊《昨天》27期。

彪被"批清"运动揪出后交待的。压力下交出的证据虽然难具真实，但至少可以从中看出，程占彪这类利用文革乱局火中取栗者的德行堕落、丧失底线已至何等程度！他此后的个人历史继续为他证明了这一点：文革后，程无法继续在四川安排工作，遂调任云南省人民政府参事室副主任，党组副书记，任其自生自灭。[76]

4."三老会连"的遭遇

川大哲学系三年级学生李亚宁，因负责联络"解放"干部工作，与四川地下党和历次政治运动受迫害的老地下党员多有联系，作为"三老会连"首选对象从分配单位解回母校关押。"三老会连"共受审12人，皆为激情分子，"学习"境遇就糟多了。李亚宁如是回忆"学习班"：

> 先在大"学习班"，以后到"小学习班"审查。"小学习班"即关单间。有三班倒的看守。有专门的"专案组"。上厕所有看守陪同，有人送饭到单间。晚上必须在头顶上开着三百瓦的电灯泡睡觉。每天从早晨八点到晚上十点，必须不停地写交待、写外调材料、写认罪心得。三天一小斗，五天一大斗（几个专案组联合批斗，或被押去参加批斗大会、宣判大会）。如有空，必须学习毛主席著作和"无产阶级专政下继革命"理论。开始学习三篇毛著：《南京政府向何处去》《敦促杜聿明投降书》《唯心史观的破产》，以后又增加两篇：《评战犯求和》《集中优势兵力，各个歼灭敌人》。学习后，写出一篇又一篇认罪心得。……全川、全国各地来川大"取经"，参观"大字报"。我也被押去参观。……有大字报直指我的名字，说我是"三老会""老中青三结合"骨干分子，串联了几百个"老反革命"为川东地下党叛徒集

---

[76] 《中国改革开放新时期年鉴（1982年）》第131章载：程占彪在云南任职之1982年，中央纪委就程恐惑女儿做港商的三姨太事件发出通报。中共云南省委决定将他开除出党。1982年5月11日《人民日报》就此发表评论员文章《必须严肃党的纪律》，指斥程"身为老干部，竟利欲熏心，丧失人格，支持和纵容女儿出走香港，给资本家当小老婆。"定义程占彪"曾为党和人民做过一些有益的工作。但由于长期不重视思想改造，个人主义恶性膨胀"。

第十二章 "一批双清":从轰轰烈烈到不了了之

团翻案,妄图颠覆无产阶级专政,必将受到革命的"审判"。

由谢家祥具体执掌权柄操作的四川"一批双清",作为贯彻中央"一二二五批示"的政治运动已成摧枯拉朽之势,日趋疯魔。1971年8月召开四川省第二次党代会,正式宣布刘结挺、张西挺是"五一六"在四川的头子,是"三老会"的后台[77]——偏偏在此时段,一场关乎全中国政治格局的危机事件如大震将临,岩层开始悄然痉挛,火山很快就将喷发:1970年8月23日,中共在庐山召开著名的九届二中全会,毛泽东与钦定接班人林彪翻了脸,决定借批判林的政治盟友陈伯达为题敲山震虎,一场先是名谓"批修整风"继而叫"批陈整风"的运动在全国展开,不断升级。与此同时,毛泽东静悄悄地对林彪集团四员大将掌管的军委办事组"动手术",实施"挖墙脚""甩石头""掺沙子"。"批陈整风"在时间坐标线上与四川"批清"几乎正好重叠。

毛的震怒是林彪麾下的几员大将惹起来的。问题的不幸在于,梁兴初、谢家祥与庐山会议闹事的吴法宪等大将因多年的"山头情感"和共同政治利益,不可回避地搅进了这场闹剧。这一次,轮到四川"一批双清"的主导者梁、谢二人将要被塞进"文革绞肉机"的投料口了。全中国"批陈整风"的锣鼓擂响,梁、谢主持的四川"批清"只能虎头蛇尾,草草收场。

---

77 中共四川省委党史研究室《中国共产党四川历史(1950-1978)》页391。

www.ingramcontent.com/pod-product-compliance
Lightning Source LLC
Chambersburg PA
CBHW060548080526
44585CB00013B/491